Thomas Fröhling | Katrin Martin-Fröhling

FENG SHUI HEUTE

Thomas Fröhling | Katrin Martin-Fröhling

FENG SHUI HEUTE

Das umfassende Handbuch
zur praktischen Anwendung

Bassermann

Inhalt

Vorwort 9

Kleines Feng Shui Lexikon 10

Einleitung 14

Feng Shui-Boom in Europa 15
Suche nach den Urquellen 16

Was ist Feng Shui 18

Feng Shui und die Geomantie 21
Feng Shui ist nicht gleich Feng Shui 22

Historische Ursprünge der Feng Shui-Schulen 23

Die Schulen heute 24
Der Taoismus 26
Die drei Säulen Chinas 26

Die Grundlagen des Feng Shui 28

Die Lebensenergie Chi 32

Das vitalisierende Prinzip in anderen Kulturen 32
Das Chi in der chinesischen Medizin 33
Die Fließgesetze der Energie Chi 35
Die Sha-Arten 35
Chi und Sha in der Praxis 37
Energiebewegung in Räumen 38

Yin und Yang 41

Die Geburt von Yin und Yang 42
Kopf und Bauch 44
Yin und Yang in der Praxis des Feng Shui 44
Yin und Yang in der europäischen Baukunde 45

Die Fünf-Elemente-Lehre 46

Die zyklische Wandlung der Elemente 49
Analyse der Elemente in der Praxis 50
Übungen zu den Elementen 54

Das I Ging und seine Trigramme 55

Die Himmelsrichtungen 58
Vor- und nachhimmlische Zuordnungen der Trigramme 58
Das magische Quadrat Lo Shu 60

Das Bagua – die Akupunkturkarte des Raumes 64

Was ist das Bagua 66
Die Bagua-Bereiche und ihre Eigenschaften 68
Unterschiedliche Ansätze der Bagua-Analyse 71
Unterschiedliche Methoden der Bagua-Analyse 72
Drei-Türen Bagua oder Kompass-Bagua 75
Die praktische Arbeit mit dem Bagua 75
Die Bagua-Analyse Schrit für Schritt 78

Das Drei-Türen Bagua in der Praxis 79
Praxisbeispiel 1 81
Praxisbeispiel 2 86
Die Bagua-Analyse mit dem Kompass 88
Praxisbeispiel 1 89
Praxisbeispiel 2 93

Das Feng Shui der Umgebung 96

Die vier himmlischen Tiere 98

Straßen und Flüsse im Feng Shui 101

Feng Shui und Wasser 102
Feng Shui und Straßen 103
Das Grundstück aus Feng Shui-Sicht 106
Geomantie – Feng Shui in Europa 107
Reizzonen, Strahlenflüchter und Strahlensucher 109

Feng Shui vor dem Gebäude 111

Die Formensprache in der Architektur 115

Die Formen des Holzelements 115
Die Form des Feuerelements 118
Feuerformen in der Architektur 118
Die Formen des Erdelements 120
Die Formen des Metallelements 121
Die Formen des Wasserelements 123
Die Fünf Wandlungsphasen in der Umgebung 123

Feng Shui im Haus 124

Treppen 126
Türen 128
Fenster 129
Balken 129
Schrägen 130
Stützpfeiler 131
Lehnstuhlprinzip: Schutz und Überblick 131
Auch die Wohnung will atmen 132

Ein Feng Shui-Gang durchs Haus 133

Die Diele 133
Das Wohnzimmer 134
Bad und WC 136
Das Arbeitszimmer 138
Der Abstellraum 141
Das Schlafzimmer 142
Die Küche 146
Das Kinderzimmer 149
Der Keller 151
Ordnung entlastet 152

Feng Shui und Elektrosmog 152

Grundregeln für einen strahlungsarmen Haushalt 155

Gestaltungsmittel des Feng Shui 158

Farben im Feng Shui 160

Warum wirken Farben 162
Grundlagen der Farbgestaltung im Feng Shui 162
Der Feng Shui-Farbkreis 165
Harmonische Farbkombinationen im Feng Shui 168

Materialien und Muster 172

Das Prinzip der Bodenführung 172

Zahlen und Maße 173

Die Zahlen in der chinesischen Philosophie 175
Die Feng Shui-Maße 178

Einrichten mit Feng Shui 181

Individuell gestalten 182
Das schützende Heim 183

Licht im Feng Shui 185

Mit Bio-Licht gegen Stimmungstiefs 185
Ausgleichen durch Licht 187

Heilmittel und Symbole 188

Spiegel 190
Grundregeln für den Einsatz von Spiegeln 192
Blumen und Kübelpflanzen 197
Windräder 198
Klangspiele 198
Wasser 198
»KATMA«-Essenzen 199
Kristalle und Steine 201
Räuchern 202
Dorje 203
Fächer 204
Klangschalen 204
Salzkristall-Lampen 205
Symbole im Feng Shui 207

Das individuelle Feng Shui 214

Ihre persönliche Kua-Zahl 216
Die Berechnung der Kua-Zahl 217
Das persönliche Befinden 218

Die Elemente in der chinesischen Medizin 220

Das Element Holz 220
Das Elemente Feuer 220
Das Element Erde 221
Das Element Metall 222
Das Element Wasser 222

Die chinesischen Tierkreiszeichen 223

Ihr Tierkreiszeichen 228
Die rechnerische Ermittlung des Tierkreiszeichens 228
Die rechnerische Ermittlung des dazugehörigen Elements 229

Die hohe Kunst der Kompass-Schule 236

Die Theorie der Acht Orte 238
Die Acht Orte und ihre Energien 241
Die Acht-Orte-Theorie in der Praxis 243
Wodurch kann ein Omen im Haus aktiv werden? 245

Die Glücksrichtungen des Pakua Lo Shu 245

Die acht Richtungen 246

Der Lo Pan 251

Der chinesische Lopan 251
Der europäische Lopan 251

Feng Shui-Kur für Ihr Zuhause 252

Harmoische Räume durch Reinigung und Ausrichtung 254

Düfte im Feng Shui 257

Feng Shui für ein glückliches Leben 258

Feng Shui für Liebesglück 260
Feng Shui für Reichtum und Fülle 260
Feng Shui für die Karriere 260
Feng Shui gegen Stress 261

Beispiele aus unserer Praxis 262

Der Feng Shui-Fragebogen für die Partnerschaft 267
Praxistipps 271

Ursprünge des Feng Shui 272

Das erste Feng Shui-Werk 274

Der Vater der Menschheit 275

Die göttliche Ordnung 275
Flöten und Klangspiele 276

Göttliches Recht und Harmoniegesetze 279

Ihr Kompass durch die Feng Shui-Welt **280**

Feng Shui – Aberglaube oder Lehre 280
Universelle Gesetzmäßigkeiten 281
Die richtigen Berater und Lehrer 281
Das DFSi 282

Glückskarten 283
Literaturempfehlungen 284
Leserservice 285
Register 286
Impressum 288

Vorwort

Liebe Leserin, lieber Leser,

dieses Buch verdankt sein Erscheinen allein Ihnen. In den vergangenen Jahren haben Sie uns immer wieder angerufen oder geschrieben und mit Ihrem Interesse, aber auch Ihren Zweifeln Fragen aufgeworfen, deren Antworten Sie in keinem Buch fanden. Auch in den unseren nicht, die ja zunächst einmal für Einsteiger geschrieben waren. Doch sehr viele wollten sich mit dem »Amateurstatus« nicht begnügen und alles über Feng Shui wissen. Einige von Ihnen lernten wir bei unseren Lesungen kennen, andere besuchten unsere Seminare, die meisten haben auf das umfangreiche Buch gewartet, das nun vor Ihnen liegt.
Hier finden Sie Antworten auf die häufigsten Fragen: Warum kennt Feng Shui verschiedene Methoden, das Element eines Menschen zu ermitteln? Wie ist es möglich, dass wir etwa mit dem Kompass-Bagua zumeist gänzlich andere Ergebnisse erzielen als mit dem Drei-Türen-Bagua? Wie verbinde ich die verschiedenen Schulen des Feng Shui miteinander, die sich auf Anhieb oft zu widersprechen scheinen?
Die Übertragung dieser uralten, asiatischen Harmonielehre in die moderne, europäische Kultur nimmt ebenfalls einen breiten Raum ein. Denn wir wissen aus zahlreichen Gesprächen, dass viele das Konzept des Feng Shui schätzen, jedoch Ihr Heim nicht mit Accessoires überladen wollen, die eher in Hongkong als in Berlin oder Frankfurt zur Einrichtung passen würden.
Zum sehr umfangreichen Theorieteil aber haben wir auch ausführliche Praxisbeispiele gestellt, damit Sie zu Hause oder an Ihrem Arbeitsplatz erste Feng Shui-Schritte nachvollziehen können.

Viel Erfolg dabei wünschen
Katrin Martin-Fröhling und Thomas Fröhling

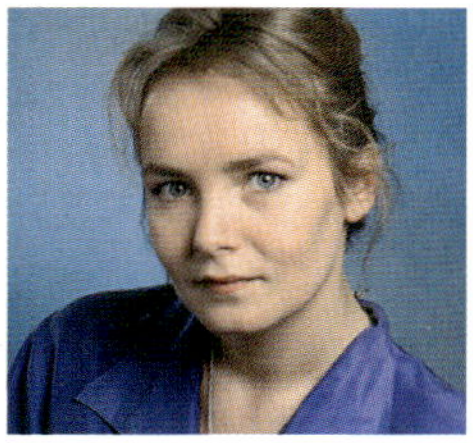

Kleines Lexikon des Feng Shui

Bagua: (Pa kua, Ba Gua) achteckige Anordnung der Trigramme des I Ging, siehe auch unter »Kompass-Bagua« und »Drei-Türen-Bagua«

Bai hu: weißer Tiger, eines der vier symbolischen Tiere, siehe auch unter »Lehnstuhlprinzip«

Cang-feng-de-shui: übersetzt »Verbergen des Windes, Erlangen des Wassers«, altertümliche Bezeichnung für Feng Shui

Chai: Haus

Chen: Trigramm des I Ging, Assoziationen: das Erregende, ältester Sohn, der Donner

Chen Wu: Kunstobjekt, das negative Einflüsse bannen soll, häufig Steinlöwen

Chi: Universalenergie, die allen Dingen und Erscheinungen innewohnt, Lebensenergie, Entsprechungen in anderen Kulturen:
Ki = Japan, Prana = Indien, Geist = abendländische Kultur

Ch'ien: Trigramm des I Ging, Assoziationen: das Schöpferische, der Vater, der Himmel

Chin: Metall, eines der fünf Elemente, siehe auch unter: »Wu-Xing-Shuo«

Ching: Klassiker

Choy: Glück, siehe auch unter: »Ti Choy«, »Tien Choy«, »Ren Choy«

Chueh Ming: Untergang, in der Kompass-Schule – Ort und/oder Richtung mit stark energie-abziehender Wirkung

Drei-Türen-Bagua: Analysesystem für Grundstücke, Häuser, Zimmer usw., Ausgangspunkt des Drei-Türen-Bagua ist der jeweilige Eingang zum Objekt (Haustür, Zimmertür, Gartentor)

Feng Sha: giftiger Wind, der Ansammlung von vitalem Chi »verweht«

Fu Wei: persönliche Entwicklung, in der Kompass-Schule entspricht Fu Wei einem Ort und/oder einer Richtung, die für den Menschen besonders förderlich ist

Gua: (Kua) Trigramm, siehe auch unter »Kua-Zahl«

Gui: Gespenst, Geist

Hexagramm: Kombination von jeweils sechs übereinanderliegenden offenen (Yin) und geschlossenen (Yang) Linien

Himmlische Stämme, zehn: (Shi Gan) markieren die Position der Sternbilder zu Beginn eines Jahres, Namen der zehn Himmlischen Stämme: Jia, Yi, Bing, Ding, Wu, Ji, Geng, Yin, Ren, Gui

Himmlische Tiere, vier: schwarze Schildkröte, weißer Tiger, grüner Drache, roter Phönix; symbolische Umschreibung für den idealen Feng Shui-Standort, der durch die Formation dieser Tiere geschützt ist

Ho Hai: Schwierigkeiten, in der Kompass-Schule entspricht Ho Hai einem Ort und/oder einer Richtung, die Schwierigkeiten verursachen kann

Ho-Tu: das magische Quadrat des pränatalen Himmels

Hsien-sheng: Feng Shui-Meister

Hsing: wörtlich sich bewegen, die Elemente

Hsing Shih: Formen des Bodens und der Landschaft, Bezeichnung für Formen-Schule

Hsiu: Sternbilder

Hun: chinesisch für »Hauchseele«, repräsentiert das Yang Chi = Himmels-Chi, traditionell der Teil der Seele, der nach dem Tod wieder in den Himmel steigt

Huo: Feuer, eines der fünf Elemente, siehe auch unter: »Wu-Xing-Shuo«

I Ging: Buch der Wandlungen, Hexagramme (64) beschreiben grundlegende Entwicklungstendenzen, die auf alle Bereiche des Lebens übertragen werden

Irdische Äste, zwölf: (Shi er zhi) System zur Bestimmung des Ablaufs der Zeit, die zwölf Doppelstunden des Tages, die zwölf Richtungen des Kompass, die zwölf Tierkreiszeichen

K'an: Trigramm des I Ging, Assoziationen: das Abgründige, mittlerer Sohn, das Meer

Kan Yü: alter Begriff für Feng Shui, der sich auf Himmel und Erde bezieht

Ken: Trigramm des I Ging, Assoziationen: das Beständige, jüngster Sohn, der Berg

Kwangsi-Methode: Bezeichnung für die Formenschule des Feng Shui

Kompass-Bagua: Analysesystem für Grundstücke, Häuser, Zimmer usw., Ansatzpunkt ist die Orientierung des zu untersuchenden Objektes im Gelände, also die Himmelsrichtung

Kua-Zahl: (Gua-Zahl) individuelle Schutzzahl für Menschen, die aus dem Geburtsdatum (Jahr) berechnet wird und grundlegende Hinweise gibt, welche Einflüsse besonders förderlich sind (bezogen auf Himmelsrichtungen, Elemente, Farbe …)

K'un: Trigramm des I Ging, Assoziationen: das Empfangende, Mutter, die Erde

Lehnstuhlprinzip: umgangssprachliche Bezeichnung für den idealen Feng Shui-Standort, der durch die Formation der vier himmlischen Tiere symbolisiert wird

Li: Trigramm des I Ging, Assoziationen: das Heiße, mittlere Tochter, das Feuer; bei den Konfuzianern steht Li auch für die Ursprungs-Idee

Long: Drache

Long Mei: Drachenadern

Lo Pan: (Luo Pan) chinesischer Geomantie-Kompass, Hauptwerkzeug der Kompass-Schule

Lui Sha: Verlust, in der Kompass-Schule steht Lui Sha für einen Ort und/ oder eine Richtung, die als ungünstig gilt

Lo Shu: magisches Quadrat, bestehend aus neun gleich großen Bereichen, die mit (Trigramm) Zahlen der postnatalen Sequenz verbunden sind

Meridiane: in der Akupunktur die Energieleitbahnen des Körpers

Min: Schicksal

Ming Tang: wörtlich heller Saal, steht für einen Energiesammelplatz, übertragen: ein freier Standort vor dem Haus, auf dem sich vitales Chi ansammeln kann

Mu: Holz, eines der fünf Elemente, siehe auch unter »Wu-Xing-Shuo«

Nien Yen: Liebe und Harmonie, in der Kompass-Schule steht Nien Yen für einen Ort und/oder eine Richtung mit besonders harmonischen Energien

Po: die Körperseele, repräsentiert das Yin Chi = das Erd-Chi, traditionell der materielle Körper, das was zur Erde zurückkehrt

Ren Choy: persönliches Glück

Roul Ramirez-Chen: philippinischer Feng Shui-Meister

Sha: (Sha-Chi) fehlgelenkte Energie, die im Feng Shui vermieden bzw. harmonisiert werden soll, Entstehung von Sha = Chi fließt zu schnell, zu geradlinig, zu langsam oder stagniert

Shan: Berge

Shen: Geister

Sheng Chi: Lebensatem, äußerst günstige Energie, vitale Energie

Shin: Form

Shuen Wu: schwarze Schildkröte

Shui: Wasser, auch eines der fünf Elemente, siehe auch unter »Wu-Xing-Shuo«

Shui-Long: Wasserdrache

Sequenz des frühen Himmels: (pränataler Himmel); Verknüpfung der Trigramme mit den Himmelsrichtungen, die jeweils gegensätzlichen Trigramme liegen sich gegenüber und gleichen sich aus, Anordnung für das Yin Feng Shui

Sequenz des späten Himmels: (postnataler Himmel); Verknüpfung der Trigramme mit den Himmelsrichtungen, die Trigramme stehen spannungsreich zusammen, Anordnung für das Yang Feng Shui

Sun: Trigramm des I Ging, Assoziationen: das Sanfte, älteste Tochter, der Wind

Tai Yang: die Sonne

Tai Yin: der Mond

Ti Chi: Energie der Erde (in Drachenadern, Flüssen …)

Ti Choy: Erdenglück

Tien Chi: Energie des Himmels

Tien Choy: Himmelsglück

Tien Yi: Himmlischer Heiler, in der Kompass-Schule Ort und/oder Richtung, die besonders heilende Energien verströmt

Ti Li: Beschaffenheit der Landschaft, Geografie, laut klassischer chinesischer Texte die ursprüngliche Bezeichnung für die Formenschule (Ti = Erde, Li = Vernunft)

Trigramme, acht: grundlegende Energiequalitäten, die die Wandlungsphasen des Chi beschreiben, Basis des I Ging (Buch der Wandlungen)

Tsang-long: grüner Drache

Tsao wang: Küchenwächter, der traditionell den Wohlstand sichern soll

Tsou-Chüe: der Rote Phönix, eines der vier Himmlischen Tiere, siehe auch unter »Lehnstuhlprinzip«

Ti: Erde, eines der Fünf Elemente

Tui: Trigramm des I Ging, Assoziationen: das Heitere, jüngste Tochter, der See

Versteckte Pfeile: (geheime Pfeile); von formalen Strukturen (kantige Felsen, Straßen, Ecken, Kanten) ausgehende unsichtbare Energiepfeile, die Ansammlungen von vitalem Chi durchdringen

Wang Chih: chinesischer Gelehrter (ca. 960 n. Chr.), Hauptvertreter der Kompass-Schule, lebte lange Zeit in Fukien (Fukien Schule)

Wu Chi: Urenergie, undifferenziert, das Eine

Wu Kwei: Hindernisse, in der Kompass-Schule ein Ort und/oder eine Richtung, die Hindernisse verursachen können

Wu-Xing-Shuo: die Lehre von den Fünf Elementen, Wu-Xing = wörtlich »Fünf Umgehendes«, Xing = wörtlich »Gehen«

Yang Yün-Sung: bekanntester Begründer der Formenschule (ca. 840–880 n. Chr.), lebte in Kwangsi (Kwangsi-Methode)

Yin: wörtlich »bedecktes Wetter an einer Bergseite«, Yin entspricht dem passiven, aufnehmenden Prinzip der polaren Energien

Yin Feng Shui: Feng Shui für Begräbnisstätten

Yang: wörtlich »Sonnenseite eines Berges«, entspricht dem aktiven, schöpferischen Prinzip

Yin und Yang-Theorie: Lehre von den polaren Energien Yin und Yang, die den allen Dingen innewohnenden Charakter des Gegensatzes, der Ergänzung und der Untrennbarkeit anerkennt

Yang Feng Shui: Feng Shui für Lebende

Yang Chai: Wohnstätten für Lebende

Yin Chai: Grabstätten

Yang Sha: aggressive, geradlinige und beschleunigte Energie, die Ansammlungen von vitalem Chi durchdringt

Yin-Sha: Stagnatation, Minderung des Chi-Gehaltes

Zodiakus: Tierkreis, bestehend aus den zwölf chinesischen Tierkreiszeichen

Zong Pai: Schule, Sekte

Zu: Ahnen, Vorfahren

Einleitung

An schönen Sommerabenden sitzen wir gern im »Adler«, einem kleinen Lokal oberhalb von Freiburg. Wir schauen auf unsere Stadt und ihre tausend Lichter, die Hügel, bedeckt von dichten Wäldern, die sie behüten. Dieses Ineinanderfließen der Formen und Farben, das Aufleuchten einer vergoldeten Kirchturmspitze im letzten Strahl der untergehenden Sonne führt uns hin zu unserem Beruf – der Thema dieses Buches ist. Denn wer sich in die Seele einer Landschaft einzufühlen vermag, kommt auch den Menschen, die darin leben und arbeiten, nahe. Ob wir nun auf dem Land, in einer Kleinstadt oder einer Metropole wohnen, stets werden auch die uns umgebenden Einflüsse unser Sein bestimmen, sie können uns fördern oder hemmen. Unsere Aufgabe ist es, den Menschen mit seiner Umgebung und seiner zweiten Haut, seinem Heim, zu versöhnen und zu verbinden. Bei unserer Arbeit stützen wir uns auf die Erfahrung mit Menschen, auf unsere Intuition und die Gesetzmäßigkeiten einer jahrtausendealten Lehre aus China: dem Feng Shui.

Noch vor einigen Jahren wussten auf unserem Kontinent nur wenige etwas mit dieser Harmonielehre anzufangen. Das hat sich inzwischen geändert, denn wir leben in einer Zeit, in der versucht wird, grundlegende Werte wieder zu beleben und nach ihnen das Leben zu bestimmen. Nach Jahrzehnten des rasanten technischen Fortschritts und der verwirrenden Vielfalt der Informationen schauen wir nun zurück und sehen, was wir verloren haben: den unmittelbaren Bezug zur Natur. Diese neue Sicht spiegelt sich auch im Kleinen wider. Mit unserem Haus wollen wir eine Gegenwelt erbauen, die Wohnung, ein Zimmer sollen uns Halt geben in einer Epoche, die sich täglich neu erschafft. Hier hat nun das asiatische Feng Shui auch bei uns in der westlichen Welt einen Nerv getroffen. Die Lehre erfüllt eine Sehnsucht, die lange in uns geschlummert hat. Richtig verstanden bedeutet sie nicht nur, dass sich wenigstens in unserem Heim alles »am richtigen Platz« befindet, sondern sie verbindet uns gleichfalls mit unserer näheren und weiteren Umgebung, den Nachbarn, dem Umfeld, der freien Natur und dem Himmel über uns.

Über das Wesen und Wirken von Feng Shui haben in den Jahrtausenden seiner Entstehungsgeschichte zahlreiche Meister Werke und Kommentare verfasst. Oberflächlich gesehen, scheinen die Lehrmeinungen und Ansätze oft auseinander zu streben, ja sich sogar zu widersprechen. Hier finden wir die Quelle von Streitigkeiten zwischen verschiedenen Schulen, die sich bis heute fortgesetzt haben. Doch den Kern von Feng Shui berührt das alles nicht. Es geht darum, die verschiedenen Wege zu einem harmonischen Ganzen zu verknüpfen, sie für unseren Alltag – ob daheim oder im Beruf – zu nutzen und auf diese Weise auch unsere geistig-seelische Weiterentwicklung zu fördern.

Das ist freilich leichter gesagt als getan. Weiter gebracht haben auch uns nur eine jahrelange Forschungsarbeit, ein intensives Quellenstudium und das Sammeln und Ordnen von Fakten – bis sich endlich aus Tausenden von Puzzlestücken ein Bild zusammenfügte. Doch damit nicht genug: Feng Shui zu praktizieren, heißt eben nicht nur alles zusammenzutragen und intellektuell zu verarbeiten. Das Wissen muss vom Kopf in den Bauch wandern. Dabei sind vor allem Einfühlungsvermögen, Intuition und Erfahrung gefragt. Wir müssen heute lernen, die Welt und ihre Bewohner nicht nur aus einem anderen Blickwinkel zu sehen, sondern sie ganz neu zu entdecken.

Feng Shui-Boom in Europa

Vor etwa zehn Jahren begann der Feng Shui-Boom in Europa und hat sich von Monat zu Monat gesteigert. In der langen Zeit unserer Arbeit haben wir stets gehofft, dass die Harmonielehre auch bei uns auf dem Kontinent heimisch werden möge. Nun hat sich unsere Hoffnung erfüllt, laufend erscheinen neue Bücher zum Thema, Zeitschriften hierzu etablieren sich, in Tageszeitungen und Talkshows wird über die Kunst, Räume in Lebensräume zu verwandeln, diskutiert. Längst ist unser Terminkalender (über)voll, täglich rufen Leser an mit immer neuen Fragen. Denn bei uns auf dem Festland ist

Feng Shui zeigt Wege auf, das Leben auch im Alltagsstress wieder als Einheit zu begreifen.

das Interesse an Feng Shui nicht, wie etwa in England, kontinuierlich gewachsen, hat sich sachte ausgebreitet in den Köpfen und Herzen der Menschen. Feng Shui in all seinen Facetten zu erlernen, ja zu erfühlen, braucht seine Zeit. Leider fallen hier keine Meister vom Himmel, statt dessen aber immer häufiger Absolventen von Volkshochschul-Wochenendkursen als Berater in Häuser ein. Von den Folgen wird uns täglich berichtet.

Was will dieses Buch?

Wir haben uns zum Ziel gesetzt, die komplexe Lehre des Feng Shui den Lesern, ob sie nun Einsteiger oder schon im ihrem Studium fortgeschritten sind, Schritt für Schritt näher zu bringen, vor allem verständlich zu machen. Wir werden Widersprüche nicht verschweigen und die scheinbaren Gegensätzlichkeiten versöhnen, die verschiedenen Schulen nicht nur vorstellen, sondern insbesondere die historischen Verbindungen und Gemeinsamkeiten herausarbeiten. Zwei Beispiele: Ein Haus oder eine Wohnung lassen sich mit zwei gänzlich verschiedenen Methoden analysieren: mit dem klassischen Kompass-Bagua und der modernen Variante, dem Drei-Türen-Bagua. Beide Systeme aber führen nur in Ausnahmefällen zu identischen Ergebnissen. Wir können unser persönliches Element ebenfalls auf verschiedene Weise ermitteln: über das Tierkreiszeichen oder über die Kua-Zahl. Hier differieren die Ergebnisse ebenfalls. Ist es da ein Wunder, dass Feng Shui-Interessierte irritiert, ja sogar verärgert reagieren? Sie fragen sich: Was ist richtig, was ist falsch? In diesem Buch werden Sie erfahren, wann welche Methode effektiv greift. In diesem Sinne möchten wir eine Brücke schlagen zwischen den verschiedenen Büchern und Systemen, die darin vorgestellt werden.

Auf der Suche nach den Urquellen

Wir haben über Jahre hinweg daran gearbeitet und geforscht, das starre Gegeneinander zu harmonisieren. Wir fühlen uns auch keinem Meister und seinen Geboten verpflichtet, sondern vielen Lehrern und ihren Werken. Die Summe dieser Erfahrung hat uns dazu gebracht, unsere eigene Richtung zu entwickeln, die die östliche Lehre ebenso einbezieht wie unsere abendländische Vergangenheit.

Dieser Weg liegt in der Art und Weise begründet, wie wir selbst zu Feng Shui gekommen sind. Katrin Martin beschäftigte sich nach dem Besuch einer Heilpraktikerschule intensiv mit der Traditionellen Chinesischen Medizin (TCM) und der Akupunktur und kam auf diesem Weg fast zwangsläufig zu Feng Shui. Denn diese Harmonielehre ist – ebenso wie TCM – ein starker Ast am Baum der Chinesischen Philosophie. Zu dieser Zeit schrieb Thomas Fröhling an einer kulturhistorischen Serie über die Chinesische Mauer und fand so zu dieser Harmonielehre.

Feng Shui begann uns zu faszinieren. Wir besuchten die damals sehr raren Vorlesungen, Kurse und Seminare zu diesem Thema und fanden auf viele Fragen keine Antworten. Die Lehrer reagierten häufig sehr unwirsch auf unsere neugierigen Fragen nach den Hintergründen ihrer verschiedenen Harmonisierungskonzepte. Wir waren einigermaßen enttäuscht. Doch an an diesem Punkt kam uns das Glück zur Hilfe. Damals lebte Thomas Fröhlings Schwester auf den Philippinen, einer Hochburg des Feng Shui. Sie fand sich bereit, in Manila, Hongkong und Taipeh auf die Suche nach den Urquellen dieser Lehre zu gehen und übersetzte sie für uns. Über sie lernten wir dann auch einen Feng Shui-Meister kennen: Roul Ramirez-Chen, der sich freilich diesen Titel sehr energisch verbat (für uns ein Kennzeichen wahrer Meisterschaft). Er vermittelte uns die Basis. In der folgenden Zeit reisten wir viel, lernten, verschiedene Landschaften zu erspüren, erforschten die Geheimnisse klassischer Bauwerke und übten uns im eigenen Heim in der Kunst des Feng Shui. Dann fragten Freunde und Bekannten nach unserem Rat, immer weiter zogen sich die Kreise, bis wir uns selbst endlich auch als das sahen, was wir heute sind: Feng Shui-Berater.

Nach dem Erscheinen unserer Bücher »Wohnen mit Feng Shui«, sowie »Feng Shui für Beruf und Karriere« (Mosaik Verlag, München) holten verstärkt Unternehmen unseren Rat ein. Hier ging es unter anderem darum, Missstimmungen zwischen

Wasser, besonders fließendes, symbolisiert im Feng Shui wie kein anderes Element Reichtum und Fülle.

den verschiedenen Mitarbeitern auszuräumen, die Büros so einzurichten, dass jeder auch den Platz zugeteilt bekommt, der ihn stärkt und seine Motivation hebt.
Nach wie vor werden wir hierbei um Verschwiegenheit gebeten, aber die Gründe dafür haben sich im Laufe der Zeit verändert. Vor Jahren noch war es üblich, dass die Firmenchefs Diskretion einforderten, damit nicht etwa die Konkurrenz über sie herziehen könnte. Nun aber hat die Bitte um Vertraulichkeit einen anderen Grund: Der Vorsprung vor der Konkurrenz soll gewahrt bleiben.
Ein wichtiger Aspekt unserer Arbeit wurde auch die Zusammenarbeit mit Architekten. Schon seit Jahren hat das Unbehagen am modernen Städtebau und seinen Folgen zugenommen. Die Menschen fühlen sich mehr und mehr unbehaglich in den Hochhauslandschaften und suchen nach neuen Wegen, endlich »daheim« anzukommen. Wir sind uns sicher, dass die Bauten im neuen Jahrtausend ein anderes Gesicht und Innenleben erhalten müssen und werden. Darum haben wir in den vergangenen Jahren verstärkt mit sensiblen »Baumeistern« zusammengearbeitet. Erste Feng Shui-Häuser sind in der Planung. Gerne haben wir darum auch Kurse vor der Architektenkammer von Nordrhein-Westfalen übernommen und halten in unserem Institut in Freiburg längst Schulungen für Architekten ab. Wir hoffen, dass wir einen Beitrag leisten können, Häusern und Städten ein Gesicht zu geben, das die Sehnsüchte ihrer Bewohner widerspiegelt. Denn wie prophezeite einst Goethe: »Der Bürger dagegen in einer schlecht gebauten Stadt, wo der Zufall mit leidigem Besen die Häuser zusammenkehrte, lebt unbewusst in der Wüste eines düsteren Zustandes.«

Steak mit Stäbchen essen?

Wir sind sicher, dass die Zeit für eine Umkehr reif ist. Feng Shui kann uns dabei unterstützen, wenn wir seine universellen Gesetze mit unserer Zeit und Zivilisation verbinden. Das war für uns auch ein Grund, warum wir im Jahr 1999 in Freiburg das »Deutsche Feng Shui Institut« gegründet haben, in dem wir nun Berater in unserer eigenen Richtung ausbilden.
In diesem Buch werden Sie erfahren, warum wir auf asiatische Patentrezepte verzichten und wie wir unsere Kultur mit der asiatischen Lehre vernetzen. Aus den Nebeln des Mystischen wollen wir den wahren Kern von Feng Shui herausschälen, der für jeden verständlich ist und auf unsere westliche Kultur übertragen werden kann. Am Ende des Buches angekommen, sollten Sie in der Lage sein, die Chancen Ihres Heimes zu erkennen und die Probleme auszugleichen – und zwar im Sinne unserer westlichen Tradition. Oder wie es der von uns sehr geschätzte Feng Shui-Autor und -Berater Lam Kam Chuen einmal formuliert hat: »Man kann asiatisches Essen mit Stäbchen essen, aber nicht ein Steak.«
Wir haben dieses Buch für unsere Leser so konzipiert, dass es die wichtigsten Fragen rund um Feng Shui beantwortet. Um Ihr tiefes und umfassendes Verstehen zu fördern, nimmt der theoretische Teil den Raum ein, den er benötigt. Haben Sie diese Strecke bewältigt, wird Ihnen die praktische Umsetzung in Ihrem Heim leicht von der Hand gehen. Wenn Sie die Prinzipien, auf denen die Harmonielehre Feng Shui beruht, verstanden haben, können Sie diese ohne Probleme auch auf andere Bereiche, wie den Beruf oder die Gartengestaltung, übertragen.

Was ist

»Wenn die Chinesen, die alles wissen, ein Haus bauen, richten sie sich, wie verlautet, nach den Unterweisungen einer uralten Kunst, Feng Shui genannt. Sie sagt ihnen genau, wann und wo welche Arbeit getan werden muss, und so bringt sie dem Heim Glück bis in alle Ewigkeit.«

Jan Morris

Feng Shui?

Roul Ramirez-Chen, unser alter Freund und Lehrer von den Philippinen hat unsere Frage danach so beantwortet: »Feng Shui öffnet die Augen deiner Augen!« Jahre sind seitdem vergangen. Wir haben Seminare besucht, wurden selbst Feng Shui-Berater und Lehrer, schrieben Artikel und Bücher zu diesem Thema und gründeten unser Institut. In all der Zeit aber haben wir keine prägnantere Antwort erhalten. Im Rahmen dieses umfangreichen Buches freilich kann und muss die Antwort etwas ausführlicher ausfallen. Fassen wir also zunächst einmal die wichtigsten Fakten zusammen:

Feng Shui (Wind und Wasser) ist eine jahrtausendealte Harmonie- und Weisheitslehre. Sie gibt uns Mittel und Wege an die Hand, unser Lebensumfeld so zu gestalten und unseren Bedürfnissen anzupassen, dass dabei unsere Entwicklung gefördert wird. Wer freilich zum ersten Mal Bekanntschaft mit Feng Shui macht, der hört Poetisches wie Wind und Wasser, verbindet die asiatische Harmonielehre mit Klangspielen, Bambusflöten oder dem feuerspeienden Drachen. Müssen wir also, um harmonisch zu leben, unsere Wohnungen und Arbeitsräume mit fremdländisch anmutenden Utensilien einrichten? Nein, wer sich wirklich auf diese Lehre einlässt, wird sehr schnell Erstaunliches feststellen: Vieles, was Feng Shui lehrt, stimmt auf verblüffende Weise auch mit europäischen Gestaltungs- und Einrichtungslehren überein. Das ist kein Zufall, denn die Gesetze, auf denen Feng Shui beruht, sind universal wirksam und deshalb multikulturell. Sie wurden im Laufe der Menschheitsgeschichte durch Naturbeobachtung entdeckt und zwar nicht nur in China, sondern rund um den Erdball.

Jeder hat es schon einmal erlebt: Man betritt einen Raum und fühlt sich spontan wohl oder unwohl. Nur selten können wir erklären, warum das so ist. Feng Shui verleiht unserer Intuition eine Sprache. Wer sie versteht, erkennt den direkten Zusammenhang zwischen der äußeren Umgebung (Standort, Gebäudemerkmale, Einrichtung) und unserem Wohlbefinden. Diese Lehre beruht auf einer holistischen Weltsicht (Holismus = griechische Ganzheitslehre), denn sie geht davon aus, dass alles miteinander verbunden ist und in ständiger Wechselwirkung steht.

Die Art, in der wir uns einrichten, ist Ausdruck unserer Persönlichkeit. Doch wie wir unsere Umgebung beeinflussen, so beeinflusst sie umgekehrt auch uns. Was also liegt näher, als unser Wohn- und Arbeitsumfeld so zu gestalten, dass es uns in konkreten Situationen, bei bestimmten Lebenswünschen, fördert? Hier liegt die Chance, die so viele Menschen an Feng Shui fasziniert. Denn normalerweise messen wir Formen, Farben oder Materialien wenig Bedeutung zu. Wir sind uns nicht mehr bewusst, dass alles um uns herum permanent eine subtile Wirkung auf uns ausübt. Inzwischen gibt es physikalisch beweisbare Zusammenhänge zwischen der Form eines Raumes und seiner Ausstrahlung.

Bedenken wir das, ist es sehr naiv anzunehmen, dass ein Gebäude mit Kuppeldach die gleiche Ausstrahlung und damit den gleichen Einfluss auf seine Bewohner hat, wie eines mit Satteldach. Ist es ein Zufall, wenn viele große Banken gerade Kuppelbauten oder Bogenformen bevorzugen, die nach Feng Shui mit dem Element Metall und seinen Entsprechungen (unter anderem auch dem Geld) korrespondieren? Dass dieses Wissen um die Zusammenhänge von Mensch und Umgebung kein reiner Asienimport ist, zeigt das Zitat des Architekten und

Schriftstellers E. W. Heine: »Wir glauben, wir formen unsere Häuser, aber vielleicht formen die Häuser uns.«
Warum diese Harmonielehre nun aber (wieder) aus Asien zu uns kommt, hat einen einfachen Grund: Kein anderes Volk hat über Jahrtausende hinweg die Natur, ihren Rhythmus und Wandel so umfassend und anschaulich beschrieben wie die Chinesen. Ihr Grundanliegen war, die hinter den Dingen wirkenden Kräfte zu erkennen. Dabei entdeckten sie, dass alles von einer unsichtbaren Energie durchzogen wird, der sie den Namen »Chi« gaben. Diese grundlegenden philosophischen Gedanken wurden auf alle Bereiche des Lebens übertragen. So entwickelte sich im Bereich Gesundheit die Traditionelle Chinesische Medizin (TCM); für das Lebens- und Arbeitsumfeld wurde Feng Shui zu einer Kunst, die nur wenigen Eingeweihten vorbehalten war.
Von der Existenz der Lebensenergie weiß der Mensch seit Urzeiten. Behandlungsmethoden wie die Homöopathie basieren auf dieser Grundlage. Die sehr erfolgreiche und inzwischen anerkannte Akupunktur hat das Ziel, Chi wieder in Fluss zu bringen und Blockaden abzubauen. Hier schließt sich der Kreis, denn im Feng Shui geht es darum, die Energie unserer Umgebung zum Fließen zu bringen. Das ist der Grund, warum Feng Shui auch als »Akupunktur des Raumes« bezeichnet wird. Alle Umgebungsmerkmale eines Gebäudes, sein Baustil, die Baumaterialien, die Grundrissform bis hin zur Anordnung der Möbel enthalten Informationen, aus denen ein erfahrener Berater wertvolle Rückschlüsse auf das Energieniveau von Räumen und seine Wirkung auf die Bewohner ziehen kann. An dieses nationenübergreifende »Weltwissen« knüpft unsere Richtung, das Holistic-Feng Shui (Holon = offenes System), an. Ziel ist es, maßgeschneiderte Harmonisierungskonzepte anzubieten, die auch unsere abendländischen Wurzeln miteinbeziehen.

Feng Shui und Geomantie

Als Europäer sich Anfang des 19. Jahrhunderts erstmals mit Feng Shui auseinandersetzten, stand zu Beginn ein Übertragungsfehler. Man übersetzte Feng Shui mit »Chinesische Geomantik«. Hier wurden zwei Begriffe verknüpft, die eine unterschiedliche Geschichte haben, differenzierte Ansätze nutzen. Geomantik ist ursprünglich eine arabische Form der Wahrsagerei. Die Zukunft wurde aus willkürlich in Erde, Sand oder Wachs gestochenen 16 Punktreihen gedeutet. Anleitungen finden wir noch heute in den sogenannten Punktierbüchern. Im 12. Jahrhundert breitete sich diese Lehre aus dem Orient auch in Europa aus, wurde durch mathematische Formeln ergänzt und erneuert und endlich mit Wahrsagen aus Erdbeben und den Ausdünstungen der Erde in Verbindung gebracht. In der zweiten Hälfte des 19. Jahrhunderts waren es vor allem englischen Schriftsteller wie Charles Dickens und Rudyard Kipling, die Feng Shui schätzten und schlicht mit »Geomantie« übersetzen.

»Wohlfühlstadt« Freiburg

Ein Beispiel für die Verbindung zwischen der asiatischen und westlichen Kultur liegt für uns ganz in der Nähe. In Freiburg hat das »Deutsche Feng Shui

Institut« seinen Sitz und das aus guten Gründen. Zunächst einmal gilt das Klima rund um Freiburg als das mildeste in Deutschland. Schon im März werden die Tische der Cafés nach draußen gestellt und kleine Bäche, die durch die verkehrsberuhigte Innenstadt ziehen, befördern in idealer Weise das Chi, auf das wir im nächsten Kapitel zu sprechen kommen. Die Stadt ist umgeben von sanften Hügeln und lieblichen Tälern, die sich harmonisch abwechseln.

Natürlich haben die moderne Zeit und ihre Architektur Freiburg nicht verschont. Dennoch hat es sein beinahe südliches und beschauliches Flair nicht verloren. Woran mag es nun liegen, dass uns gerade in dieser Stadt das Herz aufgeht? Eine Antwort darauf haben wir in den Archiven gefunden.

Freiburg wurde um 1120 von den Herzogen von Zähringen gegründet und wie andere Städte (Rottweil am Neckar, Neuenburg am Rhein und Bern) nach dem Konzept der »Heiligen Stadt« erbaut. Das heißt: Diese Städte wurden als viergeteiltes Quadrat geplant. Wir finden diese Art des Siedlungsbaus in allen Hochkulturen, bei den Azteken genauso wie im alten China.

Dazu schreibt der englische Geomant Nigel Pennick: »In ihrer reinen Form besteht sie aus einer viereckigen, rechtwinkeligen oder auch manchmal kreisförmigen oder ovalen Stadt, die von einer Mauer umgeben wird, in der es vier nach den Himmelsrichtungen weisende Tore gibt. Nord- und Südtor sind durch eine gerade Straße verbunden, die mit ihrem lateinischen Namen als ›Decumanus maximus‹ bekannt ist, während der Osten und der Westen durch die ›Cardo maximus‹ verbunden sind. In der Mitte war das ›Butterkreuz‹ oder der ›Blaue Stein‹, der ›Omphalos‹ der Stadt. Diese Stelle war in der Tat der Ursprungsort, denn von hier aus legte der Geomant zuerst die Stadt an. Solche Städte waren auf diese Weise in vier Viertel unterteilt, von denen jedes seine eigene Kirche oder Kapelle oder einen geheiligten Platz hatte. Genauso ein System gab es im indischen ›Vastu Vidya‹, wo die Decumanus maximus ›Mahakalapatha‹ und die Cardo maximus ›Rajapatha‹ hießen.«

Feng Shui ist nicht gleich Feng Shui

Sehr viele Berater fühlen sich von der analytischen Seite des Feng Shui angesprochen und behaupten, Feng Shui sei eine exakte Wissenschaft. Doch der Kern von Feng Shui besteht nicht darin, die Ausrichtung der Haustür und die individuellen Glücksrichtungen zu berechnen oder paarweise Flöten an Balken zu befestigen. Immer geht es zuerst um den Menschen und seinen ganz individuellen Weg zur Heilung und Harmonie. Auf diesem Weg kann ihn ein kompetenter Feng Shui-Berater begleiten. Aber die Realität sieht vielfach anders aus. Hier haben vor allem orthodoxe Feng Shui-Berater für Verwirrung, ja Verstörung gesorgt. Das Zentrum ihrer Arbeit ist eben nicht der vollblütige Mensch, sondern die blasse Theorie. Es ist eine Welt gebaut aus Zahlen und Ziffern und der buchstabengetreuen Befolgung eines jeden Gebotes des schier unangreifbaren Lehrers.

Hier setzen viele Fragen unserer Leser und Klienten an. So schrieb uns eine ältere Dame: »Mein Feng Shui-Berater vor Ort hat mir gesagt, dass mein Wohnzimmer in den Bereich des jetzigen Bades gehört und umgekehrt. Würde ich alles so belassen, wie es ist, wäre eine schwere Krankheit die unvermeidliche Folge! Aber bei meiner bescheidenen Rente kann ich mir einen solchen Umbau einfach nicht leisten. Was soll ich denn bloß tun?« Unsere Antwort: Tun durch Nichtstun und solche Vorschläge nicht beachten! Denn hier, wie in vielen anderen Fällen, werden einfach Patentrezepte aus dem klassischen Feng Shui ohne weiteres übernommen. Anstatt Klienten individuell zu unterstützen, versetzt man sie in Angst und Schrecken. Mit Harmonie und der wohlverstandenen Übertragung dieser uralten Lehre in unsere heutige Zeit hat das nichts zu tun.

Historische Ursprünge der Feng Shui-Schulen

Bevor wir in den theoretischen Teil einsteigen, stellen wir Ihnen die beiden wichtigsten Ansätze des Feng Shui vor: die Formen- und die Kompass-Schule. Sie hatten sich einst getrennt voneinander entwickelt und wurden erst gegen Ende des 19. Jahrhunderts vereint. Um die geistigen Grundlagen der Harmonielehre zu verstehen, stellen wir zum Abschluss drei Philosophen und Religionsstifter vor, deren Gedanken die Menschen im »Reich der Mitte« maßgeblich prägten und damit ebenfalls Einfluss auf die Entwicklung des Feng Shui nahmen.

Aus der Frühgeschichte Chinas wissen wir, dass sich die ersten Bewohner des Landes im Süden und im Norden ansiedelten, wo sie jeweils gänzlich unterschiedliche Lebensbedingungen vorfanden. Der Norden war eine eher flache Ebene, karg und windig. Der Süden war geprägt von wundervollen Hügelformationen und gewundenen Flussläufen.

Eine von chinesischen Dichtern oft besungene reiche Landschaft des Südens war die der Provinz Kwangsi. Hier lebte im 9. Jahrhundert der Gelehrte Yang Yün-Sung (ungefähr 840–888 n. Chr.). Er systematisierte die Formenschule und nannte sie »hsing shih«, was wir auch mit der »Lehre der Gestaltung und Anordnung« übersetzen können. Ein anderer, durchaus gebräuchlicher Namen für die Formenschule aber war und ist »Kwangsi« – benannt nach eben dieser Landschaft, in der sie auch entstand.

Yang Yün-Sung schrieb mehrere klassische Werke, gab darin der Form der Berge und den gewundenen Flüssen die Namen, die wir heute noch im Feng Shui verwenden. Der Gelehrte lebte in kriegerischen Zeiten. Das Erstaunliche seiner Theorien war, dass sie sich von der klassischen Bauweise einer Burg oder einer Ansiedlung abwandten. In den Jahrtausenden zuvor pflegten die Menschen ihre Festungen und Städte auf dem Gipfel eines Hügels anzulegen. Hier konnten sie sich am besten gegen ihre Feinde verteidigen. Ganz anders Yang Yün-Sung, für ihn war die beste Lage einer Stadt der Südhang eines Hügels. Dort liegt eine Stadt zwar lichtdurchflutet und vom Wind geschützt, lässt sich aber nur schwer verteidigen. Es scheint, als habe Yang Yün-Sung eher für friedliche Zeiten geschrieben und geforscht.

Während sich also die Formenschule mit der sichtbaren Beschaffenheit einer Landschaft beschäftigt, gingen die Gelehrten der Kompass-Schule einen anderen Weg. Rund 100 Jahre nach Yang Yün-Sung wies ein gewisser Wang Chih Feng Shui eine neue Richtung. Wang Chih war ein früher Verfechter der Kompass-Methode. Er stammte aus dem Norden, aus der Provinz Fukien. So hieß diese Lehre

im Feng Shui auch »Fukien-Schule«. Ein anderer Name – mehr auf die Betrachtungsweise dieser Schule bezogen – lautet »fang wei«. Die ungefähre Übersetzung könnte lauten: Schule der Richtungen und Positionen. Aus heutiger Sicht könnten wir vielleicht sagen: Wang Chih empfand die Formenschule schlichtweg als zu unwissenschaftlich.
Bei ihm wich die oft nüchterne und sachliche Betrachtungsweise der Formenschule, die sich ja stets am sichtbar Vorhandenen orientierte, einer oft mystischen und okkulten Sicht. In dieser Zeit (um 960 n. Chr.) – die Herrschaft der Sung-Dynastie hatte begonnen – finden wir die Wurzel der Acht Trigramme und das »kua«.
Natürlich passte die Kompass-Methode besser in die eher abwechslungsarme Landschaft des Nordens – während die Formenschule dem spannungsreichen Spiel der Natur im Süden entsprach. Es sollte aber gesagt werden, dass sich über viele Jahrhunderte hin die Meister der verschiedenen Schulen nicht eben wohlgesonnen waren. Eine jede pries die ihre als die allein Seligmachende. Erst vor rund hundert Jahren näherten sich die Meister der verschiedenen Lehren einander an. Heute nutzen gutausgebildete Feng Shui-Berater ganz selbstverständlich beide Methoden bei ihren Analysen.

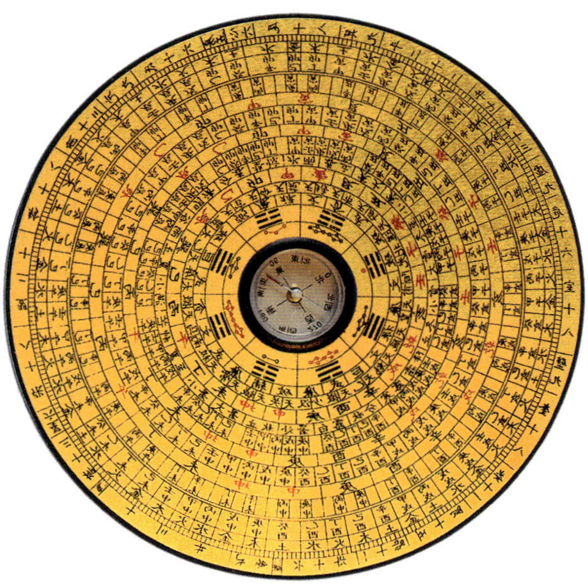

Modell eines klassischen, alten Kompasses, mit dem die alten Feng Shui-Meister jahrhundertelang arbeiteten.

Die Schulen heute

Noch heute hat die Geschichte der verschiedenen Schulen direkte Folgen für das Feng Shui. Gehen wir aber zunächst auf das Verbindende ein. Beide Richtungen basieren auf der Lehre der Energiebewegungen, dem Wechselspiel von Yin und Yang, den Fünf Elementen, den Acht Trigrammen und den Himmelsrichtungen, auf die wir gleich zu sprechen kommen. Der Unterschied ergibt sich lediglich durch Art und Einsatz dieser Feng Shui-Grundlagen und der Tatsache, welchen Bereich man als Ausgangspunkt seiner Betrachtung erwählt.
Wir haben für uns eine Kombination verschiedener Methoden gewählt, die wesentliche Aspekte der Formenschule und der Kompass-Schule beinhaltet. Diesen Ansatz werden wir auch unserem Buch weitergeben.

Die Formenschule

Ausgangspunkt unserer Arbeit ist stets die Formenschule. Welche Strukturen natürlicher oder baulicher Art wirken auf das zu untersuchende Gebäude ein? Diese Fragestellung macht deutlich: Formen wirken, ob wir uns dessen bewusst sind oder nicht. Feng Shui – wie wir es verstehen – möchte aufwecken, sensibilisieren für die Sprache der Formen. Jede Form hat einen Inhalt, der durch sie wirkt und etwas bewirkt. Die »hsing shih-Schule« vertritt das intuitive Feng Shui. Sie hat den Ansatz, anhand von Formen auf deren Wirkungen zu schließen. Deutlich wird das auch in der sinngemäßen Übersetzung des Begriffs Formenschule, der soviel wie: »Schule der Bergspitzen und lebendigen Verkörperung« heißt.

Die Kompass-Schule

Die »fang wei«-Lehre steht eher für den analytischen Ansatz. Hier wird viel Wert auf günstige und ungünstige Richtungen gelegt und das kommt in einer Vielzahl von Formeln zum Ausdruck.
Aus diesem Grund ist gerade die Kompass-Schule bei uns in Europa so sehr beliebt, sie erscheint dem analytisch arbeitenden Verstand logischer.
In der kargen Landschaft des Nordens und Ostens Chinas aber lag es nahe, sich an den Himmelsrichtungen zu orientieren, die natürlich jede für sich andere Eigenschaften hatten. Aus alter Zeit stammen aber auch die zum Teil heute noch fraglos übernommenen Thesen über bestimmte »unglückbringende Konstellationen«. So sagt man zum Beispiel: Eine Haustür, die nach Norden ausgerichtet ist, bringt Unglück. Der geschichtliche Hintergrund sieht so aus: Für die Chinesen stand der Norden für Gefahr, weil hier die Mongolen lebten, die das Land immer wieder überfielen und schließlich ja auch unterwarfen. Auch die Ausrichtung der Tür nach Westen galt als nicht günstig, weil sich hier die Wüste Gobi erstreckt. Und wer hat schon gerne Sand vor der Tür.

Der ursprüngliche Hintergrund der Kompass-Schule aber ist klar und einleuchtend. Jede Himmelsrichtung hat aufgrund der kosmischen Einflüsse (Sonne, Erde, Mond) eine eigene Qualität. So steht der Osten für den anbrechenden Tag, der mit all seinen Möglichkeiten vor uns liegt. Daraus schließt man, dass neue Projekte von der Himmelrichtung Osten unterstützt werden können, weil sie eben für Wachstum und Entfaltung steht. Jedoch ist es nicht damit getan, bei der Hausplanung die Haustür nach Osten zu orientieren oder eine andere für den Bewohner günstige Richtung zu wählen. Was ist, wenn diese Richtungen von engstehenden Wänden benachbarter Häuser blockiert sind, sich dafür aber eine andere Türposition anbietet, die auf eine freie Fläche zeigt und damit genügend Energie ins Haus leiten kann?

Formen- und Kompass-Schule miteinander verknüpfen

Es kann also nicht darum gehen, wie leider so oft praktiziert, unreflektiert irgendwelche Glücksrichtungen auszurechnen und dann blindlings den Kompassvorschriften zu folgen. Immer müssen Kompass- und Formen-Schule miteinander verknüpft werden, damit das Feng Shui stimmt. Fazit bleibt: Die Formen-Schule ist die direktere Schule des Feng Shui. Sie wendet einen höheren Grad an intuitiver Einsicht an, während die Kompass-Schule, die über eine Vielzahl von Formeln und Theorien verfügt, mechanischer vorgeht. Der Gelehrte Chao Fang schrieb einst im »Tsang shu wen ta«: »In der Formen-Schule sind die Prinzipien klar, aber ihre Anwendung ist schwierig ... mit dem Kompass sind die Prinzipien verborgen, aber ihre Anwendung einfach.«

Der Taoismus

Die Mutter aller Feng Shui-Schulen ist jedoch der Taoismus. Denn immer bleibt das Ziel dieser Lehre, die Harmonie von Mensch und Natur zu erhalten beziehungsweise wiederherzustellen. Der Lehrmeister aller Feng Shui-Praktiker ist stets die Natur, nichts kann vollkommener und wissender sein als sie. Um die Gesetze des ewigen Werdens und Vergehens zu entschlüsseln, erforschte man sie, mit dem Anliegen, die hinter den Erscheinungen wirkenden Kräfte zu entschlüsseln. Wer diese Gesetze entdeckt, ist ganz sicher dem wahren Wesen des Lebens auf der Spur. Nun wird es möglich, sich dem Fluss des Lebens hinzugeben und nicht gegen ihn anzuschwimmen, also in Harmonie mit der Umgebung zu leben. Neben dem Taoismus aber beeinflussen auch noch zwei andere Lehren die Welt Chinas und des Feng Shui.

Die drei Säulen Chinas

Die drei Säulen, auf die sich das Denken und Fühlen der Chinesen über mehr als 2000 Jahre hinweg stützen, sind die Philosophen Konfuzius und Laotse sowie der Religionsstifter Buddha, dessen Lehren sich ab dem ersten Jahrhundert nach Christus im Reich der Mitte verbreiteten.

Konfuzius

Wie kein anderer hat der Philosoph Konfuzius (551–479 v. Chr.) die Welt nicht nur interpretiert, sondern zumindest die der Chinesen seit mehr als 2000 Jahren entscheidend geprägt. Durch Konfuzius erhält das bisher magische Weltbild der Chinesen eine ethische Färbung. Sein Grundsatz lautete: »Dschün Dschün Tschen Tschen Dse Dse« – was frei übersetzt soviel bedeutet wie: Verhält sich der Herrscher wie ein wahrer Herrscher, der Vater wie ein wahrer Vater, der Sohn wie ein wahrer Sohn, ist alles gut. Im Grunde genommen wünschte sich Konfuzius den Staat als große, hierarchisch geordnete Familie. Eine Gesellschaft dürfe demnach nicht durch willkürliche Gesetze oder gar eine Militärkaste beherrscht, sondern von gebildeten Beamten geleitet werden. Und diese sollten über die fünf grundlegenden Tugenden verfügen: Güte (ren), Rechtlichkeit (yi), Sittlichkeit (li), Klugheit (zhi) und Zuverlässigkeit (xin). Diese Tugenden sind nicht angeboren, sie müssen anerzogen werden.

Die Lehre des Konfuzius wurde im Laufe der Jahrhunderte von seinen Anhängern immer strenger ausgelegt. Man könnte sagen: Sie basierte letztendlich auf Sitte, Riten und sozialer Ordnung. In ihrer Strenge und Kargheit erinnern Konfuzianer an die christlichen Puritaner. Konfuzius selbst soll ein liebenswerter und heiterer Mensch gewesen sein, der gerne aß, trank und liebte. Ihm erging es wie vielen Philosophen, deren Lehre über die Jahrhunderte hinweg zunehmend verfälscht und am Ende gar menschenfeindlich wurde.

In unserem Zusammenhang ist von Interesse, dass das Chi bei den Anhängern des Konfuzianismus zwar eine große Rolle als Lebensspender spielte, sie dahinter jedoch eine weit größere Kraft vermuteten. Als oberstes Prinzip verehrten die Konfuzianer das sogenannte »Li«, das man in ihrem Sinn als »Urordnung« interpretieren könnte. Und daraus ging für sie alles hervor – auch die Energie Chi. Darauf bezog sich der Spott des Taoisten Chuang-tzu, der einst schrieb: »Konfuzius ... hält den Ast für die Wurzel.«

Laotse

Heute werden Konfuzius und Laotse als Gegenspieler gesehen. Was sehr viel damit zu tun hat, was die Anhänger aus den Lehren der Meister machen. Wir aber meinen, dass sich Konfuzianismus und die Gedanken des Laotse (4. Jahrhundert v. Chr.) eher ergänzten. Bis heute aber wird der nun absolut moralische wie auch rationale Konfuzianismus gemildert durch die Botschaft des Taoismus. Als einer seiner Väter gilt eben der legendäre Lehrer Laotse. Das Werk, in dem seine Gedanken und die seiner Schüler niedergeschrieben sind, wird »Tao-te-king« genannt. Die mythische Gestalt des Laotse verliert sich im Dunkel der Geschichte, um so heller aber strahlt heute seine Lehre. Im Gegensatz zu den Anhängern des Konfuzius glaubt dieser Weise nicht, dass soziale Harmonie durch eine vernunftbetonte Ordnung der Gesellschaft zu erreichen sei, sondern nur durch den Einzelnen, der in Harmonie vor allem mit sich und seiner Umwelt lebt. Während etwa die überzeugten Konfuzianer kaum Interesse an der Natur zeigten, ging es den Schülern Laotses, den Taoisten, darum, das »Tao«, den »Weg« der Natur, zu verstehen. Glücklich im Einklang mit der Natur wird der Mensch nur, wenn das Chi in und um ihn herum ungehindert und frei strömt.

Um es in einem einfachen Bild zu sagen: Der strenge Konfuzianer ist einer, der das Wasser bändigt und einbetoniert, der Taoist dagegen bemüht sich, dem Lauf des Wasser zu folgen. Und hier können wir wieder die Brücke zu unserem Thema schlagen. Es dürfte nun klar sein, dass ein guter Feng Shui-Lehrer vielleicht ein gemäßigter Konfuzianer sein *kann*, aber ein Anhänger des Taoismus sein *muss*!

Buddha

Gänzlich andere philosophische Denkansätze enthielten die Lehren des Buddha. Ihm, dessen Lehre aus Indien über die Berge nach China gelangte, ging es nicht um Ordnung, Sitte und Riten, nicht um die letzten Wahrheiten, die Erkenntnisse über das Universum und seine Beziehung zu uns. Kern seiner Erkenntnisse sind die vier heiligen Wahrheiten: Alles Erleben ist vergänglich und mit Leid verbunden; Leid entsteht durch Verlangen und Begierde; Leid hört erst auf durch das Erreichen der Wunschlosigkeit. Die Wünsche vergehen durch den achtstufigen Pfad: Gutes wollen, reden und leben, Schonung fremden, auch tierischen Lebens und Eigentums, beständige Aufrichtigkeit und das Sich-Versenken. Am Ende eines solchen Lebens steht das Nirwana, das Verlöschen, anstelle immer neuer, tausendfacher Wiedergeburten.

Diese neue Wahrheit, das sogenannte »Dharma«, fand ab dem 6. Jahrhundert n. Chr. auch in China weite Verbreitung. Dort revolutionierte es das Denken und Fühlen der Menschen, deren Glauben bislang davon ausging, dass jedem Menschen nur ein Leben geschenkt wird. Immerhin: Im Taoismus existierte eine sehr ähnliche Vision von der vollkommenen Verschmelzung des Menschen mit dem unendlichen Kosmos als ein Ziel.

Fassen wir zusammen:

- Der Konfuzianismus war der Boden, auf dem die Chinesen fest mit beiden Beinen standen.
- Das Nirwana des Buddhismus war das Ziel, der Himmel, zu dem sie hinaufstrebten.
- Der Taoismus lässt sich als Mittler zwischen Himmel und Erde verstehen, als den Weg, der die Menschen von der Erde hinauf zum Firmament führte.

Die Grundlagen

»Nur der gewundene Pfad
führt dich zur Wahrheit.«

P. T. Maxwell

des Feng Shui

Jede Kultur verfügt über Schlüsselworte, die das Tor zu ihrem tiefsten Wesen öffnet. In der chinesischen Kultur heißt eines »Chi«. Neben diesem grundlegenden Begriff werden Sie auch die übrigen Ebenen kennen lernen, die jeder Analyse-Methode zugrunde liegen. Wir haben den Aufbau dieses Kapitels so gestaltet, dass der enge Bezug, ja der ursächliche Zusammenhang des Chi als Grundlage der Entstehung aller Feng Shui-Theorien deutlich wird. Das immerwährende Wechselspiel von »Yin und Yang«, das dem Rhythmus des Lebens entspricht, war die Vorraussetzung für die Entstehung weiterer Differenzierungen, die durch die »Fünf-Elemente-Theorie« und die »Acht Trigramme«, die wir Ihnen zum Abschluss der Grundlagen vorstellen werden, zum Ausdruck kommen. Alle anderen Systeme, von denen Sie vielleicht schon gehört haben, fußen auf diesen Grundlagen. So auch das »Bagua«, das inzwischen zum wohl bekanntesten Feng Shui-Instrument geworden ist.

In diesem Zusammenhang erscheint es uns wichtig zu erwähnen, dass die in diesem Kapitel vorgestellten Lehren nicht von jeher miteinander verknüpft waren. Vielmehr entstanden sie als eigenständige Theorien unterschiedlichen Ursprungs. So weiß man heute, dass die Trigramme des »I Ging« vor der Fünf-Elemente-Theorie existierten, und man vermutet, dass das siebte Trigramm Li der Anknüpfungspunkt der erst später entstehenden Elemente-Theorie war. Erst in der Zeit der Streitenden Mächte (305–240 v. Chr.) wurde die »Yin-Yang und Fünf-Elemente-Lehre« von Zou Yang und anderen Gelehrten zu einer Lehre zusammengefasst und systematisiert. Grundlage und Verbindung beider wurde der zentrale Begriff Chi, der diesen Lehren erst ihre eigentliche Bedeutung und ihren Sinn verlieh. Was heißt das nun für die Praxis des Feng Shui? Jede dieser Lehren ist für sich gültig, so dass jede allein erfolgreich angewandt werden kann. Allerdings sind manche, so zum Beispiel die Yin-Yang-Theorie, für die differenzierte Analyse zu allgemein, weshalb wir sie mit einer anderen, zum Beispiel mit der Fünf-Elemente-Theorie, kombinieren können.

Auf diese Weise arbeiten wir nicht mehr nur waagerecht, also auf einer Ebene, sondern auch senkrecht. Denn durch die Vernetzung entstehen ja unterschiedliche Ebenen. Dieses analoge Vorgehen ist typisch für alle ganzheitlichen Lehren, wie auch für Feng Shui und zunächst unserem gewohnten linearen Denken entgegengesetzt.

All diese philosophischen Denkansätze sind – vereinfacht ausgedrückt – geistige Instrumente, um im Sinne der Harmonielehre Feng Shui-Disharmonien zu erkennen und wirksam auszugleichen. Damit diese geistigen »Werkzeuge« für uns erfahrbar werden, wurden ihnen im Laufe der Jahrtausende konkrete Erscheinungen aus der Natur, zeitliche Zyklen, Charaktereigenschaften bis hin zu Farben und Formen aus unserem Alltagsleben zugeordnet, die den gleichen feinstofflichen Eigenschaften zugrunde liegen. Am bekanntesten ist die »Fünf Elemente-Theorie«, die die Wandlungsphasen des Chi über die Naturerscheinungen Holz, Feuer, Erde, Metall und Wasser erklärt. Dieser Brückenschlag vom Geist zur Materie ist das eigentliche Geheimnis für die verblüffende Wirksamkeit von Feng Shui.

Die nebenstehende Übersicht zeigt die Hierarchie der Energien.

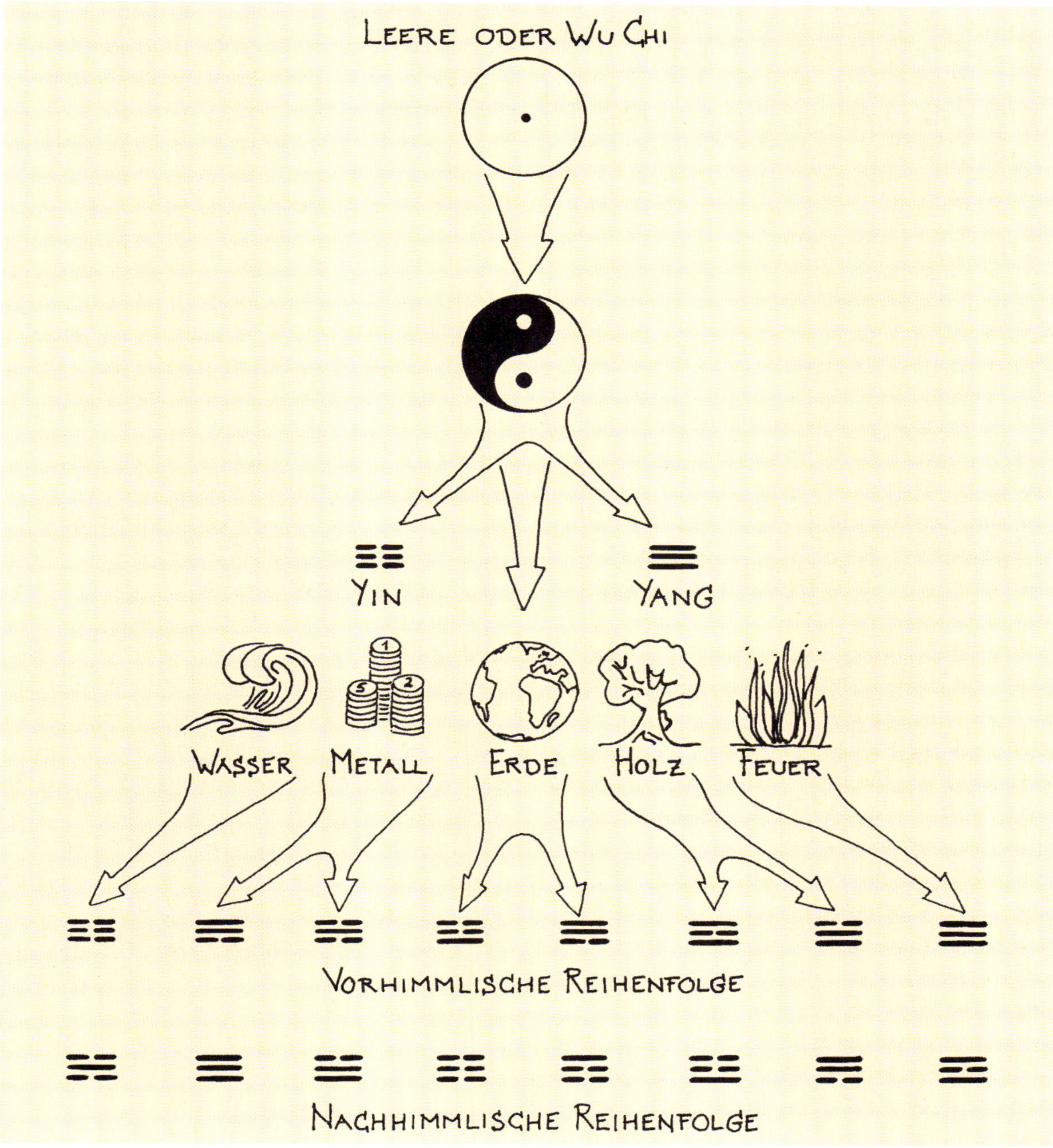
LEERE ODER WU CHI
YIN
YANG
WASSER
METALL
ERDE
HOLZ
FEUER
VORHIMMLISCHE REIHENFOLGE
NACHHIMMLISCHE REIHENFOLGE

Die Lebensenergie Chi

Ein klassisches Zitat sagt: »Wer Chi erkennt, der versteht Feng Shui.« Diese Lebensenergie steht im Zentrum, sie ist Ursprung und Grundlage jeder Feng Shui-Analyse, gleich ob wir uns der Formen- oder der Kompass-Schule zuwenden. Seien Sie sich bewusst, dass alle Formeln, Symbole, alle Elemente, Formen und Farben Verkörperungen und Ausdruck der Energie Chi sind. Wollen Sie Ihr Leben mit Feng Shui bereichern, so sollten Sie lernen, hinter die Welt der Erscheinungen zu schauen, um dadurch Rückschlüsse auf das Fließen und den Wandel des Chi zu ziehen. Chi ist nicht sichtbar, doch wirkt es überall in der Welt, in jedem Baum, jeder Pflanze, jedem Tier und jedem Menschen. Chi ist das vitalisierende Prinzip, das die gesamte Schöpfung verbindet.

Dieses Konzept der Lebensenergie ist kein asiatisches Phänomen. In allen Kulturen weltweit finden wir konkrete Hinweise auf die Existenz dieser Energie – unter anderen Namen. Bei den Indern heißt sie »Prana«, bei den Japanern »Ki« und auch in Europa kennen wir die universelle Energie unter verschiedenen Begriffen: Wilhelm Reich spricht vom »Orgon«, die Physiker von der »Nullpunktenergie« und die abendländische Tradition nennt die Lebensenergie seit Jahrtausenden schlicht den »Geist«. Wer sich in unseren Kirchen umschaut, wird immer wieder auf Gemälde und Statuen mit einem Heiligenschein stoßen. Dieser Schein ist das Strahlen des Geistes über den stofflichen Körper hinaus. Auch hier spiegelt sich der Gedanke der Verwobenseins mit der Welt. Egal, welcher Kultur wir uns zuwenden, der Grundgedanke ist immer gleich: Nichts existiert isoliert, alles ist miteinander verbunden. Das Ur-Wissen aller Kulturen beruht auf einem Kern, auch wenn die Übersetzungen kulturell geprägt und sich deshalb auf dem ersten Blick unterscheiden mögen.

Das vitalisierende Prinzip in anderen Kulturen

In der chinesischen Philosophie heißt es: »Wenn Chi zusammenströmt, entsteht ein Körper, wenn es sich zerstreut, stirbt ein Körper.« Diese Erkenntnis wird auch für uns erfahrbar, wenn wir uns die Frage stellen, was der Unterschied zwischen dem lebenden und dem toten Körper ist. Unmittelbar nach dem Tod hat sich rein stofflich nichts verändert, der Körper ist noch derselbe, und dennoch fehlt etwas – die Seele ist fort. Auf diese Weise benennen wir das individuelle Chi eines Menschen, das gleichzeitig Teil des Ganzen ist. Es bezeichnet das, was das We-

Spiegelt sich die halbrunde Brücke im Wasser, so entsteht ein Kreis – das Sinnbild für die schöpferische Energie des Wassers.

sen eines Menschen ausmacht und sich durch den Körper ausdrückt. Verlässt diese Lebensenergie mit dem letzten Atemzug den Körper, zerfällt er allmählich und wird wieder zu Erde.
Uns fasziniert, wie ähnlich hier die Vorstellungen der Chinesen sind. Für sie bildet das Chi »Hun«, die Hauchseele, und »Po«, die Körperseele. Nach dem Tod kehrt »Hun«, als Yang-Chi in den Himmel (Yang) und »Po«, die Körperseele als Yin-Chi zur Erde (Yin) zurück. Der Begriff »Seele« umfasst hier auch den Körper, weil man weiß, das auch er letztendlich »nur« eine Materialisation der einen geistigen Energie darstellt.

Das Chi in der chinesischen Medizin

Dass dieses philosophische Gedankengut nicht nur ein theoretisches Gebäude ist, beweist die Chinesische Medizin zum Beispiel in der Akupunktur. Sie basiert auf dem Erfahrungswissen, dass Chi auf Leitbahnen, den sogenannten Meridianen, durch unseren Körper fließt und über Akupunkturpunkte harmonisiert werden kann. Ziel dieser Heilmethode ist es, die feinstoffliche Energie zum Fließen zu bringen und Blockaden abzubauen. Denn sie sind die Vorboten von psychischem Unwohlsein und organischen Erkrankungen.
Als chinesische Ärzte vor Jahrtausenden das System der Akupunktur entwickelten, müssen sie bereits erkannt haben, dass jeder menschliche Körper sein ihm eigenes elektrisches Spannungsfeld besitzt. Elektrische Ladungen bewegen sich zwischen Plus und Minus oder Yin und Yang, wie die Chinesen sagen. Bewiesen werden aber konnte all das von westlichen Wissenschaftlern erst in diesem Jahrhundert. Da stand endlich ein hochentwickeltes Messgerät zur Verfügung, das die elektrischen Spannungen im menschlichen Körper in Mikrofarads nachweisen konnte. Der Wiener Physiker Maresch erbrachte in umfangreichen Tests den Beweis, dass der elektrische Hautwiderstand an bestimmten Körperstellen abfällt. Die erstaunliche Erkenntnis: Diese spannungsarmen Stellen stimmten mit den jahrtausendealten Akupunkturpunkten überein.
Nun erst ließ sich wissenschaftlich nachweisen, was die Chinesen schon lange wussten und praktizierten: Bestimmte Punkte auf der Hautoberfläche haben Einfluss auf gewisse Organe und Organsysteme. Sie sind sozusagen die Eingangspforten in den feinstofflichen Kreislauf des Menschen, denn ihr (elektrischer) Widerstand ist geringer. Das macht sie aufnahmefähiger für Impulse von außen, etwa durch eine Akupunkturnadel. Mit der Zeit entdeckte man immer mehr dieser hochsensiblen Punkte. Als man sie ihren Wirkungen entsprechend zusammenfasste, entstand das System der Meridiane.
Der Ansatz der Chinesischen Medizin geht also über die rein organische Ebene hinaus. Sprechen wir zum Beispiel vom Organsystem Leber, so meinen wir in diesem Sinn nicht »nur« das Organ als solches, sondern auch die Energie, die sie befähigt, ihre Entgiftungsaufgaben im Körper zu erfüllen. Die wiederum ist abhängig von unserem Lebenswandel, unseren Einstellungen und Verhaltensweisen. Die Weltsicht, die dieser Medizin zu Grunde liegt, beruht auf dem taoistischen Verständnis des Universums, in dem alles miteinander verbunden ist und voneinander abhängt. Als menschliche Wesen sind wir, wie alles auf der Welt, Teil eines energetischen (mit Energie gefüllten) Universums. Innerhalb

dieses Universums sind unser Körper und der Geist nur unterschiedliche Ausprägungen dieser einen Lebenskraft und können deshalb logischerweise nicht getrennt voneinander betrachtet werden.
Ganz anders betrachtet die westliche, rein wissenschaftlich geprägte Medizin Gesundheit und Krankheit. Sie reduziert den Menschen auf die Funktion einzelner Organe, die von Fachleuten isoliert behandelt werden. Auf diese Weise wird Krankheit zum »Versagen« eines Organs reduziert. So wichtig die von den Spezialisten gewonnenen Erkenntnisse auch sein mögen, es geht dabei die Ganzheit verloren, die alle Organe und Aspekte menschlichen Lebens miteinander verbindet. Denn kein Organ erkrankt isoliert und für sich allein. Denn auch unsere Lebensumstände und die unmittelbare Umgebung beeinflussen uns permanent. In diesem Sinne können wir den Menschen als offenes, sich selbst regulierendes Wesen beschreiben. Offen deshalb, weil wir unser Umfeld beeinflussen, ebenso wie es auf uns zurückwirkt – kurz: Mensch und Umwelt stehen in unmittelbarer Wechselwirkung. Diese holistische Weltsicht erklärt die Wirksamkeit von Feng Shui, das danach strebt, diese Kräfte und ihre Einflüsse auf unser Leben zu verstehen. Zu diesem Zweck wurde die Natur, ihr ewiges Werden und Vergehen, beobachtet – immer mit dem Ziel, die hinter den Erscheinungen wirkenden Kräfte zu entschlüsseln.
Die Kenntnis der Fließgesetze des Chi unterstützt den Feng Shui-Berater dabei, das Lebens- und Arbeitsumfeld seiner Klienten so zu gestalten, dass diese das glückbringende Chi nährt und fördert, stagniertes Chi möglichst gemieden oder ausgeglichen wird. Doch woher wissen wir, wie das Chi sich bewegt, wenn es doch unsichtbar ist?

Chi-Quantität und Chi-Qualität

Äußere Formen in der Natur und im städtischen Umfeld, Farben, Materialien oder Himmelsrichtungen geben wertvolle Hinweise auf die Qualität und Quantität des Chi an einem bestimmten Ort. So können in der Stadt die benachbarten Gebäude, Brücken oder Straßenführungen viel über den Energiefluss des Standortes ausssagen, ebenso wie in der Natur Bachläufe oder Trampelpfade von Tieren auf Energielinien, saftiges vitales Grün auf glückbringendes und verdorrte Felder auf ein niedriges Chi-Niveau hinweisen.
Zur Erleichterung Ihrer Analyse werden wir hier, der Deutlichkeit halber, die Begriffe »Chi-Quantität« und Chi-Qualität« einführen, auch wenn uns bewusst ist, dass beide miteinander verwoben und nur schwer zu trennen sind.

Zur Definition

- Der Begriff **»Chi-Quantität«** beschreibt vorrangig die Energiebewegung. Fragen Sie sich, wenn Sie Ihre Umgebung mit Feng Shui-Augen betrachten: Wie fließt das Chi? Fließt es zu schnell, zu

Das Chi bewegt sich sanft und wellenförmig.

langsam oder stagniert es und wird zu Sha? Dieses grundlegende Prinzip von Chi und Sha hat im Feng Shui absolute Priorität. Es ist die Grundlage, auf der jede weiterführende Analyse erfolgt.

- Der Begriff **»Chi-Qualität«** erlaubt darüber hinaus eine genauere Spezifizierung und beantwortet die Frage: Welche Art von Chi beeinflusst den Standort? Die nähere Bestimmung der Chi-Qualität kann über die Fünf-Elemente-Theorie, die Trigramme, die Himmelsrichtungen usw. erfolgen.

Die Fließgesetze der Energie Chi

Die Natur kennt keine geraden Linien und ebenso fließt auch das glückbringende Chi: Es bewegt sich sanft wellenförmig, wie ein mäandernder Fluss in seinem natürlichen Bett. Solch ein Fluss wird die angrenzende Vegetation nähren, weil er einerseits nicht zu schnell fließt und die Erde fortspült, andererseits aber auch nicht stagniert und sich in ein stehendes Gewässer verwandelt. Auf die gleiche Weise sollte die Chi-Energie unser Lebensumfeld umspielen und aufladen. Dann hat es, wie man so schön sagt, gutes Feng Shui.

Das Sha

Gerät Chi aus seiner harmonischen natürlichen Bewegung, entsteht Sha-Energie. Sha ist ganz einfach gesagt fehlgelenktes, also beschleunigtes, mangelhaftes oder stagniertes Chi. Und das sollten wir meiden, wenn wir harmonisch mit Feng Shui leben wollen.

Sha ist nichts Unveränderliches oder gar »Böses«. Chi und Sha sind lediglich verschiedene Ausdrucksformen ein und derselben Energie. Deutlich wird das in der Bezeichnung »Sha-Chi«, wie das Sha auch genannt wird. Steht das vitale Chi für Ausgewogenheit und Harmonie, beschreibt Sha die Abweichungen von der harmonischen Mitte. Entsprechend seiner Eigenschaften unterscheiden wir Sha in beschleunigtes und geradliniges (yang-geprägt) und stagniertes Sha (ying-geprägt).

Die Sha-Arten

Lassen Sie uns nun einige Feng Shui-Begriffe vorstellen, die die unterschiedlichen Arten des Sha beschreiben. In einigen Büchern werden sehr drastische Worte mit dem Sha verbunden und vielleicht haben ja auch Sie schon davon gehört, dass Ecken »töten« können oder wie man den »tödlichen Hauch« ableitet. Wie auch immer wir das Sha nennen, es beschreibt stets das gleiche Prinzip: Chi fließt nicht mehr schlängelnd.

Versteckte Pfeile

Sie gehen von vorspringenden Ecken und Kanten aus. Sie vermögen durch ihre Geradlinigkeit und Beschleunigung Ansammlungen von vitalem Chi zu durchdringen. Saßen Sie bei einer Einladung schon einmal an der sogenannten »Besucherecke«? Wenn ja, wissen Sie, wie unbehaglich Sie sich gefühlt haben. Der Grund: Die Tischecke bedingt das Entstehen unsichtbarer Energiepfeile, die uns permanent attackieren und unser Wohlbefinden stören. An solch einem Platz bleibt man nur so lange sitzen, wie unbedingt nötig.

Versteckte Pfeile gehen aus von:

- Ecken und Kanten von Möbeln
- Deckenbalken und Stützpfeilern
- Dach- und Hauskanten von Nachbarhäusern, die direkt auf Ihr Haus zeigen
- Kirchturmspitzen, Laternenmasten usw.
- schroffen, kantigen Bergen

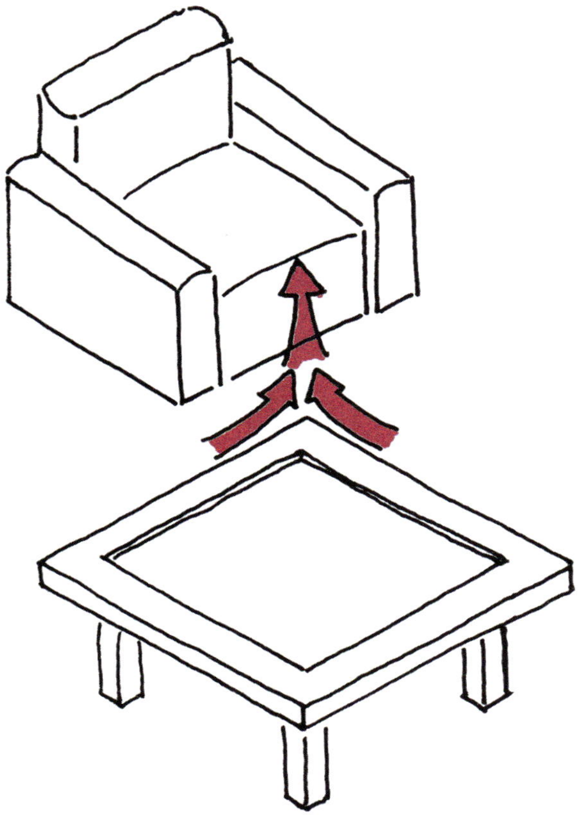

Die Tischecke versendet versteckte Pfeile.

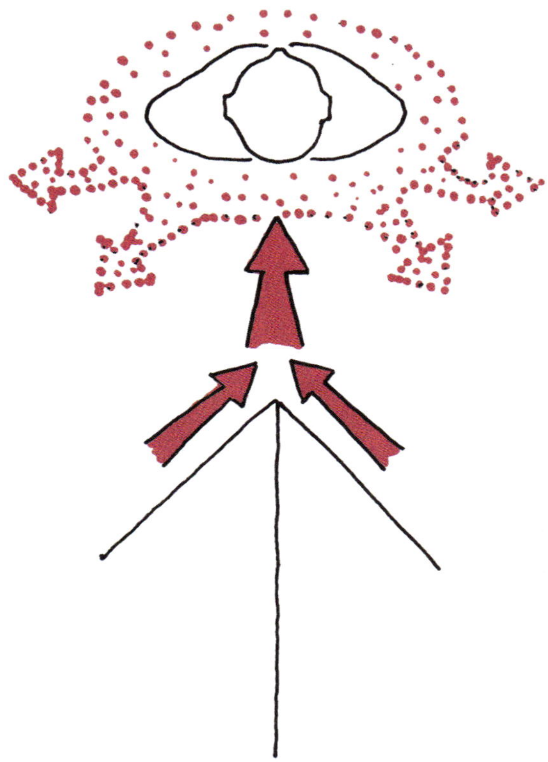

Versteckte Pfeile können die Aura des Menschen verletzen, denn sie zerstreuen Energieansammlungen.

Ebenso ungünstig sind senkrechte und waagerechte Kanten, wie sie zum Beispiel von Regalen oder Schränken ausgehen. Sie werden mit der schneidenden Kraft eines Schwertes verglichen, weshalb sich auch der Ausdruck »schneidendes Chi« etabliert hat. Arbeitet man mit dem Rücken vor einer Schrankkante, trifft diese aggressive Energie auf uns und beeinflusst unser Befinden maßgeblich. Wir werden uns gestört fühlen und wesentlich mehr Kraft aufwenden müssen, um uns zu konzentrieren.

Energieautobahnen

Sie entstehen durch räumliche Strukturen, die das Chi in eine gerade Bewegung zwingen mit der Folge, dass es stetig an Eigendynamik zunimmt und sich permanent beschleunigt. Einen Eindruck bekommen wir von der Wirkung, wenn wir uns einen Tunnel vorstellen, in dem wir stehen. Durch die lange und schmale Form entsteht ein Windkanal, den wir als Zugluft spüren. Energieautobahnen beschreiben das gleiche Prinzip, allerdings auf der feinstofflichen Ebene. Deshalb sind die Wirkungen nicht unmittelbar körperlich spürbar, beeinflussen aber dennoch unser emotionales Wohlbefinden.

Energieautobahnen entstehen:

- auf langen und engen Fluren und in ebensolchen Räumen
- zwischen Tür und Tür, Fenster und Fenster sowie Tür und Fenster
- auf schnurgeraden Straßen und Wegen, geradlinig verlaufenden Flüssen, geraden Brücken, Bereichen zwischen eng stehenden Häusern usw.

Die oben genannten Sha-Arten stehen für das *yanggeprägte Sha*, denn sie alle haben eines gemeinsam: die Energie fließt zu schnell, zu geradlinig.

Das *yin-geprägte Sha* steht für Stagnation und Mangel. Chi stagniert, wenn es sich nicht mehr erneuern und Verbrauchtes nicht mehr abgeben kann. Deshalb sind Abstellkammern und Räume ohne Fenster potentielle Quellen von Yin-Sha. Darüber hinaus finden wir auch innerhalb von Räumen Bereiche, die zur Stagnation neigen, zum Beispiel die Zimmerecken. Überlegen Sie einmal selbst, wenn Sie etwas verstauen wollen, dann stellen Sie es gerne dort ab.

Um Stagnation zu vermeiden, achten Sie auf:

- Zimmerecken
- Abstellkammern (Stauraum)
- Räume, die nur über eine Tür, aber kein Fenster verfügen
- Räume, die nicht oder nur sehr selten bewohnt werden
- Häuser, die lange Zeit leer stehen
- jede Art von Unordnung (materialisierte Stagnation)
- übervolle Mülltonnen
- tiefe Senken oder eingeschlossene Standorte
- sehr windige Orte (Chi kann sich nicht halten, wird zerstreut, was zu einem Mangel an Chi führt).

Weitere Quellen von Sha-Energie sind:

- Stromleitungen, Trafohäuser, Umspannstationen, Sendemasten und Bahngleise
- geopathologische Zonen
- Gesteinsverwerfungen, Wasseradern, Erdspalten, Senken, Strudel oder Vulkane
- die unmittelbare Nähe von Friedhöfen und Krankenhäusern (symbolisieren ein Übergewicht an Yin-Energie, weil sie mit Krankheit und Tod in Verbindung stehen).

Chi und Sha in der Praxis

Während die Chi-Energie für Harmonie und Ausgewogenheit steht, ist der Sha-Zustand durch Mangel, Stagnation oder zu starke Beschleunigung gekennzeichnet. Eigentlich ist Feng Shui die Lehre von den Energiebewegungen. Sind wir in der Lage, in unserem Lebensumfeld viel vitales Chi anzuziehen, so werden wir auch Erfolg im Privat- und Berufsleben haben und damit Glück und Wohlstand anziehen.

An einem von Sha-Energie bestimmten Ort dagegen können wir kein glückliches und erfülltes Leben führen, denn beides, der Mangel an gesundem Chi, aber auch der Überfluss in Form von beschleunigtem Sha-Chi, muss sich in unserem Leben spiegeln. So wird ein Energiemangel sich in einem Verlust an Kraft oder gar Stagnation in bestimmten Lebenssituationen zeigen. Ebenso kann ein Energieüberfluss die Ursache dafür sein, dass wir unsere Kräfte zerstreuen und uns nicht mehr auf ein Ziel konzentrieren können – mit der Folge, dass unsere Chancen »hinwegfließen«. Sitzen wir darüber hinaus mit unserem Schreibtisch inmitten einer Energieautobahn, so werden wir mehr Energie aufwenden müssen, um unsere Aufgaben erfüllen zu können. Leben wir in einem Haus mit vielen versteckten Pfeilen, die uns permanent attackieren, so könnten häufige Streitigkeiten oder gar ein Auseinandergehen der Familie die Folge sein.

Energiebewegung in Räumen

1. Die Energie Chi soll sich sanft schlängelnd durch den Raum bewegen.

2. Liegen Türen und Türen, Fenster und Türen oder Fenster und Fenster unmittelbar gegenüber, so beschleunigt sich das Chi, und es kommt zur Energieautobahn. Die Energie muss also gebremst und wieder in den natürlichen Fluss gebracht werden (diagonal gelegte Teppiche, quergestreifte Teppiche, geschickt platzierte Pflanzen, Fenster symbolisch schließen).

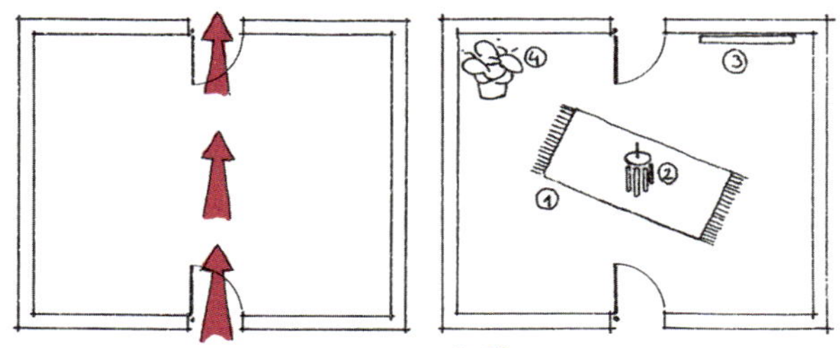

3. Auch in langen und schmalen Fluren oder Zimmern beschleunigt sich aufgrund der räumlichen Situation die Energie. Vergleichbar ist das mit dem

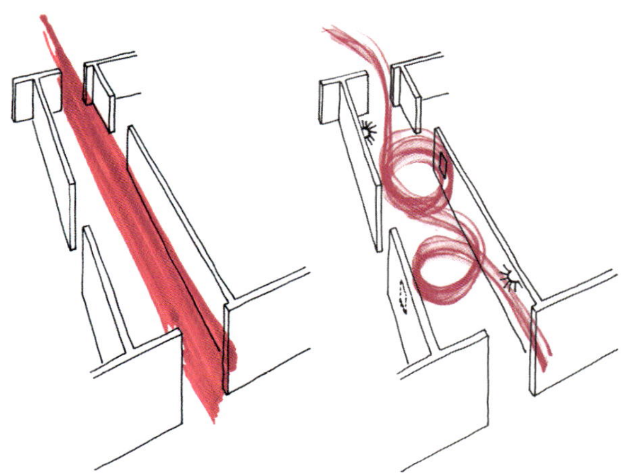

»Tunnel«, in dem es immer zieht. Der energetische Zug ist hier allerdings sehr subtil.
Abwechselnd links und rechts versetzte Bilder, Lampen oder Pflanzen, quergestreifte oder gemusterte Teppiche, bremsen das Sha und bringen Chi wieder in den natürlichen Fluss zurück.

4. In jeder Ecke stoßen die Energien aus zwei Richtungen zusammen und lassen versteckte Pfeile entstehen, die geradezu in den Raum schießen. Vor oder an Ecken sollte man sich deshalb nicht aufhalten. Die unsichtbaren Pfeile attackieren permanent und zerstreuen das Chi. Das kann sich in Nervosität, Aggressivität, Konzentrations- und Schlafstörungen bemerkbar machen. Ein gutes Beispiel ist die Besucherecke am Tisch, an der nie jemand sitzen will. Man schafft hier den Ausgleich durch das Abrunden der Ecken oder Verdecken mit Pflanzen.

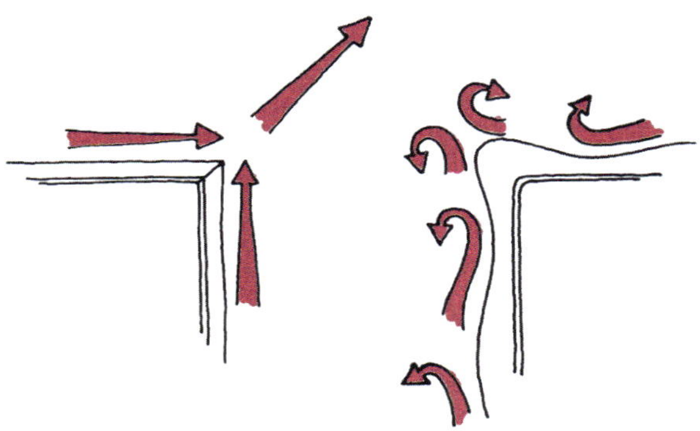

5. Eine ähnliche Wirkung entsteht bei Kanten zum Beispiel von Regalbrettern. Sie erzeugen ebenfalls schneidendes Chi, das jedoch – anderes als bei Ecken – aufgrund des Kantenverlaufs über die gesamte Kante abgestrahlt wird.
Abgerundete Kanten sowie Rankpflanzen, Bänder und Borten mildern die negative Austrahlung.

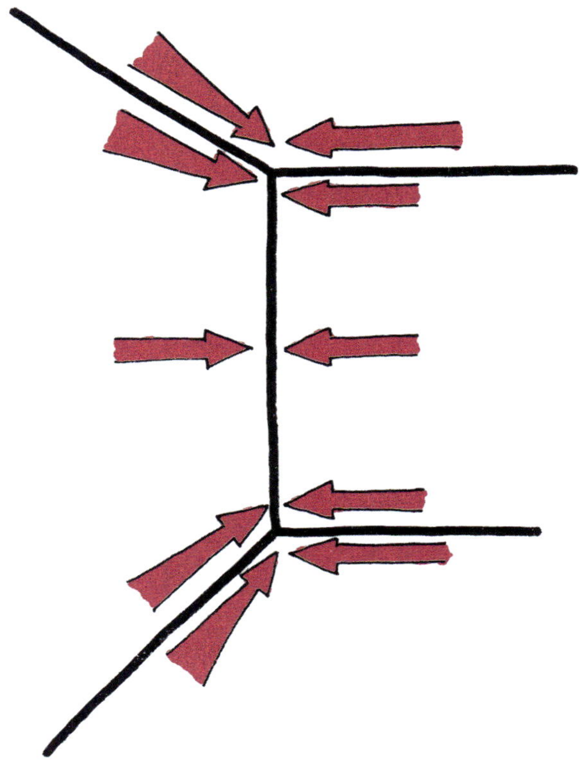

6. In Raumecken stagniert die Energie. Durch die beiden rechtwinklig aufeinandertreffenden Wände entsteht ein Vakuumeffekt. Sitzen wir im Einflussbereich einer solchen Ecke, wird permanent Energie abgesaugt.Diese Raumecken sollten gefüllt werden. Ideal wäre ein Eckschrank, Licht, hohe Pflanzen oder senkrechte Stoffbahnen. In alten Häusern finden wir häufig noch die abgerundeten Wandkanten und Raumecken. Es erstaunlich, wie diese Technik Räume verzaubert. Sogar gerade gebaute Häuser wirken auf Anhieb belebt und strahlen eine Wohlfühlatmosphäre aus. Diese ebenso schöne wie sinnreiche Tradition nehmen wir bei der Planung von Feng Shui-Häusern stets mit auf.

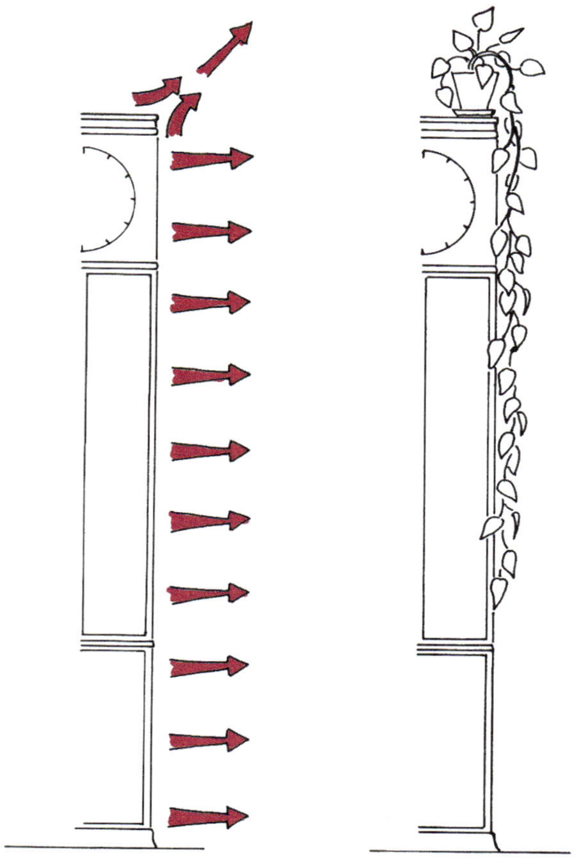

Von den Kanten dieser Standuhr gehen versteckte Pfeile aus. Sie wurden durch eine Rankpflanze harmonisiert.

Zusammenfassung

Gleichgültig welcher Feng Shui-Schule wir folgen, das Wesentliche bleibt stets das Wirken des Chi. Der Feng Shui-Berater analysiert die Landschaft, die Stadt oder das Haus nach dem Vorhandensein dieser Lebensenergie. Dabei ist sein Hauptanliegen, positive Einflüsse zu verstärken und nachteilige auszugleichen oder zu mildern. Sein Ziel: das Erkennen des Chi-Gehaltes eines Ortes. Ist er nicht optimal, kann mit entsprechenden Gestaltungsprinzipien nachgeholfen werden. Die Chinesen gingen einst so weit, dass sie fehlende Berge einfach aufschütteten, natürlich immer unter Berücksichtigung der in der Natur vorhandenen Energielinien. Entscheidend ist also die Menge und Qualität des fließenden Chi am Standort, und ob es sich sammeln kann oder zerstreut wird.

Chi, die Lebensenergie, fließt sanft wellenförmig wie ein sich schlängelnder Bach. Sha ist fehlgelenktes Chi und entsteht, wenn Chi sich nicht mehr in seinen natürlichen Bahnen bewegen kann.

Sha-Einflüsse müssen immer ausgeglichen werden!

Man unterscheidet:

- Yang-Sha: Geradlinige, beschleunigte Bewegung, versteckt Pfeile, Energieautobahnen
- Yin-Sha: Niedriges Chi-Niveau und/oder mangelhafte oder stagnierte Energiebewegung

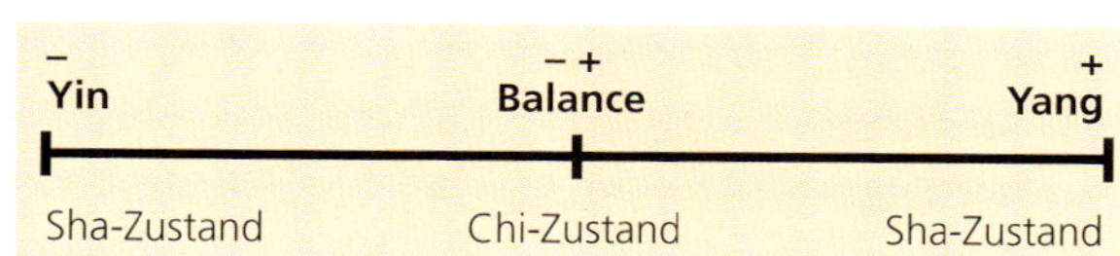

Übung zum Erspüren des Chi

Beobachten Sie bei Ihrem nächsten Spaziergang die Umgebung einmal mit anderen Augen. Öffnen Sie sich innerlich und fühlen Sie die Einflüsse der Umgebung. Spüren Sie, wo sich vitales Chi befindet, wo es stagniert. Zur Unterstützung dieser Übung sollten Sie während des Spazierganges die Hände öffnen (mit der Handfläche nach unten), auf diese Weise können Sie diese feinstofflichen Informationen leichter empfinden. Bedenken Sie, die Hände und auch die Füße sind direkte Kontaktorgane, die permanent mit der Umwelt in Verbindung stehen.

Yin und Yang

In alten Überlieferungen finden wir die wörtliche Übersetzung für Yin »bedecktes Wetter an einer Bergseite« und Yang »Sonnenseite eines Berges«. Mit diesen sehr anschaulichen Wortbildern verbinden wir sofort Eigenschaften, die uns die gegensätzlichen Kräfte Yin und Yang näher bringen. Stellen wir uns den Berg vor, so wissen wir: An seiner Schattenseite wird es eher kühl und dunkel sein, der Boden ist feucht, es ist still. Auf der sonnigen Seite herrscht eine lebhafte Stimmung, Insekten summen, Vögel zwitschern, es ist warm, hell und trocken. Beide Seiten des Berges existieren nebeneinander und bedingen einander, sie sind zwei Seiten und zusammen Eins. Über eine größere Zeitspanne gesehen stehen die Bergseiten symbolisch für den Wechsel von Tag und Nacht und – erweitern wir das Zeitmaß – wird Yang mit dem Sommer und Yin mit dem Winter verbunden. Die Bedeutung der chinesischen Bildersprache bliebe gleich, weil die Energien Yin und Yang für das immerwährende Wechselspiel aller Erscheinungen der sichtbaren und unsichtbaren Welt stehen. Denn die Yin-Yang-Theorie geht von der Wahrnehmung eines allumfassenden und deshalb allen Dingen innewohnenden Charakters der Gegensätzlichkeit und gegenseitigen Ergänzung aus. Durch die unterschiedlichen Zustände beider Energien entsteht zwischen ihnen eine Spannung, die die Bewegung und damit das Leben ermöglicht. Den Rhythmus des Lebens finden wir überall: im Wechsel von Tag und Nacht, im Wandel der Jahreszeiten, ebenso auf der physisch-psychischen Ebene. Denn jedem Einatmen muss das Ausatmen folgen, erlischt dieser Rhythmus, sind wir nicht mehr lebensfähig. Die Yin-Yang-Theorie zählt zu den ältesten Ordnungssystemen Chinas. Allerdings ist davon auszugehen, dass sie bis zur Zhou-Dynastie wohl »nur« Erklärung und Ausdruck äußerer Naturphänomene war, jedenfalls haben wir bis zu diesem Zeitpunkt keine Aufzeichnungen entdeckt, die den heutigen philosophischen Hintergrund beschreiben. Erst später wurde sie – so vermutet man – mit dem Begriff des Chi verbunden und erlangte auf diese Weise ihre allumfassende philosophische Bedeutung.

Anhand der folgenden Tabelle, die noch unendlich erweitert werden könnte, wird deutlich, dass die Vorstellung von Yin und Yang alle Erscheinungen der materiellen und geistlichen Welt durchzieht.

Yin	**Yang**
Erde	Himmel
Winter	Sommer
rund, oval	spitz
weiblich	männlich
innen	außen
Nacht	Tag
Ruhe	Aktivität
Schatten	Licht
Schwarz	Weiß
Intuition	Intellekt
tief	hoch
Kälte	Hitze
unten	oben
weich	hart
emotional	rational

Die Geburt von Yin und Yang

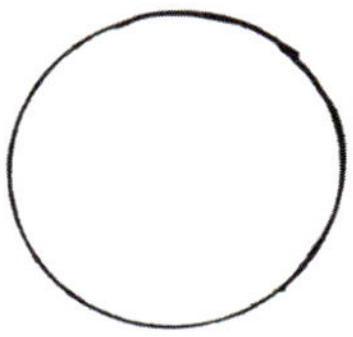

Yin und Yang sind in der Chinesischen Philosophie einst aus der Urenergie, dem Wu-Chi, entstanden. Diese Urenergie haben wir als allumfassende, unstrukturierte Einheit zu verstehen, die deshalb das Potential aller Möglichkeiten enthält. Dargestellt wird die Urenergie von einem leeren, umschlossenen Kreis, der mit dem unbefruchteten Ei verglichen wird.

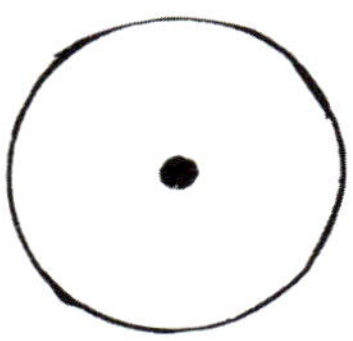

Wird das Ei befruchtet, findet eine Transformation statt, Leben entsteht. Die unbegrenzte Einheit des leeren Kreises beginnt sich zu differenzieren und eine Form (hier ein Kreis mit einem Punkt in der Mitte) anzunehmen.

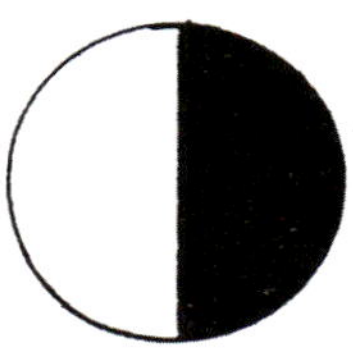

Nun wachsen die zwei unterschiedliche Potentiale, bis der gesamte Kreis von ihren Kraftfeldern ausgefüllt ist. In diesem frühen Stadium der Entwicklung ist noch keine Bewegung enthalten, die Potentiale gleichen eher einem Magnetfeld, dessen Kräfte sich vollständig ausgleichen und aufheben. In alten Überlieferungen wird dieser Zustand durch den zweigeteilten Kreis beschrieben.

Die polaren Kräfte entfalten sich weiter. An der einen Stelle drängt das Yang vor, das Yin weicht zurück, auf der anderen Seite aber entfaltet das Yin seine Energie, und das Yang nimmt ab. Die ineinanderfließenden Kräfte von Yin und Yang bewegen sich im Gleichgewicht. Inmitten beider befindet sich jeweils ein kleiner Kreis, die Energie des Gegenpols. Durch das wechselseitige Spiel der Kräfte ist Bewegung und damit Leben entstanden – die »zehntausend Dinge«, wie Laotse sagt, sind geboren.

Yin und Yang sind voneinander abhängig, keines kann ohne das andere existieren: Kein Licht ohne Dunkelheit, kein Tag ohne Nacht, kein Leben ohne Tod und kein Mann ohne Frau. Alle Erscheinungen der materiellen und nichtmateriellen Welt sind durch Yin und Yang in unterschiedlichen Ausprägungen entstanden. Doch keines ist rein Yin oder Yang, jedes Yin trägt immer einen Anteil Yang in sich, jedes Yang ein Keim von Yin. Dieser Gedanke wird auch im klassischen Yin-Yang-Symbol deutlich, wenn wir im schwarzen Yang den hellen Punkt für Yin finden und umgekehrt.
Oberstes Ziel des Feng Shui ist die Erlangung des Gleichgewichts von Yin und Yang. Dieses Gleichgewicht wird »Tao« genannt und bedeutet »der Weg«. Diesen Weg der Harmonie kann der Mensch durch sein bewusstes Tun (oder Nicht-Tun) beschreiten, zur rechten Zeit, im Einklang mit Himmel (Yang) und Erde (Yin), den Kraftfeldern, zwischen denen er sich bewegt.
Zwei typische Beispiele sollen verdeutlichen, dass bei aller Gegensätzlichkeit der Welt immer eine Einheit existiert:

1. Das Wort »pharmacon« entstammt dem Griechischen. Es hat eine Doppelbedeutung und steht einerseits für »Gift« andererseits für »Heilmittel«. Aus der Praxis wissen wir längst, dass es immer auf das richtige Maß ankommt, ob etwas heilt oder tötet.
2. Auch im Englischen kennen wir ein Wort, das

Gegensätze verbindet: »without« heißt wörtlich übersetzt »mitohne«, auch wenn es heute nur »ohne« bedeutet. Sehr häufig wird dieses »without« in Verbindung mit einer gescheiterten Liebesbeziehung verwendet – aber auch bei einer Trennung durch den Tod. Auch wenn jemand geht, sei es nach einer beendeten Beziehung oder gar aus dem Leben, immer wird ein Stückchen von ihm bei uns bleiben. Ja, wir sind wahrhaftig »mitohne« ihn oder sie.

Ein körperliches Yin-Yang-Phänomen, das alltäglich in uns wirkt und in der modernen Medizin seit vielen Jahren unter die Lupe genommen wird, wollen wir Ihnen ebenfalls näher bringen. Denn die polaren Kräfte Yin und Yang lassen sich auch auf die modernen Erkenntnisse der Hirnforschung übertragen.

So wissen wir, dass die linke Gehirnhälfte die rechte Körperseite steuert, die rechte Hirnhälfte die linke. Deshalb ist die linke Seite des Gehirns yang-gesteuert und verantwortlich für die Logik, für das Lesen, Schreiben und Rechnen, die Analyse und das lineare Denken. Die rechte Seite dagegen wurde viele Jahre von der medizinischen Forschnung eher herablassend behandelt, denn sie steuert die Emotionen und damit das wissenschaftlich nicht Meßbare. Mit der rechten Gehirnhälfte »verstehen« wir die Musik, erkennen Muster, leben unsere Emotionen. Sie stellt also den Teil dar, der gerne als »irrational« abgetan wird.

Wir wissen: Ein »ganzer Mensch« können wir nur sein, wenn beide Hälften unseres Gehirns miteinander im Einklang sind. Körperlich spiegelt sich das im sogenannten »Balken« dem »corpus calosum«, wider, der beide Gehirnhälften verbindet. Was aber geschieht, wenn Yin und Yang in unserem Hirn nicht mehr im Gleichgewicht sind, der »Verbindungsbalken« zwischen den Hemisphären unterbrochen wird? Dazu ein Zitat aus dem Standardwerk »Krankheit als Weg« von Thorwald Dethlefsen und Rüdiger Dahlke:

»Die Medizin versuchte in der Vergangenheit, verschiedene Symptome wie zum Beispiel Epilepsie oder unerträgliche Schmerzen, dadurch zu begegnen, dass man diesen Balken chirurgisch durchschnitt und somit alle nervalen Verbindungsbahnen der beiden Hemisphären unterbrach. So gewaltig dieser Eingriff anmutet, so zeigen sich doch nach einem solchen Operation auf Anhieb kaum nennenswerte Ausfälle. Auf diese Weise entdeckte man, dass offensichtlich die beiden Hemisphären zwei recht eigenständige Gehirne darstellen, die auch unabhängig voneinander ihre Arbeit tun können. Unterzog man jedoch die Patienten, bei denen die beiden Hemisphären getrennt worden waren, genaueren Testbedingungen, so zeigte sich immer deutlicher, dass sich beide Hemisphären in ihrer Eigenart und Zuständigkeit sehr deutlich unterscheiden. Wir wissen ja, dass sich die Nervenbahnen lateral überkreuzen, die rechte Körperhälfte des Menschen von der linken Gehirnhälfte gesteuert wird und vice versa die linke Körperhälfte von der rechten Hemisphäre. Verbindet man solchem obengenannten Patienten die Augen und gibt ihm beispielsweise einen Korkenzieher in die linke Hand, so kann er diesen Gegenstand nicht benennen, das heißt, er kann den Namen nicht finden, der zu diesem ertasteten Gegenstand gehört, aber es macht ihm keinerlei Schwierigkeit, ihn richtig anzuwenden. Diese Situation dreht sich um, wenn man ihm den Gegenstand in die rechte Hand gibt: Nun weiß er den richtigen Namen, kennt aber den entsprechenden Gebrauch nicht.«

Wie der »Balken« linke und rechte Gehirnhälften verbindet, so liegt zwischen den sich ergänzenden Polen Yin und Yang die Mitte und damit die Wahrheit. Die Chinesen suchten stets nach dem Verbindenden, dem Tao. Dieses Tao gilt es auch im alltäglichen Leben zu finden, denn es spiegelt sich in all unseren Handlungen und Emotionen wider. So sind Angst (Yin) oder Übermut (Yang) Ausprägungen einer Energieform und die Mitte findet sich in diesem Fall im klugen Mut!

Kopf und Bauch

Wie sehr der Gedanke um die Bedeutung der Mitte das Denken der Chinesen beeinflusste, zeigen uns auch die dickbäuchigen Buddhafiguren. Es sind ja symbolische Darstellungen, die nicht etwa sagen sollen, dass dieser Erleuchtete ein heiterer Fettwanst gewesen sei, sondern dass in seiner Mitte, um den Bauchnabel herum, Yin und Yang besonders stark ausgeprägt waren. Deutlich zeigen sich auch die Unterschiede zwischen dem »verkopften« Westeuropäer und dem Yin-Yang-orientierten Chinesen, wenn wir die unterschiedlichen Methoden betrachten, mit denen Menschen in einer ausweglosen Situation ihrem Leben ein Ende setzen. Der Europäer schießt sich zum Beispiel in den Kopf – der Chinese stößt sich ein Messer in den Bauch. Nun kann er zumindest noch am Ende die erlösende Mitte finden.

Yin und Yang, die beiden kosmischen Energien, sind in allen Dingen sichtbar, die uns umgeben. Yin ist die Erde und der Schatten, Yang der Himmel und das Licht.

Yin und Yang in der Praxis des Feng Shui

Die bewusste Miteinbeziehung des Wechselspiels polarer Energien stellt ein wesentliches Feng Shui-Gestaltungsmittel dar. Es ist selbstverständlich, die Planung und Einrichtung eines Raumes seinem Zweck anzupassen. So sollte ein Schlafraum beruhigend, also Yin-betont gestaltet sein, ein Arbeitsraum dagegen ein Übergewicht an Yang-Energie haben und zur Arbeit anregen. Das kann über das Wechselspiel von Licht und Schatten, eine entsprechende Farbgestaltung und durch bestimmte Materialien oder Formen geschehen. So sollten im Schlafzimmer weiche, sanfte Formen dominieren und die Farben gedeckt gehalten sein. Es wird die Stimmung vermittelt, die dem Zweck des Raumes entspricht – in diesem Fall dient er der Beruhigung und Entspannung.

Ein Arbeitsraum braucht hingegen gestalterische Impulse, hier dürfen die Farben aktiver und die Formen anregender sein. So können müde und antriebsschwache Menschen ruhig »zackige« Accessoires in Form von Dreiecken oder kräftigen Farben in ihr Arbeitszimmer integrieren. Bei der Gestaltung eines Raumes muss jedoch immer die Individualität des betreffenden Inhabers miteinfließen. Es versteht sich von selbst, dass ein nervöser, überaktiver Mensch nicht mit Rot zusätzlich aufgeregt werden soll. Für ihn wären Gelb-, Grün- oder Grün-Blautöne geeignete Farben, um zu einer entspannten und ruhigen Arbeitsweise zu gelangen. Ein anderer Ansatzpunkt ist die Fünf-Elemente-Theorie des Feng Shui, die jedem Menschen bestimmte stärkende oder schwächende Farben und Formen zuordnet. Näheres dazu finden Sie in den Kapiteln: »Die Fünf-Elemente-Lehre« (Seite 46) und »Das individuelle Feng Shui« (Seite 220).

Yin und Yang lässt sich auch in der Wahl und Anordnung der Möbel erkennen. Wird ein Raum vorrangig mit hohen Möbeln eingerichtet, so spiegelt er eher das Yang-Potential wider, niedrig möblierte Räume stehen für Ying-Qualität. Ein typisches Beispiel sind orientalische Zimmer, in denen sich das Leben und Arbeiten hauptsächlich auf dem Fußboden abspielt. Der intensive Kontakt zu ihm drückt sich auch in der Tradition aus, vor Betreten des Raumes die Schuhe auszuziehen.

In der Praxis sollten wir darauf achten, dass keine Qualität zu stark betont oder unnötig geschwächt wird. Beim Betreten eines Raumes erkennt man seine Qualitäten – ist eher Yin oder Yang zu spüren? Was braucht der Mensch gerade in diesem Raum? So lassen sich mit horizontaler und vertikaler Gliederung (hohe, schmale und breite, niedrige Bilder, hohe und niedrige Schränke, diffuses Licht und Lichtstrahler, stehende Dreiecke und umgekehrte Dreiecke usw.) Impulse schaffen. Farben, Formen und Materialien können mehr Yin- oder mehr Yang-Qualitäten haben. Die bewusste Auswahl der Gestaltungsmittel kann die Eigenschaften des Raumes unterstützen.

Yin	**Yang**
kalt	warm
matt	glänzend
weich	hart
niedrig	hoch
zusammenziehend	ausbreitend
dunkel	hell

Materialien

Mehr Yin: Fell, Teppich, Sisal, Kork, Weich- und Hartholz, Marmor
Mehr Yang: Granit

Farben:

Mehr Yin: Schwarz, Blau, Violett, Grün, gelb, Orange
Mehr Yang: Rot

Formen:

Mehr Yin: Wellenlinien, Kreis, Oval, liegendes und stehendes Rechteck, Quadrat
Mehr Yang: Dreieck

Yin und Yang in der europäischen Baukunde

In der Nähe unseres Wohnortes steht eine uralte Mauer. Sie wurde irgendwann zu Beginn des 17. Jahrhunderts am Weinberg errichtet. Längst haben sie Wurzeln und anderes Rankwerk durchdrungen, Moos hat sich angesetzt – und doch steht sie stark und fest wie einst. Wie ist das möglich?

Gehen wir ein wenig zurück in die Vergangenheit und sehen einem Baumeister bei der Arbeit zu. Ganz automatisch wird er, bevor er einen Stein einsetzt, eine Seite mit dem Hammer beklopfen. Und hier kommen wir auf das Yin-Yang-Prinzip zurück, das einst auch von den europäischen Baumeistern berücksichtigt wurde. Dieses Verfahren heißt »Polarisieren« und ist ein Grund, warum die Mauer in unserem Ort noch steht. Der Stein wird – ähnlich wie ein Hufeisen – auf einer Seite beschlagen. Durch die Hammerschläge werden die Steine auf der entsprechenden Seite positiv gepolt, auf der anderen besitzen sie eine negative Ladung. Legt man nun die Steine so übereinander, dass sich pluspolige und minuspolige berühren, entsteht schon aufgrund des physikalischen Gesetzes eine Anziehung, die dem Bauwerk Halt gibt.

Was heißt das nun für die Praxis: Wenn Sie zum Beispiel einen schön geschwungenen Gartenweg aus Pflastersteinen anlegen wollen, sollten – wie oben beschrieben – die pluspoligen Seiten der Steine nach oben zeigen. Nun strahlen sie eine wohltuende Energie ab, die Sie beim Gehen auflädt.

Man hat festgestellt, dass die uralten Passstrassen ebenfalls auf diese Weise angelegt wurden, auch hier liegen die positiv gepolten Steinseiten oben. Sie wurden späterhin durch die Hufeisentritte der Pferde immer wieder aufs neue aufgeladen.

Die Fünf-Elemente-Lehre

Mit der Fünf-Elemente-Lehre (Wu-xing-shuo) lernen wir ein System zur differenzierten Feng Shui-Analyse kennen. Viele verbinden mit dieser Theorie ausschließlich ihre »körperlichen« Repräsentanten, die Elemente Holz, Feuer, Erde, Metall und Wasser. Tatsächlich aber sind die bekannten fünf Naturphänomene »nur« eine Übertragung grundlegender Energien auf diese Naturerscheinungen. Wörtlich übersetzt heißt Wu-xing »Gehweisen«. Und das beschreibt sehr viel deutlicher, worum er hier geht: um das Studium der Energiebewegungen und nicht – wie es der europäische Ausdruck »Elemente« vermuten lässt – um den Teil einer Sache. Trotzdem wollen wir bei dieser gängigen Bezeichnung bleiben. Die Fünf-Elemente-Lehre entstand einst aus dem Bedürfnis, alle Erscheinungen der sichtbaren und unsichtbaren Welt in ein Fünfersystem einzuteilen, mit dem Ziel, die ewigen Gesetze des Werdens und Vergehens zu verstehen. Um das zu erreichen, musste der Kern dieser Lehre grundlegend und allumfassend sein, nur dann konnte er auf alle anderen Ebenen des Lebens übertragen werden. Also beobachtete man die Natur und die ihr innewohnenden Kräfte und erkannte: Die Lebensenergie

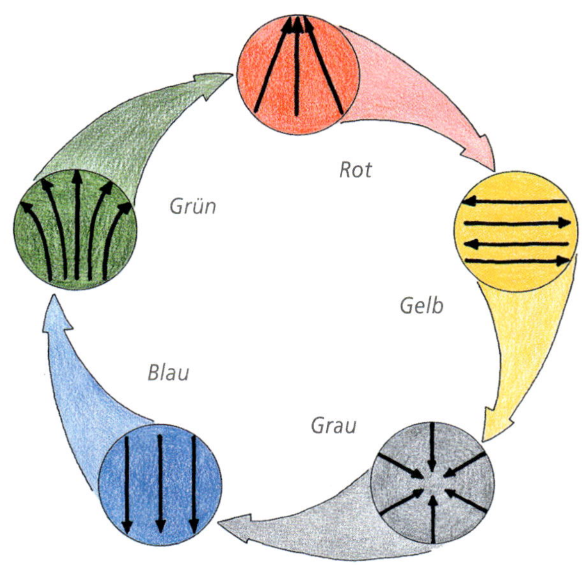

Zyklus der Elemente mit Energiebewegung und Energiepfeilen

Chi bewegt sich entweder nach oben oder unten, nach innen oder außen oder aber horizontal rotierend. Auf diese Weise gelang es, allen materiellen und unsichtbaren Erscheinungen der Welt eine grundlegende Energiebewegung zuzuordnen. Das anschaulichste Beispiel dafür waren die fünf Naturphänomene: Holz, Feuer, Erde, Metall und Wasser. Noch heute sind sie der Inbegriff der Fünf-Elemente-Lehre. Wie lässt sich diese nun in der Praxis umsetzen?

Ein kleiner Streifzug in die Natur kann das Prinzip dieser Lehre verdeutlichen. Im Frühling beginnt nach einem langen Winterschlaf die Natur zu erwachen. Alles grünt und ist von neuem Leben erfüllt. Nach der grauen Zeit, in der sich die Natur zurückzog, sprießt sie nun mit neuer Kraft empor. Sinnbild dieses Prozesses ist das Element Holz, das wie der Baum für die nach oben strebende Energiebewegung steht. Auf der Zeitebene steht das Holzelement für den Frühling, für das Erwachen und den Neubeginn in der Natur, weshalb auch hier die Zuordnung der expandierenden, aufwärtsstrebenden Energie einleuchtend ist. Konzentrieren wir uns auf eine kleinere Zeitspanne, so steht die Holzenergie für den Morgen, den Beginn des Tages, an dem die Sonne im Osten steht. Auf die Ebene der Formen übertragen stellt der Baum das Hohe und Aufrechte dar, Formen, die die aufwärtsgerichtete Energie spiegeln. Nach diesem Prinzip kann alles im Himmel und auf der Erde einer der fünf Wandlungsphasen zugeordnet werden. Wichtig für Feng Shui sind die folgenden Bereiche:

- Himmelsrichtungen
- Jahreszeiten
- Farben
- Formen

Warum wirkt Feng Shui?

Wir können je nach Lebensziel oder Aufgabe die Formen wählen, die eine Affinität zu dem Bereich haben, um den es gerade geht. Auf diese Weise nähern wir uns unseren Zielen, weil wir mit ihnen schon auf einer »Wellenlänge« sind. Und da wir gerade bei diesem Ausdruck sind, hier gleich das passende Beispiel zur Verdeutlichung:

Wenn wir aus einem Wunsch Wirklichkeit werden lassen wollen, so müssen wir ihn zunächst in die Welt senden, um wieder empfangen zu können. Wir sind also wie ein Sender, der seine Energie (in diesem Fall die Energie der Gedanken) in die Welt schickt. Was wir nun empfangen, hängt aber auch wesentlich davon ab, auf welcher Frequenz wir senden. Feng Shui hilft uns, unsere Wünsche von einem glücklichen, harmonischen Leben zu verwirklichen. Es sagt uns, wo der Platz in unserem Heim oder Garten ist, der am empfänglichsten für unseren Lebenswunsch ist und an dem wir unsere Wünsche fokussieren können. Durch die bewusste Gestaltung mit passenden Symbolen, Farben oder Formen manifestieren wir zudem einen Teil dieser Energie in unserm täglichen Leben. Wir schaffen uns eine Wirklichkeit, die unseren Wunsch verdeutlicht und ihn nach dem Gesetz von Ursache und Wirkung realisieren wird.

Die fünf Elemente und ihre Entsprechungen					
Elemente	**Holz**	**Feuer**	**Erde**	**Metall**	**Wasser**
Jahreszeit	Frühling	Sommer	Spätsommer	Herbst	Winter
Tageszeit	Morgen	Mittag	früher Nachmittag	Nachmittag	Abend
Himmelsrichtung	Osten	Süden	Mitte	Westen	Norden
Energie-Bewegung	nach oben/außen	nach oben schießend	horizontal um die Achse	nach innen	nach unten
Farbe	Grüntöne, Blaugrün	Rottöne	Gelbtöne, Braun, Beige	Weiß, Silber, Grau, Gold	Blau, Schwarz
Form	hoch, aufrecht, zylindrisch, stehende Rechtecke	spitz, dreieckig	flach, quadratisch, liegende Rechtecke	rund und oval, halbrund, kugelförmig	unregelmäßig, wellenförmig
Umgebung	Wälder, hohe aufrechte Berge	spitze Berggipfel	Plateaus, flache Hügel	hügelige Landschaften,	Meer, Seen, Bäche, Kanalsysteme
Gebäude-merkmale	Hochhäuser, Türme, Fabrikschornsteine, Säulenkonstruktionen	Spitzdächer, (Kirch-) Türme	Flachdächer, ausgeprägte horizontale Linien	Kuppelbauten, gewölbte Formen, Bogenkonstruktionen	unregelmäßige Bauformen, Gebäude mit viel Glas
Materialien	Holz, Korbwaren, Bambus, Kork	Kunstleder, Plastik	Terrakotta, Keramik, Porzellan	Gold, Silber, Kupfer, Messing, Eisen	Glas
Muster	vertikale Streifen	Dreiecke, Zackenlinien	marmoriert, horizontale Streifen	Punkte, Bögen, Halbkreise	Wellenlinien, uneinheitliche Muster
Möbel	Holz-, Rattan- und säulenförmige Möbel	Dreieckstische, Kunststoffmöbel	niedrige Bänke, Truhen, Schränke	Stahlschränke Metallregale, Metalltische	Vitrinen, Glastische
Geschmacks-richtungen	sauer	bitter	süß	scharf	salzig
Pflanzen-wuchsformen	nach oben sprießend, Hochstämme, Bonsai	Blütenpflanzen, spitzblättrige Pflanzen	flache, lagernde Wuchsformen, die sich horizontal ausdehnen	rundblättrige Pflanzen, kugelförmig geschnittene Pflanzen	unregelmäßig, nach unten hängend, wellige Wuchsformen
Sinnesorgan	Augen	Zunge	Mund	Nase	Ohren

- Materialien
- Organe
- Emotionen
- Geschmacksrichtungen

Einige der oben genannten Punkte lassen die enge Verknüpfung der Fünf-Elemente-Lehre mit der Traditionellen Chinesischen Medizin (TCM) erkennen. Denn jedem Element werden auch bestimmte Organsysteme, Emotionen, Eigenschaften und Geschmacksrichtungen zugeordnet. Im Kapitel »Das individuelle Feng Shui« (Seite 220) erfahren Sie mehr darüber, wie sich die Elemente auf der körperlich-seelischen Ebene zeigen.

Die Entsprechungen der Elemente

Die wichtigsten Analogien, darunter auch die Übertragung auf typische Landschafts- und Gebäudemerkmale, die für Ihre spätere Feng Shui-Analyse wichtig sind, finden Sie in der Tabelle auf Seite 48. Dort steht für das Element Feuer als Materialzuordnung Plastik. Der Grund: Es gibt keine typischen natürlichen Materialien, die dem Feuerelement zugeordnet werden können. Feuermaterialien entstehen durch die äußere Einwirkung von Feuer, durch chemische und physikalische Prozesse. Wir wollen an dieser Stelle den Irrtum vorbeugen, dass Plastik jetzt konsequent als Feuerentsprechung eingesetzt werden sollte. Im Gegenteil. Es ist erwiesen, dass diese künstlichen Materialien das Chi-Niveau eines Raumes und damit auch das der Bewohner senken. Grundsätzlich empfehlen wir natürliche Materialien. Wenn Sie also das Element Feuer einbringen möchten, wählen Sie eine andere Ebene zum Beispiel die der Farbe oder, als direkte Entsprechung des Feuerelementes, die Kerze.

Die zyklische Wandlung der Elemente

Alle Elemente bedingen einander und lösen sich in Wandlungsphasen zyklisch ab. Wichtig für die Feng Shui-Praxis sind der Schöpfungs- und der Kontrollzyklus, die wir nun vorstellen wollen.

Der Schöpfungszyklus

Befinden sich alle Elemente im Gleichgewicht, nährt ein Element das andere. Diesen Zyklus nennen wir den Schöpfungszyklus. Im Schöpfungszyklus geht jeder Energie eine andere voraus, die sie nährt und deshalb als Mutter bezeichnet wird. So ist das Holz die Mutter des Feuers, weil Holz (durch Verbrennen) das Feuer nährt. Die aufsteigende und wärmende Energie des Feuers wiederum unterstützt die Erdenergie, weil das Feuer durch seine Asche die Erde ernährt. Wandelt sich die Erde, indem sie an Festigkeit zunimmt, entsteht Metall. Folgt Metall seiner Natur und zieht sich immer weiter zusammen, so entsteht durch Kondensation das Element Wasser, das natürlicherweise nach unten fließt und deshalb auch eben diese Energiebewegung symbolisiert.

Der Kontrollzyklus

Wird nun aber die Energie eines Elementes zur stark, ist das Gleichgewicht im Schöpfungszyklus gestört. Nun setzt der destruktive Kontrollzyklus ein. Die wachsende Energie der Mutter kann nicht mehr vollständig von ihrem Kind aufgenommen werden. Der Energieüberschuss des »übergewichtigen« Elementes sucht nun den Ausgleich und gibt seine Energie an das übernächste Element ab, das davon geschwächt wird.

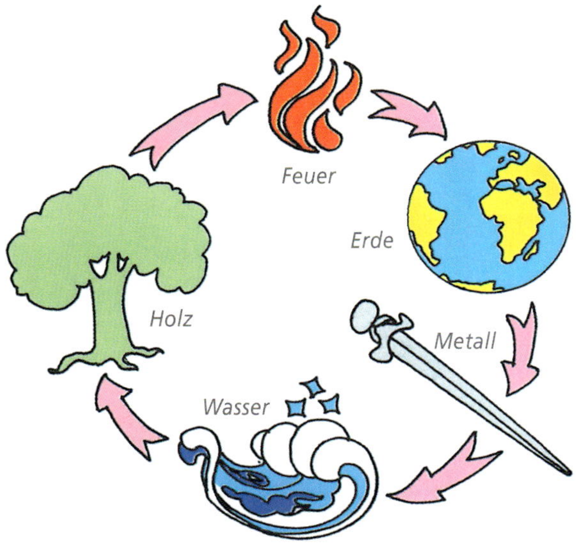

Schöpfungszyklus

Kontrollzyklus

Beispiel: Ist die Wasserenergie zu stark, kann sie von ihrem Kind, dem Holz, nicht mehr aufgenommen werden. Statt dessen gibt das Wasser den Überschuss nun an das Feuer ab, das jedoch von der Wasserenergie im »Überfluss« gelöscht wird. Um den destruktiven Zyklus wieder in den harmonischen Schöpfungszyklus zu verwandeln, muss das vermittelnde Element, in diesem Fall Holz, gestärkt werden. Dann kann es das Wasser aufnehmen, es in Holzenergie transformieren und für das nächstfolgende Element, das Feuer, vorbereiten und schließlich abgeben.

Wissen wir um die Eigenschaften und Beziehungen der Elemente zueinander, können wir die auf ein Gebäude und damit auch auf die Bewohner wirkenden Einflüsse (Umgebung, Einrichtung, Farbgestaltung usw.) erkennen und eventuelle Disharmonien ausgleichen. Sie entstehen, wenn die einzelnen Elemente nicht ausgewogen vertreten sind und deshalb der Kontrollzyklus einsetzt. Indem das vermittelnde Element (es steht im Schöpfungszyklus zwischen ihnen) eingebracht wird, kann die energetische Balance wieder hergestellt werden.
Hier finden Sie noch einmal eine Zusammenfassung der Elemente und ihrer Beziehungen untereinander – im Schöpfungszyklus und im Kontrollzyklus.

Analyse der Elemente in der Praxis

Wie setzen wir nun diese Theorie in die Praxis um. Wie erkennen wir beispielsweise, welche Elementareigenschaften ein Gebäude bestimmen? Worauf sollten wir unser Hauptaugenmerk legen, wenn es doch so viele Entsprechungen der Elemente gibt? Hier die Prioritätenliste:

Die Elemente und ihre Beziehungen		
Elemente	**Schöpfungszyklus**	**Kontrollzyklus**
Holz	• wird genährt von Wasser (als Wachstumselement) • und nährt das Feuer (durch Verbrennen)	• kontrolliert die Erde (durch Nährstoffentzug) • wird zerstört von Metall (durch Zersägen, Zerhacken)
Feuer	• wird genährt von Holz (durch Verbrennen) • und nährt die Erde (durch Asche)	• kontrolliert Metall (durch Schmelzen) • wird kontrolliert von Wasser (durch Löschen)
Erde	• wird genährt von Feuer (durch Asche) • nährt Metall (durch Hervorbringen)	• kontrolliert das Wasser (durch Aufsaugen) • wird kontrolliert von Holz (durch Nährstoffentzug)
Metall	• wird genährt von Erde (durch Hervorbringen) • nährt Wasser (durch Verflüssigung)	• kontrolliert Holz (durch Axt, Säge) • wird kontrolliert von Feuer (durch Schmelzen)
Wasser	• wird genährt von Metall (durch Verflüssigung) • nährt Holz als Wachstumselement	• kontrolliert Feuer (durch Löschen) • wird kontrolliert von Erde (durch Aufsaugen)

Günstige und ungünstige Kombinationen der Elemente				
1. Element	**2. Element**	**Beziehung zueinander**	**ausgleichendes Element**	**Farbe**
Holz	Holz	harmonisch	–	grün
Holz	Feuer	harmonisch	–	grün / rot
Holz	Erde	unharmonisch	Feuer	rot
Holz	Metall	unharmonisch	Wasser	blau / schwarz
Holz	Wasser	harmonisch	–	blau / schwarz
Feuer	Feuer	harmonisch	–	rot
Feuer	Erde	harmonisch	–	rot; gelb / orange
Feuer	Metall	unharmonisch	Erde	gelb / orange
Feuer	Wasser	unharmonisch	Holz	grün
Erde	Erde	harmonisch	–	gelb / orange
Erde	Metall	harmonisch	–	gelb / weiß, silber
Erde	Wasser	unharmonisch	Metall	grau / weiß, silber
Metall	Metall	harmonisch	–	weiß / silber, grau
Metall	Wasser	harmonisch	–	weiß; schwarz blau
Wasser	Wasser	harmonisch	–	blau / schwarz

Die fünfte Jahreszeit

Die Chinesen kennen eine fünfte Jahreszeit. Es ist der Spätsommer, der dem Element Erde zugeordnet wird. Das Element Erde steht für die energetische Mitte. In einigen alten Abbildungen wurde es auch in der Mitte dargestellt. Als energetische Waage erscheint es auch zwischen den Jahreszeiten, genauer gesagt jeweils 21 Tage bevor eine neue Jahreszeit beginnt. Die Chinesischen Medizin empfahl für diese Zeit, durch bewusste Ernährung die Organe Magen und Milz zu stärken, da sie die körperlichen Entsprechungen des Elementes Erde sind.

- **Ebene der Form**
- **Ebene der Farben**
- **Material**

- Bei der Formenbestimmung sollten Sie immer die Grundumrisse eines Objektes betrachten.
- Zur Festlegung der Farbe wird diejenige zur Analyse herangezogen, die für das Objekt bestimmend ist. Dabei wird sie der verwandten Hauptfarbe zugeordnet. So würde die türkise Fassade eines Hauses für das Element Holz stehen.
- Dekore und Muster werden nach der Grundeigenschaft dem entsprechenden Element zugeordnet. So stehen horizontale Streifen für das Element Erde, Punkte für Metall usw.
- Das Material steht in der Prioritätenliste ganz unten, doch die Wirkung eines Objektes auf die Umgebung wird tatsächlich zunächst von der Form bestimmt. Das Material ist in diesem Zusammenhang die innere Struktur, das Innere einer Form und damit der Form untergeordnet.

So arbeiten Sie mit den fünf Elementen

Der Grundsatz bei der Elementen-Analyse lautet:

- fehlende Elemente einbringen
- schwache Elemente stärken
- zu stark vertretene Elemente mindern

Praxisbeispiel 1: Ein gelbes und ein blaues Haus stehen unmittelbar nebeneinander. Diese Konstellation schwächt die Energie der Häuser, denn sie entspricht dem Kontrollzyklus der Elemente (Erde kontrolliert Wasser). Um die Energien beider Häuser auszugleichen, sollte eine Metallentsprechung durch Form oder Farbe eingebracht werden. Ideal wären also zum Beispiel eine Pflanzkugel, eine Kugellampe, eine kugelförmig geschnittene und/oder weißblühende Pflanze.

Praxisbeispiel 2: Im Arbeitszimmer von Herrn B. dominiert ein moderner Einrichtungsstil. Schränke und Schreibtisch sind aus Metall mit schwarzem Dekor, auf dem Tisch ruht eine Glasplatte. Die Böden hat er hellgrau fliesen lassen, die Wände sind weiß gestrichen. Herr B. fühlt sich antriebslos, ihm fehlen Impulse, um sein Geschäft neu anzukurbeln. Die Feng Shui-Analyse ergibt: Im Büro von Herrn B. fehlt das Element Holz vollkommen, was den Einfluss von Metall und Wasser übermächtig werden lässt. Die zentrale Empfehlung lautet deshalb: reichlich Grünpflanzen aufzustellen und die wellenförmige Halogenlampe gegen eine aufrechte, dem Holzelement zugehörige Stehlampe zu ersetzen. Da die übrigen zwei Elemente Feuer und Erde nur schwach vertreten waren, werden sie über die Wuchsformen der Pflanzen ebenfalls harmonisiert.

Praxisbeispiel 3: Manche Sha-Einflüsse können wir Elementen zuordnen. Ein Laternenpfahl repräsentiert durch seine Form zum Beispiel das Holzelement. Im Feng Shui mindern wir den Sha-Einfluss, indem wir das im Schöpfungszyklus nächstfolgende Element einbringen. So könnte zwischen Laternenpfahl und Haus ein rotblühender Busch gepflanzt werden, der die Holzenergie des Laternenpfahls ausgleicht.

Die Entsprechungen des Holzelements

Farbe: Grün und Grüntöne
Form: hoch, aufrecht, säulenförmig, stehendes Rechteck
Energiebewegung: nach oben/außen

Holzformen in der Umgebung

Die Entsprechungen des Feuerelements

Farbe: Rot und Rottöne
Form: Dreieck, Spitzen
Energiebewegung: spitz nach oben

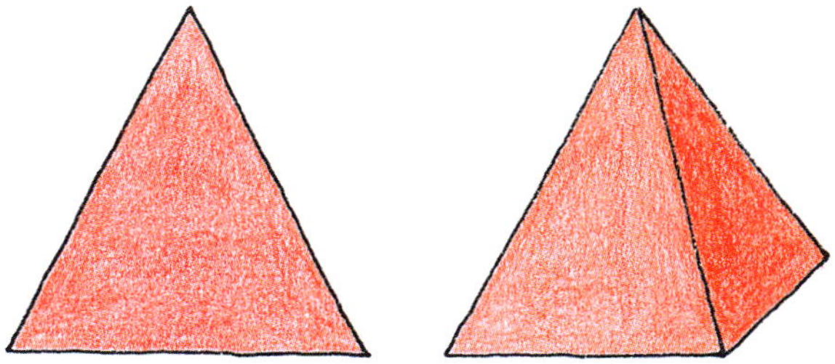

Feuerformen in der Umgebung

Die Entsprechungen des Erdelements

Farbe: Gelb, Orange, Braun, Beige
Form: flach, quadratisch, liegendes Rechteck
Energiebewegung: waagerecht, horizontal

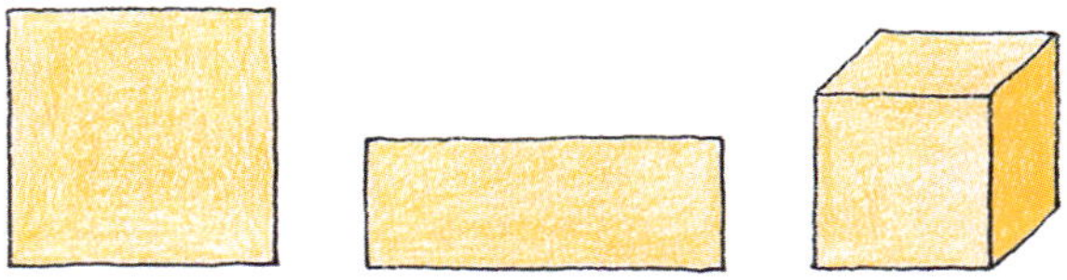

Erdformen in der Umgebung

Die Entsprechungen des Metallelements

Farbe: Weiß, Grau, Silber, Gold
Form: kuppelförmig, kreisförmig, oval
Energiebewegung: nach innen, sich verdichtend

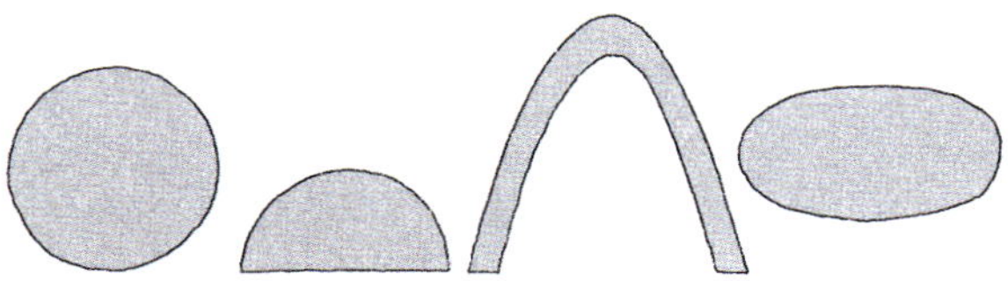

Metallformen in der Umgebung

Die Entsprechungen des Wasserelements

Farbe: Blau und Schwarz
Form: unregelmäßige Formen, wellenförmig
Energiebewegung: nach unten fließend

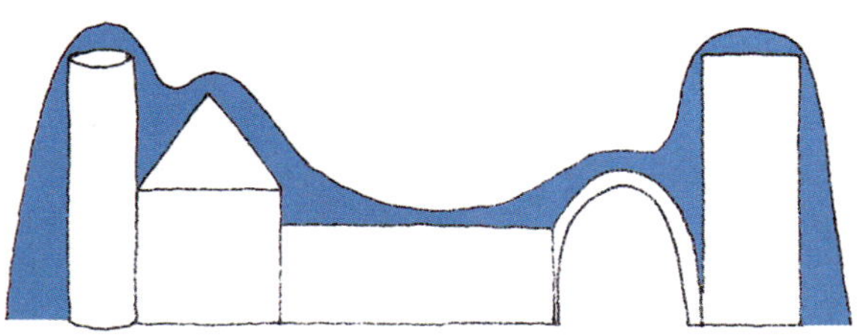

Wasserformen in der Umgebung

Übungen zu den Elementen

1. Welche Begriffe passen zu welchen Elementen?
Gelb, Sommer, Säule, Dreieck, Flachdach, Quadrat, Silber, Feuer, Spätsommer, stehendes Rechteck, Kugel, unregelmäßig, weiß, wellenförmig, rot, Holz, absteigend, Frühling, Satteldach, Eisen, stärkstes Yin, schwarz, verdichtend, Fluss, nach außen oben aufsteigend, Kuppeldach, Herbst, Tiger, Mitte, Bögen, orange, Winter, Phönix, stärkstes Yang, Ehering

2. Welches Element erzeugt:
A Wasser B Metall C Holz

3. Welches Element kontrolliert:
A Erde B Feuer C Metall

4. Welches Element nährt:
A Feuer B Erde C Metall

5. Welches Element zerstört:
A Feuer B Holz C Erde
D Metall E Wasser

6. Mit welchen Gegenständen stärken Sie das Element Holz in Ihrer Wohnung?
Kugellampe
Wasserfallposter
säulenförmige Papierlampe
grüne, hohe Bilderrahmen
Zimmerbrunnen
Korbmöbel
Metallmöbel
hohe Stehlampen
kugelförmig geschnittene Pflanzen
Keramikartikel

Lösungen

Übung 1:
Holz: Säule, Holz, Frühling, nach außen oben aufsteigend, stehendes Rechteck
Feuer: Sommer, Dreieck, Feuer, rot, stärkstes Yang, Satteldach
Erde: gelb, Quadrat, Spätsommer, Mitte, orange, Flachdach
Metall: Silber, Kugel, weiß, Eisen, verdichtend, Herbst, Bögen, Kuppeldach, Ehering
Wasser: unregelmäßig, absteigend, schwarz, Fluss, Winter, stärkstes Yin, wellenförmig
Übung 2: 2 A Metall 2 B Erde 2 C Wasser
Übung 3: 3 A Holz 3 B Wasser 3 C Feuer
Übung 4: 4 A Holz 4 B Feuer 4 C Erde
Übung 5: 5 A Wasser 5 B Metall 5 C Holz
5 D Feuer 5 E Erde
Übung 6: Wasserfallposter (Wasser erzeugt Holz), säulenförmige Papierlampe, grüne, hohe Bilderrahmen, Zimmerbrunnen, Korbmöbel, hohe Stehlampen.

Das I Ging und seine Trigramme

Das I Ging oder das »Buch der Wandlungen«zählt zu den ältesten Weisheitsbüchern der Welt. Sein Grundthema sind die acht Trigramme, die die immerwährende Veränderung der Energie beschreiben. Das I Ging erläutert alle möglichen Kombinationen der Trigramme, so dass acht mal acht, also 64 Kombinationen entstehen. Auf diese Weise werden aus den Trigrammen (drei übereinanderliegende Linien) die Hexagramme (zwei Trigramme übereinander, also jeweils sechs Linien).

Die Fünf-Elemente-Lehre stellt ein sehr sinnfälliges Beispiel für die zyklische Veränderung des Chi dar. Die Trigramme, die wir Ihnen nun vorstellen wollen, beschreiben ebenfalls Wandlungsphasen der Energie – allerdings auf mehr abstrakte Weise.
Da sich alle Erscheinungen der sichtbaren und unsichtbaren Welt zwischen den Polen Yin und Yang bewegen, lassen sich auch die Veränderungen, die durch die Trigramme beschrieben werden, auf diese beiden Polaritäten zurückführen.
Das klingt zunächst sehr theoretisch, schauen wir aber hinter die Kulissen der Natur, ja auch der modernen Technik, wird klar, dass es tatsächlich die beiden Spannungsfelder Plus (Yang) und Minus (Yin) sind, die selbst komplizierteste Abläufe möglich machen. Die aufwendigsten Computerprogramme funktionieren, weil sie letztendlich auf die Plus- und Minus-Impulse reduziert werden. In dem Spannungsfeld zwischen den Polen entwickelt sich die unglaubliche Vielfalt, die – um bei unserem Beispiel zu bleiben – die komfortablen Softwareprogramme möglich machen.
Folgen wir diesem Gedanken, so lässt sich das gesamte Universum in verschiedenen Wandlungsphasen von Yin und Yang darstellen. Das ist auch das Grundthema des I Ging, das alle Veränderungen in der Welt anhand der sich ewig wandelnden Energie zwischen den Polen Yin und Yang beschreibt.
Grundbausteine des I Ging sind zwei Linien:

- **eine geschlossene Linie für Yang**
- **eine offene Linie für Yin**

Diese Linien werden nun kombiniert, und zwar zu jeweils drei Linien, damit wird jedes Zeichen zu einem Trigramm.

Die acht Trigramme und ihre Namen

Li:	☲	K'an:	☵
K'un:	☷	K'en	☶
Tui:	☱	Chen:	☳
Ch'ien:	☰	Sun:	☴

Die Wandlungen des Chi lassen sich nun anhand der Zusammensetzung des Trigramms, also seiner Kombination von offenen Yin- und geschlossenen Yang-Linien bestimmen. Zwei Grundeigenschaften können Sie aufgrund Ihres bisherigen Wissens schon jetzt erkennen:

- Ch'ien steht für das stärkste Yang, da es aus drei geschlossenen Yang-Linien besteht.
- K'un dagegen mit seinen drei offenen Linien symbolisiert die Yin-Energie.

Alle anderen Zeichen zeigen Wandlungsphasen zwischen diesen Polaritäten auf und bewegen sich energetisch zwischen Ch'ien und K'un, also zwischen Yang und Yin.

Die Wandlungen der Trigramme

Jedes der acht Trigramme steht also für jeweils eine Wandlungsphase der Lebensenergie Chi und symbolisiert spezielle Energiequalitäten. Ihre Beschreibungen sind tiefgründig und philosophisch, können aber, da sie grundlegende Muster beschreiben, auf jeden Bereich des Lebens übertragen werden. Wir werden, um das umfassende Verständnis zu fördern, nun den Weg von der allgemeinen Ebene zum Konkreten gehen. Das heißt, wir werden von den Grundeigenschaften der Trigramm-Energien zu ihren Übertragungen kommen. Sie werden sehen, dass einiges, was Sie bisher vielleicht an Feng Shui irritiert hat, auf diese Weise einfacher zu verstehen ist. Lassen Sie uns das Wesen der Trigramme anhand eines Pflanzenlebens im Jahreslauf nachvollziehen:

K'an. Es steht am Anfang der Lebensreise unserer Pflanze. Der Samen wird tief in die Erde gelegt, hier ruht er, steht aber noch nicht im aktiven Austausch mit seiner Umgebung. Er trägt sein Potential im Innern als Möglichkeit. K'an symbolisiert die Energie des Winters, die mit Zurückgezogenheit verbunden wird.

K'en. Unter seinem Einfluss öffnet sich der Samen und tritt in einen ersten Kontakt mit seiner unmittelbaren Umgebung. Es findet ein Austausch statt, er bleibt jedoch räumlich begrenzt. Die Pflanze verfügt noch nicht über die Voraussetzungen, die sie braucht, um die schützende Umgebung zu verlassen. Sie sammelt statt dessen ihre Kraft und bereitet sich auf ihren Durchbruch vor, der ihr einen neues Lebensumfeld erschließen wird.

Chen. Mit ihm beginnt für die Pflanze eine neue Phase. Sie wird die sie umgebende schützende Geborgenheit der Erde verlassen und sich in die Außenwelt begeben. Sie ist voll vitaler Energie und es drängt sie, einen neuen Erfahrungsbereich zu erschließen. Dank der gesammelten Kräfte ist sie nun in der Lage, all ihre Energien zu kanalisieren. Beinahe explosionsartig durchdringen ihre Triebe die Erdoberfläche und recken sich dem Licht entgegen. Chen steht für den Frühling.

Sun. Nachdem die Pflanze den ersten Wachstumsschub hinter sich hat, beginnt sie sich nun auch seitlich auszudehnen. Es ist Frühsommer und unter dem Einfluss des Trigramms Sun wird sie immer dichter und fülliger, bald wird sie blühen. An ihren Trieben haben sich schon die ersten Blütenknospen entwickelt.

Li. Unter seinem Einfluss hat unsere Pflanze im Sommer den Höhepunkt ihrer Entwicklung erreicht. Alle Knospen haben sich geöffnet. Schön wie nie erstrahlen die Blüten im Licht der Sonne.

K'un. Die Zeit der Blüte neigt sich dem Ende entgegen, die der Reife beginnt. Die Pflanze wirft die Blütenblätter ab, sie braucht nun zunehmend mehr Energie für die Samen, die sie nähren und entwickeln will. K'un symbolisiert den Spätsommer.

Tui. Im Herbst ist die Pflanze reif, ihre Früchte und Samen werden geerntet. Sie sind neuer Ausdruck ihrer Energie und Kraft, die sich nun wieder zunehmend nach innen richtet. Für die Menschen ist die Zeit der Entspannung und des Genusses gekommen.

Ch'ien. Der Spätherbst bricht an, der Winter steht vor der Tür. Die Früchte unserer Pflanze dienen jetzt als Nahrung für Mensch und Tier. Sie geben ihre Kraft an uns ab und werden nun zum Förderer für andere. Einige ihrer Samen ruhen und warten auf den nächsten Frühling.

Die Entsprechungen der Trigramme

Nachdem wir das Wirken der Trigramme anhand dieses Beispiels beschrieben haben, wollen wir noch einen Schritt weiter gehen. Da die Eigenschaften der Trigramme so grundlegend sind, wurden ihnen im Laufe der Zeit die unterschiedlichsten Entsprechungen zugeordnet. Zur Beschreibung ihrer Energie erhielten sie Bezeichnungen aus der konkreten Realität (Himmel, Erde, Donner, Wind, Berg, See, Wasser, Feuer). Ihre Eigenschaften wurden auch über familiäre Beziehungen wiedergegeben (Vater, Mutter, älteste, mittlere und jüngste Tochter und analog dazu ältester, mittlerer und jüngster Sohn). Darüber hinaus wird jedes Trigramm auch mit bestimmten Himmelsrichtungen, den Elementen und den Zahlen des Lo Shu verbunden.

Die acht Trigramme finden also ihre Entsprechungen in:

- den Elementen
- den Familienmitgliedern
- Naturerscheinungen
- Eigenschaften
- Himmelsrichtungen
- den Zahlen des Lo Shu

☰ Ch'ien verkörpert mit seinen drei durchgezogenen Linien das stärkste Yang und findet deshalb seine Entsprechung in der Figur des Vaters, der schöpferischen Kraft der Natur und dem Himmel.

☷ K'un mit seinen drei Yin-Linien wird mit der Mutter, der Erde, in Verbindung gebracht. Es symbolisiert das Nährende und Empfangende.

☵ K'an, der mittlere Sohn, wird von einer Yang-Linie, die von zwei Yin-Linie umschlossen wird, dargestellt. Er repräsentiert das Wasser und das »Abgründige«.

☶ K'en – eine starke Yang-Linie ruht auf zwei Yin-Linien. Deshalb wird es auch »der Berg« genannt und steht für Beständigkeit und den jüngsten Sohn.

☳ Chen – zwei Yin- über einer Yang-Linie verkörpern den ältesten Sohn. In der Natur steht dieses Trigramm für den Donner.

☴ Sun wird dargestellt durch zwei Yang-Linien über einer Yin-Linie. Sie stehen für die sanfte Kraft des Windes, in der Familienhierarchie ist Sun die älteste Tochter.

☲ Li, die mittlere Tochter, verkörpert die Hitze und das Haftende. Zwei starke Yang-Linien umschließen eine Yin-Linie.

☱ Tui, das Heitere, steht für die jüngste Tochter. Als Naturerscheinung beschreibt es den See, symbolisiert durch eine Yin-Linie, die auf zwei Yang-Linien ruht.

Die Himmelsrichtungen

Die vier Haupthimmelsrichtungen Norden, Osten, Süden und Westen, sowie die – wie die Chinesen sagen – »vier Ecken«: Nordwesten und Nordosten, Südwesten und Südosten werden jeweils einem Trigramm zugeordnet. Dadurch bekommen die Himmelsrichtungen auch tiefe symbolische Bedeutungen, die natürlich mit den Eigenschaften des entsprechenden Trigramms im Zusammenhang stehen. So steht der Osten für das Werden, den Aufbau und den Morgen. Der Tag bricht an – und das ihm zugeordnete Trigramm Chen beschreibt analog dazu die Energie des Beginns, den Zeitpunkt, an dem die Pflanze durch die Erde stößt. Welche Himmelsrichtung mit welchem Trigramm verknüpft ist, können Sie in den Darstellungen (Seite 59) erkennen. *Ein wichtiger Hinweis*: In der Feng Shui-Praxis findet man auf Karten häufig – entgegen unserer Gewohnheit – den Süden zuoberst. Dies ist eine Eigenart, die aber weiter keinen Einfluss auf die Arbeit mit dem Kompass hat, da ja der Norden immer Norden bleibt und umgekehrt. Wir übernehmen diese klassische Darstellungsweise.

Vor- und nachhimmlische Zuordnungen der Trigramme

Die Zuordnungen der Trigramme zu den jeweiligen Kompasspunkten liegen nicht fest. Im Laufe der Jahre haben sich zwei Anordnungen herauskristallisiert, die man als »Sequenz des frühen Himmels« und als »Sequenz des späten Himmels« bezeichnet.

Die Sequenz des frühen Himmels

Die Zuordnung nach der Sequenz des frühen Himmels entspricht dem absoluten Gleichgewicht der Kräfte und symbolisiert das ideale Universum. Deshalb findet man sie häufig auf Talismanen oder Spiegeln, die dem Besitzer helfen sollen, schädliche Einflüsse abzuwenden und wieder in Einklang mit sich und der Umwelt zu kommen. Diese Anordnung wird auch »vorhimmlische Reihenfolge« oder »vorgeburtlicher Himmel« genannt.
Wenn Sie sich die Anordnung der Trigramme der vorhimmlischen Reihenfolge anschauen, sehen Sie, dass sich die jeweils polaren Trigramme genau ge-

genüber liegen. Ch'ien, das Trigramm mit den drei Yang-Linien, liegt K'un – dem stärksten Yin-Trigramm – direkt gegenüber. Auch die anderen Trigramme gleichen sich aus. Dadurch entsteht ein perfektes Kräftegleichgewicht, das jedoch durch Stillstand gekennzeichnet ist. Deshalb wird diese Sequenz auch für das Yin-Feng Shui herangezogen, das sich mit der Anordnung von Yin-Wohnstätten beschäftigt. Die Sequenz des vorgeburtlichen Himmels ist für das Feng Shui auf der Erde nicht geeignet. Sie bestimmt ausschließlich das T'ien Chi, das Himmelsglück. Für unser »weltliches« Feng Shui wird ein Bezugssystem gewählt, das durch mehr Spannung und Bewegung gekennzeichnet ist. Obwohl die Sequenz des frühen Himmels eine sinnvolle energetische Balance ergibt, entspricht sie nicht der dynamischen Natur der Erde, denn wir leben in einem Spannungsfeld der Pole und damit inmitten der Dualität. Das spiegelt sich auch in der Sequenz des späten Himmels.

Die Sequenz des späten Himmels

Diese Anordnung der Trigramme wird auch als »nachgeburtlicher Himmel« oder »nachhimmlische Reihenfolge« bezeichnet. Nun liegen die entgegengesetzten Trigramme nicht mehr direkt einander gegenüber. Auf diese Weise entsteht Bewegung, die Energien arbeiten. Diese Anordnung ist ein lebendiges Modell der ständigen Wandlung und Entwicklung, im Vergleich dazu ist die vorgeburtliche Anordnung eher ein Stillleben. In der Sequenz des späten Himmels finden wir das Trigramm Ch'ien im Nordwesten, K'un mit Südwesten. Damit steht K'un, das Yin-Trigramm mit der am stärksten aufnehmenden nährenden Energie, mit der Erde in Verbindung, Ch'ien mit der Energie des Metalls.

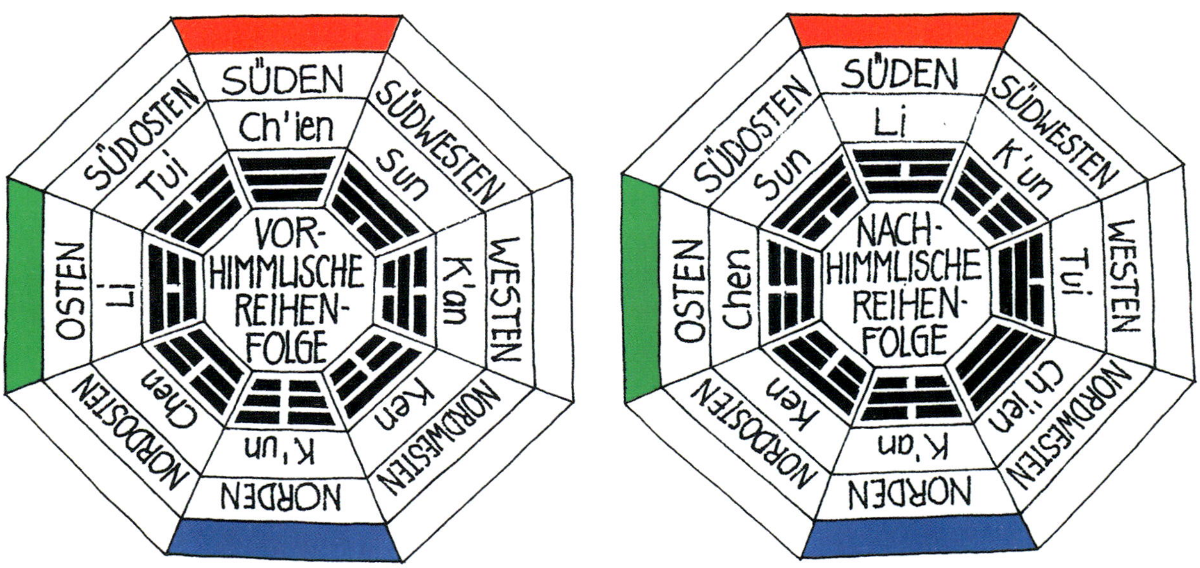

Bitte beachten Sie, dass die Basis der Trigramme (untere Linie) jeweils im Kreisinnern liegt.

Die wichtigsten Trigramm-Analogien auf einen Blick							
Trigramm	**Trigramm-zuordnung** vorgeburtlich	**Trigramm-zuordnung** nachgeburtlich	**Familien-mitglied**	**Symbol / Natur-phänomen**	**Eigenschaften**	**Lo Shu-Zahl**	**Elemente**
Ch'ien	S	NW	Vater	der Himmel	das Schöpferische	6	Metall
Sun	SW	SO	älteste Tochter	der Wind	das Sanfte	4	Holz
Li	O	S	mittlere Tochter	das Feuer	das Haftende	9	Feuer
K'en	NW	NO	jüngster Sohn	der Berg	das Beständige	8	Erde
Tui	SO	W	jüngste Tochter	der See	das Heitere	7	Metall
K'an	W	N	mittlerer Sohn	das Wasser	das Abgründige	1	Wasser
Chen	NO	O	ältester Sohn	der Donner	das Erregende	3	Holz
K'un	N	SW	Mutter	die Erde	das Empfangende	2	Erde

Im Feng Shui sehen wir einen direkten Zusammenhang zwischen der Himmelsrichtung und der Trigrammenergie. So unterstützt der Südwesten mit dem Trigramm K'un die Frau im Haus, der Nordwesten fördert den Familienvater. Sollte einer der beiden also Unterstützung benötigen, so stärken wir den ihm zugehörigen Sektor. Achten Sie besonders darauf, ob sich hier Fehlbereiche oder energetisch unterversorgte Orte befinden und gleichen Sie bei Bedarf aus.

Parallelen

Nicht nur die Chinesen kannten die Qualitäten der Himmelsrichtungen, auch in anderen Kulturen wurde dieses Wissen angewandt. Ein besonders eindrucksvolles Beispiel sind die Pyramiden von Gizeh. Durch ihre genaue Ausrichtung nach Nord-Süd in Verbindung mit der Pyramidenform wirken in ihrem Inneren Gesetze, die uns immer noch rätselhaft erscheinen und uns bekannte physikalische Gesetze auf den Kopf zu stellen scheinen.

Das magische Quadrat Lo Shu

Auch das Lo Shu, eines der ältesten Feng Shui-Symbole, ist eng mit den Trigrammen verknüpft und Sinnbild der perfekten Harmonie, die sich in Form und Inhalt spiegelt. Was aber macht die Magie des Lo Shu aus? Seine Grundform ist ein Quadrat, das in neun kleinere Quadrate unterteilt ist. Auf diese Weise entsteht in der Mitte eines, das von acht weiteren umgeben ist. Diese Anordnung erinnert an die alten Bauten in China, deren charakteristisches Merkmal der zentrale Innenhof war. Symbolisch verkörperte dieses Zentrum den Übergang von innen nach außen und damit die perfekte Harmonie zwischen Mensch und Natur. Eine ähnliche Bedeutung hat auch das mittlere Quadrat im Lo Shu, wenn es für die Feng Shui-Analyse eingesetzt wird. Hier finden wir das Tai Chi.

Die Legende erzählt, dass knapp 4000 v. Chr. der chinesische Kaiser Fu Hsi, ein Wissenschaftler und Philosoph, am Fluss Lo meditierte. Plötzlich erblickte er eine Schildkröte, die vor seinen Augen die Böschung erklomm. Auf dem Panzer des Tieres erkannte der Herrscher ein Quadrat mit Zeichen, die den Zahlenwerten 1–9 entsprachen. Die Anordnung der Grundzahlen war jedoch keineswegs zufällig, sondern folgte den »Harmoniegesetzen« der Zahlen. Denn addiert man drei nebeneinanderliegende Zahlen in jeder beliebigen Richtung (vertikal, horizontal und diagonal) ist das Ergebnis immer 15. Seit Jahrtausenden symbolisiert das Lo Shu deshalb auf eindrucksvolle Weise die Harmonie im Reich der Zahlen.

Jedem kleinen Quadrat und damit auch jeder Zahl wird ein Trigramm der nachhimmlischen Sequenz zugewiesen, das wiederum mit einer Himmelsrichtung verbunden wird. So zeigt das obere mittlere Feld in den Süden, das mit der Eins in den Norden. Eine Ausnahme ist die Fünf, sie befindet sich in der Mitte. Hier fließen nun alle Feng Shui-Systeme zusammen, denn mit den Trigrammen sind ja auch die Elemente verbunden. Auf diese Weise erhalten wir mit dem Lo Shu ein komplexes Feng Shui-Instrument, das Ansatz zahlreicher Analysen ist.

Das Lo Shu und die zeitliche Dimension im Feng Shui

Mit diesem System können wir auch zeitliche Dimensionen erschließen. Dabei verändern die Zahlen nach einem bestimmten Muster zyklisch ihre Position. Auf diese Weise kann man für jeden Tag,

Das magische Quadrat Lo Shu

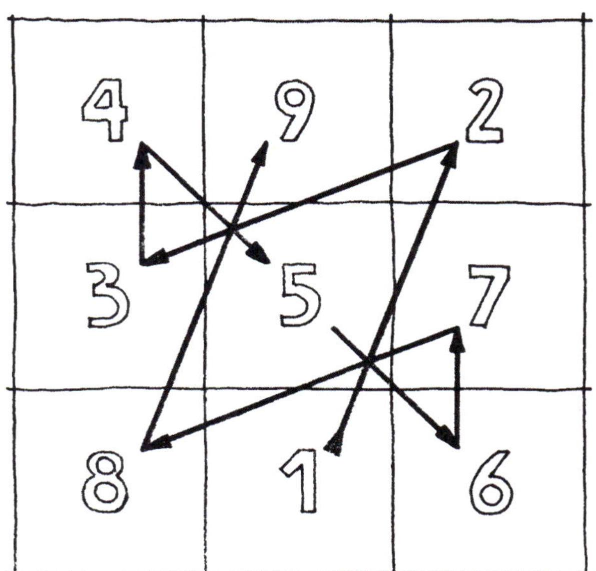

Die zyklische Veränderung der Zahlen im Lo Shu

Die wichtigsten Analogieketten im Feng Shui				
Bagua-Bereiche	**Karriere**	**Wissen**	**Familie / Gesundheit**	**Wohlstand & Reichtum**
Element	Wasser	kleine Erde	großes Holz	kleines Holz
Element-Farben	Blau / Schwarz	Gelb, Beige, Braun, Ocker	Grün, Grüntöne	Grün, Grüntöne
Bagua-Farben	Blau / Schwarz	Blau, Grün, Türkis	Grün, Grüntöne	Gelb, Lila, Blau, Rot, Grün
Element-Formen	unregelmäßig, scheinbar alle Elementarformen	liegendes Rechteck, Quadrat	Hohes, Aufrechtes, Säulen, stehendes Rechteck	Hohes, Aufrechtes, Säulen, stehendes Rechteck
Muster	Wellenformen, kein einheitliches Muster	waagerechte Linien	senkrechte, aufstrebende Linien	senkrechte, aufstrebende Linien
Materialien	Wasser, Glas	Terrakotta, Ton	Holz, Bambus, Korb, Kork	Holz, Bambus, Korb, Kork
Trigramme Seq. später Himmel	K'an	K'en	Chen	Sun
Trigramme Eigenschaften	Sammlung, Vertiefung, innere Orientierung	Stille, Zeit des Wartens und Lernens	Neubeginn, Erwachen	Vervollkommnung, höchster Reifegrad
Familienmitglied	mittlerer Sohn	jüngster Sohn	ältester Sohn	älteste Tochter
Himmelsrichtung	Norden	Nordosten	Osten	Südosten
Lo Shu Zahl	1	8	3	4

jeden Monat, jedes Jahr ebenso wie für Siebenjahreszyklen ein Quadrat ermitteln, das in seiner charakteristischen Zahlenkonstellation das Zusammenspiel von kosmischen und irdischen Energien widerspiegelt. Im individuellen Feng Shui kommt dem Jahreszyklus eine besondere Bedeutung zu, denn er stellt den Ausgangspunkt für die Ermittlung unserer persönlichen Kua-Zahl dar. Diese Jahreszahl beschreibt die energetischen Qualitäten, die zum Zeitpunkt der Geburt wirksam waren und das Leben eines Menschen beeinflussen. Das System, das sich mit der Analyse dieser zeitlichen Komponente des Feng Shui beschäftigt, heißt »Neun Sterne Ki«.

Harmonie der Form

Die Form des magischen Quadrates Lo Shu gilt im Feng Shui als besonders glückbringend, denn in ihm weist das Viereck seine höchste Vollkommenheit auf. Die Seiten eines Quadrates sind stets gleich lang. Es entsteht, indem man eine Seite mit sich

Die wichtigsten Analogieketten im Feng Shui				
Bagua-Bereiche	**Anerkennung & Ruhm**	**Partnerschaft & Ehe**	**Kinder**	**Hilfreiche Freunde**
Element	Feuer	große Erde	kleines Metall	großes Metall
Element-Farben	Rot, Rottöne	Gelb, Beige, Braun, Ocker	Gold, Silber, Weiß	Gold, Silber, Weiß
Bagua-Farben	Rot, alle Rottöne	Rosa, Weiß, Rot, Altrosa	Weiß	Weiß, Grau, Hellblau
Element-Formen	Dreiecke, Spitzen	liegendes Rechteck, Quadrat	Kugeln, Halbkugeln, Kuppeln, Bögen	Kugeln, Halbkugeln, Bögen, Kuppeln
Muster	Dreiecke, Zackenform	waagerechte Linien, Streifen, Bordüren	Kreise, Halbkreise, Punkte, Bogenformen	Kreise, Halbkreise, Punkte, Bogenformen
Materialien	Feuer, Kerzen, Kunststoffe	Terrakotta, Ton, Keramik	Metalle, Münzen	Metalle, Münzen
Trigramme Seq. später Himmel	Li	K'un	Tui	Ch'ien
Trigramme Eigenschaften	Emporsteigen, Ernten	Nähren, Empfangen	Kreativität, Konzentration	Unterstützung, Führung, Leitung
Familienmitglied	mittlere Tochter	Mutter	jüngere Tochter	Vater
Himmelsrichtung	Süden	Südwesten	Westen	Nordwesten
Lo Shu Zahl	9	2	7	6

selbst multipliziert. Nichts strebt nach oben, unten oder zur Seite, alles verbindet sich zu einem harmonischen Ganzen. Im Gegensatz zum Rechteck, in dem die Energie der längsten Seite immer nach außen strebt, bleibt im Quadrat das Kräftegleichgewicht aller Seiten erhalten.

Das Bagua – die … des Raumes

»Wir prägen den Wohnraum, und danach prägt der Wohnraum uns.«

Winston Churchill

Akupunkturkarte

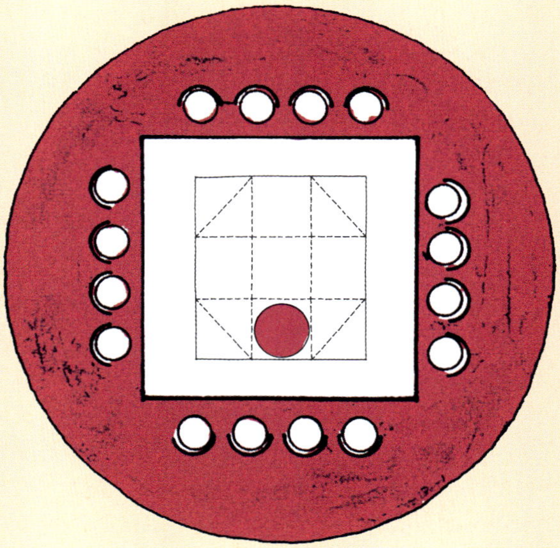

Für die alten Chinesen besaß alles auf dieser Welt eine Seele. Nicht nur Menschen, Tiere und Pflanzen, sondern auch Gebäude. Auch sie hatten ihre eigene Schwingung, die durch Form, Farbe oder Material ausgestrahlt wird, das Haus war eine Art Lebewesen. Und so könnte auch das Bagua etwa mit: »Körper des Drachen« übersetzt werden. Mit Hilfe dieses Bagua übertragen wir die Eigenschaften der Trigramme auf unser Wohn- und Lebensumfeld. Es stellt also eine Verbindung zwischen der Raumform und der darin wirkenden Energie her. Mit dem Bagua können wir einzelne Zimmer, jede Etage eines Einfamilienhauses, die Wohnung, das Grundstück oder gar den Schreibtisch untersuchen. Denn alles, das Große wie das Kleine, wird im Feng Shui als eine energetische Einheit gesehen und steht in unmittelbarer Wechselwirkung mit seiner Umgebung. Obwohl das Bagua vielseitig eingesetzt wird, möchten wir uns – der Deutlichkeit halber – auf Grundrisse beziehen. Haben Sie das Prinzip erst einmal verinnerlicht, werden Sie das Bagua ohne Schwierigkeiten auf alle Bereiche übertragen können.

Was ist das Bagua?

Betrachten wir einmal unser Wohn- und Arbeitsumfeld nicht einfach als einen leblosen, umbauten Raum, sondern als einen »Raumkörper«. Wie Lebewesen, bei denen jedes Organ, jeder Körperteil bestimmte Aufgaben und Wirkungen hat, besitzen auch Räume oder Flächen (Grundstücke) energetische Qualitäten. Das Bagua ordnet nun jedem Bereich Ihres Lebensumfelds eine spezielle Bedeutung zu, denn es umfasst insgesamt neun Bereiche, von denen jeder auf einen Aspekt des Lebens wirkt. Grundlage sind die Trigramme. Da sie grundlegende Energiequalitäten beschreiben, wurden sie nun konkret auf die Lebensbereiche übertragen.

Die Einflüsse, die bestimmte Raum-Zonen auf unser Leben haben, erscheinen nur auf den ersten Blick willkürlich. Sie entstammen dem uralten Erfahrungswissen des Feng Shui. Ebenso wie man in der Akupunktur durch jahrtausendelange Beobachtungen weiß, dass bestimmte Punkte zum Beispiel auf den Funktionskreis Herz wirken, so hat man im Feng Shui beobachtet, dass Raumsektoren einen Einfluss auf Partnerschaft, Karriere oder Wohlstand haben. In diesem Sinne können wir das Bagua als eine Art »Akupunkturkarte« für die Harmonisierung des Wohn- und Arbeitsumfeldes sehen.

In ihm vereint sich das bisher Gelernte zu einem Ganzen. Wir stellen Ihnen nun die Bagua-Bereiche mit all ihren Entsprechungen vor. Beginnen wir im Uhrzeigersinn von der mittleren Grundlinie aus, so heißen die einzelnen Bagua-Sektoren: Beruf und Karriere, Wissen, Gesundheit, Reichtum, Anerkennung, Partnerschaft, Kinder, Hilfreiche Freunde.

Zuvor jedoch noch eine Anmerkung zu den Begriffen »Hilfreiche Erweiterungen« und »Fehlbereiche«, die in diesem Kapitel zum ersten Mal eingebracht werden. Hilfreiche Erweiterungen oder Fehlbereiche entstehen durch unregelmäßige Grundrisse und stellen entweder ein Plus oder ein Minus an Energie dar. Weiterhin entschlüsselt das Bagua, welcher Bereich in der Wohnung oder am Arbeitsplatz, ja sogar im Garten eine besondere Beziehung zu unseren verschiedenen Lebenszielen aufweist.

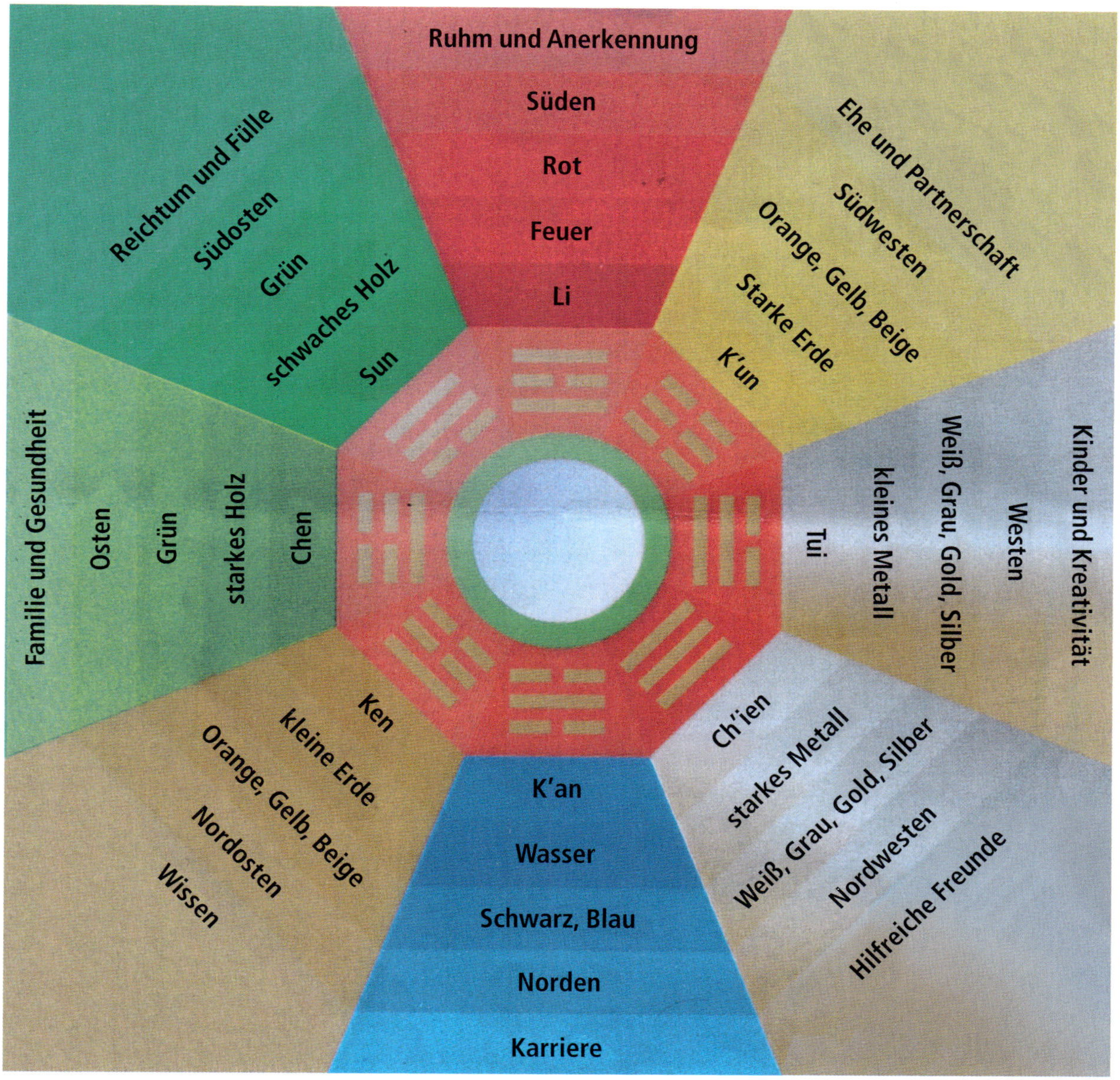

Das wohl bekannteste Analysewerkzeug des Feng Shui: das Bagua. Deutlich erkennbar ist die ursprüngliche Achteckform, eingebettet in ein Quadrat, das den Grundriss der Wohnung symbolisiert. Beim Kompass-Bagua wird es nach den Himmelsrichtungen ausgerichtet, das Drei-Türen-Bagua geht von der Eingangstür aus.

Die Bagua-Bereiche und ihre Eigenschaften

Beruf und Karriere

Dieser Bereich wird im Feng Shui auch mit dem Begriff »Lebensreise« beschrieben. Er steht für Möglichkeiten und Talente, die in uns liegen und die Freiheit, das uns Entsprechende auch zu tun. Da die tägliche Arbeit unseren Lebensweg entscheidend bestimmt, wird dieser Bereich auch dem Beruf zugeordnet. Die Energie dieses Sektors unterstützt uns dabei, unseren Platz in der Gesellschaft zu finden und den wichtigen Schritt vom Beruf zur Berufung zu gehen.

Element: Wasser
Elementarfarbe: Blau-Schwarz
Himmelsrichtung: Norden
Trigramm: K'an, das Meer
Lo Shu-Zahl: 1
Familienmitglied: mittlerer Sohn
Trigrammfarbe: gebrochenes Weiß

Hilfreiche Erweiterungen können dazu führen, dass sich uns eine Fülle von Chancen bietet und wir in der Lage sind, das für uns Richtige herauszugreifen. Fehlbereiche können Stagnationen im beruflichen Werden zur Folge haben. In der Regel müssen wir hier mehr Energie als andere aufwenden und erreichen dennoch weniger als sie.

Wissen

Die Energie dieses Sektors ist vom Streben nach Wissen gekennzeichnet und bezieht sich nicht nur auf das äußere Wissen, sondern auch auf die innere Weisheit. Die Energie, die in diesem Bereich wirksam wird, begünstigt das Aufnehmen und Verinnerlichen von Informationen jeglicher Art. In diesem Sinne ist es die Voraussetzung für das Nach-Außen-Treten in die Welt und steht für die notwendige Vorbereitungsphase. Der Bereich Wissen unterstützt Lernende und Prüflinge ebenso wie Menschen, die in stiller Kontemplation zu mehr Selbsterkenntnis gelangen wollen.

Element: Erde
Elementarfarbe: Gelb, Orange, Beige
Himmelsrichtung: Nordosten
Trigramm: K'en, der Berg
Lo Shu-Zahl: 8
Familienmitglied: jüngster Sohn
Trigrammfarbe: Weiß

Hilfreiche Erweiterungen können vor allem geistig Tätige wie Wissenschaftler und Forscher zu großen Leistungen befähigen.
Fehlbereiche spiegeln sich häufig darin, dass Wissen nicht verinnerlicht und verarbeitet wird. Es bleibt damit an der Oberfläche, man redet über Dinge, von denen man nur wenig versteht.

Familie und Gesundheit

Die in diesem Bereich symbolisierte Energie ist zielgerichtet und aktiv. Traditionell war es die Aufgabe des ältesten Sohnes, für die Familie zu sorgen – und aus diesem Blickwinkel steht er für ihre Zukunft. Alle familiären Belange, das Zusammenwirken und Wachsen der Familie können hier gezielt gefördert werden. Die Energie dieses Bereiches wird mit neuer Vitalität und dem Willen zum Neubeginn assoziiert. Damit kann der geschäftliche Neubeginn ebenso gemeint sein, wie das Wiedererwachen und

Kräftesammeln nach Zeiten der Dunkelheit und Krankheit. Die östliche Energie steht für zukunftsorientiertes Denken und Handeln.

Element: Holz
Elementarfarbe: Grün
Himmelsrichtung: Osten
Trigramm: Chen, der Donner
Lo Shu-Zahl: 3
Familienmitglied: ältester Sohn
Trigrammfarbe: Grün (Hellgrün)

Hilfreiche Erweiterungen bringen ein Vielfaches an vitaler Energie, so dass wir dem Leben und den Menschen kraftvoll gegenübertreten können. Nichts wird uns so leicht zu viel.
Fehlbereiche können dazu führen, dass wir zu sehr an der Vergangenheit hängen und Angst vor einem Neuanfang haben.

Fülle und Reichtum

In diesem Bereich herrscht eine geschäftige und aktive Energie, die wir mit Beharrlichkeit und großer Kraft verbinden. Unsere Aktivitäten beginnen Früchte zu tragen, das Wachstum setzt sich fort, Fülle entsteht. Alles, was wir begonnen haben, entwickelt sich harmonisch und wohlgeordnet. Die Energie des Aufstiegs ist deshalb auch besonders förderlich für Arbeitswechsel oder den Schritt in die berufliche Selbständigkeit.

Element: Holz
Elementarfarbe: Grün
Himmelsrichtung: Südosten
Trigramm: Sun, der Wind
Lo Shu-Zahl: 4
Familienmitglied: älteste Tochter
Trigrammfarbe: Blau und Grün (Dunkelgrün)

Hilfreiche Erweiterungen fördern eine »Antenne« für finanzielle Angelegenheiten und lassen uns geistig und finanziell die Fülle des Lebens auskosten.
Fehlbereiche in diesem Sektor können Gefühle von Armut hervorbringen.

Ruhm und Anerkennung

Dieser Bereich steht mit dem Feuer in Verbindung. Wie eine Kerze in der Nacht das Dunkel erhellt, so kann diese Energie Anerkennung und Ruhm bringen. Talente, die vorher noch im Dunkel lagen, kommen nun ans Licht. Deshalb unterstützt dieser Sektor gute Kontakte und ist von gesellschaftlicher Anerkennung gekennzeichnet. Nach Zeiten des Aufbaus ist nun der Höhepunkt erreicht, wir kommen in den Genuss des Erfolges.

Element: Feuer
Elementarfarbe: Rot
Himmelsrichtung: Süden
Trigramm: Li, das Feuer
Lo Shu-Zahl: 9
Familienmitglied: mittlere Tochter
Trigrammfarbe: Lila

Hilfreiche Erweiterungen können dazu führen, dass wir beruflich wie privat im Mittelpunkt des Interesses stehen. Was immer wir anpacken – es gelingt und wird beachtet.
Fehlbereiche können mangelndes Selbstwertgefühl mit sich bringen. Wir trauen uns nicht zu, verantwortungsvolle und mit gesellschaftlichem Ansehen verbundene Posten zu übernehmen.

Beziehungen und Partnerschaft

Hier entwickeln sich Beziehungen, es herrscht eine harmonische und fürsorgliche Atmosphäre. Es ist die Energie der Bindung, des Austauschs und liebevollen Teilens, die diesen Sektor für die Partnerschaft so glückbringend macht. Aber auch andere Beziehungen werden gestärkt: zu Arbeitskollegen, Freunden oder Nachbarn.

Element: Erde
Elementarfarbe: Gelb, Orange, Beige
Himmelsrichtung: Südwesten
Trigramm: K'un, die Erde
Lo Shu-Zahl: 2
Familienmitglied: Mutter
Trigrammfarbe: Schwarz

Hilfreiche Erweiterungen in diesem Sektor helfen insbesondere, unsere Beziehungsfähigkeit zu entfalten. Wir entwickeln ein Gefühl der Fürsorge und Hingabe.
Fehlbereiche können zur Bindungslosigkeit führen, wir sind nicht bereit, wirklich eine Partnerschaft einzugehen, sich in ihr zu öffnen.

Kinder und Kreativität

Dies ist der Bereich der Manifestation, der Ernte. Nachdem die Früchte über das Jahr gereift sind, wird nun geerntet. Gleichzeitig steht die Metallenergie für Konzentration und Verdichtung. Alles, was wir in die Welt bringen und was in die Zukunft reicht, wird von der hier wirkenden Energiequalität gefördert. Deshalb ist dieser Bereich für unsere leiblichen und geistigen Kinder, die ja auch Früchte unseres Tuns sind, besonders bedeutsam.

Element: Metall
Elementarfarbe: Weiß, Silber, Grau, Gold
Himmelsrichtung: Westen
Trigramm: Tui, der See
Lo Shu-Zahl: 7
Familienmitglied: jüngste Tochter
Trigrammfarbe: Rot

Hilfreiche Erweiterungen helfen, die kreative Seite unseres Seins zu entfalten. Wir gehen spielerisch und leichten Herzens an unsere Aufgaben, gönnen uns Entspannung und Freude.
Fehlbereiche lassen dazu tendieren, sich selbst nichts »gönnen zu können«. Man ist zu starr und ernsthaft, findet nicht aus sich heraus.

Hilfreiche Freunde

Die Energie dieses Sektors wird mit Führung, Organisation und vorausschauender Planung in Verbindung gebracht. Das Trigramm symbolisiert den Vater, der seine Weisheit und Würde nach außen trägt. Die Hilfreichen Freunde stehen für Unterstützung in allen Lebenslagen, und unter dem Einfluss des Trigramms Ch'ien scheint sich alles von allein zum Besten zu entwickeln. Die Unterstützung zeigt sich in Form von Lehrern, Mentoren, Freunden oder einfach darin, dass wir zum richtigen Zeitpunkt am richtigen Ort sind.

Element: Metall
Elementarfarbe: Weiß, Grau, Silber, Gold
Himmelsrichtung: Nordwesten
Trigramm: Ch'ien, der Himmel
Lo Shu-Zahl: 6
Familienmitglied: Vater
Trigrammfarbe: Silberweiß

Hilfreiche Erweiterungen fördern die Bereitschaft, anderen Menschen selbstlos unter die Arme zu greifen, ohne sich dabei zu verausgaben.
Fehlbereiche zeigen sich häufig in mangelnder Unterstützung. Wir müssen uns, mehr als andere, allein durchkämpfen.

Tai Chi – die Mitte

Dieser Mittelpunkt des Hauses oder Raumes birgt die größte Kraft in sich. Er steht als Zentrum für die Vielfalt der Möglichkeiten, da alles aus ihm entstehen kann. Hier ist der Ort, in dem Chi sich sammelt und regeneriert. In der Praxis sollte dieser Bereich möglichst frei, zumindest aber nicht vollständig zugestellt sein. Problematisch sind Wände in der Mitte des Hauses. In vielen alten Gebäuden wurde einst der Mittelpunkt besonders gekennzeichnet. So fanden wir bei einem Klienten im Keller eine eingravierte Steinblume, die das Zentrum symbolisierte und dem Haus eine perfekte Einheit gab. Dieses Herz des Heimes besitzt eine zentrale Bedeutung, denn hier finden wir den energetischen Mittelpunkt des umbauten Raumes. Wir empfehlen unbedingt auch bei Neubauten die Mitte räumlich zu markieren, etwa durch einen Kreis, der ins Parkett oder die Fliesen eingelassen wird. Ideal steht hier auch der Ofen, der mit seiner Wärme das Haus zentrieren kann. Wir haben in der Praxis immer wieder erlebt, wie belebend ein Ofen an diesem Ort wirkt – von den kostensparenden Nebenwirkungen einmal ganz abgesehen.

Element: Erde
Elementarfarbe: Gelb, Orange, Beige
Lo Shu-Zahl: 5

Unterschiedliche Ansätze bei der Bagua-Analyse

Für Verwirrung bei den Lesern von Feng Shui-Büchern sorgt stets die Tatsache, dass es verschiedene Methoden gibt, mit dem Bagua zu arbeiten. Populär geworden ist, gerade in den vergangenen Jahren, das »Drei-Türen-Bagua«. Bei dieser Methode richten wir das Bagua anhand der Eingangstür aus. Die klassische Kompass-Methode dagegen, die seit Jahrtausenden praktiziert wird, nimmt grundsätzlich die Himmelsrichtungen als Ausgangspunkt. Die Verwirrung wächst, wenn den Lesern in unterschiedlichen Büchern verschiedene Bagua-Methoden empfohlen werden und sie feststellen müssen, dass beide zu vollkommen unterschiedlichen Ergebnissen führen können.
Klarheit auch in dieser Frage zu schaffen, ist ein Anliegen unseres Buches. Deshalb werden wir beide Methoden aufgreifen und Ihnen helfen, die für Sie passende zu finden. Wir wissen, dass wir uns damit weit aus dem Fenster lehnen. Doch wir möchten die tiefe Kluft zwischen den verschiedenen Schulen schließen. In beinahe allen Feng Shui-Büchern haben sich die Autoren bis jetzt für die eine oder die andere Methode entschieden und jeder hält zumeist die »seine« für die allein richtige. Um es gleich vorweg zu nehmen: Für uns stehen beide gleichberechtigt nebeneinander, denn wir wissen, dass jede in bestimmten Situationen »richtig« ist. Beide haben ihren speziellen Hintergrund und damit auch ihre Berechtigung. Der spannendste Moment in unseren Ausbildungen ist stets derjenige, wenn wir eine Methode gelehrt und im Anschluss daran die andere vorstellen. Das nennen wir den »Praxisschock«. Die Reaktion ist immer die gleiche, die Schüler pro-

testieren: »Jetzt weiß ich ja gar nicht mehr Bescheid, wie soll denn das zusammen gehen?« Doch schon nach kurzer Zeit weicht die anfängliche Unsicherheit der Erkenntnis, für jede Wohnsituation die passende Methode zur Verfügung zu haben.

Unterschiedliche Methoden der Bagua-Analyse

Die Feng Shui-Gelehrten aus alter Zeit fanden im Vergleich zu heute vollkommen andere Verhältnisse vor. Sie reisten durch das gesamte Land und suchten – oft jahrelang – das richtige Grundstück für ihre Auftraggeber. Was aber zeichnete solch ein ideales Grundstück für die Mandarine und Fürsten aus?

Neben der geschützten Lage galt es, dafür zu sorgen, dass sämtliche Chi-Qualitäten das Haus erreichten und seine Bewohner nähren konnten. Denn nur wenn alle grundlegenden Energiemuster in ihren unterschiedlichen Erscheinungsformen (Form, Farbe, Himmelsrichtung) vorhanden sind, kann sich die Fülle der Möglichkeiten im Leben der Bewohner manifestieren. Damit war schon eine wichtige Vorraussetzung vorgegeben: Das Haus sollte zwar geschützt stehen, der Chi-Zufluss durfte aber nicht von zu nahe stehenden Gebäuden oder natürlichen Formationen blockiert werden. Eine solche Situation hätte die logische Folge, dass die Bewohner einen Mangel an genau der Chi-Qualität erleben, die von der Umgebung blockiert wird. Das wiederum würde sich in dem mit dieser Energie assoziierten Lebensbereich spiegeln.

Sehen wir uns die klassischen chinesischen Wohnhäuser an: Sie waren zumeist quadratisch und hatten in der Mitte einen offenen Innenhof. Die ihn umschließenden Wände, aber auch die, die das Gebäude nach außen von der Umwelt abgrenzten, hatten aufgrund des quadratischen Grundrisses und des sich daraus ergebenen Gleichmaßes einen in sich ausgewogenen Kontakt zur Außenwelt. Keine Seite war länger, keine kürzer und damit alle angrenzenden Gebäudeseiten gleichberechtigt. Das mittlere Bagua-Quadrat des Hauses war zwar durch das umgebende Haus räumlich von der Außenwelt abgetrennt, befand sich jedoch trotzdem außerhalb. Hier im Zentrum, im Tai Chi, konnte sich die Energie zentrieren, reinigen und aufladen.

Wir sehen also, das Wohnen in alter Zeit war viel stärker mit der natürlichen Umgebung verknüpft. Diejenigen, die sich den Rat eines Feng Shui-Meisters leisten konnten, hatten die Möglichkeit, sich ihre idealen Grundstücke auszusuchen. Sogar die Ausrichtung der Tür konnte mit wesentlichen Richtlinien der Formen- und Kompass-Schule in Einklang gebracht werden. Man achtete streng darauf, einen Ming Tang vor der Tür zu haben, in manchen Gegenden, in denen die Kompass-Schule dominierte, lotste man durch die genaue Ausrichtung der Haupteingangstür auch die Energie ins Haus, die für das Leben des Betreffenden besonders hilfreich erschien.

Neben den Umgebungsmerkmalen in der Außenwelt war man sich jedoch auch der Bedeutung der inneren Formgebung und Gestaltung (Innenwände, Türen, Fenster, Einrichtung usw.) von Gebäuden bewusst. Dem Feng Shui-Meister war klar, dass er mit einem Haus einen Mikrokosmos im Makrokosmos geschaffen hatte, der wiederum für sich ein einheitliches Ganzes symbolisiert und damit auch der Eigengesetzlichkeit unterliegt. Das heißt: Auch innerhalb der Mauern wandelt sich das Chi und repräsentiert – je nach Raumbereich – unterschiedliche Energiequalitäten. Leichter vorstellbar wird das am Beispiel von uns Menschen. Wir alle sind verbunden mit unserer äußeren Umgebung und leben deshalb in ständiger Wechselwirkung mit ihr. Unser persönliches »Haus«, der Körper, ist auch ein eigenständiger, sich selbst regulierender Organismus und folgt seiner Eigengesetzlichkeit. Das ist in unseren Häusern nicht anders.

Daraus folgt: Wohnungsanalysen mit dem Bagua müssen sowohl den äußeren Energiezustrom als auch das im Inneren zirkulierende Chi berücksichtigen. Beide Faktoren sind stets präsent, allerdings kann ein Energiefluss bestimmender sein. Der Energieaustausch zwischen innen und außen vollzieht sich vorrangig über die Türen und Fenster. Welcher Chi-Fluss der bestimmendere ist, hängt von der Lage des Gebäudes innerhalb der Umgebung ab und ist deshalb von Haus zu Haus, von Wohnung zu Wohnung verschieden. Ein freistehendes Haus wird von den Himmelsrichtungen stärker beeinflusst, als eine Wohnung in einem Hochhaus, in dem die Menschen froh sind, zumindest auf einer Seite einen freien Blick und damit den direkten Kontakt zur Außenwelt zu haben. Und hierin liegt das Problem, das Feng Shui mit sich bringt, wenn wir es unreflektiert in unsere Zeit übertragen. Diese und andere Tatsachen machen eine differenziertere Be-

Chi-Bewegungen außerhalb und innerhalb eines Gebäudes

trachtung notwendig und aus diesem Grund kennen wir auch verschiedene Analysemethoden.

Die Kompass-Methode

Sie wählt als Ausgangsbasis die Himmelrichtungen, jede steht für eine Energiequalität, die das Haus beeinflusst. Je nach Ausrichtung des Objektes (Gebäude, Raum, Grundstück) und der Eingangstür werden die Bagua-Zonen nun bestimmten Raumbereichen zugeordnet. Der Ansatzpunkt der Analyse mit dem Kompass ist also die von außen kommende, uns beeinflussende Energie mit ihren verschiedenen Richtungsqualitäten, wobei das Objekt der Ausgangspunkt der Betrachtung ist.

Was aber, wenn wir nicht – wie idealerweise vorrausgesetzt – in einem Haus wohnen, das gleichmäßig von allen Richtungen bestrahlt wird? Was, wenn unsere Wohnung nur eine Wand mit Fenstern hat, die uns direkt mit der Außenwelt verbindet. Was, wenn wir direkt auf ein großes Gebäude schauen, das unseren Blick und damit auch die Himmelsrichtung blockiert? Ist es tatsächlich sinnvoll, immer ausschließlich die Himmelsrichtung zu bestimmen, auf die unsere Wohnungstür ausgerichtet ist, wenn die Energie ihre Ursprungsrichtung (die, aus der sie in das Wohnhaus fließt) bis zu unserer Wohnungstür schon etliche Male verändert hat? Was, wenn die Chi-Energie, die in unsere Wohn- und Arbeitsräume fließt, direkt aus dem Fahrstuhl kommt, einem Schacht, der wiederum in sich geschlossen ist und daher kaum Kontakt nach draußen hat?

Diese und viele andere Situationen hat das moderne Feng Shui dazu bewogen, seine Methoden den heutigen Verhältnissen anzugleichen. Vor diesem Hintergrund ist auch die des »Drei-Türen-Bagua« zu sehen.

Das Drei-Türen-Bagua

Diese Methode zählt, strenggenommen, nicht zu den klassischen, denn hier ermitteln wir die einzelnen Bagua-Bereiche unabhängig von den Himmelsrichtungen. Zunehmend an Bedeutung gewonnen hat sie in den vergangenen Jahren. Da sie erfolgreich ist, erfreut sie sich großer Beliebtheit. Ein anderer Vorteil des Drei-Türen-Bagua liegt in der einfachen Handhabung, die es auch Feng Shui-Laien ermöglicht, diese Harmonielehre kennen zu lernen und zunehmend in ihr Leben zu integrieren.

Im Feng Shui von heute prallen die Schüler und Meister der klassischen Feng Shui-Schule mit den Anhängern des Drei-Türen-Bagaua zusammen. Die Vertreter der »alten Ordnung« werfen diesem scheinbar jungen Zweig am Baum des Feng Shui vor, eine »unwissenschaftliche« Methode zu praktizieren, die ganz ohne Mathematik und die Kenntnis klassischer Vorgehensweise auskäme. Hier werde also einer Art »Fast-Food-Feng Shui« das Wort geredet. Die Anhänger des Drei-Türen-Bagua wiederum klagen ihre Gegner der engstirnigen Orthodoxie an, die sich dem Fluss des modernen Lebens verweigere.

Die Kontrahenten haben, wie so oft, gleich Recht und Unrecht. Gehen wir nun genauer auf die auf die Streitigkeiten und die Geschichte des Drei-Türen-Bagua ein.

Variationen dieser Methode waren bereits seit Generationen im asiatischen Raum bekannt und galten als eine der Antworten auf die modernen Zeiten der Viel-Familien-Häuser und Wolkenkratzer. Das Drei-Türen-Bagua geht von der Haus- oder Wohnungstür aus, durch die das Chi hineinfließt. Sie liegt in den allermeisten Fällen in den Bereichen Mentoren, Karriere und Wissen.

Das alte, neue Konzept der Feng Shui-Analyse wird heute vor allem von der sogenannten »Schwarzhut-Sekte« gelehrt und propagiert. Gründer ist Lin Yun, der seine Version des Feng Shui als eine »... Synthese aus tibetanischer, chinesischer und althergebrachter Weisheit, in der gleichzeitig moderne Psychologie und Designerprinzipien miteinbezogen werden ...« bezeichnet.
Wie immer wir nun zu Lin Yun und der Schwarzhut-Sekte auch stehen, die in Berkely (Kalifornien) einen eigenen Tempel errichtet hat, die Wiederentdeckung und Neuentwicklung des Drei-Türen-Bagua für eine breite Öffentlichkeit ist ihr nicht abzusprechen.
Fazit: Man kann nie prinzipiell bestimmen, welche Methode der Bagua-Analyse »richtig« ist. Immer ergibt sich das aus der jeweiligen Situation. Trotzdem kennen wir einige Anhaltspunkte, die Ihnen dabei helfen können, die passende Methode für Sie zu finden.

Drei-Türen-Bagua oder Kompass-Bagua?

Betrachten Sie die äußeren Konturen des Gesamtgrundrisses Ihres Hauses. Sind mehr als 50 Prozent Außenmauern, so können Sie davon ausgehen, dass bei Ihnen die äußeren Energien bestimmend sind. Wählen Sie dann das Kompass-Bagua.
Sind dagegen weniger als 50 Prozent Außenmauern, überwiegt die innere Chi-Bewegung, hier ist der Ansatzpunkt das Drei-Türen-Bagua.
Wichtiger Hinweis: Im Berufsleben sollten Sie am besten mit dem Kompass-Bagua arbeiten. Alle beruflichen Aktivitäten sind nach außen gerichtet. Knüpfen Sie deshalb bei der Analyse an die äußeren Energieströme an, die durch die Himmelsrichtungen repräsentiert werden. Eine Faustregel lautet: Chi folgt der Aufmerksamkeit. Mit der Wahl der Bagua-Methode definieren Sie Ihre Räumlichkeiten entsprechend.

Kompass- Bagua auf einen Blick

- Ausgangspunkt: äußere Energien, Himmelsrichtungen
- ideal bei freistehenden Einfamilienhäusern, Doppelhäusern oder Reihenhäusern, Wohnungen mit Rundumblick oder starkem Außenkontakt
- für Berufsanalysen: Arbeitswelt erfordert den Kontakt nach außen

Drei-Türen-Bagua auf einen Blick

- Ausgangspunkt: innere Energiebewegung, Haupteingangstür
- ideal bei wenig direktem Außenkontakt eines Objektes
- für kleinere Einheiten (Schreibtisch, Bett usw.)
- Ausgleichmaßnahmen »innerhalb« der Familien- und/oder Arbeitsgemeinschaften

Die praktische Arbeit mit dem Bagua

Gleichgültig welche Methode Sie wählen: Ehe Sie mit dem Bagua Ihr Heim analysieren, müssen Sie einige Vorbereitungen treffen. Wir wollen mit Ihnen nun systematisch die einzelnen Schritte durchgehen und dabei die wichtigsten Fragen klären. Viele Leser und Zuhörer fragen verzweifelt, wie sie denn den Grundriss in das Bagua-Quadrat bekommen sollen. Das ist natürlich nicht möglich, es sei denn, Sie haben eine quadratische Wohnung! In der Praxis wird das Bagua in der Länge und/oder Breite dem Grundriss angepasst.

Sicher haben auch die Bagua-Folien, die einigen Büchern beiliegen, zu diesem Missverständnis beigetragen. Vergessen Sie die vorgefertigten Folien bei Ihrer Feng Shui-Analyse, sie erschweren die Arbeit und stiften in den meisten Fällen nur Verwirrung. Wir stellen Ihnen hier eine Methode vor, bei der Sie direkt mit der Fotokopie Ihres Grundrisses arbeiten. Sie brauchen nur einen maßstabsgetreuen Grundriss, einen Bleistift, ein Lineal und einen Rechner. Lassen Sie uns nun den Weg zur Ihrer Bagua-Analyse Schritt für Schritt erklären.

Den Grundriss für die Analyse vorbereiten

Damit ein Grundriss alle Bagua-Bereiche einschließt, muss er entweder regelmäßig rechteckig oder quadratisch sein.

Grundrisse mit Einbuchtungen und unregelmäßigen Konturen müssen vor der Analyse harmonisiert werden. Stellen Sie zunächst fest, wodurch die Unregelmäßigkeiten verursacht werden, denn nicht jeder Bereich eines Hauses wird in die Analyse miteinbezogen.

Viele Häuser erhalten durch Nachbarwohnungen, Anbauten, Erker, Balkone oder Garagen Grundrissunregelmäßigkeiten, die für die Feng Shui-Analyse von Bedeutung sind. Ob Sie diese Abweichungen bei Ihrer Analyse berücksichtigen müssen, hängt davon ab, ob die Bereiche bewohnt sind und wie groß sie im Verhältnis zum Gesamtgrundriss sind. Haben Sie also zum Beispiel Erker oder Wintergärten, zählen diese zur Wohnfläche und müssen in der Bagua-Analyse berücksichtigt werden. Garagen dagegen sind das »Zuhause der Autos« und gehören nicht zum Wohnbereich. Das ändert sich selbstverständlich, wenn die Garage zum Büro umgebaut wird. Auch ein Geräteschuppen wird bei der Grundrissanalyse nicht mit einbezogen.

Aus den Unregelmäßigkeiten im Grundriss ergeben sich entweder »Hilfreiche Erweiterungen« oder »Fehlbereiche«. Ob Sie sich nun über Hilfreiche Erweiterungen freuen dürfen (hier steht Ihnen ein Mehr an Energie zur Verfügung) oder Fehlbereiche entdecken, die Sie ausgleichen sollten, hängt von den Größenverhältnissen ab.

- Ist die Grundrissunregelmäßigkeit kleiner als 50 Prozent des Bereiches, aus dem sie hervorgeht, so handelt es sich um eine **Hilfreiche Erweiterung**. Sie liegt immer außerhalb des Bagua. In diesem Fall steht Ihnen mehr Energie als gewöhnlich zur Verfügung.
- Ist die Unregelmäßigkeit größer als 50 Prozent des Bereiches aus dem sie hervorgeht, so handelt es sich um einen **Fehlbereich**. Hier steht Ihnen nicht die volle Energie zur Verfügung, was sich in Schwierigkeiten im entsprechenden Lebensbereich äußern kann. Ein Fehlbereich ist eine

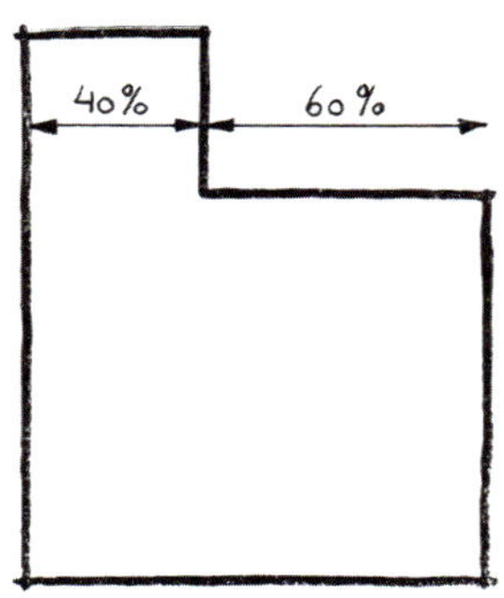

Hilfreiche Erweiterung

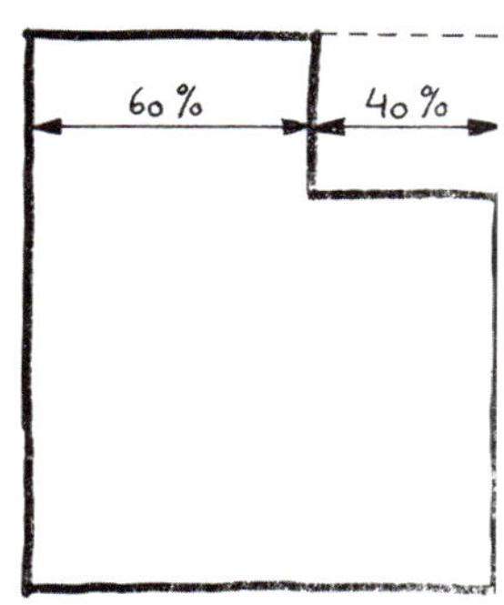

Fehlbereich

Energieleere und befindet sich deshalb immer innerhalb des Bagua.

Wichtiger Hinweis: Bei der Analyse können auch so genannte Mangelbereiche vorhanden sein. Ein Beispiel soll das illustrieren: Im Bereich der Partnerschaft befindet sich eine Abstellkammer, sie wird zum relativen Fehlbereich, weil sie nicht als Wohnraum genutzt wird.

So gleichen Sie Fehlbereiche aus

Haben Sie festgestellt, dass Ihr Bagua nicht vollständig ist und Fehlbereiche aufweist, sollten Sie ausgleichen. Folgende Möglichkeiten bieten sich an:

1. Wenn Sie einen Garten besitzen, können Sie den Fehlbereich direkt draußen ausgleichen. Dazu aktivieren Sie den Schnittpunkt des Bagua. Das ist der Punkt, an dem sich die Linien treffen würden, wenn das Bagua vollständig wäre. Bei der Aktivierung helfen kräftige Pflanzen, Leuchten oder Skulpturen, ebenso Klangspiele oder Brunnen.
2. Können Sie den Fehlbereich im Außenbereich nicht ausgleichen, so aktivieren Sie ihn im Innenbereich (siehe Abb. rechts). Auch hier eignen sich üppige Pflanzen, am besten in der Farbe der jeweiligen Sektoren, aber auch Brunnen oder Spiegel, die die Wand optisch öffnen und den Fehlbereich dadurch energetisch wiederherstellen.
3. Auch jedes Zimmer hat ein eigenes Bagua. Deshalb können Fehlbereiche auch ersatzweise in der jeweiligen Bagua-Zone des entsprechenden Zimmers ausgeglichen werden. Fehlt im Gesamtmaßstab Ihrer Wohnung etwa der Bereich der Partnerschaft, so können Sie ihn im Schlafzimmer besonders beleben. Was immer Sie mit einer glücklichen Partnerschaft verbinden, egal ob Sie dort eine Schatulle mit den ersten Briefen Ihres Liebsten aufbewahren, die Hochzeits- oder Urlaubsfotos an die Wand hängen oder eine blühende Pflanze aufstellen.

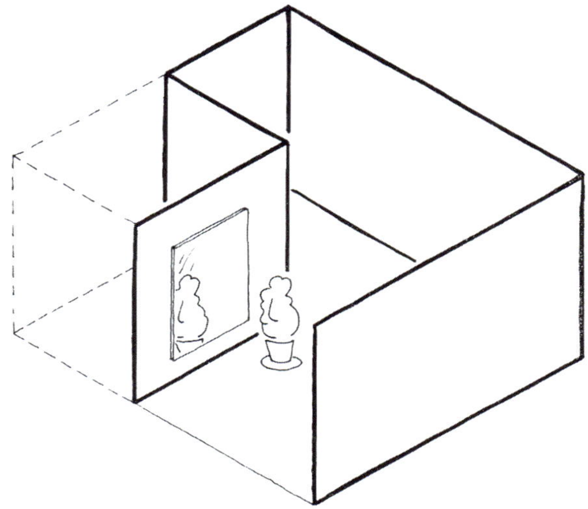

Auf Besonderheiten achten

- Um Eingänge, die weiter nach hinten versetzt sind, also nicht direkt an der Grundlinie liegen, zu analysieren, muss die vollständige Grundrissform ergänzt werden (Abb. 1, Seite 78).
- Achten Sie darauf, dass der Eingang stets auf einer Bagua-Linie oder – wenn er zurückversetzt ist – innerhalb eines Bagua-Feldes liegen muss, niemals jedoch außerhalb des Bagua. Daraus ergibt sich: Liegt Ihr Eingang eigentlich in einer »Hilfreichen Erweiterung«, also außerhalb des Bagua, so verursacht diese Konstellation »Fehlbereiche«, da die »Hilfreiche Erweiterung« nicht als solche bewertet wird (Abb. 4, Seite 78).
- Bei schräg gestellten Eingängen, größer oder kleiner als 45 Grad, wird der Eingang der Richtung zugeordnet, durch die am meisten Chi-Energie in den Raum fließt (Abb. 5, Seite 78).

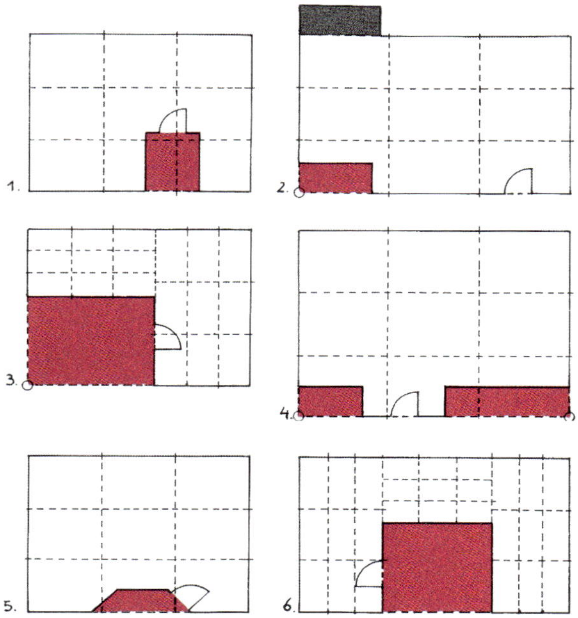

Fehlbereich
Hilfreiche Erweiterung

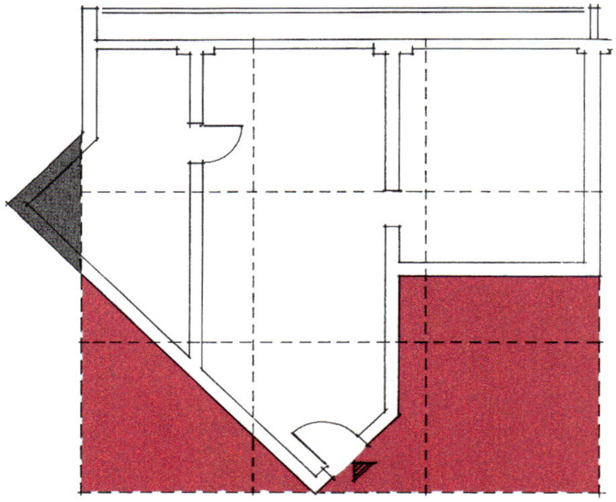

Fehlbereich
Hilfreiche Erweiterung

Dieser Grundriss wirkt sehr instabil. Vorrangig war in diesem Fall die obere Außenmauer, sie ist auf das Gesamtgebäude bezogen die einzige Gerade. Die anderen, teilweise schrägen Mauerverläufe, sind Abweichungen.

Grundrisse mit extremen Disharmonien

Vielleicht haben Sie auch einen der ganz problematischen Grundrisse, die nur sehr schwer auf ein Rechteck oder Quadrat zu bringen sind. Hier gilt: Finden Sie einen Bezugspunkt, der das Gleichgewicht wieder herzustellen vermag. Stellen Sie deshalb fest, welches die vorrangigen, tragenden Mauern sind (meist Außenmauern) und welche tatsächlich von diesen abweichen, also die Unregelmäßigkeiten verkörpern. Achten Sie dabei auch auf die räumliche Gewichtung und Harmonie.

Die Bagua-Analyse Schritt für Schritt

- Prüfen Sie, ob für Sie das Kompass- oder das Drei-Türen-Bagua geeigneter ist.
- Arbeiten Sie vom Großen zum Kleinen. Das heißt: Wollen Sie zum Beispiel Ihr Zuhause überprüfen, so fertigen Sie immer zuerst eine Analyse des Gesamtgrundrisses an. Dann erhalten Sie schon den ersten Eindruck, welche Bereiche besonders gut und welche eventuell mangelhaft mit Energie versorgt sind. Nach dieser Erstdiagnose können Sie nun viel gezielter zu Werke gehen. Wenn Sie im Gesamtmaßstab Fehlbereiche feststellen, können Sie dieses Manko auch im kleinen Maßstab (Zimmer, Schreibtisch usw.) ausgleichen und aktivieren.

- Kopieren Sie den Grundriss auf dem Fotokopierer oder zeichnen Sie ihn originalgetreu ab. Unhandliche Formate verkleinern Sie, bis sie auf ein DIN-A4-Blatt passen. Bei sehr umfangreichen, komplexen Grundrissen können Sie selbstverständlich auch ein DIN-A3-Format verwenden. Sind Sie nicht im Besitz des Grundrisses oder haben Sie Anbauten vorgenommen, die auf Ihrem Grundriss noch nicht vermerkt sind, so zeichnen Sie das Fehlende maßstabsgetreu auf, vergessen Sie auch die Fenster und Türen nicht.
- Stellen Sie fest, ob Ihr Grundriss Unregelmäßigkeiten aufweist. Harmonisieren Sie ihn, so dass er ein Rechteck oder Quadrat ergibt. Ist Ihr Grundriss regelmäßig, können Sie mit dem nächsten Schritt beginnen.
- Zeichnen Sie nun in den Grundriss die einzelnen Bagua-Bereiche ein. Wie Sie das tun, richtet sich danach, welche Methode Sie wählen.
- **Wichtig:** Aktivieren Sie die Bereiche, die für Sie gerade wichtig sind.
  Verfallen Sie nicht in einen »Feng Shui-Aktivierungswahn«. Überlegen Sie vorher genau, welcher Bereich für Sie jetzt zentral ist. Beginnen Sie mit kleinen, aber bewussten Veränderungen und achten Sie auch darauf, wie Sie sich dabei fühlen. Stoßen Ihnen plötzlich Missgeschicke zu oder fühlen Sie sich sonst irgendwie blockiert, stellen Sie alles wieder an seinen alten Platz und nehmen Sie andere Veränderungen vor.
- Vor der Aktivierung eines Lebens- und Berufswunsches sollten Sie immer darauf achten, Sha-Einflüsse auszugleichen. Geschieht das nicht, kann es zu unerwünschten Nebenwirkungen kommen. Denn dann können Sie die Wirkung der aktivierenden Hilfsmittel nicht kalkulieren.

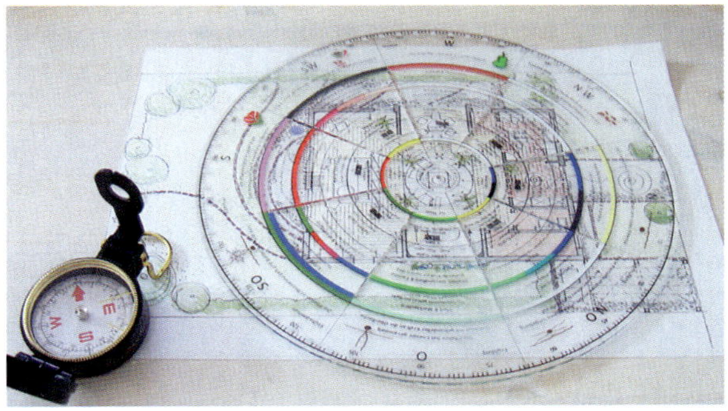

Das brauchen Sie für Ihre Bagua-Analyse: Ihren maßstabsgetreuen Grundriss, Lineal, Bleistift, Bunt- oder Filzstifte, Kompass, Winkelmesser oder die Feng Shui-Kompass-Scheibe

- Es ist nicht nötig, dass Ihre Wohnung entsprechend den Bagua-Feldern aufgeteilt ist, zum Beispiel das Schlafzimmer im Bereich der Partnerschaft, das Kinderzimmer im Bagua-Feld der Kinder liegt. Aktivieren Sie diese Schwerpunkte dann lieber direkt in den entsprechenden Zimmern.

Das Drei-Türen-Bagua in der Praxis

Das Drei-Türen-Bagua wird der Formenschule zugerechnet. Hier wurden die einzelnen Bagua-Bereiche von den Himmelsrichtungen gelöst, formgebende bauliche Strukturen (Türen) sind bei dieser Analyse das Wesentliche. Wie der Name schon sagt, ist hier der Ausgangspunkt immer die Tür (Haustür, Wohnungstür, Zimmertür), die stets auf der Grundlinie: »Hilfreiche Freunde, Karriere, Wissen« liegt. Je nachdem, ob die Tür nun rechts, in der Mitte der Wand oder links liegt, fällt sie in jeweils einen der oben genannten Bereiche. Da es also drei mögliche Türpositionen innerhalb des Bagua gibt, wird es das »Drei-Türen-Bagua« genannt. Eine Erklärung für die Wirksamkeit des »Drei-Türen-Bagua« sei hier noch erwähnt. Im Feng Shui ist die Tür der »Mund des Chi«. Durch ihn tritt die Energie Chi in den Raumkörper ein, von hier wandelt sie sich. Auf diese Weise erhält jeder Bereich des Raumes eine ganz eigene Energiequalität, die mit den Bagua-Bezeichnungen beschrieben werden. So unterstützt zum Beispiel die hintere, rechte Ecke die Partnerschaft, das hintere, mittlere Wandstück gegenüber der Tür verhilft zur nötigen Anerkennung im Berufs- und Privatleben. Vergleichbar ist das Prinzip des Drei-Türen-Bagua mit unserem Körper: Auch ihm führen wir Energie zu, wenn wir Essen oder Atmen, die jedoch im Körper in eine andere Energiequalität verwandelt wird.

So arbeiten Sie mit dem Drei-Türen-Bagua

- Kopieren Sie den Grundriss des Hauses, das Sie analysieren wollen. Achten Sie darauf, dass auch Anbauten, die eventuell nachträglich dazugekommen sind, eingezeichnet sind.
- Ist der Grundriss nicht regelmäßig, so stellen Sie fest, ob es sich um »Hilfreiche Erweiterungen« oder »Fehlbereiche« handelt. Harmonisieren Sie den Grundriss.
- Um die Bagua-Bereiche zuzuordnen, teilen Sie nun Ihren Gesamtgrundriss in neun gleich große Abschnitte. Dazu messen Sie die (äußeren) horizontalen und vertikalen Grundrisslinien ab und teilen sie jeweils durch drei. Verbinden Sie die obere und untere Grundrisslinie und die rechte und linke Grundrisslinie. Drehen Sie den Grundriss nun so, dass die Tür als Ausgangsbasis unten an der Linie »Hilfreiche Freunde, Karriere und Wissen« liegt. Tragen Sie analog dazu die entsprechenden Bagua-Bereiche ein.
- Ausgangspunkt für die Analyse mit dem Drei-Türen-Bagua ist immer die Eingangstür zum Wohn- oder Arbeitsbereich, den Sie analysieren wollen. Leben Sie also in einem Mehrfamilienhaus, so gilt hier die Wohnungstür als Basis, in einem Einfamilienhaus ist es die Haustür. Gibt es mehrere Türen, so gilt die, die am meisten benutzt wird.
- Wohnen oder arbeiten Sie auf mehreren Etagen, so wird für jede Etage ein eigenes Bagua gezeichnet. Ausgangspunkt ist hier die Wohnfläche, durch die Sie die jeweilige Etage betreten – also meist der Treppenaufgang. Das ist auch der Fall, wenn sich dadurch von Etage zu Etage andere Bagua-Ausrichtungen ergeben. Wichtig bleibt immer der Bereich, durch den das Chi in die Räumlichkeit einfließt. Das gleiche Prinzip gilt auch für die Analyse von einzelnen Räumen – hier zählt dann die jeweilige Eingangstür zum entsprechenden Zimmer. Auf diese Weise erhält jedes Zimmer ein eigenes Bagua.
- Aktivieren Sie den gewünschten Bagua-Bereich in Ihrer Wohnung mit dem Symbol oder den entsprechenden Farben oder Formen, das für Sie einen Bezug zu diesem Lebensziel hat.
- Gleichen Sie eventuelle Fehlbereiche aus.

L- oder U-förmige Grundrisse können in mehrere Bagua-Bereiche unterteilt werden. Im Gegensatz zum Kompass-Bagua, das sich ja immer an den Himmelsrichtungen orientiert, zählt beim Drei-Türen-Bagua der Weg, Durchgang oder die Tür, die hauptsächlich in den zu analysierenden Bereich führt (Abb. 3 und 6, Seite 78 links).

Praxisbeispiel 1

Christel Z. lebt seit drei Jahren in einer Zweizimmer-Wohnung in einem Mehrfamilienhaus. Nachdem die Tochter aus dem Haus war und ihr Mann sich kurz danach scheiden ließ, hat sie sich eine neue Existenz als Bürofachfrau aufgebaut. Sie besitzt einen großen Freundeskreis, man trifft sich regelmäßig und unternimmt eine ganze Menge miteinander. Christel Z. reist gern, geht oft ins Theater und besucht auch Single-Partys. In den vergangenen zwei Jahren aber hat sich ihr Leben geändert. Nachdem ihre Tochter einen Sohn bekommen hat, wird Christel mehr und mehr in eine Rolle gedrängt, die sie auf Dauer überfordert. Immer öfter wird der nun dreijährige Kevin bei ihr untergebracht. Das lebhafte Kind beschäftigt sie so sehr, dass sie ihre sozialen Kontakte vernachlässigen muss. Sie geht seit einiger Zeit kaum mehr aus, die Freundinnen besuchen sie nur noch selten. Außer-

Vor der Feng Shui-Analyse

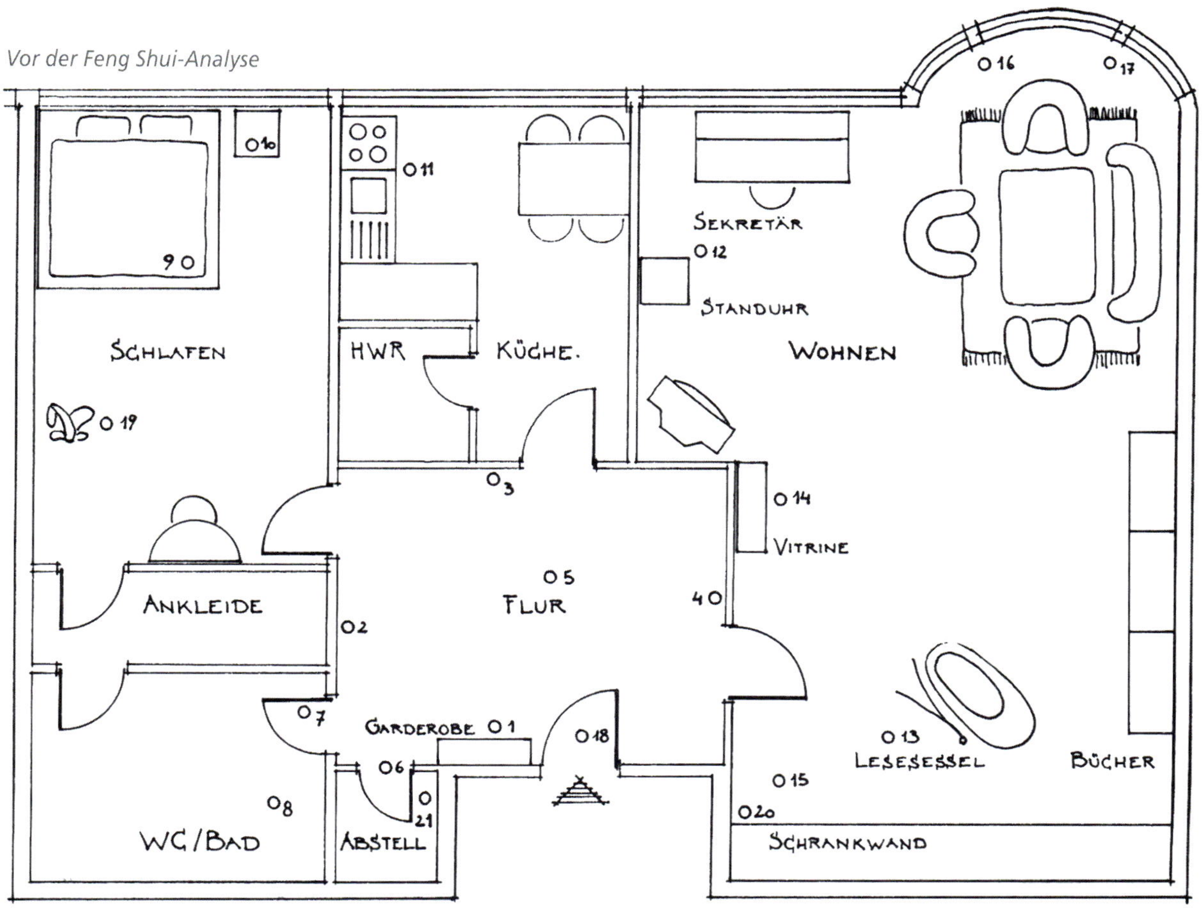

dem geht es ihr seit dem Einzug in ihr neues Heim gesundheitlich nicht gut. Sie leidet unter Migräneanfällen und Schlaflosigkeit und klagt auch über Gewichtsprobleme, da sie nun ständig daheim ist, und gerne nascht. In dieser Situation bat sie uns um eine Analyse.

Die Feng Shui-Analyse

Zuerst einmal führten wir ein längeres Gespräch mit unserer Klientin und nahmen ihre Daten auf. Es wurde uns schnell klar, dass sie in ihrer momentanen Lebensphase eine perfekte Repräsentantin ihres Tierkreiszeichens Erd-Büffel war: Geburtsdatum 4. Januar 1950. Erd-Büffel gelten als besonders zuverlässig und schätzen familiäre Bindungen. Sicherheit und Harmonie gehen ihnen über alles. Und eben hier tun sie des Guten bisweilen zu viel. Deshalb baten wir nun auch um die Daten der Tochter, sie war am 18. August 1972 geboren und fällt unter das Tierkreiszeichen Wasser-Ratte. Auch in ihr

Grundriss mit dem Drei-Türen-Bagua

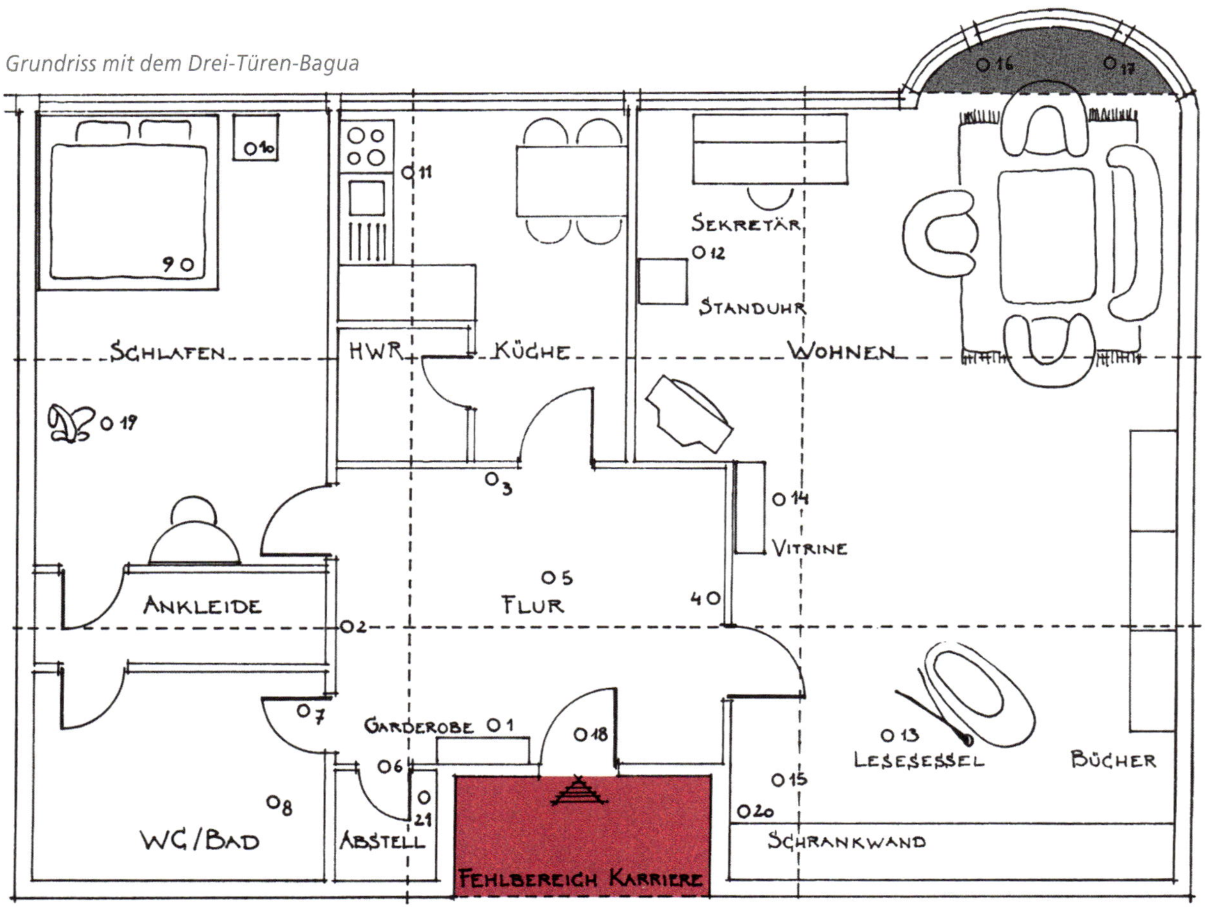

spiegeln sich die typischen Eigenschaften dieses Tieres, das gerne reist, das Leben in vollen Zügen genießt – und seine Freiheit bisweilen auf Kosten anderer auslebt.

Die Wohnsituation

Die Zweizimmer-Wohnung grenzt nur mit einer Wand an die Außenwelt. Darum haben wir uns in diesem Fall für das Drei-Türen-Bagua entschieden. Bei der Wohnraum-Analyse stellte sich heraus, dass ein Fehlbereich in der »Karriere-Lebensreise« vorliegt. Eine Hilfreiche Erweiterung findet sich in der Zone der »Beziehungen«. Diese räumlichen Strukturen haben einen direkten Einfluss auf das Befinden von Christel Z. Obwohl sie keine beruflichen Probleme hat, fehlt ihr doch die Energie, ihre Vorstellungen von einem erfüllten Leben wirklich zu leben. Das spiegelt sich in ihrer Unfähigkeit, den Ansprüchen der Tochter Grenzen zu setzen. In diesem Zusammenhang fanden wir es äußerst interessant, dass ihre Hilfreiche Erweiterung in der Zone Beziehung liegt. Ihre übermäßige mütterliche Fürsorge überträgt sie auch auf den Enkel, für den sie längst zu einer Ersatzmama geworden ist.

Der Flur. *Vorher:* Betritt man den Flur, fällt der erste Blick auf die Garderobe links an der Wand. Sie blockiert den Chi-Zufluss. Außerdem geht ein Großteil der Energie in die Küche. Das ist auch eine Erklärung für die Gewichtszunahme der Klienten. Zudem wirkt der Flur dunkel und nicht gerade einladend.
Nachher: Die Garderobe wurde rechts hinter die Tür gestellt, damit die Chi-Energie frei fließen kann. Um den Fehlbereich auszugleichen, hängt nun an dieser Wand das Bild eines Sees. Zwischen die Tür von Flur und Küche hängten wir ein Klangspiel, um den Energiezufluss in die Küche zu bremsen und den Flur zu aktivieren. Für die Wände neben der Küchentür und Wohnzimmertür haben wir kugelförmige Lampen empfohlen, für eine optimale Chi-Lenkung im Flur links neben der Schlafzimmertür. Damit die Energie nicht zu sehr in Bad und Abstellkammer strömt, wurden halbkugelförmige Kristalle auf die Türen geklebt. An die Wohnungstür wurde ein Kranz aus blauen Seidenblumen gehängt. Um den Fehlbereich »Lebensreise« zu aktivieren, empfahlen wir, eine blaue, halbrunde Matte vor die Wohnungstür zu legen.

Abstellkammer. *Vorher:* Die Abstellkammer war im wahrsten Sinn des Wortes ein Stauraum. Hier fand sich jede Menge Gerümpel, das längst auf den Müll gehörte.
Nachher: Unsere erste Empfehlung war, die Abstellkammer zu entrümpeln. Danach wurde ein blaues Regal an die Wand gestellt, die an den Fehlbereich angrenzt.

Bad und WC. *Vorher:* Der erste Blick beim Betreten des Bades fällt auf die Toilette.
Nachher: Damit das Chi nicht direkt wieder aus der Wohnung fließt, hielten wir Christel Z. an, den Toilettendeckel konsequent zu schließen. Um das fensterlose Bad zu beleben, gaben wir ihr den Tipp, eine Amethystdruse aufzustellen.

Schlaf- und Ankleidezimmer. *Vorher:* Der Grund für die Kopfschmerzen und Schlaflosigkeit unserer Klientin konnten auch in der Positionierung ihres Bettes liegen. Aus Feng Shui-Sicht stand das Bett ungünstig zwischen Fenster und Tür. Das Fenster direkt hinter ihrem Kopf erschwerte die Entspannung.

Hinzu kam, dass die Kanten und Ecken ihres Nachttisches versteckte Pfeile absenden.
Nachher: Die einzige Möglichkeit, das Bett neu zu positionieren, bestand darin, es um 90 Grad zu drehen. Nun hatte unsere Klientin die Tür im Blick. Der alte Nachttisch wurde durch einen neuen mit abgerundeten Ecken und Kanten ersetzt. Damit sich ein Rundumwohlfühl-Atmosphäre einstellt, empfahlen wir ihr, einen Paravent zwischen Bett (und Fenster) und der Tür zum Ankleidezimmer zu stellen. Eine spitzblättrige Yucca-Palme wurde aus dem Schlafzimmer entfernt und bekam einen neuen Platz im Hausflur, wo sie in einem blauen Topf den Bereich Lebensfluss in Schwung bringen soll. An die Wand zur Küche wurde ein Blumentopf mit blauen Hortensien gestellt, der die Ruhe und Entspannung fördern soll.

Küche. *Vorher:* In der Küche bestand eine Elementarspannung zwischen den Elektrogeräten, denn Herd und Spüle lagen direkt nebeneinander.
Nachher: Aus finanziellen Gründen war ein Küchenumbau nicht möglich, so empfahlen wir, die Innenseiten des Schrankes mit Spiegelfolie zu bekleben. Falls eine neue Küche geplant wird, sollte der Herd so aufgestellt werden, dass Christel Z. den Blick zur Tür hat.

Wohnzimmer. *Vorher:* In ihrem gemütlich eingerichteten Wohnzimmer fühlte sich Christel Z. eigentlich sehr wohl. Wenn man das Wohnzimmer betrat, schaute man direkt auf eine wunderschöne Vitrine, in der Sammlerpuppen ausgestellt waren. Den vor dem Fenster stehenden Sekretär benutzte unsere Klientin sehr selten. Ein Erker, der ja gleichzeitig die Hilfreiche Erweiterung darstellte, war mit gelben Blumen geschmückt. Am liebsten kuschelte sie sich abends in ihren Großvatersessel neben dem Bücherschrank und las. In letzter Zeit bekam sie manchmal bereits nach einer halben Stunde davon Kopfschmerzen. Auslöser konnte die Halogenlampe sein, die nur wenige Zentimeter von ihrem Kopf entfernt war.
Nachher: Ähnlich wie im Flur war auch hier unsere Empfehlung, die massive Vitrine wegzurücken, denn sie blockiert ebenfalls den Energiezufluss in das Wohnzimmer. Standuhr und Vitrine wechselten ihre Positionen und bekamen als Eckenausgleich jeweils eine Rankpflanze. Man hätte auch den Sekretär umstellen müssen, doch Christel Z. liebte diesen Platz, an ein Umstellen dieses Möbels war nicht zu denken. Damit sie aber den rechten Überblick bekam, hat sie sich nun einen Spiegel auf den Tisch gestellt.
Die Hilfreiche Erweiterung im Elementarbereich Erde (Beziehungen/ Partnerschaft) musste ausgeglichen werden, weil Christel Z. bereits zu übertriebener Fürsorge neigte, Eigenschaften, die mit diesem Sektor in Verbindung stehen. Der Erdüberschuss in diesem Bereich wurde durch das nächstfolgende Element, Metall, aufgenommen. Den Erker schmücken heute einige Kugelvasen und ein weißer Jasmin. Auch machten wir sie auf die Ecken des Bücherschrankes aufmerksam, die einen Sessel direkt attackieren. Die Halogenlampe neben dem Lesesessel und dem Kopf unserer Klienten stellten wir zwischen Bücherschrank und Schrankwand. Auch das Wohnzimmer grenzt an den Bereich »Lebensreise« und sollte für den Ausgleich mit einbezogen werden. An der entsprechenden Wand wurde eine Leuchte platziert, für vitales Chi sorgt außerdem ein Zimmerbrunnen.

Ergebnis

Nachdem Christel Z. die Feng Shui-Empfehlungen umgesetzt hatte, gab es eine Auseinandersetzung mit ihrer Tochter. Diese war bestürzt, dass ihre Mutter im Zuge der Aufräumarbeiten nicht mehr bereit war, die in der Abstellkammer aufbewahrte Spielzeugkiste für den Enkel zu behalten. Der Streit mündete in ein klärendes Gespräch, indem die Mutter der Tochter klar machte, dass sie nicht permanent als Ersatzmutter für ihren Enkel bereitstünde und auch sie ihren Freiraum brauche. Für einige Wochen war der Kontakt abgebrochen, dann jedoch versöhnten sich die beiden Frauen wieder. Noch immer besucht das Kind die Großmutter und beide haben gemeinsam schöne Stunden. Aber Christel Z. hat nun auch wieder Zeit für ihre Freundinnen und die Reisen.

Nach der Feng Shui-Analyse

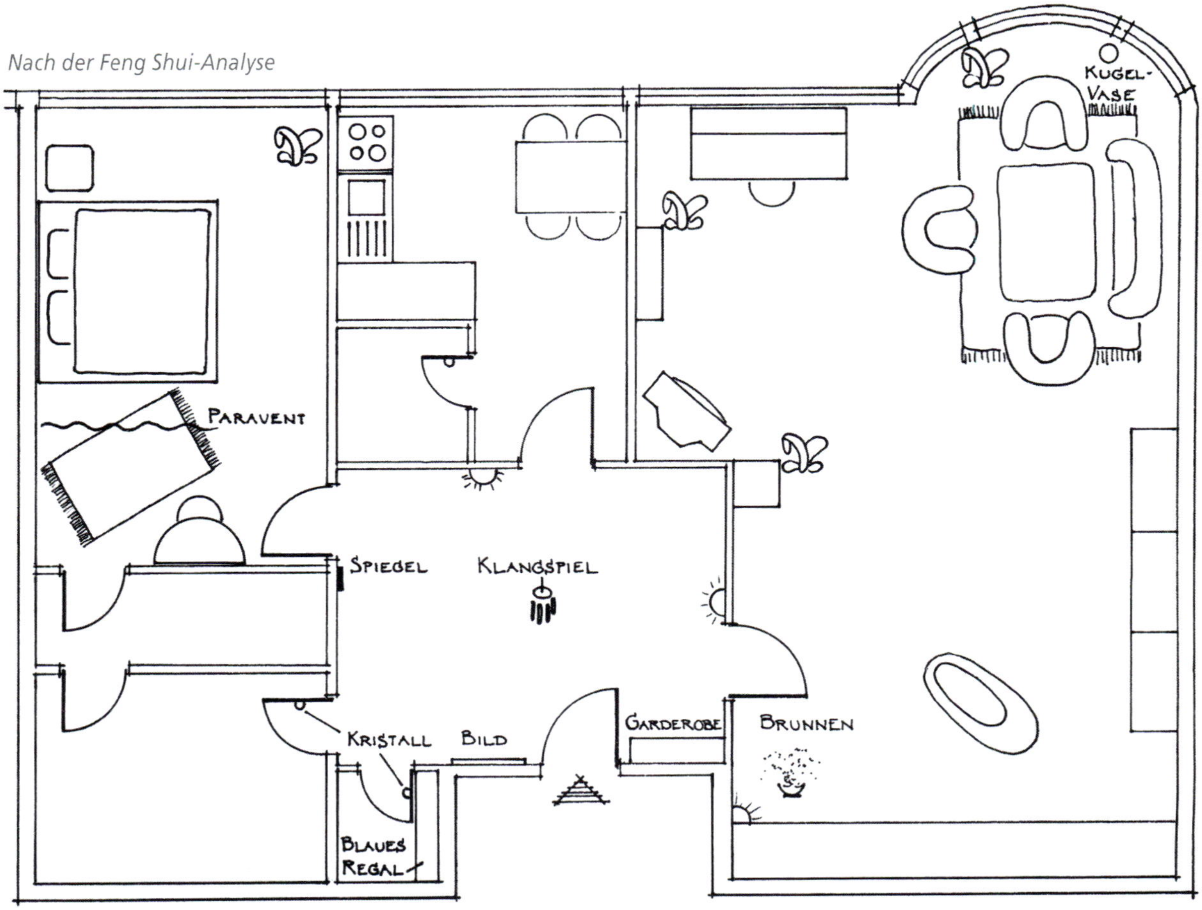

Praxisbeispiel 2

Der Jura-Student Mike T. steht kurz vor einer wichtigen Zwischenprüfung. Ob er sie allerdings besteht, weiß er nicht. Seit seinem Umzug nach Freiburg ist er sehr zerstreut, obwohl ihm die Stadt und sein Zimmer eigentlich gefallen. Er kommt mit seiner Arbeit einfach nicht mehr klar. Es ist ihm, als ob er seine Wurzeln verloren habe.

Die Feng Shui-Analyse

Mike T. kam am 25. März 1975 zur Welt. Seine Kua-Zahl ist die 7. Sie interessierte uns in diesem Fall besonders, weil wir die Möglichkeit sahen, die persönlichen Glücksrichtungen in unsere Analyse mit einzubeziehen.

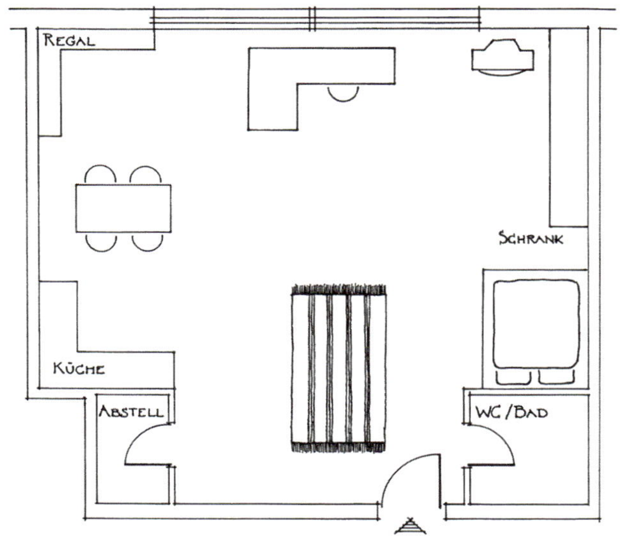

Vor der Feng Shui-Analyse

Die Wohnsituation

Der Student wohnt in einem Hochhaus-Appartement. Er hat nur ein Zimmer zur Verfügung, in dem er arbeitet, schläft und kocht. Hier vermischen sich die Energien unterschiedlicher Lebensbereiche. Das hat schon räumlich die Folge, dass bestimmte Aufgabengebiete nicht mehr klar definiert werden können. Und das spiegelt sich auch im Leben des Bewohners, der Probleme damit hat, sich einer Sache voll und ganz zu widmen.

Das Appartement. *Vorher:* Bei der Bagua-Analyse fällt auf, dass die Zone des Wissens einen Fehlbereich aufweist. Außerdem befindet sich hier die Abstellkammer. Zwischen der Eingangstür und dem großen Fenster gibt es eine Energieautobahn, die durch die Lage und das Muster des Teppichs noch verstärkt wird. Weiterhin sitzt unser Student mit dem Rücken zur Tür – und das auch noch mitten im »Windkanal«. Der neben dem Schreibtisch positionierte Fernseher lenkt ihn beim Studium ab. Das Bett steht zwar blickgeschützt, aber an der Wand von Bad und WC, direkt hinter seinem Kopf ist die Toilette.

Nachher: Priorität war, den Bereich des Wissens für Mike T.'s Examensnöte zu aktivieren. Wir machten ihm mehrere Vorschläge, für einen konnte er sich begeistern. Es drehte sich um das berühmte Bild des Nobelpreisträgers Einstein, auf dem das Jahrhundertgenie der ganzen Welt die Zunge zeigt. Dies sollte an der Wand neben der Tür zur Abstellkammer hängen. Im Abstellraum selbst befanden sich ausschließlich Lebensmittelvorräte, wie Konserven, Nudeln und Reis. Hier empfahlen wir ihm, an die den Fehlbereich angrenzende Wand einen Spiegel zu hängen, der zu einem den fehlenden Raum optisch erzeugt, zum anderen aber auch den Vorrat verdoppelt – und das steht für Wohlstand.

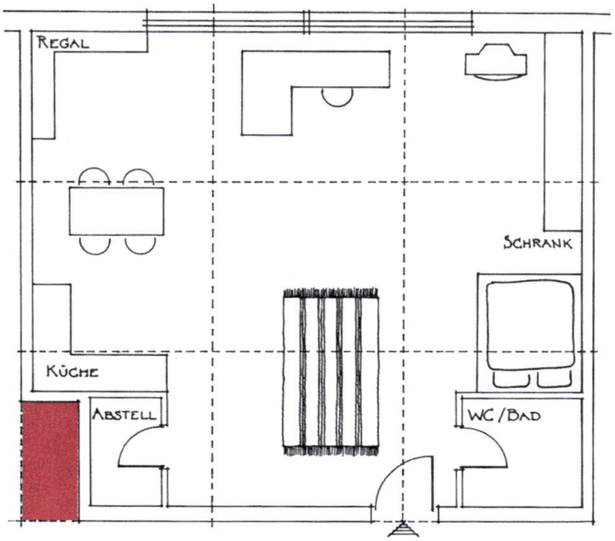

Grundriss mit dem Drei-Türen-Bagua

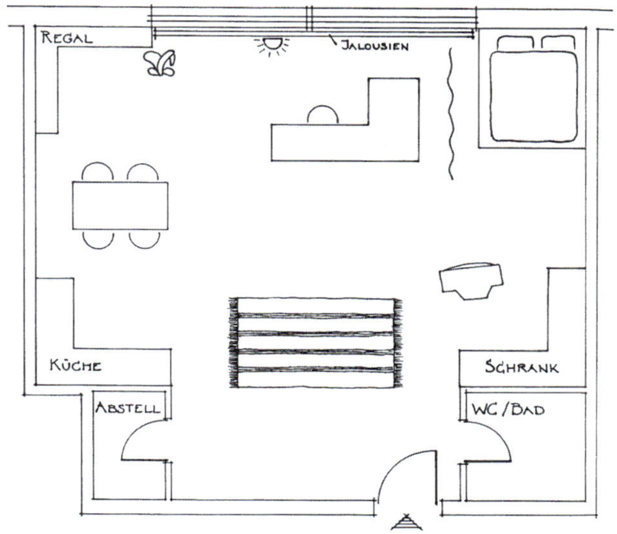

Nach der Feng Shui-Analyse

Der Teppich wurde um 90 Grad gedreht und quer gelegt. Er stoppt nun den Energiedurchzug im Appartement. Das für Mike T. wesentliche Möbelstück, sein Schreibtisch, musste auf jeden Fall umgestellt werden. Bisher saß Mike T. ja stets mit dem Rücken zur Tür, auch ein Grund warum er nicht die volle Konzentration für seine Arbeit aufbringen konnte. Da die Position des Schreibtisches im Raum jedoch die energetisch stärkste war, drehten wir ihn lediglich um 180 Grad, auch wenn die Fenster nun im Rücken liegen. Um den Energiedurchzug zwischen Tür und Fenster zu mildern, wurden die Fenster mit einer Pflanze und einer Jalousie energetisch geschlossen. Auch das Bett musste umgestellt werden, denn er schlief ja unmittelbar neben der Toilette, die nur eine Wandbreit von seinem Kopf entfernt war. Das Bett rückten wir ein paar Meter weiter an die Wand. Da nun Schlaf- und Arbeitsbereich unmittelbar nebeneinander lagen, trennten wir sie durch einen Paravent. Die zwei nebeneinander stehenden Schränke wurden getrennt und neu positioniert. Da sie weiß gestrichen sind, aktivieren Sie außerdem noch den Bereich der Mentoren, der zum großen Teil im Bad liegt. Auch etwas anderes hatte uns zu dieser Umstellung bewogen: Nachdem Mike T. am Schreibtisch und im Bett zuvor in die Richtung »Lebensende« geblickt hatte, sieht er nun in direkt in die Richtung, die seine persönliche Entwicklung fördert: Fu-Wei.

Ergebnis

Ein paar Wochen später trafen wir Mike T. zufällig in einem Café wieder. Er sagte uns, er fühle sich rundum wohl. Seine Lebenssituation hätte sich grundlegend geändert. Seine Zwischenprüfung hat er zwar bis jetzt noch nicht geschafft, dafür lebt er jetzt mit seiner Dozentin zusammen. Er fragte uns: »Hängt das vielleicht damit zusammen, dass wir die Wand der Mentoren so heftig aktiviert haben? Auf jeden Fall ist klar, dass ich mit ihrer Hilfe die nächste Prüfung mit Glanz und Gloria bestehen werde.«

Die Bagua-Analyse mit dem Kompass

Bei dieser Methode verknüpfen wir jeden Bagua-Bereich mit der entsprechenden Himmelsrichtung. Grundlage ist, da es sich um Yang Wohnstätten handelt, die »Sequenz des späten Himmels«.
Leitgedanke der Kompass-Schule sind die den Himmelsrichtungen zugeschriebenen Qualitäten, die sich – sehr vereinfacht gesagt – aus der Rotation der Erde um sich selbst und um die Sonne ergeben. Daraus folgt: Jeder der acht Lebensbereiche des Bagua wird im Laufe eines Tages oder Jahres einmal aktiviert. Haben wir nun den Entschluss gefasst, einen Lebenswunsch positiv umzusetzen, kann sozusagen Feng Shui für uns arbeiten. Denn es sagt uns, welcher Bereich in unserem Haus oder Zimmer von der Natur mit eben dieser Energie aufgeladen wird. Aktivieren wir nun diesen Sektor des Hauses mit Feng Shui, manifestieren wir unseren Wunsch, geistige Energie wird Materie.
Arbeiten oder wohnen wir nun in einem mit Feng Shui aktivierten Haus, so werden wir ständig an unseren Wunsch erinnert. Das ruft eine Konzentration und Verstärkung der Energie hervor, die wir anziehen wollen. Doch damit nicht genug, auch die Naturzyklen unterstützen uns, weil sie den von uns aktivierten Bereich regelmäßig aufladen.
Im Gegensatz zum Drei-Türen-Bagua arbeiten wir bei der Kompass-Methode mit einem anderen Einteilungssystem, das wir direkt der Kompass-Scheibe entnehmen können. Hier entstehen keine Quadrate, sondern einzelne, zur Mitte hin sich verjüngende Segmente. Sie spiegeln den Energiefluss der Himmelsrichtungen wider, die von außen nach innen wirken (siehe Abb. Seite 67).
Ausgangspunkt für die Analyse mit dem Kompass ist die Orientierung der Haustür. Dabei ist immer die Tür gemeint, die zu Ihrem Wohn- oder Arbeitsbereich führt. In einem Einfamilienhaus ist es die Haustür, in einem Mehrfamilienhaus die Wohnungstür.

Die Kompass-Lesung

- Achten Sie darauf, dass keine Metallrahmen in unmittelbarer Nähe sind, da sie die Kompass-Lesung beeinflussen können.
- Um die Orientierung eines Gebäudes oder Raumes festzustellen, stellen Sie sich mit dem Kompass in der Hand in die geöffnete Haupteingangstür und zwar so, dass Sie von innen nach außen schauen.
- Die Richtung, die auf Ihrem Kompass nun zu erkennen ist, entspricht der Orientierung, also der Himmelsrichtung, die durch die Haustür in das Haus hineinfließt.

Richtungen und Grade

Nord	337,5 – 22,5°
Nord-Ost	22,5 – 67,5°
Ost	67,5 – 112,5°
Süd-Ost	112,5 – 157,5°
Süd	157,5 – 202,5°
Süd-West	202,5 – 247,5°
West	247,5 – 292,5°
Nord-West	292,5 – 337,5°

Die Praxis der Bagua-Analyse mit dem Kompass

- Kopieren Sie den Grundriss des Hauses, das Sie analysieren wollen. Achten Sie darauf, dass auch Anbauten, die eventuell nachträglich dazugekommen sind, eingezeichnet sind.
- Ist der Grundriss nicht regelmäßig, so stellen Sie fest, ob es sich um »Hilfreiche Erweiterungen« oder »Fehlbereiche« handelt. Harmonisieren Sie den Grundriss.
- Finden Sie den Mittelpunkt, indem Sie die Diagonale ziehen.
- Stellen Sie die Orientierung der Haustür fest. In welche Richtung blicken Sie, wenn Sie von innen nach außen schauen. Notieren Sie die Richtung bzw. die Gradeinteilung.
- Legen Sie nun einen Winkelmesser oder die Feng Shui-Kompass-Scheibe mit ihrem Mittelpunkt auf das zuvor skizzierte Zentrum des Grundrisses.
- Drehen Sie sie so lange, bis die zuvor ermittelte Gradzahl genau in einer Linie mit der Richtung übereinstimmt, von der aus Sie die Kompass-Lesung durchgeführt haben.
- Übertragen Sie nun die Kompass-Grade auf den Grundriss, so dass die acht Sektoren des Bagua entstehen. Beschriften Sie die einzelnen Segmente, damit Sie die Lebensbereiche direkt ablesen können.
- Aktivieren Sie den gewünschten Bagua-Bereich in Ihrer Wohnung. Und zwar mit dem Symbol, das für Sie einen Bezug zu diesem Lebensthema hat. Aber auch die entsprechenden Farben oder Formen können eingesetzt werden.
- Gleichen Sie eventuelle Fehlbereiche aus.

Praxisbeispiel 1

Marga F. (46 Jahre) und ihr Mann Fritz (53 Jahre) wohnen in einem Einfamilienhaus am Rande der Stadt. Es geht ihnen soweit ganz gut, wenn nur die »Arbeitswut« von Fritz nicht wäre. In der Firma macht er ständig Überstunden und seitdem er das Büro im Haus hat, sieht Marga ihn nur noch selten. Sogar am Wochenende hat er keine Zeit für seine Frau. Nur zum Essen trifft sich das Ehepaar. Marga arbeitet halbtags in einer Anwaltskanzlei. Beide hatten sich auf die neu gewonnene Zweisamkeit gefreut, denn vor einem Jahr zogen die Kinder aus. Viel hatten sie sich vorgenommen, reisen wollten sie und endlich einmal das Leben genießen. Nun sind diese Träume ausgeträumt. Marga ist allein für sich – Fritz dagegen genießt seinen Erfolg in der Firma und arbeitet an der Entwicklung neuer Projekte, ist überaus erfolgreich und angesehen. Dass neben ihm seine Frau vereinsamt, will er nicht sehen.

Die Feng Shui-Analyse

Gehen wir Schritt für Schritt vor. Zunächst machen wir uns an die Bagua-Analyse. Da es sich um ein freistehendes Gebäude handelt, wählen wir die Kompass-Methode. Das Haus verfügt über einen Garten, der zum Ausgleich genutzt werden kann. Das ist der Grund, warum wir den Grundriss zunächst im Gesamtmaßstab betrachten. Danach erfolgt die Bagua-Analyse entsprechend der L-Form des Hauses in weiteren zwei Arbeitsschritten.

- Die Bagua-Analyse im Gesamtmaßstab
- Die Bagua-Analyse des 1. Gebäudeteils
- Die Bagua-Analyse des 2. Gebäudeteils

Die Bagua-Analyse im Gesamtmaßstab

1. Zuerst wird der Grundriss vervollständigt, Fehlbereiche und Hilfreiche Erweiterungen registriert. Eine Hilfreiche Erweiterung findet sich im Gästebereich, ein großer Fehlbereich ergibt sich durch die L-Form des Hauses. Da wir außen ausgleichen können, wird zunächst der Grundriss im Gesamtmaßstab harmonisiert.
2. Nachdem das Bagua für den Gesamtgrundriss gezeichnet ist, wird mit den Diagonalen der Mittelpunkt festgelegt und markiert. Nun erfolgt die Kompass-Lesung: Wir stellen uns mit dem Rücken zur Tür und blicken geradeaus. Der Kompass zeigt 90 Grad. Die das Haus maßgeblich beeinflussende Energie ist also die des Ostens, denn sie strömt durch die Haustür ins Gebäude.
3. Um nun die genaue Ostausrichtung vom Mittelpunkt des Grundrisses aus bestimmen zu können, vollziehen wir eine Parallelverschiebung von der Linie der Tür (die Blickrichtung), bis sie den zuvor markierten Mittelpunkt schneidet.
4. Jetzt erfolgt die Einteilung der Sektoren mit der Kompass-Scheibe. Um das zu erreichen, legen wir die Kompass-Scheibe so auf den Grundriss, dass ihr Mittelpunkt genau über dem zuvor markierten Schnittpunkt der Diagonalen (Mittelpunkt des Bagua) liegt. Nun wird die Scheibe so lange gedreht, bis die Linie, die die Ostausrichtung markiert, mit der 90 Grad Marke der Scheibe übereinstimmt. Nun können wir mit der Kompass-Scheibe die einzelnen Sektoren einzeichnen.

Die Analyse sagt uns: Eine Hilfreiche Erweiterung finden wir im Nordosten, dem Bereich des Wissens. Fehlbereiche sind im südlichen Sektor, einen vollständigen Fehlbereich konstatieren wir im Südwesten, der Zone der Partnerschaft. Auch der Westen verzeichnet einen Fehlbereich.

Das Arbeitszimmer des Ehemannes befindet sich im östlichen Sektor des Hauses, und auch die Eingangstür des Zimmers bringt Ostenergie hinein. Außerdem liegt dieser Raum isoliert von den anderen, keine Tür im Haus führt zu den anderen Wohnräumen. Es besteht lediglich eine Verbindung zur Küche. Der südwestliche Sektor der Partnerschaft jedoch fehlt komplett, wenn man den Grundriss im Gesamtmaßstab betrachtet. Hier setzen wir an und geben dem Ehepaar diese Harmonisierungsempfehlungen:

1. Rote Pflanzen im Außenbereich der südlichen Zone gleichen den kleinen Fehlbereich aus und

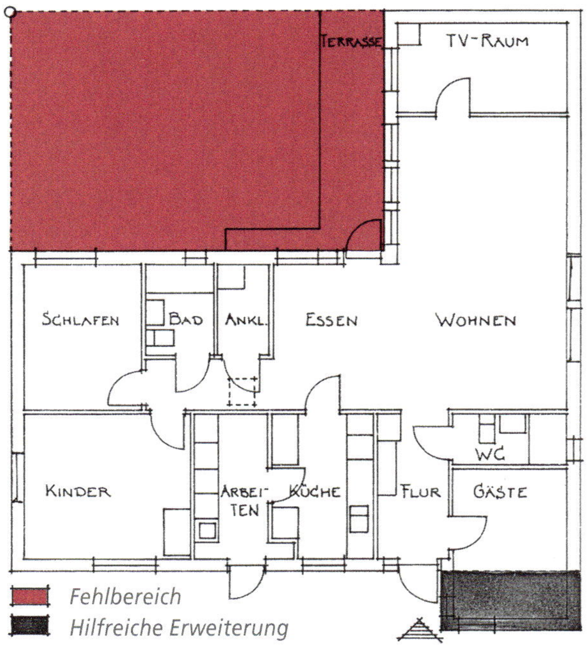

Der vervollständigte Grundriss zeigt einen Fehlbereich und eine Erweiterung.

schaffen zusätzlich die Voraussetzungen zur Stabilisierung des nebenan liegenden Südwestsektors.

2. Für etwas mehr Feuer in der Partnerschaft sorgt der Grillplatz, der mit dem Feuerelement in Verbindung steht und das Erdelement, das die Partnerschaft repräsentiert, nährt.

3. Ein achteckiger Pavillon in der Beziehungsecke fördert die Gemeinsamkeit. Hier trinkt das Paar den Nachmittagstee.

4. In der Ecke hinter dem Pavillon lagern gelb-orange bewachsene Steine, die der Ehe Stabilität und Halt verleihen sollen.

5. Hinter den Steinen, am Schnittpunkt des Bagua, steht eine hohe Leuchte, die den L-förmigen Grundriss des Hauses harmonisiert und die Verbindung zwischen Garten und Gebäude herstellt.

6. Ein spiralförmig angelegtes Beet beherbergt Kräuter. Diese Form lädt den Partnerschaftssektor mit Chi auf.

7. Weiß blühende Blumen bringen die Energie des Westsektors ins Gleichgewicht.

8. Hinter ihnen begrenzen kugelförmig geschnittene Buchsbäume das Grundstück.

9. Direkt an der Terrasse steht ein Kugelbrunnen, der vom Metallelement genährt wird und den Garten aktiviert.

10. Auf der Terrasse blühen blau-weiße Blumen, die mit dem westlichen Bereich harmonieren.

11. Nachdem der Außenbereich ausgeglichen wurde, haben wir noch ein paar kleine Veränderungen im Innenbereich vorgenommen. Denn die im Garten aktivierten Zonen sollen auch nach innen ausstrahlen. Deshalb gilt es, drinnen Anknüpfungspunkte für diese Energien zu schaffen. Da der Grundriss, im Gesamtmaßstab betrachtet, Fehlbereiche im Süden, Südwesten und Westen aufweist,

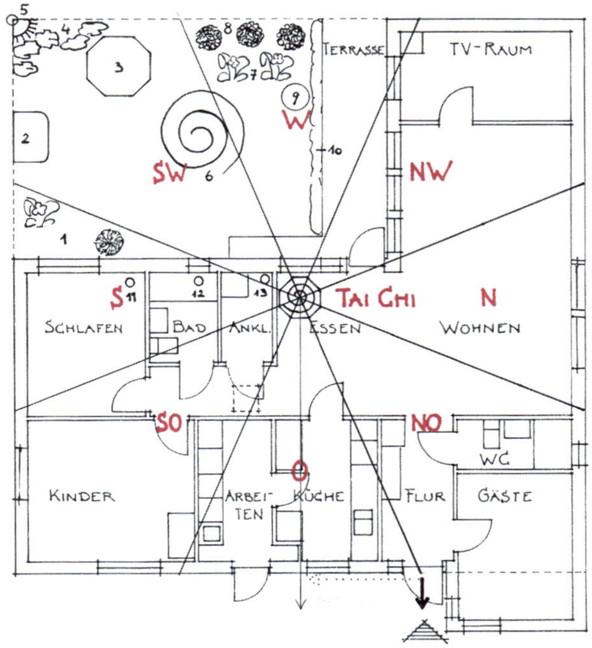

Die Bagua-Analyse im Gesamtmaßstab

geht es nun um diese Sektoren. Im Schlafzimmer wird ein doppelarmiger Leuchter mit zwei Kerzen aufgestellt. Er symbolisiert das Feuer und nährt zugleich den Bereich der Partnerschaft.

12. Im Badezimmer, das in der südlichen Zone liegt, wird am Fenster ein Kugel-Kristall angebracht, der die Anknüpfung an den Außenbereich herstellt.

13. In der Ankleidekammer hängt ein Foto des Paares.

Die Bagua-Analyse des 1. Gebäudeteils

Nach der Bagua-Analyse im Gesamtmaßstab gehen wir nun in die Detailplanung. Um das Energieniveau im Innenraum festzustellen, wird der L-förmige Grundriss in zwei Bagua-Bereiche aufgeteilt.

14. Das Bad liegt bei diesem Innenraum-Bagua im

Bereich des Südwestens. Da das Bad für Energieverlust steht, bringen wir an der Außentür einen halbrunden Kristall an, der dafür sorgt, dass nicht zuviel Energie ins Bad fließt – und versackt.

15. Im Schlafzimmer wird zusätzlich eine Terrakotta-Plastik zum Thema »Liebe« aufgestellt.

16. Um den Erdsektor noch weiter zu stärken, wurde das Bad mit orangefarbenen Badematten ausgelegt.

17. Den Essbereich des Westsektors schmücken weiße Kugelvasen. Für die Anbindung nach draußen sorgt eine Kristallkugel am Fenster.

18. Um die Verbindung von Arbeitszimmer und Wohnraum zu schaffen, haben wir Zwillingslampen an der Wand befestigt. Und zwar im Arbeitszimmer und im Flur.

Die Bagua-Analyse des 2. Gebäudeteils

Schreiten wir nun zum zweiten Teil des Bagua, das sich aus dem L-förmigen Grundriss ergibt. Zentral war abermals der südwestliche Sektor, weil er im Gesamtmaßstab fehlt und sich hier Probleme manifestiert haben. In dieser Zone stand der Fernseher, der nun in einen speziellen Fernsehschrank gestellt wurde, der verschließbar ist.

Ergebnis

In den Tagen und Wochen nach unserer Analyse hat das Ehepaar unsere Hinweise aus Sicht des Feng Shui schrittweise in die Tat umgesetzt. Es ist unserem Rat gefolgt, nicht alles gleich auf einmal zu aktivieren und zu harmonisieren, sondern sich

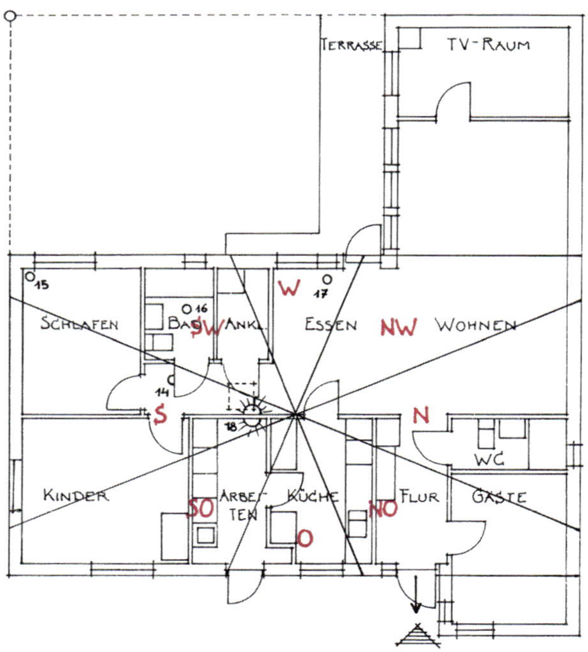

Die Bagua-Analyse des 1. Gebäudeteils

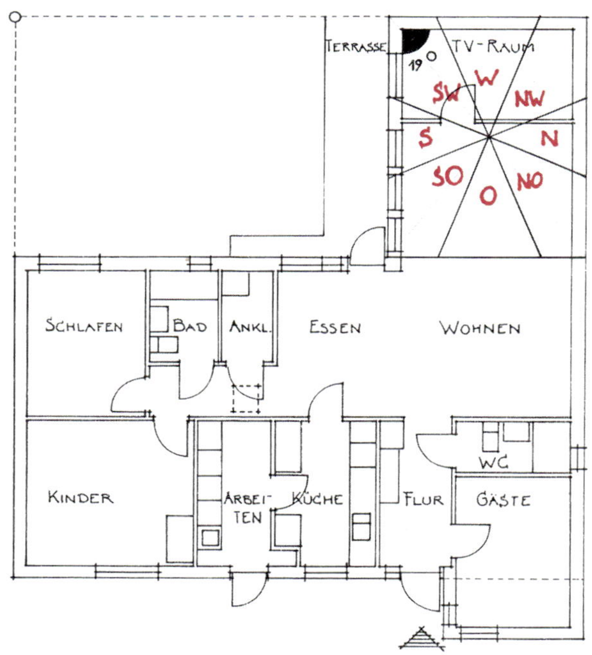

Die Bagua-Analyse des 2. Gebäudeteils

Zeit zu lassen. Das gemeinsame Erleben der positiven Veränderungen hat das Paar wieder näher zusammengebracht.

Praxisbeispiel 2

Familie G. aus Kiel wohnt in einer Doppelhaushälfte. Die Tochter Sandra ist 19 Jahre alt und wird demnächst ausziehen, um zu studieren. Trotzdem wird sie vorübergehend ihr Zimmer im Haus behalten. Die Mutter hat Schwierigkeiten mit dieser Situation. Sie kann einfach nicht loslassen und akzeptieren, dass ihre Tochter erwachsen wird. Der Vater hat berufliche Schwierigkeiten. Er arbeitet fleißig, ist sehr genau – und doch lassen Beförderung und Lohnerhöhung auf sich warten.

Die Feng Shui-Analyse

Herr G. ist am 15.3.1942 geboren, ihm entspricht die Kua-Zahl 4. Seine Frau kam am 20. 4. 1951 zur Welt (Kua-Zahl 2), die Tochter am 29. 9. 1980. Sie steht ebenfalls unter dem Schutz der Kua-Zahl 4.

Die Wohnsituation

Familie G. wohnt auf zwei Ebenen. Im Erdgeschoss befinden sich Wohnzimmer und Küche, im Obergeschoss das Kinder- und Schlafzimmer. Mit der Kompass-Lesung ergibt sich: Die Haustür ist nach Nordosten ausgerichtet, denn der Kompass zeigt 45 Grad. Davon ausgehend wurde der Grundriss mit der Kompass-Scheibe in die Bagua-Sektoren aufgeteilt. In der Küche befindet sich eine Hilfreiche Erweiterung, sie liegt im nordöstlichen Sektor des Hauses. Direkt darüber hat die Tochter ihr Zimmer.

Vorher: Nahezu alle Zonen des Bagua werden von außen mit Energie versorgt. Da es sich jedoch um ein Doppelhaus handelt, sind der östliche und südöstliche Sektor des Bagua auf beiden Etagen geschwächt, denn hier befindet sich die Wand, die ans Nachbarhaus grenzt. Diese Sektoren sind von der Umwelt abgeschnitten und erhalten keine Aufladung durch die Himmelsenergien. Wenn wir uns die Kua-Zahlen der Familie anschauen, sehen wir, dass Vater und Tochter unter dem Schutz der Kua-Zahl 4 stehen, die mit dem Südosten, dem Sektor der Fülle und des Reichtums, verbunden wird. Hin-

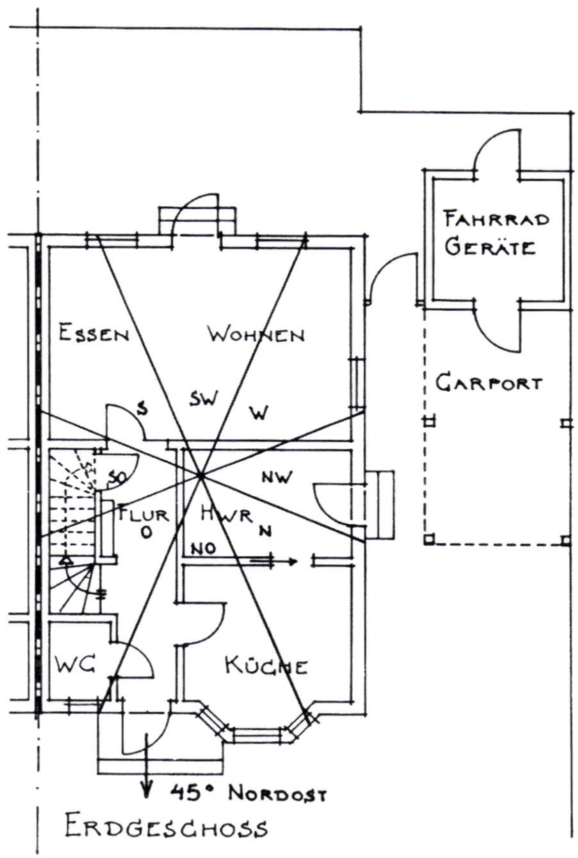

Der Grundriss mit dem Kompass-Bagua

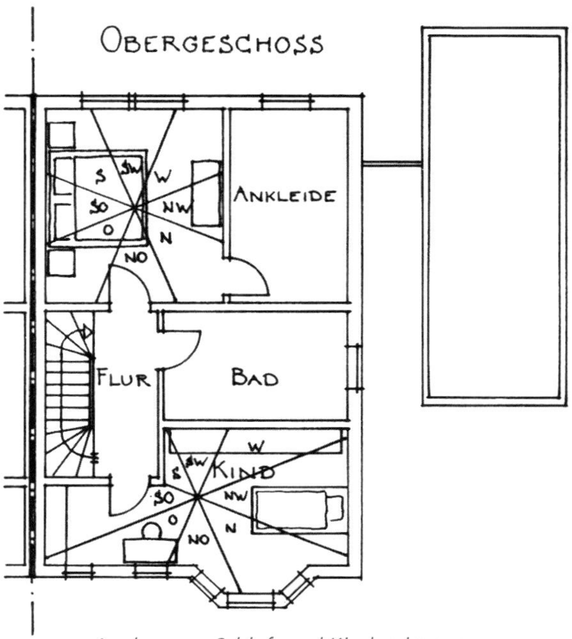

Analyse von Schlaf- und Kinderzimmer

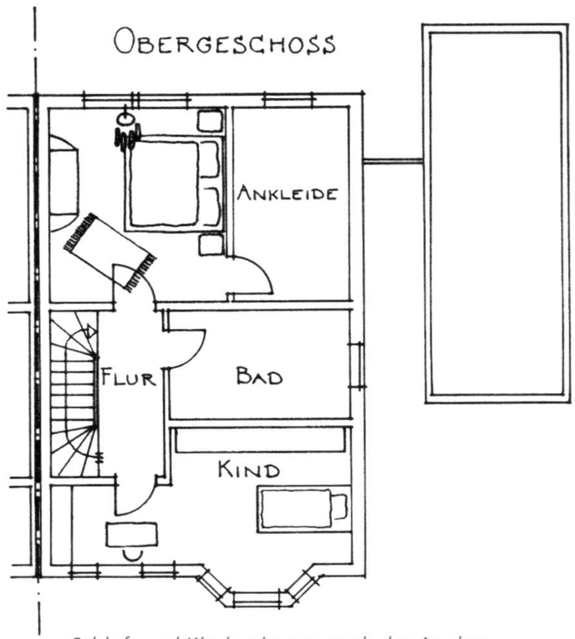

Schlaf- und Kinderzimmer nach der Analyse

zu kommt noch, dass sich in ihren Bereichen das Treppenhaus befindet, das ein ständiges Auf und Ab der Energie mit sich bringt. Das Energieniveau ist deshalb als äußerst instabil einzustufen.

Auch die Farbgebung schwächt diesen Sektor zusätzlich, denn der Flur ist weiß gestrichen und repräsentiert damit das Element Metall, dass das Holz »zersägt«.

Empfehlung: Zunächst einmal musste der unterversorgte östliche und südöstliche Bereich gestärkt und stabilisiert werden. Da die Energie von außen nicht hereinkommt, wurde sie über ihre Entsprechungen ins Haus geholt.

Der gesamte Flurbereich sollte »holzbetont« gestaltet werden, da der Osten und Südosten diesem Element angehören. Die Familie entschied sich für aufstrebende, säulenförmige Dekore. Sie sollten über vertikale Wandlinien und hohe, schmale Holzbilderrahmen umgesetzt werden. Der alte, weiße Garderobenschrank wurde durch einen Holzschrank ersetzt. Wichtig war es auch, im Treppenhaus für Stabilität zu sorgen. Deshalb wurden die Stufen geschlossen. Um das Mutterelement Wasser einzubringen, wählte die Familie alte Abbildungen von Fischen, die sie vor Jahren in einer Boutique für Geschenkartikel gekauft hatte. Sie wurden ausgeschnitten und als Fischschwarm so platziert, dass die Tiere die Energie sanft nach oben führen. Für Stabilität im Treppenhaus sorgten zusätzlich die Fischerkugeln, die Herr G., ein Liebhaber des Maritimen, zu Lampen umgestaltete und ins Treppenauge hängte. Im Obergeschoss wurde ein grüner Läufer in den Flur gelegt, der die Holzenergie harmonisierte.

Zusätzlich ging es nun aber auch darum, die geschwächten Sektoren zusätzlich noch einmal in den Zimmern zu aktivieren. Deshalb wurden auch das Wohn- und Schlafzimmer, ebenso der Raum der Tochter mit Feng Shui optimiert. Dazu wurde das Bagua auf das jeweilige Zimmer übertragen.

Wohnzimmer. *Vorher:* Das Wohnzimmer hat die Familie gerade neu eingerichtet, es dominieren die Farben Gelb und Orange, die mit Holzmöbeln kombiniert wurden.
Nachher: Um die Entsprechungen des Vaters und der Tochter einzubringen, empfahlen wir, im östlichen und südöstlichen Sektor des Zimmers die Farbe Grün aufzunehmen. Da sich hier der Essplatz befindet, suchte sich die Familie grüne Platzdeckchen und Sitzkissen aus Seide aus. Herr G. bekam zum Geburtstag einen Brunnen geschenkt, der nun den südöstlichen Reichtumssektor des Wohnzimmers aktiviert. Durch ihn werden beide, Vater und Tochter gestärkt, und auch die Mutter profitiert von diesem Ausgleich des Südostsektors. Die Energie des Wassers steht zudem für die Energie des Loslassens und gerade diese Fähigkeit muss sie gerade entwickeln

Schlafzimmer. *Vorher:* Im Schlafzimmer befand sich das Bett im energetischen Durchzug, denn es stand zwischen Tür und Fenster. Das Ehepaar hatte die Tür nicht im Blick, wenn es darin lag.
Nachher: Zunächst einmal wurde das Bett so umgestellt, dass nun die Tür im Blickfeld liegt. Schon lange hatte Frau G. davon geträumt, einmal in einem Himmelbett zu schlafen. Wir bestärkten diesen Wunsch, und schon einige Tage später schliefen beide geschützt unter einem Betthimmel. Um den Effekt des Windkanals zu mindern, wurden die Fenster nachts mit einer Holzjalousie geschlossen. Der östliche Sektor des Zimmers konnte mit einer Säulenlampe aktiviert werden.

Kinderzimmer. *Vorher:* Die Tochter wohnt im oberen Geschoss, ihr Zimmer wurde von den nördlichen, nordöstlichen und östlichen Energien beeinflusst. Auch diesen Raum hat die Mutter eingerichtet, die Wände sind weiß, die Bodenfliesen terrakottafarben und die Fenster wurden mit orangeroten Vorhängen geschmückt. Diese Einrichtung entsprach nicht den Energien, die Sandra braucht. Zudem saß sie am Schreibtisch stets mit dem Rücken zur Tür.
Nachher: Der Wandschrank hinter der Tür bekam eine lindgrüne Stoffbespannung. Der Schreibtisch wurde gedreht, so dass Sandra stets den Überblick hat. Im Copyshop ließ sie sich auf einen der Vorhänge einen schönen alten Baum kopieren, der ihr Element in perfekter Weise stärkt. Im Erker steht eine kräftige Bambuspflanze.

Ergebnis

Diese Veränderungen brachten eine überraschende Wendung im Leben der Familie. Obwohl die Mutter weiterhin die starke Frau blieb, die sie zuvor stets gewesen war, standen Ehemann und Tochter dennoch nicht in ihrem Schatten. Sie tankten durch die neue Atmosphäre frische Kräfte. Der Ehemann konnte sich von nun an sehr viel besser in seinem Arbeitsumfeld durchsetzen und erhielt endlich auch die finanzielle Bestätigung für seinen Einsatz. Die Tochter entschied sich endgültig, auszuziehen. Doch die Trennung von der Mutter verlief harmonischer und entspannter, als sich beide das zuvor vorstellen konnten.

Das Feng Shui

»Wunder geschehen nicht im Gegensatz zur Natur, sondern im Gegensatz zu dem, was wir von der Natur wissen.«

AUGUSTINUS

der Umgebung

Lassen Sie uns auf eine kleine Zeitreise gehen. Wir sind im China des 15. Jahrhunderts. Ein reicher Mandarin möchte im Süden Chinas seine Winterresidenz errichten. Er beauftragt einen Feng Shui-Meister, einen für ihn passenden Ort zu finden. Wie wird unser Meister nun vorgehen? Ein Jahr lang studiert er die Landschaft, in der das Haus stehen soll. Sorgfältig beobachtet er, wo im Frühling das erste Grün sprießt, sich im Sommer die Vögel niederlassen, woher der Wind im Herbst weht und wohin der Zug der Tiere im Winter geht.

All das sowie die Formen in der Natur bestimmen, wie der Palast gebaut und ausgerichtet wird. Denn die Weisen aus dem Reich der Mitte bauten nicht in die Natur, sondern stets mit der Natur, damit das Haus ein Teil von ihr werden möge. Dann werden auch die Bewohner von den Naturenergien in ihrem Tun und Sein unterstützt. Über Jahrhunderte hinweg war dies die klassische Vorgehensweise im Feng Shui. Das Feng Shui von heute hat die Aufgabe, dieses tiefe Wissen aufzugreifen und auf unsere Zeit zu übertragen. Auch wir gehen von außen nach innen, allerdings analysieren wir nicht »Schildkrötenberge« und »Flussdrachen«, sondern die Hochhäuser und den Straßenfluss. Das Prinzip aber bleibt stets das gleiche und darum wird es in diesem Kapitel gehen.

Die vier himmlischen Tiere

»Errichte Dein Haus im Schutze der vier himmlischen Tiere, Glückseligkeit und Reichtum werden die Begleiter auf Deiner Erdenreise sein«. Dieses Zitat fanden wir in einem klassischen Feng Shui-Kommentar. Wie beschreiben, ja deuten wir nun dieses Bild eines alten Meisters für unsere Leser?

Ein glückbringendes Feng Shui-Haus liegt eingebettet in eine halbrunde Hügelkette. Die Rückseite wird von der schwarzen Schildkröte geschützt. Auf der rechten Seite finden wir den Drachen des Ostens, der sich mit dem Tiger des Westens auf der linken Seite umarmt. Vor dem Haus sorgt der rote Phönix mit ausgebreiteten Flügeln für eine Ansammlung von Chi. Idealerweise bringt ein mäandrierender Wasserlauf vor dem Haus zusätzlich vitales Chi.

Schauen wir uns nun die Symbolik an: Die vier himmlischen Tiere stehen für Geborgenheit, Schutz und Überblick. Die Formen, die sich aus ihnen erge-

Drache

Tiger

Schildkröte

Phönix

ben, gleichen einem Lehnstuhl, in dem das Gebäude wohl behütet »sitzt«. Wer von uns bräuchte nicht eine »Rückenstärkung«? Dafür steht die Schildkröte, die in der Natur durch einen Berg, in der Stadt aber durch ein schützendes, hohes Gebäude symbolisiert wird. Drache und Tiger bewachen das Haus links und rechts. Ihnen entsprechen auf dem Land ein Hügel, das Nachbarhaus, eine Hecke oder Mauer. Idealerweise sollte der Drache etwas höher sein als der Tiger. Um den Phönix mit seinen ausgebreiteten Schwingen herum sammelt sich Chi, das sich nun in Richtung des Haupteinganges bewegt und dafür sorgt, dass die Familie oder das Unternehmen genährt und gestärkt wird.

Ein solcher Standort wird das einfließende vitale Chi sammeln und durch geeignete Gestaltung möglichst mehren. Auch darf die Energie nicht stagnieren, damit Verbrauchtes abfließen kann. Deshalb sollte der Tiger etwas niedriger als der Drache sein. Eine völlig ebene Fläche könnte, selbst bei hervorragendem Chi, die Vitalität nicht halten. Der Wind würde es in alle Richtungen zerstreuen. Eine Konzentration des Chi ist auf diese Weise nicht möglich. Die Anlage von künstlichen Teichen oder Bächen wiederum kann das Chi binden, so dass der Ort davon profitiert. Hier stimmen auf interessante Weise die Aussagen der alten Chinesen mit den modernen Erkenntnissen überein: Wissenschaftler haben bewiesen, dass Wasser in besonderer Weise dazu geeignet ist, feinstoffliche Informationen, also Chi, zu speichern. Bei idealer Feng Shui-Lage entsteht ein Energie-Sammelbecken, dass die Bewohner des Hauses mit Energie versorgt. Vor dem Haus sorgt der Phönix mit seinen weit ausgebreiteten Schwingen dafür, dass Chi sich sammeln kann und ins Haus gelotst wird.

Das Lehnstuhlprinzip in der Stadt

Übertragen wir die Symbolik der vier himmlischen Tiere auf das städtische Umfeld, so werden auch hier die entscheidenden Vorteile für die dort Wohnenden und/oder Arbeitenden deutlich.

Ein kleines Haus, das zwischen zwei hohen Gebäuden eingezwängt ist, ruft bei bei seinen Bewohnern

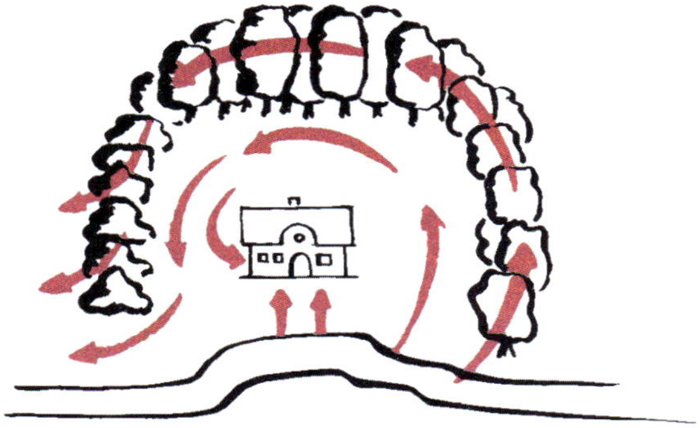

Das Lehnstuhlprinzip wurde hier durch eine gezielte Bepflanzung erreicht. Drache, Schildkröte und Tiger sammeln das Chi rund um das Haus.

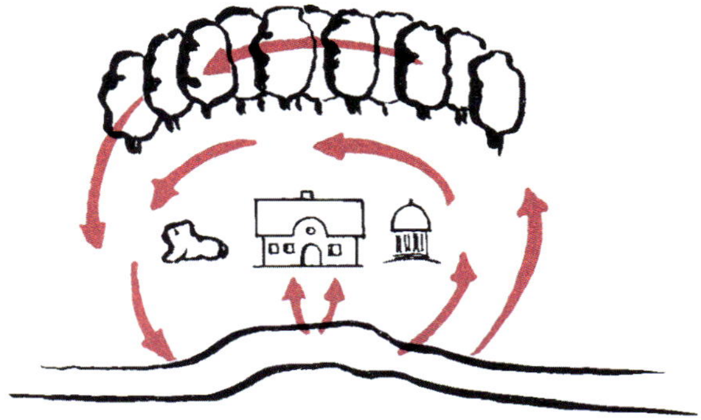

Hier finden wir eine Übertragung des Lehnstuhlsprinzips. Die Schildkröte wird von einer hohen Baumreihe gebildet, der Drachenaspekt drückt sich durch den Pavillon aus, der Tiger durch eine niedrigere Buschhecke.

ein Gefühl der Bedrückung und des Eingesperrtseins hervor. Zudem wird der Chi-Zufluss blockiert.
Ein höheres Gebäude zwischen zwei wesentlich niedrigeren dagegen ist völlig ungeschützt. Fassen wir es in ein Feng Shui-Bild: Es steht da wie ein Nagel, der darauf wartet, von einem Hammer eingeschlagen zu werden. Auch wenn diese Lage eine guten Rundumblick bietet, so ist sie aus Feng Shui-Sicht nicht zu empfehlen.

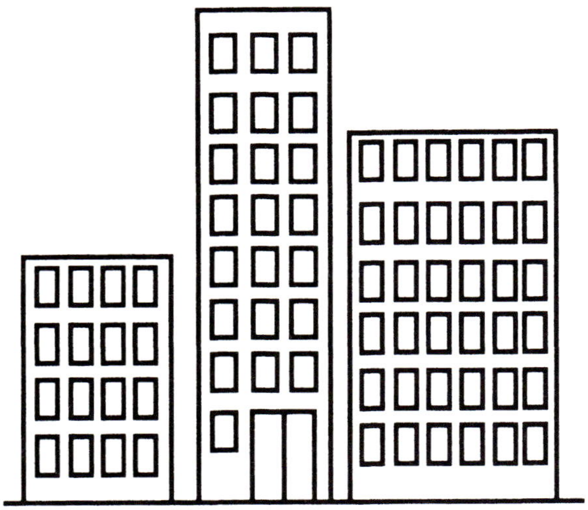

Das mittlere Haus steht ungeschützt, das linke beengt.

Nun wissen wir selbstverständlich aus unserer Praxis, dass bei der Wohn- oder Bürowahl diese Feng Shui-Richtlinien nur selten umfassend berücksichtigt werden können. In diesen Fällen gilt das Prinzip: Bringen Sie den fehlenden äußeren »Lehnstuhl« symbolisch im Innenraum ein.
Praxistipp: Aktivieren Sie im Inneren nur die himmlischen Tiere, die im Außenbereich fehlen. Vermissen Sie hier den Drachen, holen Sie ihn sich in Ihr Heim. Ist der Phönixaspekt nicht vorhanden, so achten Sie direkt vor Ihrer Tür auf einen Ersatz. Das kann zum Beispiel eine Teppichmatte sein, aber auch ein Gegenstand, der ihm entspricht (Bilder vom Phönix, Rotes, Feuer u. ä.). Aktivieren Sie die Tiersymbolik nur einmal im Wohnungsmaßstab, nicht mehrmals in jedem einzelnen Raum.
Frage: Die Haustüre öffnet sich zum Osten hin, der Seite des Drachens. Eigentlich müsste dort laut Feng Shui eine Erhebung sein, gleichzeitig aber sagt man, die Tür sollte sich in den Süden öffnen und der Platz vor dem Haus frei sein. Was ist nun richtig?
Antwort: Diese Frage spricht ein typisches Problem im Feng Shui an, das den Laien im ersten Moment verwirrt. Es ist richtig, dass jedes Tier für eine Himmelsrichtung steht, es hat aber auch seinen direkten Bezug zur Formenschule. Solange die Entsprechungen der Formen- und Kompass-Schule auch in der Realität übereinstimmen, das heißt, wenn sich die Haustür in den Süden öffnet, entspricht alles noch dem vorab Beschriebenen. In den meisten Fällen, so auch oben, trifft dies jedoch nicht zu. Jetzt müssen wir die Verknüpfungen (Form und Richtung) lösen und uns für eine Analyseform entscheiden. Einige Feng Shui-Berater und -Autoren plädieren dafür, der Richtungsschule den Vorrang zu geben. Wir sind anderer Ansicht und arbeiten in diesen Fällen mit der Formenschule. Dieser Ansatz wird umso klarer, wenn man sich überlegt, welchen Sinn die Tierformationen ursprünglich hatten und auch heute noch haben. Tiger, Drache und Schildkröte sollen das Haus schützen und einbetten, so dass sich Chi sammeln kann. Der niedrige Phönix mit seinen weiten Schwingen vor dem Haus soll dafür sorgen, dass genügend vitales Chi in das Haus gefächelt wird. Es macht keinen Sinn, um beim oben

angeführten Beispiel zu bleiben, eine Drachenformation vor die Haustür zu »setzen«, weil die Tür sich in den Osten öffnet. Sie würde den Chi-Zufluss blockieren.

Straßen und Flüsse im Feng Shui

»Unsere Wege, gewunden wie die Schlange im Grase, führen zum mäandernden Fluss. Auf allen Drachenadern gelangen wir zum Wasserdrachen. Denn alles ist Eins.« Das notierte einst der Taoist Lin Chüan in einem Kommentar zum klassischen Feng Shui. Auch heute noch sehen wir diese enge Verbindung zwischen Flüssen und Strassen – und haben sie deshalb in einem Abschnitt zusammengefasst. Die Logik erschließt sich, wenn wir zurückschauen auf die Erdgeschichte.

Nicht nur die Meere, Ströme und Flüsse existierten ja lange, bevor der Mensch kam. Auch »Straßen« zogen sich bereits vor Jahrmillionen über die gesamte Weltkugel. Es waren die Trampelpfade der Tiere, die, von ihrem Instinkt geleitet, die sichersten Wege durch dichte Urwälder, in denen sie jagten, zu den Flüssen fanden, aus denen sie tranken.

Die alten Chinesen nannten diese Pfade, auf denen auch die Menschen im Westen später ihre Straßen befestigten, »Drachenadern«. Mit anderen Worten: Sie wurden auf den Energielinien unserer Erde errichtet.

Im Feng Shui gelten Flüsse und Straßen deshalb vor allem als »Energiebahnen«. Denn beide tragen das Chi, und es kommt ganz auf ihren Verlauf an, ob sie Energie sammeln oder davontragen. Natürlich kennen wir den qualitativen Unterschied zwischen dem Chi der Straßen und dem der Flüsse. Es ist auf Anhieb nur schwer zu verstehen, was eine abgasgesättigte Straße, auf der hupende Autos rasen, mit einem Fluss gemein haben könnte, der sanft gurgelnd durch eine sonnengesättigte Landschaft zieht. An dieser Stelle aber soll es zunächst um die formalen Aspekte beider gehen.

Wir erinnern uns: Vitales Chi entsteht dann, wenn sich Flüsse und Straßen durch die Landschaft schlängeln. Stellen wir uns deshalb einen mäandernden Fluss vor, er fließt gerade so schnell dahin, dass er den Chi-Gehalt der Umgebung aufladen kann.

Bringen wir ihn jedoch aus seiner natürlichen Bahn, indem wir das Flussbett begradigen oder gar einbetonieren, so beschleunigen wir die Fließbewegung des Wassers, sie verwandelt sich in Sha-Energie, die das wertvolle Chi mitreißt oder uns gar »angreifen« könnte.

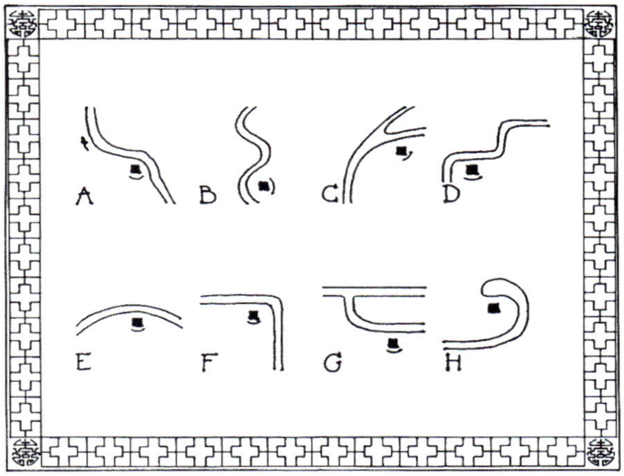

Alle Häuser auf den Skizzen A–H stehen aus Feng Shui-Sicht günstig, denn sie profitieren von den energiesammelnden Formen der Straßen und Flüsse.

Da das Wirkprinzip von Flüssen und Straßen im Grunde das gleiche ist, sind in der Skizze auf Seite 101 die wichtigsten formalen Aspekte des Energieflusses in Bezug auf die Umgebung dargestellt.

Feng Shui und Wasser

Im Feng Shui besitzt Wasser eine herausragende Bedeutung. Es bindet das Chi der Umgebung und erhöht dadurch die Qualität und Quantität des Energiegehaltes eines Ortes, allerdings nur, wenn es sauber ist und langsam fließt. Ein Fluss vor der Haustür gilt als ideal und auch heute ist eine Wohnlage am See, Bach oder Fluss sehr begehrt.

Haben wir kein Wasser vor dem Haus, bietet es sich an, einen Teich oder Bachlauf im Garten anzulegen. Auch ein Brunnen erfüllt seinen Zweck. Wir haben allerdings auch hier darauf zu achten, dass das Wasser nicht verschmutzt ist! Führt ein Fluss jedoch verschmutztes Wasser oder fließt zu schnell, so trägt er nicht nur die Energie vom Haus fort, sondern reißt auch den Wohlstand mit sich.

Reißende Flüsse finden wir in der Natur, aber diese Sha-Einflüsse werden auch von den Menschen oft durch Uferbefestigungen und Flussbegradigungen künstlich geschaffen. Damit nehmen wir dem Wasser die Möglichkeit, sich verändernden Umweltbedingungen anzupassen und sich im Laufe der Jahre einen neuen Weg zu bahnen. Ein Fluss im betonierten Bett muss sich zwangsläufig beschleunigen, das wiederum führt mit der Zeit zu einem Überdruck innerhalb des Gewässers. Die Folgen davon zeigen sich weltweit: Flüsse treten über die Ufer und verursachen verheerende Überschwemmungen.

Ein eigener Feng Shui-Zweig beschäftigt sich mit den Fließgesetzen des Wassers. Die Prinzipien sind in dem »Buch des Wasserdrachen« niedergeschrieben, das im 13. Jahrhundert entstand. Dort heißt es: »Wenn Wasser rasch von einem Ort abfließt, entschwindet es – wie kann sich hier Reichtum und Überfluss ansammeln? Wenn es gerade herabfließt, muss es da nicht die Menschen verletzen?«

Der Klassiker des Wasserdrachen

A: »Edelmann besteigt ein Podium«. Dieser Standort soll Ruhm und Ansehen fördern.

B: »Der zusammengerollte Drache« steht für Energie und Kraft.

C: »Zwillingsflüsse in Umarmung«. Diese Flüsse fließen in Bogenform um das Gebäude herum, vereinigen sich und fließen ab. Hier ist die Bogenform so Chi-bringend, dass das spätere Abfließen sich nicht negativ auswirkt.

D: »Goldkarpfen verbirgt sich unter Lotos«. Vorraussetzung für einen günstigen Standort ist das

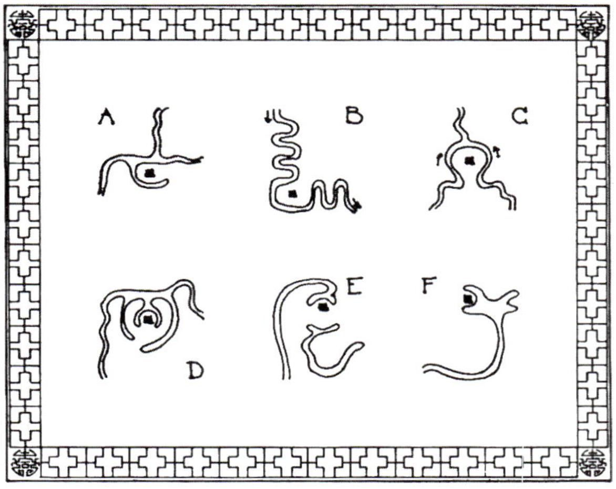

Die Skizzen auf diesem Schaubild entstammen dem »Klassiker« Wasserdrachen.

Im Feng Shui gilt ein Gewässer auf der linken Seite des Hauses als besonders glückbringend: Rechts befindet sich die Drachenseite des Gebäudes, und Wasser nährt Holz.

ruhige Fließen des Gewässers, denn nur dort kann ein Lotos wachsen.

E: »Sonne und Mond umarmen sich«. Diese Formation steht für das Gleichgewicht der Energien von Yin und Yang. Dieser Standort gilt deshalb als äußerst kraftvoll, weil sich die polaren Energien vereinen.

F: »Boot segelt im Wind«. Hier ist gut leben und wohnen. Allerdings könnte das Übergewicht an Wasser für das »Boot« zu wenig Stabilität bringen. Vor allem, wenn der Wind und das Wasser Überhand nehmen.

Praxisbeispiel: Ein hinter dem Haus fließendes Gewässer gilt als ungünstig, da der Fluss die Energien mitnimmt. So kann sich kein Reichtum ansammeln. Wendet sich der Fluss auch noch vom Haus ab, wie das Bild zeigt, nimmt er aufgrund seines Formverlaufes zusätzlich Chi mit. Jedoch kann man auch diese Situation ausgleichen und das natürlich vorhandene Wasser-Chi »anzapfen«. Schaffen Sie eine Verbindung zwischen Fluss und Haus, indem Sie Wasserentsprechungen in Haus oder Garten platzieren. Suchen Sie den Punkt des Flusses, der die

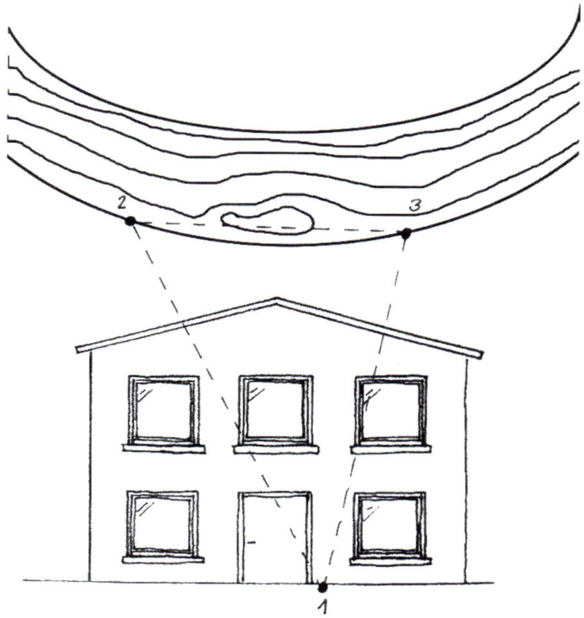

Strömungsenergie bringt und knüpfen Sie von hier eine unsichtbare Energieleitung zum Haus. Hier bietet sich ein Stein an, der am Ufer des Flusses liegt und die Energie kulminieren ließ (1). Dort ist der Ausgangspunkt der dreieckigen Energieleitung zum Haus. In der Praxis ist links neben dem Haus eine blaue Glyzinie gepflanzt, die durch ihre Farbe und Wuchsform dem Element Wasser entspricht (2). Auf der anderen Seite steht ein kleiner Springbrunnen (3).

Feng Shui und Straßen

Die uralten Wege und Straßen der Menschen wurden nach dem Vorbild der Flüsse angelegt. In den meisten Fällen folgte man einfach den Drachen-

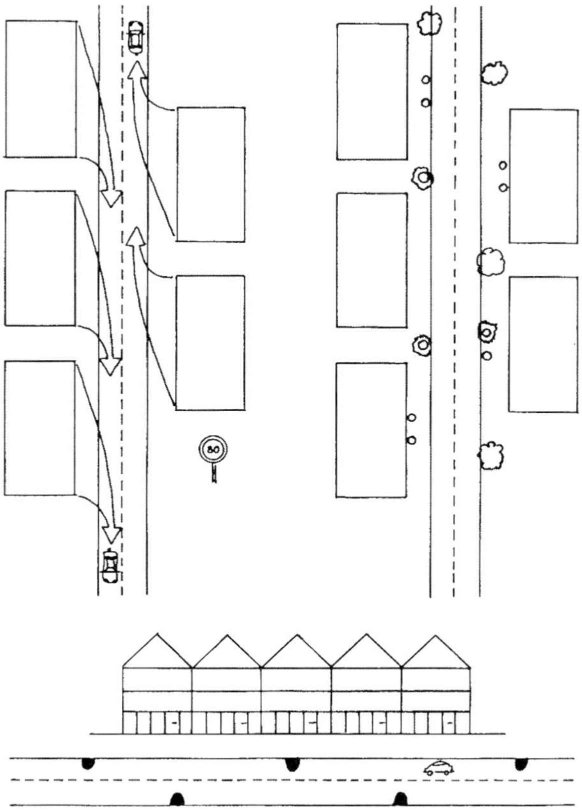

Oben links: Durch die Geschwindigkeit der Fahrzeuge wird Chi mitgezogen. Vor den Häusern kann sich deshalb kein Chi sammeln.
Oben rechts: Große Pflanzen, Bäume oder Mauern vermindern den Energieabzug.
Unten: Hier werden die Autos durch versetzt aufgestellte »Stopper« dazu gebracht, sich schlängelnd zu bewegen.

adern, die ja bereits Tiere gangbar gemacht hatten. Heute hat man diese Grundlagen längst vergessen. Schnurgerade Autobahnen durchziehen das Land, gewundene Wege finden wir selbst auf dem Land nur noch selten. Hinkt der Vergleich mit dem Fluss da nicht gewaltig? Nein, denn: Reduzieren wir Straßen und Flüsse allein auf ihre dynamischen Aspekte, haben wir die Parallelen wieder klar vor Augen. Die ständige Bewegung der Menschen und ihrer Fahrzeuge gleichen der fließenden Energie des Wassers.

Blicken wir aber nun auf unsere modernen Straßen und Autobahnen. Mit ihrem zumeist geraden Verlauf sind sie vor allem ideale Sha-Träger. Erinnern wir uns: In den sechziger und siebziger Jahren wurden mit Vorliebe die so genannten »autofreundlichen Städte« gebaut. Das hieß: Direkt von der Autobahn führten schnurgerade Straßen auf dem schnellsten Weg unmittelbar in die Innenstadt.

Die Folge: Gerade im Bereich der Metropolen kam es, statistisch gesehen, wesentlich häufiger zu schweren Unfällen, in die insbesondere auch Kinder verwickelt waren. Die Logik aus Feng Shui-Sicht liegt auf der Hand: Je gerader die Strecke, desto mehr können Autofahrer beschleunigen. Je flotter wir aber – auch in bewohnten Gebieten – fahren können, desto häufiger kommt es natürlich auch zu Unfällen. Also: Sha-Energie – ob als reißender Fluss oder rasendes Auto – ist in jedem Fall gefährlich.

Auch unsere Städtebauer, die (bisher) mit Feng Shui nichts am Hut hatten, mussten inzwischen daraus Konsequenzen ziehen. Gerade in Wohngebieten finden wir heute immer mehr versetzt aufgestellte Stops in Form von Steinen oder Pflanzkübeln, mit dem Ergebnis, dass die Autos abbremsen und um sie herum fahren müssen. Das Chi also schlängelt sich – in diesem Fall auf der Straße. Ebenso kann ein Kreisverkehr die aus verschiedenen Richtungen aufeinanderprallenden Energien abbremsen und neutralisieren.

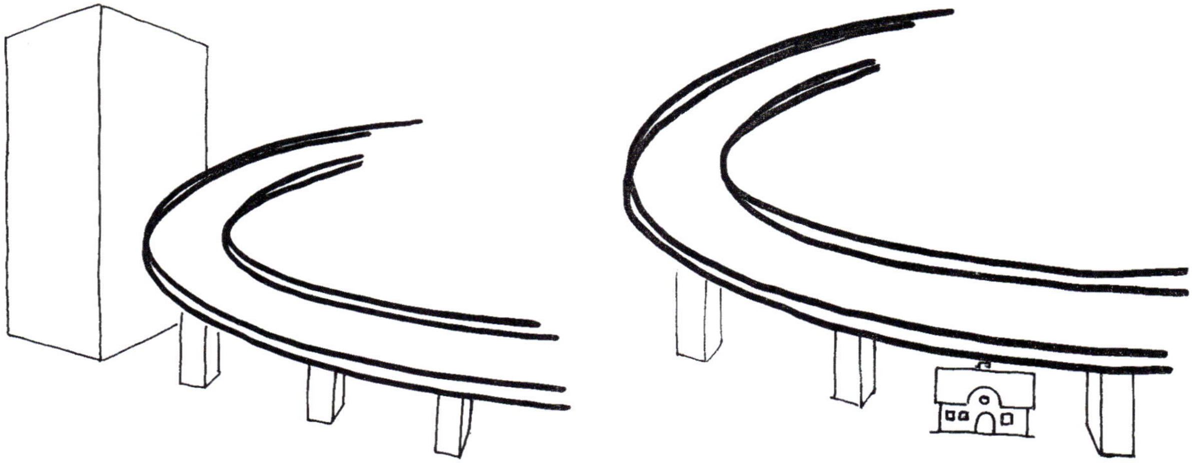

Beide Gebäude stehen sehr ungünstig. Im ersten Fall »attackiert« die Hochstraße das Gebäude. Das unter der Straße stehende Haus wird von der Schwere der Straße bedrückt.

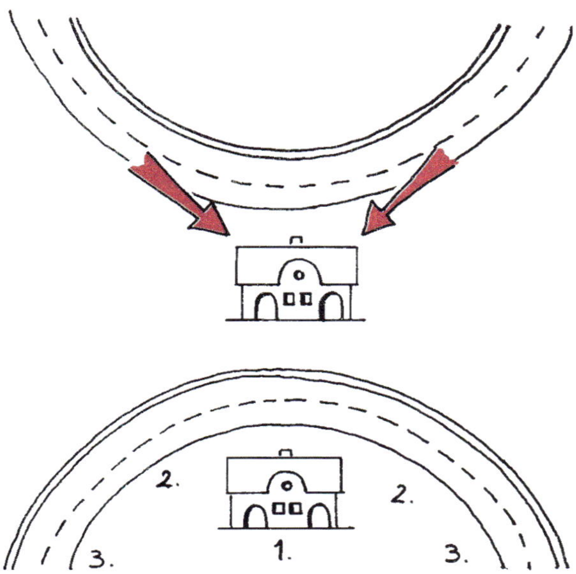

Oben: Dieses Gebäude ist der Gefahr ausgesetzt, von aus der Kurve getragenen Autos attackiert zu werden. Unten: Die Lage auf der Innenseite einer Straßenbiegung gilt als günstig. Das Haus mit der 1 ist am besten plaziert, 2 und 3 sind die nächst besseren Lagen.

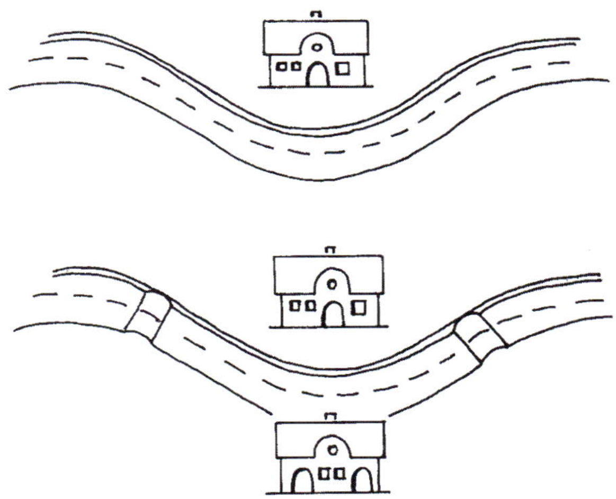

Oben: Dieses Haus liegt im Knie einer Straße, diese Position wird im Feng Shui als günstig gewertet. Unten: Der Standort des Hauses am Scheitelpunkt der Straßenbiegung gilt als ungünstig, denn die Autos könnten aus der Kurve getragen werden. In die Straße eingelassene Bodenwellen veranlassen die Autofahrer, die Geschwindigkeit abzubremsen.

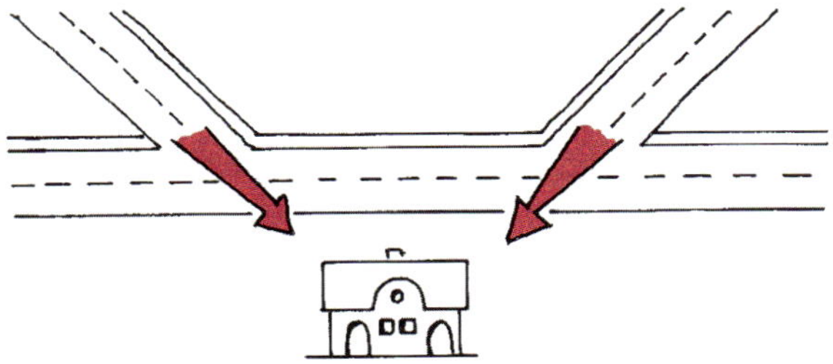

Führen Straßen im Winkel auf ein Haus zu, so werden dessen Bewohner von versteckten Pfeilen attackiert.

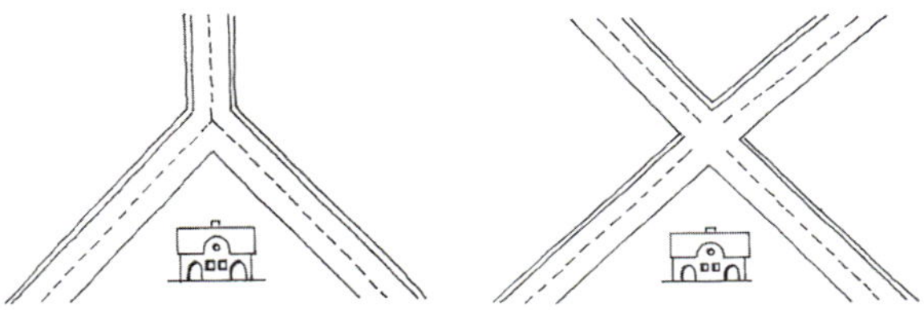

Beide Häuser liegen direkt in einem Kreuzungsdreieck. Im Feng Shui spricht man vom Schereneffekt der die Bewohner in ihren Möglichkeiten einschränkt.

Auf folgende Feng Shui-Aspekte sollten Sie bei der Beurteilung eines Gebäudes achten:

- Die Art der Straßenführung (Kreuzung, Kreisverkehr, schnurgerade Straßen u. ä.)
- Die Lage des Gebäudes an der Straße
- Die Geschwindigkeit, mit der Fahrzeuge auf dieser Straße fahren können

Straßennähe oder nicht?

Liegen die Häuser längs an der Straße, kann sich das Chi nicht mehr ausreichend sammeln. Dieser Effekt hängt auch von der Breite und Gestaltung des Bürgersteiges ab. Je breiter und bepflanzter er ist, desto günstiger ist das für den Standort, weil die Einflüsse des beschleunigten Chi gemildert und gebremst werden. Wir können uns in diesem Fall an den schnell fließenden Fluss erinnern, auch er trägt die Energie fort.

Neben den formalen Strukturen, die die Häuser in der Nähe von Straßen beeinflussen, müssen wir auch die anderen Begleiterscheinungen beachten. Wohnen wir an einer stark befahrenen Straße, wird die Luft mit Abgasen belastet sein und der Lärm sich auf unser Wohlbefinden auswirken.

Andererseits wird ein Geschäftsmann nichts dagegen haben, sein Geschäft an einer stark befahrenen Straße zu betreiben. Er braucht den aktiven Verkehr und den Fußgängerstrom. Besonders günstig ist es, wenn sich der Verkehr langsam auf das Geschäft zu bewegt, weil die Autoinsassen die Geschäfte eher wahrnehmen, an denen sie direkt vorbeifahren. Diese Wirkung verstärkt sich mit abnehmender Geschwindigkeit.

Das Grundstück aus Feng Shui-Sicht

Der Boden auf dem wir leben ist unsere Basis. Er ist der Platz, den uns die Erde schenkt, um unsere Wurzeln zu schlagen. Die Eigenschaften, die dieser Ort besitzt, werden einen unmittelbaren Einfluss auf unser Befinden haben. Und das betrifft nicht nur seine Form, sondern auch die Kräfte, die unter unseren Füßen wirken.

Grundstücke sollten – ebenso wie Grundrisse – im Idealfall rechteckig oder quadratisch sein, damit alle Bereiche des Bagua harmonisch in ihm enthalten sind. Heute aber sind schöne Grundstücke Mangelware und häufig muss man die Hälfte der Baukosten bereits für den Kauf eines Grundstücks ansetzen. Was aber tun, wenn Ihr Grundstück nicht die

Steht ein Haus auf einem Grundstück mit Abhang, so fließt das Chi »den Anhang runter«. Hecken und Bäume halten das Chi. Eine hohe Laterne vor dem Haus zieht das Chi ebenfalls wieder nach oben.

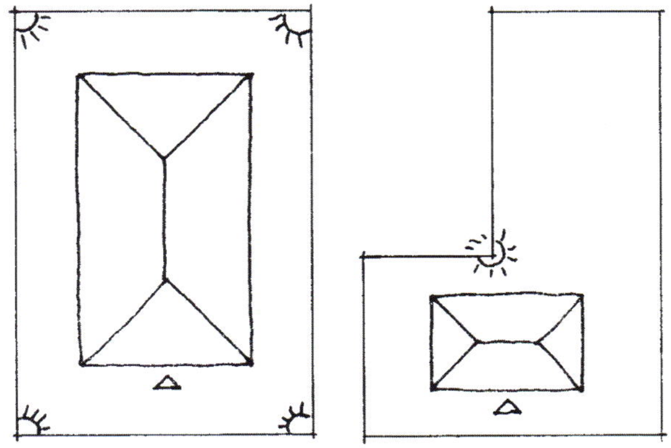

Links: Hier stimmen die Proportionen zwischen Gebäude und Grundstück nicht. Das Grundstück ist zu klein und wurde deshalb mit jeweils in den Ecken platzierten Leuchten optisch vergrößert.
Rechts: Einem Haus auf einem L-förmigen Grundstück mangelt es an den Bagua-Bereichen. Das Beispiel zeigt einen Fehlbereich in »Gesundheit« und »Reichtum«. Die Grundstücksecke wird mit einer Leuchte ausgeglichen.

ideale Feng Shui-Form hat? Auch hier bietet die Harmonielehre zahlreiche Möglichkeiten des Ausgleichs an. Das Hauses sollte möglichst zentral auf dem Baugrund stehen, nur dann wird es von allen Bagua-Bereichen des Grundstückes in gleichem Maß versorgt. Steht es zu nah an der Grundstücksgrenze, entsteht ein Ungleichgewicht. Ein anderes Problem ergibt sich, wenn das Verhältnis zwischen bebauter Fläche und Grundstück nicht stimmt. Gerade heute werden, der hohen Preise wegen, immer häufiger sehr schmale Grundstücke angeboten, die dann sehr großflächig bebaut werden. Abschüssige Grundstücke lassen das Chi hinabfließen und sollten deshalb entsprechend befestigt werden (oben links). Mit Leuchten, Pflanzen und anderen Gestaltungselementen wie Skulpturen oder Brunnen können Sie Ihr Grundstück harmonisieren und mögliche Mängel kaschieren. Wollen Sie einige Bereiche stärken, weil sich hier Fehlbereiche befinden, so wählen Sie auch die Bepflanzungen entsprechend des Bagua aus. Grundlage zur Beurteilung sind – wie gesagt – die Formen und Farben der Elemente (siehe Abbildungen Seite 108).

Geomantie – Feng Shui in Europa

Kurz vor der Fertigstellung dieses Buches starb der von uns sehr bewunderte Wiener Maler Friedensreich Hundertwasser. Für unsere Arbeit waren die von ihm ausgehenden Anstöße für eine neue Architektur von großer Bedeutung. Die von ihm gestalteten Bauten in Wien mit ihren geschwungenen Formen, den abgerundeten Kanten, den Zwiebeltürmen,

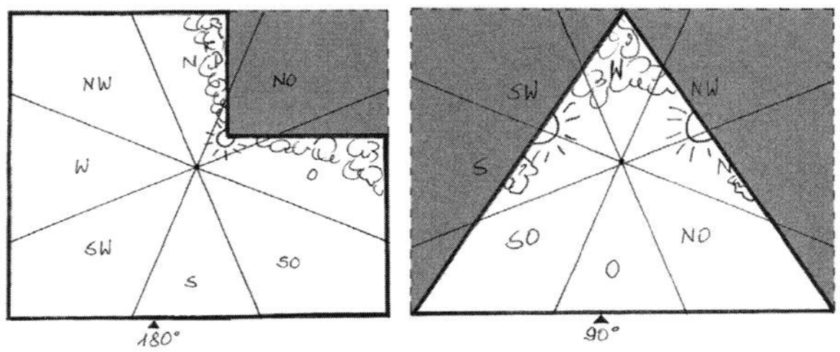

Links: Hier ergibt sich eine großer Fehlbereich in der Ecke der Partnerschaft. Um einen Ausgleich zu schaffen, wurden an den Grenzen des Fehlbereichs gelbe Heckenrosen gepflanzt, die Grundstücksgrenze, die im Bereich Ruhm liegt, wurde mit roten Rosen aktiviert. Die Lampe im Eckpunkt harmonisiert den Grundstückseinschnitt.
Rechts: Dreieckige Grundstücke gelten als ungünstig. Denn das Haus steht in einer »Scherenformation«. Die Spitze des Dreiecks wird mit Bepflanzungen gefüllt, die Seitenlinien werden mit Lampen optisch vergrößert.

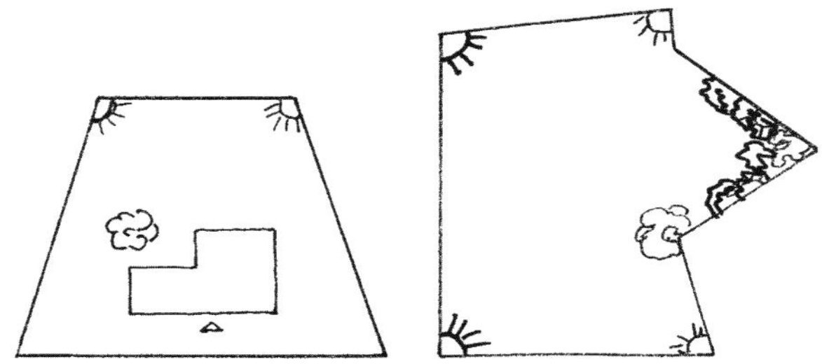

Links: Steht ein L-förmiges Haus auf einem Grundstück, so sollte neben der Harmonisierung des Grundstücks auch separat der Grundriss des Hauses ausgeglichen werden durch Aktivieren des Schnittpunktes der Bagua-Linie.
Rechts: Dieser sehr ungeregelmäßige Grundriss wurde an den vier Eckpunkten mit Leuchten versehen, die der harmonischen Grundstücksform am nächsten stehen. Die herausragende Ecke des Grundstücks trägt die Energie hinaus. Deshalb wurde sie im Halbrund mit Pflanzen gefüllt, die das Chi zurück auf das Grundstück leiten.

seine »tanzenden Fenster« üben eine große Anziehungskraft aus. Natürlich hat er uns stets aus dem Herzen gesprochen, wenn er kurz und knapp befand: »Die Gerade müsste verboten werden«. Die tiefe Wahrheit dieses Satzes erweist sich in der schöpferischen Natur, die keine Geraden kennt.

Denn so wie eine dahinwandernde Wellenlinie das Chi befördert, so stehen eine gerade Linie, scharfe Biegungen oder eine Ecke, ein reißender Fluss für Sha. Hier kennen wir auch aus der Sicht der Wissenschaft erstaunliche Parallelen. Orte die im Einklang mit Feng Shui-Regeln liegen, haben erwiesene Vorteile.

Vieles von dem, was Feng Shui lehrt, gehörte einst auch in Europa zum allgemeinen Wissensschatz. Die Menschen wussten die Zeichen der Natur zu deuten und erfuhren auf diese Weise viel über die Beschaffenheit eines Ortes. Ihnen war bewusst, dass – um ein Beispiel zu nennen – Schwalben und Störche, die auf einem Haus nisten, den Bewohnern Glück, Fruchtbarkeit und ein langes Leben schenken. Der Ursprung dieser uralten Volksweisheit liegt in der genauen Naturbeobachtung, in der nicht nur die alten Chinesen, sondern auch unsere Ahnen Meister waren. Denn seit Jahrtausenden wussten sie, dass Schwalben und Störche zu den Strahlenflüchtern unter den Tieren zählen. Wo sie ihr Nest bauen, da kann auch der Mensch ohne Bedenken wohnen. Hier müssen wir keine Wasseradern oder Erdverwerfungen, keine – wie der Fachmann sagt – »geopathische Störung« vermuten. Was aber versteht man genau unter Geopathie in der Geomantik genau?

Der Begriff »geopathisch« ist aus dem Griechischen hergeleitet und zwar aus »geo« (Erde) und »pathos« (Krankheit). Sehr allgemein gesprochen

wird dabei auf Naturphänomene hingewiesen, die uns Menschen schaden können.
In diesem Zusammenhang wird die Erdstrahlung durch Wasseradern oder Verwerfungen genannt. Unsere Erde umgibt ein Strahlungsfeld. Das Universum schwingt in komplementären Frequenzen – unser blauer Planet strahlt zurück, denn in seinem Inneren stoßen Mineralien mit unterschiedlicher Temperatur und Geschwindigkeit zusammen. Diese vom Erdkern ausgehende Energie wird als Quelle der terrestrischen Grundstrahlung betrachtet und ist Ursache unseres natürlichen Erdmagnetfeldes.
Diesen Energieaustausch zwischen Himmel und Erde könnte man durchaus mit dem Atemrhythmus, dem immer wiederkehrenden Ein- und Ausatmen des Menschen vergleichen.
Dazu schreibt der Radiästhet (Rutengänger) und Autor Karl Dietl: »Diese Strahlung ist ganz besonders über strömendem Grundwasser und wasserführenden Erdspalten (Risse, Verwerfungen) festzustellen. Die terrestrische Strahlung tritt nicht überall gleichmäßig aus dem Boden, sondern zum Teil streifenweise verstärkt über gut leitenden Objekten im Untergrund. Zu ihnen zählen zum Beispiel strömendes Grundwasser, Erdbruchzonen, Verwerfungen oder Klüfte, Kohle-, Öl- oder Erzlager.«
All diese Phänomene lassen sich unter dem Begriff »Erdstrahlen« zusammenfassen. Überall hier können die Radiästheten eine veränderte Bodenstrahlung feststellen, auf die unser Körper reagiert. Der Stoffwechsel und sogar unsere Blutwerte verändern sich. Wir nennen Gebiete, die von starken und gebündelten Strahlungen geprägt sind, auch Reizzonen. Viele von ihnen besitzen netzartige Strukturen und durchlaufen, zwischen 15 und 30 cm breit, den gesamten Globus. Dabei handelt es sich um die sogenannten Erd- oder Globalgitter. Zwei deutsche Forscher, Curry und Hartmann, haben als erste (wieder)entdeckt, dass unsere Welt mit einem Netz von Kraftlinien durchzogen ist. Vor allem die Stellen, an denen die Linien sich kreuzen, werden als schädlich für uns Menschen angesehen. Die Chinesen aber wussten das bereits vor tausenden von Jahren und entwickelten aus dieser Naturbeobachtung die Theorie der »Drachenadern«.

Reizzonen, Strahlenflüchter und Strahlensucher

Wichtige Hinweise auf die Beschaffenheit eines Grundstücks geben uns Pflanzen und Bäume. Obstbäume reagieren empfindlich auf Wasseradern. Das ist am symptomatischen Schiefwuchs zu erkennen. Der Baum sieht tatsächlich so aus, als wolle er mit aller Kraft dem für ihn ungesunden Ort entfliehen. Typisch sind auch Wucherungen an Baumstämmen, die durchaus vergleichbar mit den menschlichen Krebsgeschwulsten sind. Interessant ist auch, dass die meisten Heilkräuter Strahlensucher sind. Man hat festgestellt, dass die Heilwirkung von Pflanzen, die auf strahlenbelasteten Böden gedeihen, wesentlich höher ist. Sie wandeln sozusagen die sehr hohe Energie der Erde in Heilenergie um. Auch Bäume mit Misteln in den Baumkronen sagen dem Naturkundigen: Hier ist der Boden belastet. Die Mistel, selbst ein Strahlensucher, entlastet den Baum, indem sie einen Großteil der für den Baum zu starken Erdstrahlung aufnimmt. Die sogenannten »Wasserschosse« erfüllen denselben Zweck, sie wachsen aus dem Baustamm und tragen die überschüssige Energie nach außen. Sie weisen, wie der Name schon

sagt, auf Wasseradern hin. Über Reizzonen gedeihen ebenfalls Heckenrosen, Holunder und Schlehen – Johannisbeersträucher dagegen gehen ein.
Auch Mücken, Ameisen und Bienen fühlen sich besonders auf solchen Störzonen wohl. Radiästheten und Geobiologen warnen vor Grundstücken, auf denen bevorzugt tanzende Mückensäulen zu beobachten sind. Ameisen wiederum orientieren sich an tektonischen Strukturen. Unsere Großeltern wussten das noch: Nach einem alten Brauch wurde in Oberbayern vor dem Hausbau auf dem Grundstück ein Ameisenhaufen vergraben. Verließ das Ameisenvolk den Grund und Boden, konnte der Bau beginnen.
Katzen sind die einzigen Haustiere, die Reizzonen suchen. Sie fühlen sich hier besonders wohl – aber auch an Stellen mit künstlicher Strahlung. Sie liegen gern auf Fernsehern – unsere Katze ›Lila‹ bevorzugt Computermonitore. Allgemein gilt: Der Lieblingsplatz einer Katze ist nicht tauglich für den Menschen.
Alle anderen Haustiere sind Strahlenflüchter. Hunde sind wie wir Menschen reizzonensensibel. Oft sind Aggressionen bei Hunden festzustellen, deren Hütte auf einer Reizzone liegt. Auch Schweine und Kühe, Pferde und Hühner meiden Strahlen. Sie werden krank, wenn Erdstrahlen ihren Stall durchziehen. Über die Störche und Schwalben haben wir bereits geschrieben. Aber an dieser Stelle noch ein wichtiges Detail zu Schwalbennestern. Sicherlich kennen Sie die Schwalbennester, die dicht an dicht an die Außenwände geklebt sind. Dort, wo ihre Nestzeile unterbrochen ist, dürfen Sie sicher sein, dass hier eine belastende Strahlung auftritt.
Strahlenflüchter unter den Tieren sind: Enten, Gänse, Hamster,Hasen,Hunde, Hühner, Kanarienvögel, Sittiche, Kühe, Pferde, Schafe,Schweine, Ziegen, Mäuse, Meerschweinchen, Tauben, Störche.
Strahlensucher unter den Tieren sind: Katzen, Ameisen, Bienen, Hornissen, Mücken.

Auf Signale achten

Auch körperliche Anzeichen können ein Hinweis darauf sein, dass wir auf Störfeldern leben. Folgende Symptome sollten Anlass sein, das Grundstück von einem Fachmann untersuchen zu lassen:

- Schlaflosigkeit und Alpträume, Nachtschweiß
- Starke Neigung zu Depressionen, Appetitlosigkeit
- Angstattacken
- Herzklopfen
- allgemeine Schwächung des Immunsystems
- chronische Krankheiten

Wenn Sie vermuten, dass Sie auf Reizzonen leben, ist keinesfalls Panik angesagt. Lassen Sie einen Fachmann kommen, der Sie berät. In den meisten Fällen hilft es oft schon, das Bett nur einen Meter, ja bisweilen nur ein paar Zentimeter zu verschieben. Wir modernen Menschen haben ja nur den rechten Umgang mit diesen Naturphänomenen vergessen.
Letztendlich geht es bei den Erdstrahlen niemals um ein »Gut« oder »Böse«. Was uns im Schlaf stört, ja krankmachen kann, unterstützt andererseits bestimmte Pflanzen in ihrem Wachstum und lässt unsere Katze behaglich schnurren. Wie immer bei Feng Shui geht also darum, den richtigen Ort für ein jedes Erdenwesen zu finden.

Feng Shui vor dem Gebäude

Lassen Sie uns nun zu einem Gang rund um das Haus aufbrechen. Für den Feng Shui-Berater gehört er zwingend mit zu einer Analyse, denn die Einflüsse von draußen wirken auf das Innere. Hier sind häufig die Ursachen für mancherlei Probleme und Blockaden zu erkennen, mit denen sich die Hausbewohner auseinander zu setzen haben.

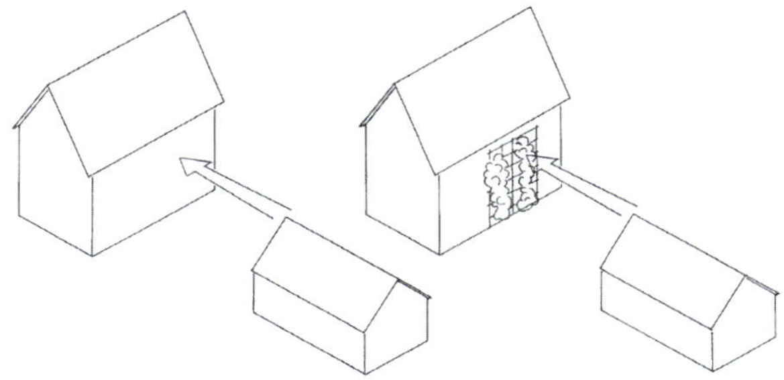

Die Dachkante weist direkt auf das Nachbarhaus. Eine Bepflanzung an der Hauswand zerstreut die aggressive Sha-Energie.

Das Umfeld

1. Zunächst sind Sha-Einflüsse auszugleichen. Alle Masten, Laternenpfähle, Türme und Kanten von Gebäuden oder anderen Strukturen, die direkt auf unser Haus weisen, senden versteckte Pfeile aus und sollten deshalb ausgeglichen werden. Als ebenso ungünstig gilt ein Baum, der direkt vor einem Hauseingang steht. Er würde den Energiezufluss erheblich blockieren. Wirft er einen Schatten auf das Haus, wird er zum Träger von Yin-Energie und mindert das Chi-Niveau des Hauses. Seine Wurzeln stellen möglicherweise eine Gefahr für das Fundament dar, ebenso könnte ein Sturm den Baum entwurzeln und ihn auf das Haus stürzen lassen.

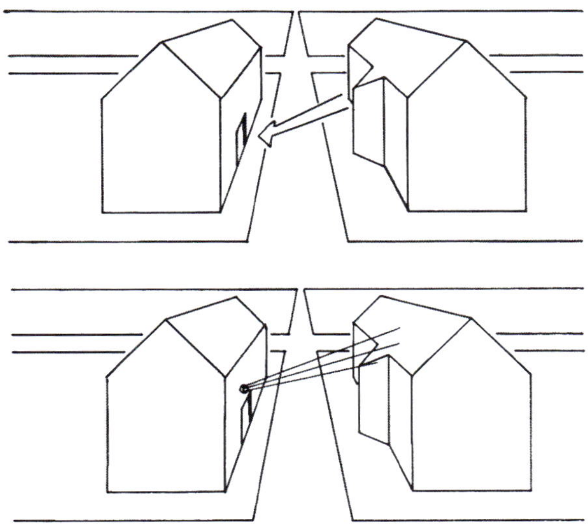

Die Spitze des Gebäudes auf der rechten Seite weist direkt zur Eingangstür des gegenüberliegenden Hauses. Diesen Sha-Angriff kann man mit einem konvexen Spiegel über der Tür abwehren.

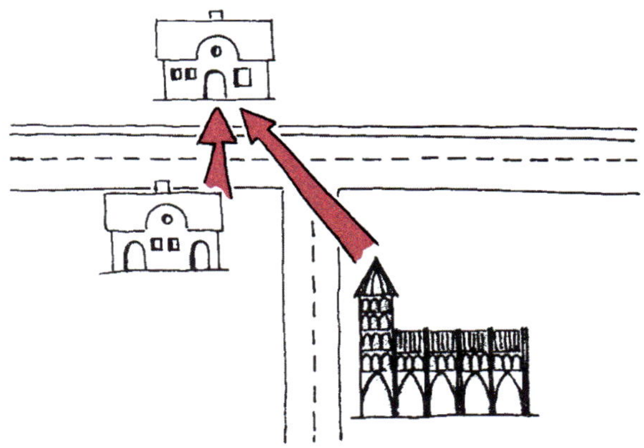

Der spitze Kirchturm ebenso wie die Dachkante des Hauses auf der anderen Straßenseite weisen direkt auf den Eingang des dritten Gebäudes.

2. Eine Brücke, die direkt auf eine Haustür zuführt, zählt ebenfalls zu den potentiellen Sha-Trägern. Die Chinesen vergleichen diese Situation mit einem Kanonenrohr, das direkt auf uns gerichtet wird. Eine stark befahrene Verkehrsbrücke bringt wesentlich mehr Sha-Energie als eine, die nur von Fußgängern benutzt wird.

Versetzt aufgestellte Pflanzen und ein halbrund gestalteter Eingangsbereich sammeln das Chi.

3. Ein anderes Problem sind Strukturen mit starker Neigung. Sie haben einen erheblichen Einfluss auf die Quantität des Chi, die ins Haus gelangen kann. Liegt also ein Gebäude direkt an einem Hang, wird sich die Energie nur schwer um das Haus herum sammeln können. Die gleiche Wirkung hätten auch nach unten führende Straßen oder Wege, ebenso Treppen. Auch sie lassen das Chi vom Haus wegfließen. Grundsätzlich verstärkt sich die Situation mit zunehmendem Neigungswinkel. Handelt es sich um eine Straße, die vom Haus nach unten führt, ist der Energieabfluss zusätzlich von der Geschwindigkeit abhängig, mit der die Straße befahren werden kann.

Praxistipp: Bringen Sie zur Abwehr keinesfalls einen Spiegel am Haus an. Sie erreichen damit das genaue Gegenteil, es kommt noch weniger Chi ins Haus.

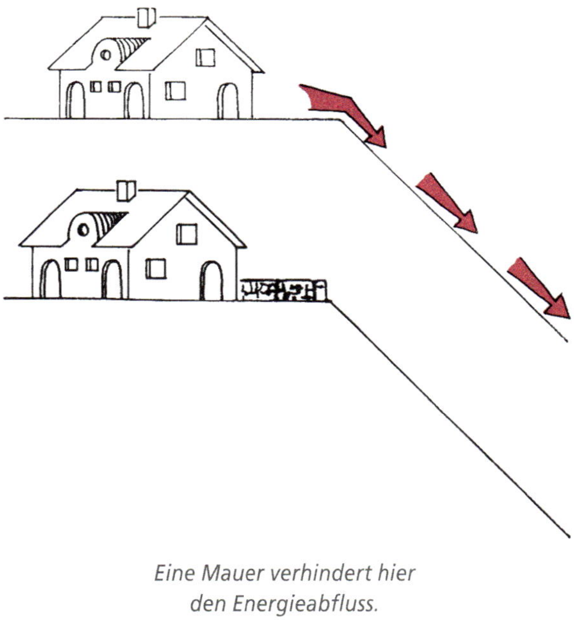

Eine Mauer verhindert hier den Energieabfluss.

4. Führen eine Treppe, ein Weg oder eine Straße abwärts direkt auf die Tür eines tiefer gelegenes Gebäudes zu, so kann das im wahrsten Sinn des Wortes zum Chi-Überfluss führen.

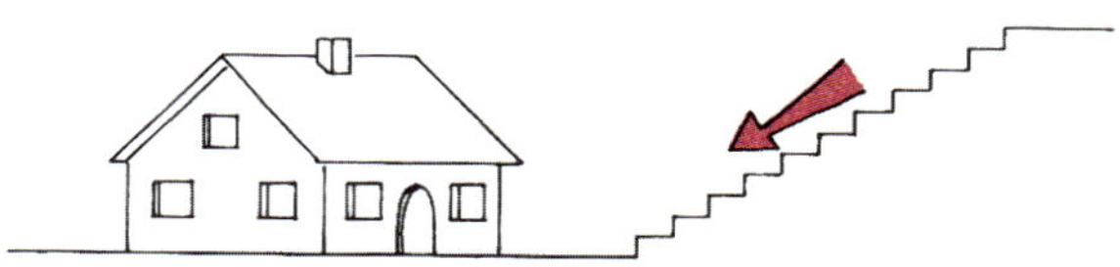

Praxistipp: Das betreffende Haus sollte mit einer Mauer oder einer Hecke vor dem beschleunigten Chi geschützt werden.

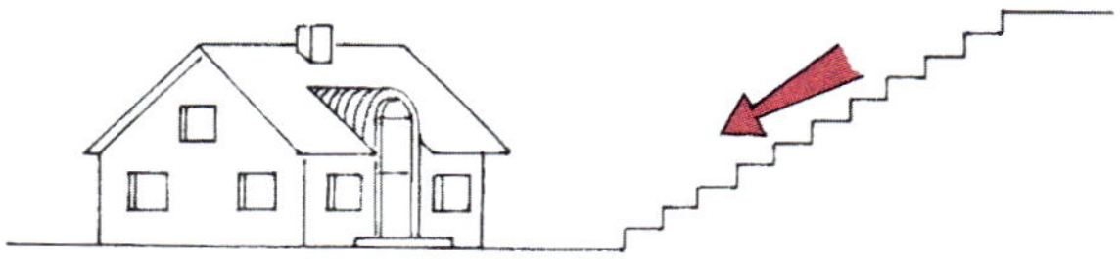

Eine weitere Möglichkeit wäre, einen erhöhten Eingang zu schaffen, der den massiven Chi-Strom ins Haus mindert.

Der Eingangsbereich

Wir schätzen bei Menschen ganz besonders ein offenes Gesicht und Augen, die uns hell und freundlich ansehen. So sollte auch das Äußere unseres Heims sein. Mit einem Blick möchten wir es erfassen und mit ihm Kontakt aufnehmen können. Die Haustür ist deshalb von besonderer Bedeutung, denn durch sie betreten die Bewohner und Besucher (das mobile Chi) das Haus. Die Eingangstür wird aus diesem Grund im Feng Shui auch »Mund des Chi« genannt.

1. Damit Ihre Haustür zum Blickfänger wird, empfehlen sich Zwillingspflanzen, die rechts und links neben der Tür platziert sein sollten. Ideal wäre es, wenn sie auch die gleiche Form hätten. Ein Gesetz der Optik besagt: Blickt das Auge auf zwei gleiche Objekte, sammelt sich der Blick genau in der Mitte. Diesen Effekt nutzen wir, wenn wir die Haustür zum Mittelpunkt der Hausfront machen. Ein Grundsatz im Feng Shui lautet: Das Chi folgt der Aufmerksamkeit.
Die Eingangstür sollte im Verhältnis zum Haus (bei Mehrfamilienhäusern zum Flur) eine harmonische Größe besitzen. Sie ist größer als die Türen der Innenräume, um dem Chi Einlass zu gewähren, andererseits aber nicht zu groß, damit das Chi nicht zu schnell herausfließt.

Praxistipp: Gleichen Sie, wenn nötig, die Proportionen durch Fassadenanstriche, Licht oder andere Dekorationsobjekte aus.

2. Eine besonders glückbringende Situation ist gegeben, wenn vor dem Haus ein »Ming Tang« erkennbar ist. Er beschreibt eine freie Fläche vor dem Eingang, auf der sich das Chi sammeln kann. Ein Park oder Brunnen vor Ihrem Haus würde ideales Feng Shui bedeuten, aber auch bei kleineren freien Flächen handelt es sich um Ming Tang-Formationen. Sehr viele Menschen leben nicht unter solch günstigen Feng Shui-Bedingungen, doch auch sie können ihre Situation verbessern. Die Energiesammlung kann jedoch auch auf kleinstem Raum optimiert werden.

Links: Wendehammer und Sackgassen stehen für eingeschränkte Möglichkeiten, da es hier nicht mehr weitergeht. Diese Skizze zeigt jedoch einen kreisrunden Bereich, der von Häusern eingerahmt wird. Das direkt gegenüberliegende Haus wird von versteckten Pfeilen angegriffen, während die anderen Gebäude günstig stehen und vom Chi-Fluss profitieren.
Rechts: Dieser schlossartige Eingangsbereich lädt das Chi geradezu ein, denn der Brunnen sammelt das Chi direkt vor dem Haus.

Praxistipp: Halbrunde Fußmatten vor der Tür sammeln Chi, ebenso wie Pflanzen, Klangspiele, Steine oder Lichtobjekte. Damit vitales Chi ins Haus gelangen kann, sollte der Weg zur Haustür leicht gewunden, aber trotzdem gut sichtbar sein. Ist er das nicht, kann entsprechend ausgeglichen werden, um das Chi wieder zum Fließen zu bringen.

Wege, die geradewegs auf eine Eingangstür führen, bringen geradliniges Sha-Chi. Hier sehen Sie drei Reihenhäuser, die die gleichen Voraussetzungen mitbringen. Das erste wurde nicht harmonisiert, die Bewohner des zweiten haben eine sich zum Eingang hin öffnende Spirale als Bodenführung verlegt, durch deren Form vitales Chi ins Haus gelangen kann. Die Nachbarn zur Rechten bremsten das Geradlinige ab, indem sie – rechts und links versetzt – Blumenkübel platzierten. Der Eingangsbereich wurde zusätzlich durch halbrunde Gestaltungselemente aktiviert.

3. Vermeiden Sie »versteckte Eingänge«. Wird Ihr Heim von hohen Hecken eingerahmt, verbirgt es sich vor dem Blick des Betrachters, und das Chi findet nicht hinein. Die Hecken sollten gestutzt werden, bis wieder der freie Blick auf den Eingang ermöglicht wird. Im anderen Fall lebt der Hausbewohner wie in einer Festung und wird nur selten besucht.

Praxistipp: Sie könnten den Eingang auch auf eine andere Weise hervorheben: mit einem kleinen Schild, das zur Tür weist, einem Weg, der direkt dorthin führt oder einem hellen Türlicht. Der Eingang sollte stets gut ausgeleuchtet sein!

4. Achten Sie auch auf Strukturen, die die Energie abwandern lassen. Befinden sich zum Beispiel Kellerschächte direkt vor der Mülleimer, ist das ungünstig, gelbe Säcke und Fahrräder sollten ihren Platz nicht unmittelbar vor den Eingang haben. Sie blockieren damit den Chi-Fluss in das Haus.

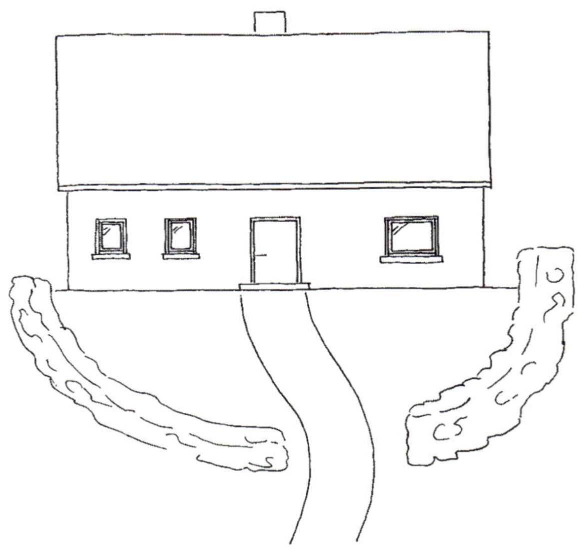

Ein geschwungener Weg zum Haus ist stets günstig. Die im Halbrund bepflanzte Ecke umarmt das Gebäude symbolisch und zieht zusätzliches Chi an.

Praxisbeispiel: Eine Firma, deren Arbeit stark vom Postverkehr abhing, hatte nach dem Umzug in neue Büroräume erhebliche Umsatzeinbußen. Bei der Analyse stellte sich heraus, dass der Briefkasten direkt über einem mit Gittern abgedeckten Kellerschacht angebracht war. Als Ausgleich wurde er mit Pflanzen abgedeckt, um den Energieverlust zu stoppen. Im Briefkasten befestigten wir einen Bergkristall mit der Spitze nach oben. Nach dieser Feng Shui-Maßnahme war der Briefkasten wieder gefüllt, die Firma konnte sich über mangelnde Aufträge nicht mehr beklagen.

Die Formensprache in der Architektur

In unseren Seminaren für Architekten bildet natürlich die Formensprache einen Schwerpunkt. Wir wissen ja nun längst, dass Formen mehr sind als ihre sichtbaren Konturen. Sie wirken weit über das Sichtbare hinaus. Dieser Zusammenhang ist vielen Architekten nicht bewusst, obwohl doch gerade sie eine besondere Verantwortung tragen. In diesem Abschnitt werden wir genauer darauf eingehen, wie sich zum Beispiel Dachformen auf das Befinden der Hausbewohner auswirken. Und genau hier liegt die Chance von Feng Shui für Architekten, Bauträger und Bauherren. Obwohl in unserem Land die Bauvorschriften wenig Spielraum für die individuelle Planung lassen, sind es oft die kleinen Details, die große Wirkungen erzielen können.

Wenn wir die natürliche und städtische Umgebung untersuchen, sind es die Formen und Farben, die wir zuerst wahrnehmen. Deshalb wird ihnen bei der Zuordnung der Elementareigenschaften auch der Vorrang gegeben.

Wie sehr uns Farben beeinflussen, ist für uns noch vorstellbar. Anders bei den Formen. Leider gesteht man ihnen meist nicht die Bedeutung zu, die ihnen zukommt. Und doch sind ihre Wirkungen für jeden, der bereit ist, sich dieser Welt zu öffnen, deutlich.

Auf den folgenden Seiten werden wir die Formen beschreiben, die mit der Fünf-Elemente-Lehre in Verbindung stehen. Sie werden lernen, Formen auf eine andere Weise wahrzunehmen und über die äußere Kontur hinaus sehen. Jeder äußeren Ordnung, die wir als Form erkennen, entspricht eine innere. Mit diesem Wissen werden Sie tiefere Einblicke gewinnen und Zusammenhänge zwischen Ihrem äußeren Umfeld und Ihrer Lebenssituation erkennen. In der Tabelle auf Seite 116 finden Sie einige wichtige Entsprechungen der Fünf-Elemente in Bezug auf die Architektur.

Die Formen des Holzelements

Holz steht für alles Hohe und Aufrechte, denn charakteristisch für dieses Element ist die nach oben strebende Energierichtung. Analog dazu gehören das stehende Rechteck, ebenso wie Säulenformen diesem Element an.

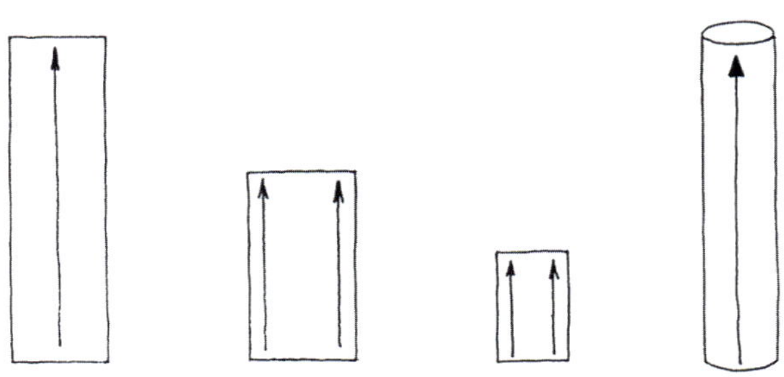

Elementarentsprechungen in der Architektur				
Element	**Qualität**	**Materialien**	**Formen**	**Elementarfarbe**
Holz	Kreativität, Ausdehnung	Holz, Bambus, Kork	Türme, Säulen, hohe und schmale Häuser	Grün, Grünblau
Feuer	Aufstreben, Dynamik	Feuer, Fell	Satteldächer	Rot
Erde	Stabilität, Beständigkeit	Stein, Lehm, Érde	Flachdächer, Bungalows, flache Satteldächer	Gelb, Orange, Beige
Metall	Verdichtung, Zusammenziehen	Stahlträger, Metallisches, Glänzendes	Kuppeldächer, Rundbögen, Walmdächer	Weiß, Grau, Silber, Gold
Wasser	Aufnehmen, in die Tiefe gehen, Kommunikation	Flüssigkeiten, Glas	Umrisskontur uneinheitlich, viel Glas, alle Elemente sind erkennbar	Blau, Schwarz

Hochhäuser

Übertragen wir die Holzform auf die Architektur, denken wir sofort an Hochhäuser. Diese Gebäudeform wirkt sich auf seine Bewohner unterschiedlich aus. In den oberen Geschossen herrscht ein Mangel an Erdenergie, denn die dort Wohnenden oder Arbeitenden haben sich von ihrem natürlichen Lebensumfeld, der Erde, entfernt. Diese Erdferne spiegelt sich auch in ihrem Befinden wider. Häufig fühlen sie sich regelrecht entwurzelt. Um diesen Zustand auszugleichen, sollte das Element Erde eingefügt werden. Günstig sind die Farben des Erdelementes, ebenso die Formen wie zum Beispiel waagerechte Linien in Form eines Wandfrieses.

In den unteren Stockwerken dagegen wirkt sich diese Bauform gänzlich anders aus. Die Wohnungen oder auch Büroräume sind zwar noch erdnah, auf ihnen ruht jedoch das Gewicht aller anderen Stockwerke. Die aufstrebende Holzenergie ist hier nicht verfügbar. Statt dessen fühlen sich viele schwermütig, andere nutzen ihre Wohnung nur als Schlafraum. Hier setzen wir unter anderem das aufstrebende Holzelement ein, das die Last der Waagerechten (alles über der Wohnungsdecke) nach oben hin ausgleicht. Sinnvoll sind in diesem Fall deshalb hohe schlanke Pflanzen, sowie andere vertikale Strukturen. Metallelemente eignen sich weniger dafür, den Zustand der Schwere aufzulösen.

Formale Aspekte aber sind nicht allein bestimmend. Um Hochhäuser überhaupt bauen zu können, muss ab einer bestimmten Höhe Stahlbeton verbaut werden, ein Material, das uns vollkommen von der äußeren Umgebung und damit ihren wohltuenden Einflüssen abschirmt. Wie negativ diese Baustoffe für Lebewesen sind, wissen wir längst. Jeder auf landwirtschaftliche Bauten spezialisierte Architekt weiß, dass in Ställen aus Stahlbeton kein hochwertiges Zuchtvieh gehalten werden darf. In einer umfassenden Studie wurde zudem festgestellt, dass das Hochhaus wohl für sehr viele Menschen nur eine Zwischenstation ist, denn kaum jemand wohnt dort länger als vier Jahre.

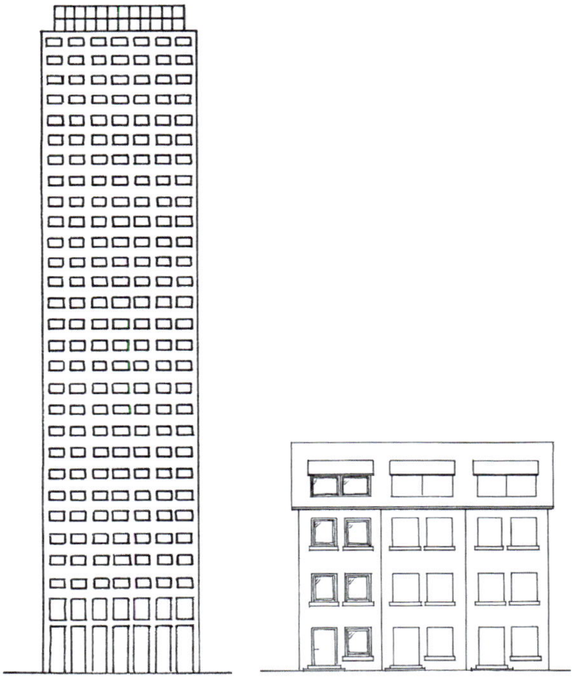

Ein typischer Vertreter des Holzelements ist das Hochhaus.

Reihenhäuser

Holzformen finden wir zum Beispiel in typischen Reihenhäusern, auch wenn der erste Eindruck der nebeneinander liegenden Häuser manchmal eher einem liegenden Rechteck, also dem Erdelement, zuzuordnen wäre. Allerdings sind Reihenhäuser ja stets mehrgeschossig und zahlreiche Elemente, vor allem aber das offene Treppenhaus, schaffen eine Verbindung zwischen oben und unten, so dass hier die Holzenergie bestimmend ist. Das wird auch im Grundriss deutlich, der aufgrund der Bodenpreise mit wenig Grundfläche auskommen muss und sich statt dessen über mehrere Etagen erstreckt.

Typisch an Reihenhäusern ist auch das zentrale, meist offene Treppenhaus, das die verschiedenen Ebenen miteinander verbindet. Je kleiner die Grundfläche, desto mehr wird das offene Treppenhaus zu einem maßgeblichen Bereich des Hauses. Das führt zu einem verstärkten Energiefluss von unten nach oben. Diesen Energiedurchzug spüren wir in solchen Häusern oft ganz direkt. Wer empfänglich dafür ist, für den kann diese Atmosphäre zu Unruhe und Nervosität führen. Auch hier müssen wir ausgleichen, indem wir die Energie mehr in der Ebene halten und über Sammelpunkte fixieren. In den Räumen werden waagerechte Dekore für Halt sorgen. So können horizontal verlaufende Wandfriese oder über Gardinenstangen gewickelte Stoffbahnen die Energie in der Ebene halten und den Energiedurchzug von unten nach oben mindern. Auch niedrig bepflanzte Kübel schaffen einen wirksamen Ausgleich. Gerade für ein solches Reihenhaus gilt die wichtige Feng Shui-Regel, dass die Treppen geschlossen werden müssen, denn sonst verstärkt sich der Durchzug noch mehr. Zusätzlich empfehlen wir, das Chi durch runde Objekte versetzt im Treppenaufgang zu sammeln, dann wird die Energiebewegung ruhiger und harmonischer. Auch eine im Treppenauge aufgehängte Kugel wirkt sich günstig aus.

Schächte

Luft-, Kamin- und Müllschächte stehen aus Feng Shui-Sicht ebenfalls für die Holzenergie. Sie sollten darauf achten, nicht mit dem Kopf an dort angrenzenden Wänden zu schlafen oder zu arbeiten. Die ständige Auf und Ab-Bewegung wird Sie stets unterschwellig stören. Schirmen Sie diese Wände also zusätzlich ab (Kork, Holz, Wandteppich). Auf der formalen Ebene helfen waagerechte Streifen und Dekore ebenso wie Punkte, das Chi zu zentrieren.

Die Holzform als Gestaltungselement

Säulenformen unterstützen uns dabei, aktiv zu werden und unsere Ideen nach außen zu tragen. Sie helfen uns bei Neuanfängen jeder Art und sind auch besonders für kreativ Arbeitende förderlich. Aufstrebende Formen bringen das, was in uns ist nach außen. Wir empfehlen Künstlern für ihren Wohn- und Arbeitsbereich Säulenformen oder andere hohe Gegenstände zum Beispiel Stehleuchten oder hochwachsende Pflanzen.

Die Form des Feuerelements

Typische »Feuer«-Bauten sind die gotischen Kathedralen, ihre Spitzen und Türme streben gen Himmel. Hier wird die Einheit von Form und Zweck offensichtlich, denn die Kirchen waren und sind Vermittler zwischen oben und unten, zwischen Himmel und Erde. Sie sollen die Gebete der Gläubigen emporheben, die Menschen für eine gewisse Zeit dem Himmel näher bringen. Tatsächlich entsteht in sakralen Bauten mit zunehmender Raumhöhe eine Sogwirkung nach oben. Überdeutlich wird das in den gotischen Kathedralen, die mit ihren zahlreichen hohen Säulen beim Besucher ein völlig anderes Raumgefühl entstehen lassen. Diese Gotteshäuser scheinen keinen Innenraum zu haben, alles scheint direkt mit dem Himmel verbunden.

Feuerformen in der Architektur

Auch in unserer Zeit finden wir das Element Feuer in der Architektur. So sind die heute üblichen Satteldächer (abgesehen von den flachen) diesem Element zugeordnet. Ihre Form steht, auch wenn uns das längst nicht mehr bewusst ist, für die nach oben strebende Feuerenergie. Früher diente der Raum unter dem Dach als Klimazone, als Puffer zwischen innen und außen oder wurde als Lagerraum genutzt. In einer Zeit, in der der Wohnraum immer knapper wird, wohnen und arbeiten wir auch im Dachspitz. Wie wirkt ein nach oben zugespitzter Raum? Die Energiebewegung unterscheidet sich erheblich von anderen Zimmern mit gerader Decke. Mit zunehmendem Neigungswinkel des Satteldaches wird die Energie mehr und mehr nach oben gesogen, was je nach Höhe des Dachspitzes einen Energiemangel für die Bewohner zur Folge hat. Bei einigen Men-

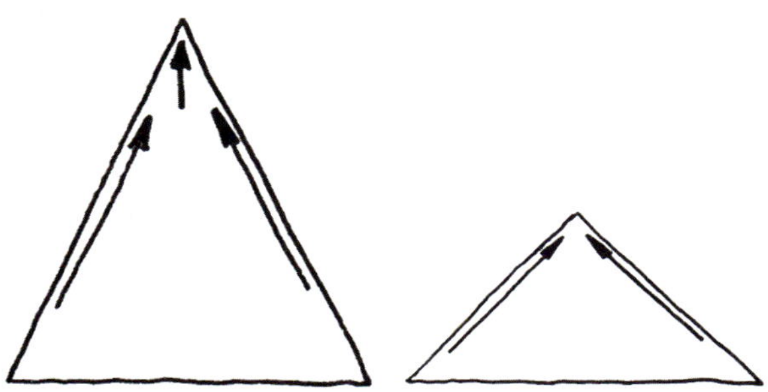

Die Form des Feuerelementes ist das Dreieck, die Energie ist aufstrebend.

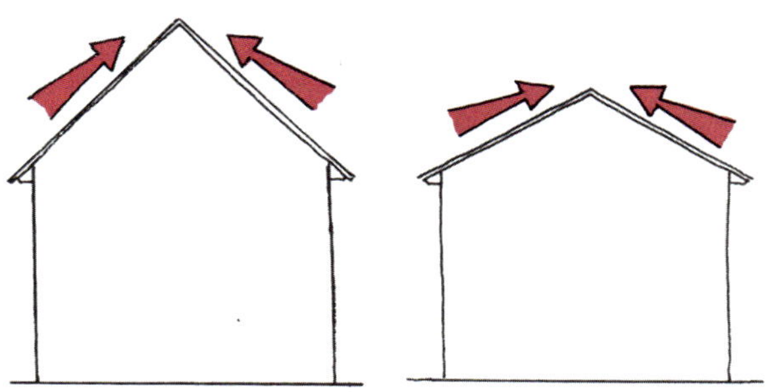

Mit zunehmendem Neigungswinkel wird die Energie immer mehr nach oben gesogen.

schen kann dies zu Unsicherheit und Zerstreutheit führen. Wir wissen, dass es keinen Sinn macht, das Dachgeschoss aus Feng Shui-Sicht zu »verbieten«, wie es leider so oft getan wird. Wir wollen lieber einige Vorschläge anbieten, wie Sie den Energieabzug über das Satteldach mindern können.

Eine positive Wirkung von Satteldächern wollen wir hier nicht verschweigen, zumal sie in anderen Feng Shui-Büchern nie zur Sprache kommt. Immer wieder haben wir festgestellt, dass das Leben unter dem Spitzdach für viele Menschen durchaus Sinn macht. Gerade Künstler bevorzugen diesen Raum für ihr Atelier. Hier ist mehr Raum für hochfliegende Projekte und deshalb profitieren Künstler und Kreative durchaus von dieser Dachform.

Bewohner einer reinen Dachwohnung sollten dagegen mit horizontalen Akzenten arbeiten. Hier wirkt

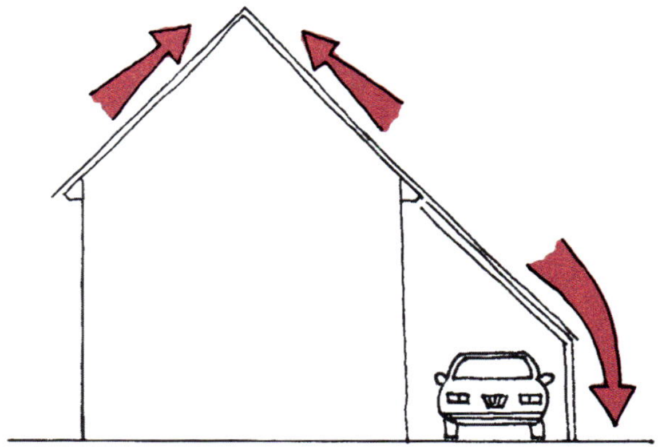

der Schereneffekt, der durch die Erdformen gemindert werden kann. Darüber hinaus sollten sie im Dachspitz so ausgleichen, wie oben beschrieben.

Problematisch hingegen sind Satteldächer mit fast zum Boden reichenden Dachüberständen (siehe oben). Oft sind die Überstände nur einseitig und sollen gleichzeitig als Garage dienen. So praktisch diese Bauform auch sein mag, im Sinne unserer Harmonielehre können wir sie nicht empfehlen. Schaut

Längs oder quer befestigte Stoffbahnen schließen den Dachspitz. Diese Lösung wirkt zudem noch dekorativ. Große runde Lampen, die in die Spitzen gehängt werden, bilden Energiesammelpunkte, halten das Chi und mindern den Energieabzug in die Spitze.

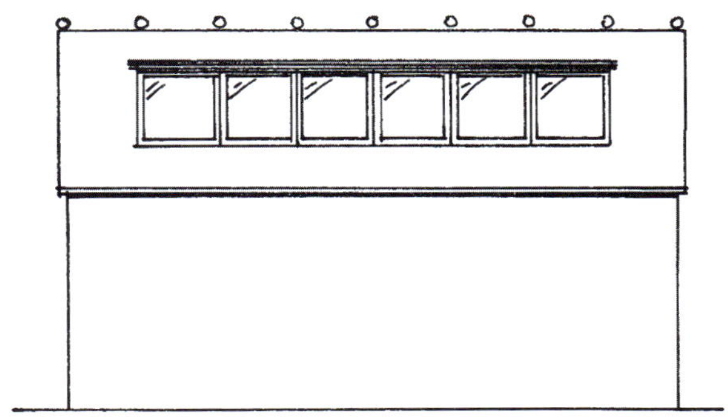

Dachreiter, außen auf der Dachspitze befestigt, runden die Dachspitze und gleichen den Energieverlust wirkungsvoll aus. Abwechselnd auf dem Dach angebrachte runde Objekte (Hölzer, Schneestopper) sammeln das Chi und harmonisieren die Situation.

Kombinieren wir das Satteldach mit Bogenformen, läßt sich die abgeleitete Energie des Dreiecks durch die sammelnden Bogen in perfekter Weise ausgleichen. Das gilt für alle gestalterischen Elemente wie Rundbogenfenster, Fensterläden oder auch Fassadenzeichnungen.

man sich solch ein Haus an, erinnert es zwangsläufig an den gebrochenen Flügel eines Vogels. Auch das Haus »lahmt« energetisch, denn das Chi auf der entsprechenden Seite im Inneren des Hauses wird im wahrsten Sinn des Wortes nach unten gedrückt. Unbedingt sollte im Außen- und Innenbereich mit aufstrebenden Formen ausgeglichen werden.

Die Formen des Erdelements

Formen, die wir der horizontalen Energie der Erde zuordnen, sind das liegende Rechteck und das Quadrat. Das Quadrat gilt im Feng Shui als die ideale Form, denn sowohl die zwei waagerechten als

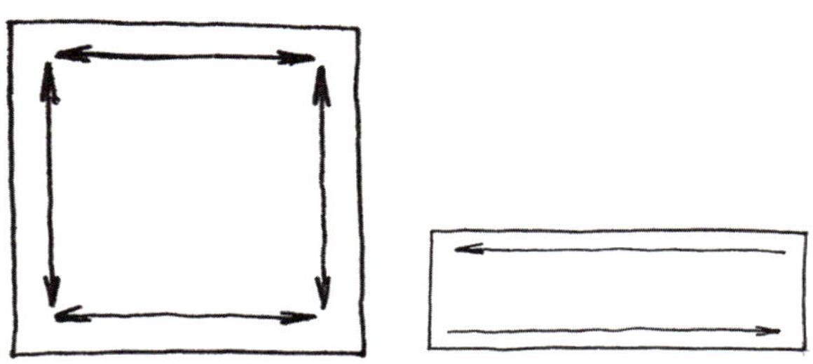

auch die beiden senkrechten Linien sind gleich lang und damit in perfekter Harmonie. Das Quadrat symbolisiert die Erde als Element der Mitte.
Auch das liegende Rechteck korrespondiert mit der Energie der Erde. Der Bewegungsimpuls dieser Form strebt seitlich vom Rechteck weg und beschreibt damit die horizontale Erdqualität.
Gebäude, die dem Element Erde zugeordnet werden, sind Bungalows und niedrige Häuser mit Flachdach. Ebenso zählen Häuser mit Satteldächern zum Erdelement, sofern der Neigungswinkel nicht größer als 15 Grad ist. Hier überwiegen die erdhaften Eigenschaften gegenüber denen der Feuerenergie, und es spielt sogar schon der positive Einfluss des Metallelementes mit. Häuser mit Erdeigenschaften fördern Stabilität und Beständigkeit. Flachdächer wir-

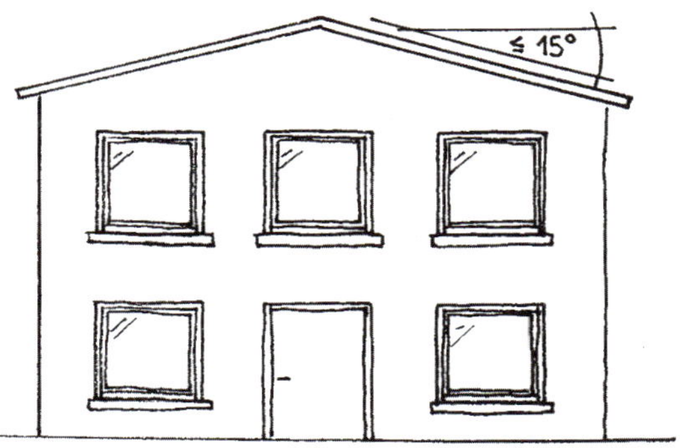

Satteldächer mit einem Neigungswinkel von 15° gehören zum Element Erde.

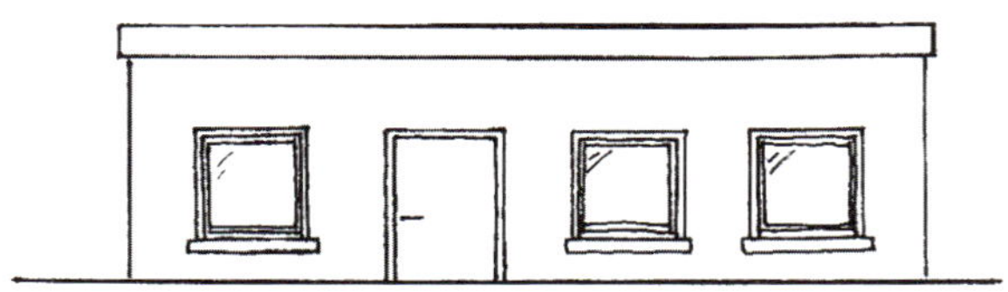

Bungalows mit Flachdächern sind typische Vertreter der Erdenergie.

ken an sich neutral, sie ziehen weder Energie an, noch leiten sie sie ab. Entsprechen die Formumrisse eines Hauses einem sehr langen, niedrigen Rechteck (Häuser mit großer Grundfläche und geringer Höhe) wird die Erdenergie besonders stark wirksam. Dies hat häufig zur Folge, dass sie als schwer und drückend empfunden werden. Diese Schwere wird vor allem auch durch niedrige Decken verstärkt oder vorrangig flacher Möblierung. Als Ausgleich sollten Einrichtungsgegenstände in Form von aufstrebenden Säulenstrukturen eingesetzt werden. Aber auch bewusst gesetzte vertikale Linien (Streifen an der Wand, lange schmale Vorhänge an den Seiten der Fenster) können den niederdrückenden Eindruck erheblich mindern.

Geistige und körperliche Trägheit stehen mit einem Zuviel an Erdenergie in Verbindung. In diesem Fall bieten sich ebenfalls die Formen des Holzelementes an, um etwas in Bewegung zu bringen.

Besonders gut geeignet sind die Formen des Erdelementes für große Einkaufsmärkte. Sehen Sie sich einmal um, wie häufig sie in diesem Geschäftszweig zu finden sind. Auch das können wir intuitives Feng Shui nennen.

Die Formen des Metallelements

Der Kreis wird dem Element Metall zugeordnet. Er hat keinen Anfang und kein Ende. Alle Punkte auf seiner Linie haben den gleichen Abstand zur Mitte. Betrachtet man einen Kreis, so werden die Blicke unwillkürlich in sein Zentrum gelenkt, der Betrachter kann sich »zentrieren«.

Kuppeldächer, Walmdächer, Rundbögen und Kugeln repräsentieren das Element Metall. Von allen Dachformen gelten Kuppeldächer im Feng Shui als ideal, denn die Kuppelform ist naturgegeben. Tiere und Menschen haben einen kuppelförmigen Kopf, diese Form sammelt das Umgebungs-Chi und zentriert es im Kopfbereich. Das Haus, als zweite Haut des Menschen, sollte in größtmöglicher Resonanz mit ihm stehen, deshalb leuchtet die Kuppel als günstigste Dachform ein. Bogendurchgänge sowie halb-

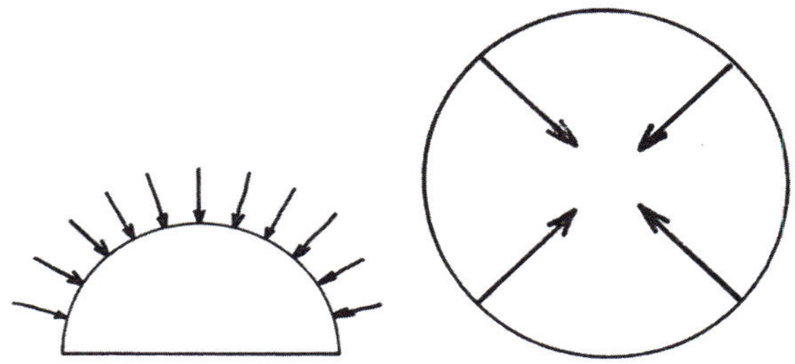

Links: Halbkreiselemente sammeln die Energie aus der Umgebung und zentrieren sie in einem Punkt.
Rechts: Den Kreis umfasst eine unendliche Linie, die seinen »Inhalt« schützt und verbindet. Der Kreis ist das Ursymbol für Harmonie und Gleichklang.

Links: Analog tritt dieser Effekt auch bei Bogenformen jeder Art auf.
Rechts: Ein Kuppeldach wird die Energie im Haus sammeln, das bietet den Bewohnern ein Mehr an Energie, Kraft und Möglichkeiten.

runde Türen und Fenster werden das Feng Shui-Haus der Zukunft bestimmen, denn sie erhöhen das Chi-Niveau eines Gebäudes erheblich. Aber auch auf der alltäglichen Ebene kann jeder von dieser Form profitieren. Grundsätzlich bieten sich halbrunde Türmatten an, die das Chi über die Bogenführung ins Gebäude ziehen. Im Außenbereich könnten die Wege mit Kreisen oder mit sich auf den Eingang öffnenden Spiralen gestaltet sein.

Gestaltungsmöglichkeiten des Metallelements

Im täglichen Leben können wir die Form des Kreises nutzen, wenn wir zum Beispiel in unsere Ess- oder Gesprächsecke einen runden Teppich legen. Die Kreisform verbindet die Gesprächspartner, und es lässt sich leichter kommunizieren, weil die Energien sich nicht zerstreuen, sondern eine gemeinsame Mitte haben. Ein Beispiel: Als wir zu einer Sendung der ARD eingeladen waren, haben wir im Auftrag des Senders das Studio umgestaltet. Ein wesentliches Gestaltungselement war der runde Teppich unter dem Tisch, der einen Gesprächskreis bildete. Der Moderator empfing uns sofort mit den Worten: »Ach, stammt der von Euch? Irgendwie fühle ich mich sehr wohl mit dem Teppich. Den lasse ich liegen.« Und wirklich, die Gespräche mit uns und den anderen Gästen verliefen sehr gut, und der Teppich liegt noch heute da.

Praxisbeispiel

Lars F. (9 Jahre alt) hatte seit einigen Monaten Lernschwierigkeiten. Das äußert sich vor allem in ständiger Unruhe, wie er selbst sagte. Er konnte sich nur schwer auf seine Hausaufgaben konzentrieren. Das spiegelte sich auch in seinen schulischen Leistungen wider. Seit einigen Monaten wohnte die Familie von Lars im eigenen Haus und endlich hatte Lars sein eigenes Zimmer, das er sich auch selbst einrichten durfte. Bei der Beratung fanden wir folgende Situation vor: Das Zimmer des Jungen war mit vielen Postern seiner Stars und Idole beklebt und mit einem blau gemusterten Teppichboden ausgelegt, ein dazu passendes Muster fand sich im Vorhangstoff. Die neue Bettwäsche war mit Fußballstars bedruckt.

Als wir das Zimmer betraten, spürten wir sofort die Unruhe, die es ausstrahlte. Die vielen Muster und Farben wirbelten optisch durcheinander, es gab nichts, worauf der Blick ruhen konnte. Eine derart unruhige Zimmergestaltung zerstreut sämtliche Energien. Konzentration braucht ein Zentrum – und das war nicht vorhanden.

Da eine Veränderung nie abrupt, sondern immer fließend vonstatten gehen sollte, empfahlen wir:

1. Einen einfarbigen Teppich auf die bunte Auslegware zu legen.
2. Die gemusterten Vorhänge gegen einfarbige einzutauschen.
3. Den Arbeitsplatz so zu gestalten, dass hier keine ablenkenden Einflüsse sichtbar sind (keine Poster über dem Schreibtisch, den Einsatz runder zentrierender Formen).

Eine wichtige Empfehlung war die Bitte an Lars, einen einfarbigen blauen Kreis auf ein großes Blatt Papier zu zeichnen und dieses Bild dann so an die Wand über den Schreibtisch zu hängen, dass sein Blick während der Schulaufgaben ab und zu darauf ruhen kann. Nachdem Lars und seine Eltern unsere Vorschläge umgesetzt hatten, konnte sich Lars zunehmend besser konzentrieren und brachte auch bessere Noten mit nach Hause.

Die Form des Wasserelements

Wasser besitzt keine – und alle Formen! Es passt sich der Umgebung an, denn es ist an sich formlos. Im Feng Shui entspricht dem Wasserelement ein Gebäude, das Merkmale eines jeden Elementes in sich trägt. Manche wirken willkürlich zusammengesetzt, haben oft nachträglich Anbauten erhalten. Sie sind verwinkelt und als äußeres Merkmal fehlt ihnen die Struktur.

Das Baumaterial, das dem Wasserelement entspricht, ist Glas. Und so zählen wir viele neue Gebäude, deren Wände vorwiegend aus Glas bestehen, zum Wassertypus. Ideale Kombinationen für den Glasbau sind Metall oder Holz, da sie benachbarte Elemente sind und sich deshalb besonders gut ergänzen.

Das vorherrschende Baumaterial dieses Geschäftshauses ist Glas.

Die fünf Wandlungsphasen in der Umgebung

Aus dem Schöpfungszyklus der Elemente ist ersichtlich, dass die einzelnen Wandlungsphasen ineinander übergehen. Ein Element baut das nächste auf, bis sich der Kreis geschlossen hat und von neuem beginnt. Eine Empfehlung macht selten Sinn: die Umgebung auf ein Element hin festzulegen. Schon allein deshalb, weil das nur selten wirklich möglich ist. Diese Art der Analyse ist oft sehr theoretisch und nicht praxisnah. Ein Haus in einer hügeligen Landschaft weist zwar auf die vorherrschende Energie des Metalls hin, sind die Nachbargebäude aber durch spitze Türme oder Dächer gekennzeichnet, kommen die Einflüsse des Feuerelementes hinzu. Gerade im städtischen Umfeld wirkt eine Vielzahl von Einflüssen auf jede Wohnung oder Arbeitsstätte ein. Es kommt also darauf an, das elementar Vorhandene zu erkennen, um das Schwache zu stärken und das Fehlende einzubringen.

Nur wenn alle Elemente zur Verfügung stehen, haben wir all die Möglichkeiten, aus der die Fülle des Lebens hervorgeht. So kann eine Elementarform, die besonders stark ausgeprägt ist, sich als emotionale Entsprechung bei den Bewohnern äußern. Auf der anderen Seite haben wir beobachtet, dass Elementareigenschaften, die im Umfeld nur unzureichend vertreten waren, auch den Bewohnern fehlten.

Gerade solche Disharmonien bieten den Ansatz für Feng Shui, weil sie sich auf den gesamten Zyklus der Elemente auswirken. Fehlendes soll eingebracht, Schwaches gestärkt und zu Starkes gemindert werden. Deshalb sollte Feng Shui nicht nur das Gebäude im Auge haben, immer muss der Zusammenhang von Mensch und Raum gesehen werden.

Feng Shui

»Eden ist das altmodische Haus,
in dem wir jeden Tag wohnen.«

Emely Dickinson

im Haus

Stellen Sie sich vor, Sie besuchen Ihre Nachbarn, ein gewundener Kiesweg führt zur Haustür. Sie läuten, die Tür öffnet sich, der Duft von frischgebackenem Kuchen liegt in der Luft und Sie fühlen sich auf Anhieb wohl. Der Hausherr führt durchs Haus, Sie schauen sich um und fühlen sich einfach nur wohl.

Je mehr Sie Feng Shui in Ihr Leben integrieren, desto tiefer werden Sie die Zusammenhänge verstehen, die Ihrer Intuition eine Sprache verleihen.

In diesem Abschnitt soll es um die Harmoniegesetze gehen, die dieses Wohlgefühl erzeugen können. Denn neben den strukturellen Elementen wie Dach und Türen, kann auch die rechte Anordnung der Einrichtung das Innere eines Hauses und seine Räume verzaubern.

Treppen

Im klassischen Feng Shui heißt es: Das Chi fließt wie das Wasser. Dieses Sprachbild ist sehr gut geeignet, um zu verstehen, welchen Einfluss Treppen als Gestaltungsmittel im Feng Shui haben. Eine nach unten führende Treppe wird einen großen Teil der Energie nach unten ableiten, eine ins nächsthöhere Stockwerk führende bringt dagegen weniger Chi nach oben. Durch gezielte Feng Shui-Maßnahmen kann man hier Hilfestellung geben.

In alten Häusern findet man in regelmäßigen Abständen den typischen Treppenabsatz, der aus Feng Shui-Sicht ideal ist, weil das Chi sich auf ihm sammeln kann. Die meisten neuen Häuser verfügen nicht über diesen schönen »Energiesammelplatz«. Hier sollten in regelmäßigen Abständen Energiesammler im Treppenhaus angebracht werden, um die Energie durch das Haus zu leiten. Grundsätzlich sollten Sie darauf achten, dass Ihr Treppenbereich hell und freundlich gestaltet ist. Als Verkehrsfläche wird er oft vernachlässigt und zu klein geplant, er ist dunkel, eng und verstellt, was das gesamte Feng Shui des Hauses beeinträchtigt.

Die häufigsten Probleme

- Führt die Innentreppe eines Hauses direkt auf eine Haustür zu, so fließt das Chi vermehrt hinab und zur Tür hinaus. Dieser permanente Chi-Verlust steht für finanzielle Einbußen. Viele Bewohner solcher Häuser erzählen uns auch, dass sie Geliehenes nicht oder nur mit Schwierigkeiten zurückbekommen.

Die Tür wurde umgehängt, um den Chi-Verlust zu stoppen.

Praxisbeispiel: Wenn Tür und Treppe sich unmittelbar gegenüber liegen, fließt das Chi direkt wieder aus dem Haus hinaus. Hier klagten die Hausbewohner darüber, dass sie seit dem Einzug in ihr neues Heim den Eindruck hätten, das Geld flösse ihnen förmlich davon. Die Feng Shui-Analyse ergab: Wenn sich die Haustür öffnet, sieht der Gast direkt auf die nach oben führende Treppe. Hinzu kommt, dass sich die Haustür und die Tür zum Wohnzimmer direkt gegenüber liegen. Auf dem Grundriss skizzierten wir die Ausgleichspunkte für den Flur, die Sie in der Skizze a erkennen können. Skizze b zeigt die Veränderungen: Zunächst einmal wurde ein Spiegel (1) so platziert, dass er das hineinströmende Chi aufnehmen konnte. In ihm spiegelt sich das gegenüberhängende Landschaftsbild (2). Unten neben der Treppe steht nun eine üppige Grünpflanze (3), die die Energie sammelt und hält. Die Ausgleichpunkte 4 und 5 werden durch eine Lampe und ein in das Treppenhaus gehängtes Klangspiel aktiviert.

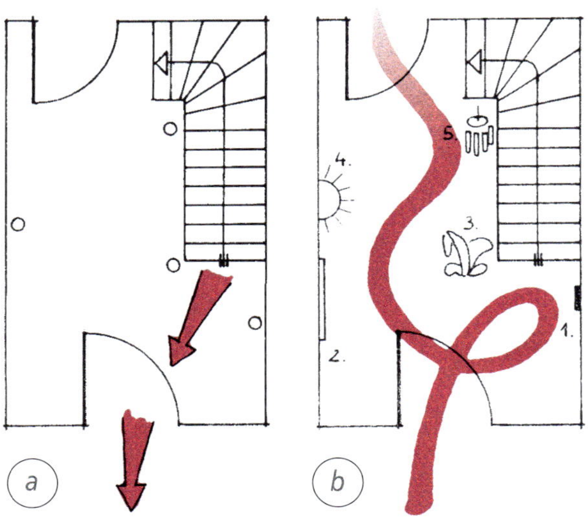

- Problematisch ist es auch, wenn sich die Haustür in Richtung einer nach unten führenden Treppe öffnet. In diesem Fall kann die Energie auf der Ebene nur schwer gehalten werden, denn sie fließt sofort nach unten.

Praxistipp: Eine Ausgleichsmöglichkeit wäre das Halten der Energie mit großen, runden sammelnden Objekten, aber auch Mobiles oder Klangspiele sind geeignet.

- Offene Treppen sind äußerst ungünstig, da sie das Hinabfließen des Chi zusätzlich verstärken. Interessanterweise haben wir festgestellt, dass sich auch die Unfallgefahr häuft. Das änderte sich erst, als die Treppen geschlossen wurden. Es scheint, als fände der feinstoffliche Energieabfluss seine Entsprechung bei den Bewohnern.

Praxistipp: Die Treppe zu schließen wäre der Königsweg – außerdem sollten Stopper auf den Treppen angebracht werden.

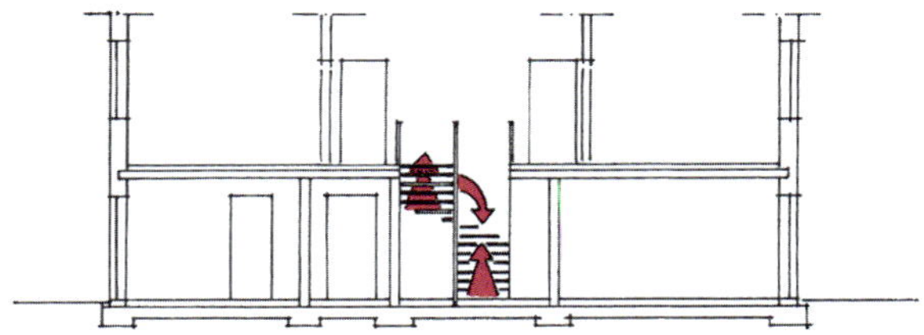

- Eine Wendeltreppe im Tai Chi könnte nach Ansicht des klassischen Feng Shui wie ein »Dolch auf das Herz des Hauses zielen«. Ganz so dramatisch sehen wir das nicht, dennoch wäre es bei einem eventuellen Neubau geschickter, diese Situation zu vermeiden. Denn tatsächlich ruht bei der Wendeltreppe das gesamte Gewicht auf der mittleren Säule.

Praxistipp: Leben Sie aber bereits damit, lässt sich die Situation mit linksdrehenden Spiralen auflösen. Bemalen Sie die Dielen mit einer Holzlasur und verlegen die Fliesen entsprechend. Haben Sie einen Teppich, hilft auch eine aus Papier gefertigte Spirale, die Sie unter den Teppich legen. Ein anderer Ausgleich ließe sich mit einer auf halber Höhe der Treppe befestigten Lampe oder einem Mobile schaffen. Auch ein neben der Treppe aufgestelltes kleines, rundes oder ovales Tischchen mit Steinen,

Kugelvasen oder ähnlichem hilft dabei, die Energieschwere der Wendeltreppe auszugleichen.

Praxistipp: Die häufigsten Unfälle im Haus ereignen sich in der Küche und auf Treppen! Neben Teppichböden oder Stoppern, die die Stolper-Gefahr mindern, sollten wir auch diesen Bereich mit hellem »Licht-Chi« versorgen. Entlang der Treppe sollten schöne Bilder »hinaufgeleiten«, am besten Landschaftsbilder mit viel Tiefe. Wenn Sie ein Haus neu planen, sollten Sie darauf achten, dass Ihre Treppen zum Hinaufsteigen einladen – das erreichen Sie, wenn die unteren Stufen breiter angelegt sind.

Türen

Von der Lage und Anordnung der Türen hängt ab, wie die Energie Räume durchfluten kann. Im Idealfall sollte sie von Tür zu Tür durch die Räume gepumpt werden. Die Zirkulation des Chi sollte sanft und beständig sein, so, dass sie jeden Bereich der Wohnung beleben kann. Am besten eignen sich massive Türen, solche aus Vollglas gelten als ungünstig, da hier das Chi permanent durchfließt und die Pumpbewegung dadurch behindert. Türen mit Teilverglasungen sind empfehlenswert, da sie die Räume mit Licht versorgen und auf diese Weise ein einheitlicheres Lichtniveau erzeugen.

- Voraussetzung für eine gute Verteilung des Chi ist, dass sich Türen in den weitesten Teil eines Raumes öffnen. Wenn bereits bei der Haupteingangstür der Energiefluss blockiert wird, hat das Auswirkungen auf die gesamte Wohnung.
- Besonders ungünstig ist die Situation, wenn in Einfamilienhäusern Vorder- und Hintertür einander gegenüber liegen. Hier huscht das gesamte Chi durch das Gebäude, ohne sich iregendwo aufzuhalten und es ausreichend zu beleben. Je dichter die beiden Türen beieinander liegen, desto größer der Energie-Durchzug.

Praxistipp: Dieser Windkanal kann zum Beispiel mit einer Zwischenwand oder einem runden Tisch gebremst und umgeleitet werden.

- Türen, die sich zur »falschen Seite« öffnen, so dass man beim Eintreten direkt mit der Wand konfrontiert wird, lassen das Chi gleich wieder zur Tür hinaus fließen. Auch die psychologischen Wirkungen sind nicht zu unterschätzen. So symbolisiert diese Anordnung, dass man »gegen eine Wand läuft« oder nur mit viel Mühe vorankommt, da die eigenen Möglichkeiten eingeschränkt sind.

Praxistipp: Als Lösung lässt sich die Tür durch Austausch der Scharniere umhängen.

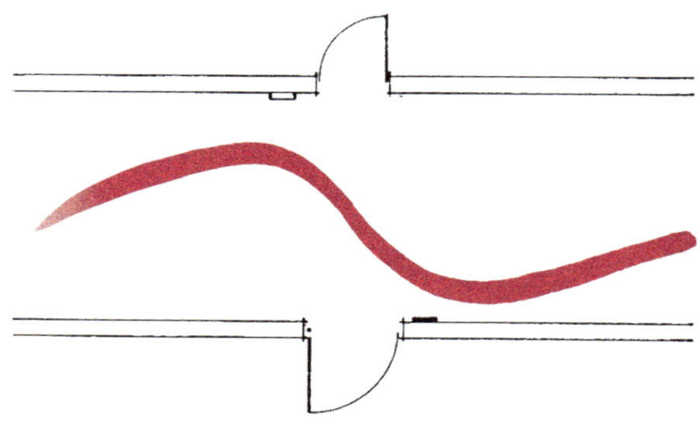

- Liegen sich eine große und eine kleine Tür gegenüber (siehe Abb. oben), so wird der Energiefluss zugunsten der großen erfolgen. Deshalb ist wesentlich festzustellen, wohin welche der beiden Türen führt. Ideal wäre, wenn die kleine in eine Abstellkammer oder in das WC führt und die große in einen Wohnraum, damit dieser von dem Chi-Fluss profitiert. Grundsätzlich wird der Raum, der von der großen Tür aus betreten wird, als besonders zentral und wichtig empfunden. Führt also die große Tür zum Beispiel in das Arbeitszimmer, die kleine ins Wohnzimmer, so wird sich das negativ auf die Freizeit mit der Familie auswirken, weil zu viel Gewicht auf die Arbeit gelegt wird.

- Drei nebeneinander liegende Türen sind im Feng Shui ein Tabu, vor allem, wenn die Haustüre dabei ist. Es wird eine unruhige Atmosphäre erzeugt, die von Energieverlust gekennzeichnet ist.

Praxistipp: In diesem Fall ist es ratsam, eine Tür verschlossen zu halten. Ist das nicht möglich, sollte das Chi durch Pflanzen oder andere Mittel gebremst werden.

- Dunkle Türen sind Energieschlucker! Sie lassen jedes Zimmer kleiner erscheinen, als es in Wirklichkeit ist. Ja, sie wirken in unserem Mikrokosmos wie die »schwarzen Löcher« im Makrokosmos.

Praxistipp: Wenn irgend möglich, kaufen Sie sich helle Türen oder streichen Sie sie an.

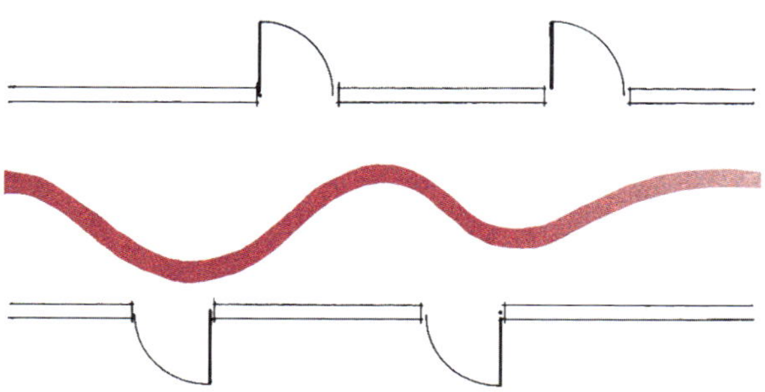

Versetzt angeordnete Türen lassen das Chi mäandern.

Fenster

Ebenso wie Türen ermöglichen auch die Fenster den Energieaustausch zwischen Innen und Außen. Bei unseren Analysen von älteren Häuser hat uns stets fasziniert, dass sich hier die Fenster nach außen öffneten. Dies hat auch eine symbolische Bedeutung und beeinflusst die Haltung der Bewohner zur Welt »dort draußen«. Heute, in Zeiten, in denen wir uns immer mehr zurückziehen, werden die Fenster so eingebaut, dass sie sich nach innen öffnen. In angelsächsischen Ländern finden wir häufig Schiebefenster, die den Energieaustausch zwischen innen und außen blockieren. Denn hier fehlt die Pumpbewegung der Fensterflügel. Statt dessen wird hochgeschoben oder heruntergelassen, aber niemals »öffnet man sich ganz« der Außenwelt.

Balken

Strukturbalken freizulegen ist ja längst eine innenarchitektonische Mode geworden. So schön diese Balken auch sind, aus Feng Shui-Sicht können ihre Wirkungen recht problematisch sein. Vor allem dann, wenn sie (wie gerade in älteren Bauernhäusern üblich) nur knapp über den Köpfen der Hausbewohner verlaufen.
Wie wir ja bereits wissen, lassen Kanten und Ecken

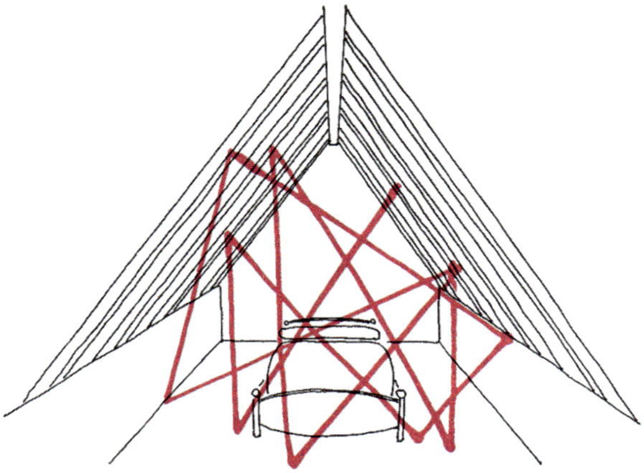

In einem Dachspitz mit freigelegten Balken ist nicht gut schlafen. Die Balken, kombiniert mit der Dreiecksform des Dachs erzeugen ein Gewirr an Sha-Pfeilen.

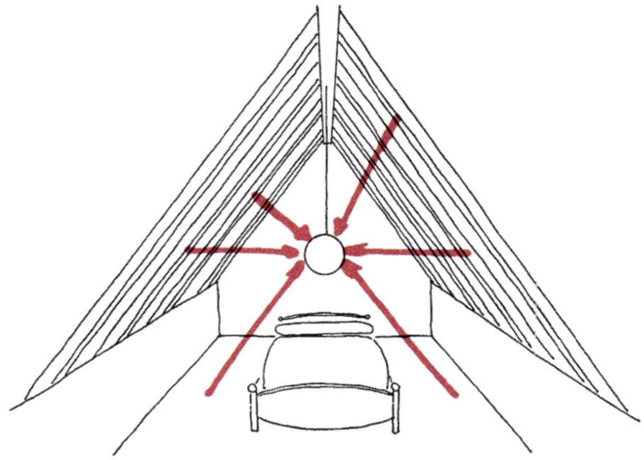

Schon eine große runde Lampe unterbricht die geradlinigen Sha-Einflüsse und lässt die Energie ruhiger fließen.

schneidendes Sha-Chi entstehen, das hier von jedem Balken ausgeht und die Bewohner, je nach Höhe der Decke, mehr oder weniger stark attackiert. Gerade auch im Schlaf, wenn wir besonders empfänglich für subtile Reize sind, kann sich diese Situation belastend auf die Psyche legen und mit der Zeit zu organischen Beschwerden führen.

Praxistipp: Alles, was die Wirkung der Kanten abmildert, ist zu empfehlen, zum Beispiel Kletterpflanzen oder Stoffe, die um oder unter den Balken angebracht werden können. Wer Stützbalken im Schlafzimmer hat, sollte darauf achten, dass das Bett in Längsrichtung und möglichst zwischen zwei Balken steht.

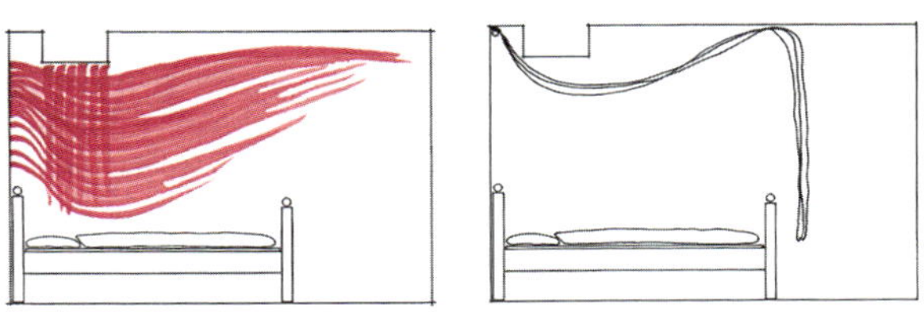

Der Querbalken über dem Bett wirkt drückend und läßt Sha-Energie entstehen. Ein Betthimmel hebt diese Wirkung auf.

Schrägen

Im Feng Shui-Heim gelten sie als besonders problematisch. Aber wir wollen sie nicht verdammen, sondern uns ihre Wirkungen bewusst machen, verschiedenes beachten und eventuell ausgleichen. Offensichtlich ist: Direkt unter einer Schräge sind wir räumlich begrenzt, was sich auch auf die Möglichkeiten unseres Wirkens legt. Die Form der Schräge sagt uns außerdem, dass hier der Energiefluss räumlich eng ist und deshalb niederdrückend wirkt.

Praxistipp: Die drückende Energie kann »angehoben« werden, indem man aufstrebende Formen (soweit als möglich) in die Schräge stellt. Es bieten sich schlanke, größere Pflanzen an, aber auch eine

Stehlampe, die nach oben strahlt. Ist eine grundsätzlich andere Position des Schreibtisches oder Bettes nicht möglich, wäre es in jedem Fall besser, die Möbel etwas aus der Schräge herauszurücken. Auch ein Paravent oder Schrank können die drückende Energie ausgleichen.

Arbeitet oder schläft man unter einer solchen Schräge, kann sich das auf die Arbeitsleistung und das Wohlbefinden auswirken.

Stützpfeiler

Gerade in modernen Fertighäusern finden wir oft Stützpfeiler in den Räumen. Direkt daneben zu arbeiten oder zu schlafen, gilt als ungünstig, denn Stützpfeiler tragen eine große Last. Das lässt sich durchaus subtil empfinden und schlägt auf Herz und Gemüt.

Praxistipp: Wenn Stützpfeiler bei Ihrem Hausbau unverzichtbar sind, bestehen Sie auf Rundpfeilern, um die sich das Chi herumschlängeln kann. Stellen Sie Topf- oder Rankpflanzen direkt vor die Pfeiler oder bringen Sie einen runden Spiegel an, der einen besonders schönen Teil Ihres Zimmers widerspiegelt und dadurch die Schwere des Pfeilers mildert.

Lehnstuhlprinzip: Schutz und Überblick

An dieser Stelle kommen wir nochmals auf das »Lehnstuhlprinzip« zurück, denn auch in den Innenräumen sollten wir es beachten. Das Prinzip Rückenschutz und Überblick beeinflusst den modernen Menschen mehr, als wir glauben. In unserem Unterbewußtsein schlummert noch immer die Erinnerung an unsere frühen Vorfahren. Wenn ein Urmensch eine Höhle betrat, ließ er sich natürlich nicht direkt am Eingang nieder, sondern ging tiefer in sie hinein und setzte sich an eine Höhlenwand. Denn von dort aus hatte er den Eingang im Auge und kontrollierte so die Höhlenöffnung. Zudem konnte ihn keiner von hinten angreifen, da er im Rücken ja geschützt war.
Dieses Urbewusstsein steuert bis heute viele unserer Verhaltensweisen. Ist beispielsweise ein Restaurant nicht ganz besetzt und können sich die Gäste ihre Plätze aussuchen, so nehmen sie bevorzugt mit dem Rücken zur Wand Platz. Hier haben sie einen Überblick über den gesamten Raum und sehen, was geschieht und wer hereinkommt.
Untersuchungen haben ergeben, dass die Leistungen von Schulkindern durchaus von ihrem Sitzplatz abhängig sind. Sehr wirkungsvoll war auch eine

klassische Bestrafung der Lehrer für freche Kinder: Sie wurden, mit dem Rücken zur Klasse, in die sogenannte »böse Ecke« gestellt. Eine sehr subtile Tortur: Der kleine Delinquent wusste nie, was hinter seinem ungeschützten Rücken vorging und wurde praktisch in die böse Ecke »hineingesogen«.
Ähnliches zeigte sich auch bei unseren Firmenanalysen. Mitarbeiter, die mit dem Rücken zur Eingangstür gesetzt wurden, brachten die gewohnte Leistung nicht. Der Grund: Arbeiten wir in dieser Position, wird ein Teil unserer Aufmerksamkeit abgelenkt. Immer horchen wir mit einem Ohr, was hinter uns geschieht oder ob jemand zur Tür hereinkommt.

Auch die Wohnung will atmen!

Ein Raum kann nur belebend auf uns wirken, wenn er mit vitalem Chi angereichert ist. Bei unseren Beratungen stellen wir immer wieder fest, dass es gerade in neueren Gebäuden häufig zu Stagnation und Mangel an gesundem Chi kommt. Ein Grund sind die Baumaterialien. Alle modernen mehrgeschossigen Gebäude besitzen Betondecken. Diese durchzieht im Inneren ein Geflecht von Stahlnetzen, das sie zusammenhält. Diese Bautechnik ist keineswegs unproblematisch. Wer sich für landwirtschaftliches Bauen interessiert, wird erfahren, dass man unter oder gar zwischen solchen Betondecken kein hochwertiges Zuchtvieh halten darf. Denn hierbei handelt es sich ja – um einen Ausdruck aus der Physik zu gebrauchen – um einen sogenannten »Faradayschen Käfig«, der den Durchgang bestimmter Strahlen verhindert. Beim Zuchtvieh führt das zu Schäden, die das Erbgut der Tiere verändert. Darum wird kein Architekt, der sich darauf spezialisiert hat, dieses Baumaterial für Ställe verwenden. In jüngster Zeit werden Hauser angeboten, in denen die Be- und Entlüftung vollautomatisch geregelt ist. Wer allerdings einmal in solch einem Haus war, der fühlt sich von der Außenwelt regelrecht abgeschnitten. Wir dürfen nicht vergessen, dass ein Haus »nur« ein umbauter Raum ist, der in seiner eigenen Umwelt steht und zu ihr einen direkten Bezug hat. Nehmen wir dem Haus und uns diese aktive Öffnung nach außen, so isolieren wir uns zunehmend. Der Sinn von Feng Shui besteht ja auch darin, sich wieder harmonisch in die Umgebung einzufügen, um von ihren Energien genährt zu werden. Aus dieser Sicht fehlen solchen Häusern jegliche Impulse von außen, die Bewohner werden isoliert und »im eigenen Saft geschmort«.
Deshalb ist das aktive Lüften (mehrmals täglich) ein wesentlicher Aspekt. Die Türen und Fenster erfüllen dann den Zweck von Energiepumpen, Altes und Verbrauchtes kann leichter und schneller nach außen, Frisches und Neues hinein gelangen. Um eine Wohnung mit frischem Chi zu versorgen, müssen die Türen und Fenster so positioniert sein, dass sie das Chi durch die gesamte Wohnung pumpen können.

Übung zur Feststellung des Energieflusses in einer Wohnung

1. Der Energiefluss einer Wohnung oder eines Hauses lässt sich mit dem Grundriss und einem Bleistift ganz leicht feststellen. Kopieren Sie zuerst den Grundriss, wenn Sie keinen haben, so zeichnen Sie ihn maßstabsgetreu nach. Nehmen Sie einen Bleistift zur Hand und lassen Sie ihn wie im Walzertakt über das Papier gleiten. Beachten Sie die natürlichen Öffnungen für Fenster und Türen, durch die die Energie fließt.

2. Für den nächsten Schritt zeichnen Sie die Möbel in den Grundriss ein. Während Sie mit dem Bleistift den Chi-Fluss aufzeichnen, spüren Sie bereits die Freiräume und Stauungen. Wo können Sie mit dem Bleistift »tanzen«, wo werden Sie blockiert. Überlegen Sie, wie Sie die Situation durch die Stellung der Möbel verändern können.

Ein Feng Shui-Gang durchs Haus

»Mein Wohnungsflur liegt im östlichen Bereich. Mir wurde von einem Berater empfohlen, ihn grün zu streichen, um die Energie dieser Richtung zu aktivieren. Aber ich mag doch nun mal kein Grün! Was soll ich tun?« Wir zitieren einen der typischen Anrufe unserer Leser.

Im Feng Shui helfen jedoch Patentrezepte selten weiter. Die Energie des Ostens kann auf vielerlei Weise ins Haus geholt werden, nicht nur durch Farben, sondern auch durch Formen, Muster, Materialien usw. Da jede Feng Shui-Maßnahme in Resonanz zu den Bewohnern stehen sollte, verbieten sich Empfehlungen, die ihnen nicht entsprechen. Die Chance des Feng Shui besteht ja gerade darin, eine Fülle von Möglichkeiten anzubieten.

Wenn wir nun in diesem Kapitel mit Ihnen im Haus von Raum zu Raum gehen, werden Sie verstehen, dass wir Sie nicht mit Patentrezepten abspeisen können und wollen. Es widerspricht unseren Überzeugungen, Ihnen vorzuschreiben, welche Farben in verschiedenen Bereichen von Vorteil wären, welche Hilfsmittel in dieser oder jener Wohnsituation unbedingt erforderlich, wie und wo welche Formen und Muster zwingend geboten sind. Denn Sie selbst – und nicht Ihr Haus – stehen im Mittelpunkt einer Analyse. Es ist der Mensch, der gefördert werden soll und das ist nur möglich, wenn er bei der Beratung mit den Grundzügen des Feng Shui bekannt gemacht wird – und dann die letzte Entscheidung selbst fällt. Wir stehen ihm zur Seite, geben aber keine Anweisungen über seinen Kopf hinweg! Also verstehen Sie unseren Gang durchs Haus oder die Wohnung als eine Anregung, einmal genauer hinzuschauen. Was Sie dann unternehmen, müssen Sie selbst entscheiden – vielleicht mit Hilfe eines kompetenten Beraters.

Die Diele

»Der erste Eindruck ist immer entscheidend!« sagt ein Sprichwort. Die Besonderheiten der Diele sind darin zu sehen, dass hier die Energien der unterschiedlichsten Menschen aufeinandertreffen. Morgens schellt der Briefträger, wenig später Vertreter oder Zeitschriftenverkäufer, abends kommen die Freunde und Nachbarn zu einer Stippvisite. Es herrscht ein ständiges Kommen und Gehen.

Praxistipp: Sie müssen diesen Bereich gut ausleuchten und die Wände hell und freundlich gestalten. Ein Spiegel direkt gegenüber der Eingangstür wirft das einströmende Chi sogleich wieder aus dem Haus. Auf der anderen Seite aber könnte ein etwas versetzt platzierter Spiegel dem oft engen Raum die notwendige Weite geben.

Sehr oft haben wir bei unseren Analysen erlebt, dass direkt hinter der Tür ein wuchtiger Schrank steht. Er verhindert den Chi-Zustrom durch die Tür und vermittelt das Gefühl einer Blockade. Hinzu kommt,

dass die Ecken und Kanten auf den Eintretenden weisen. Dringend zu empfehlen ist, den Schrank zu versetzen und die Kanten zu entschärfen.
Oder aber direkt hinter oder neben der Tür, in eine Ecke gedrängt, steht ein Garderobenständer, über den wahllos Mäntel, Jacketts und Hüte geworfen wurden. Darunter in einem Kreis die Schuhe der Familie. Diese Ansammlung symbolisiert Chi-Stau.
Praxistipp: Sie sollten auch hier die Möglichkeit prüfen, ob Sie die Garderobe an anderer Stelle aufstellen können (auch wenn Sie ein paar Schritte mehr laufen müssen) und sich einen Schuhschrank kaufen.

Fahrräder oder Kinderwagen in der Diele behindern gleichfalls den Zustrom des Chi und sorgen außerdem noch permanent für kleinere und größere Unfälle in der Familie.

Das Wohnzimmer

Am Feierabend beginnt das Wohnzimmer zu leben. Hier trifft sich die Familie und erzählt sich von den kleinen Abenteuern des Alltags, die sie tagsüber durchlebt hat. Darum können wir diesen Raum als

Ein thematisch akzentuiertes Wohnzimmer schafft Raum für die unterschiedlichen Bedürfnisse seiner Bewohner.

den der Begegnung und der Kommunikation bezeichnen. Was allerdings auch bedeutet, dass hier die verschiedenen Temperamente oder Energien der Familienmitglieder aufeinanderstoßen – und dies sehr oft im wahrsten Sinne des Wortes.

Praxistipp: Gestalten Sie dieses Zimmer besonders harmonisch, und zwar so, dass sich ein jeder auch hier wiederfindet. Da liegt dann vielleicht auf dem Tisch die Decke, die von der Mutter ausgesucht wurde, an der Wand hängt eine schön gerahmte Zeichnung der Tochter, in einer Glasschale sind einige besonders schöne und wertvolle Steine aus der Mineraliensammlung des Vaters und an der Wand finden wir die Babyschühchen der Kinder.

Wo ist nun der beste Platz für die Familie? Den stärksten energetisch Ort finden Sie, indem Sie von draußen die Tür öffnen und die Richtung nehmen, zu dem das hineinströmende Chi Sie trägt. Hier also sollten Sie, wenn möglich, den Wohnzimmertisch platzieren oder auch die Sitzecke. Denken Sie daran, ins Zentrum dieses Raumes nicht ausgerechnet den Fernseher zu stellen (siehe untere Abb.). Denn in diesem Fall wäre die Wahrscheinlichkeit groß, dass der Flimmerkasten im Mittelpunkt des Interesses steht und jedes Gespräch zwischen den Familienmitgliedern abwürgt oder bereits im Ansatz verhindert.

Praxistipps: Suchen Sie einen Schrank, in dem sich alles, was sich gern in einem Gemeinschaftsraum ansammelt – von Illustrierten bis hin zu Brettspielen – gut verstauen lässt.

Ordnen Sie die Sitzmöbel möglichst so an, dass sie an der Wand stehen. Von hier aus sollten Sie nicht nur die Tür im Auge haben, sondern in Ihrem Blickfeld könnte auch ein Gemälde, eine Plastik oder ein Strauß Blumen sein, etwas also, was Ihr Auge erfreut. Steht der Sessel frei im Raum, so rücken Sie ihn an die Wand oder stellen hinter ihm eine große Pflanze auf, die Ihnen Rückenschutz bietet. Allerdings sollte sie keine spitzen Blätter haben, weil diese »versteckte Pfeile« aussenden.

Achten Sie darauf, das Wohnzimmer nicht zu überladen. Wenige und ausgesuchte Möbel schaffen den Freiraum, damit sich vitales Chi ansammeln kann.

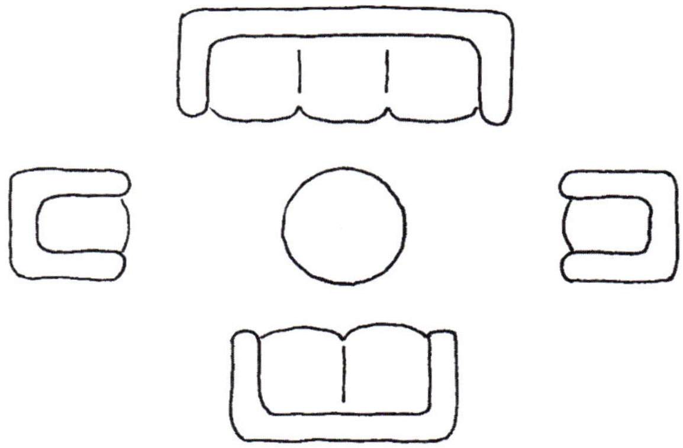

Hier konzentrieren sich die Familienmitglieder aufeinander.

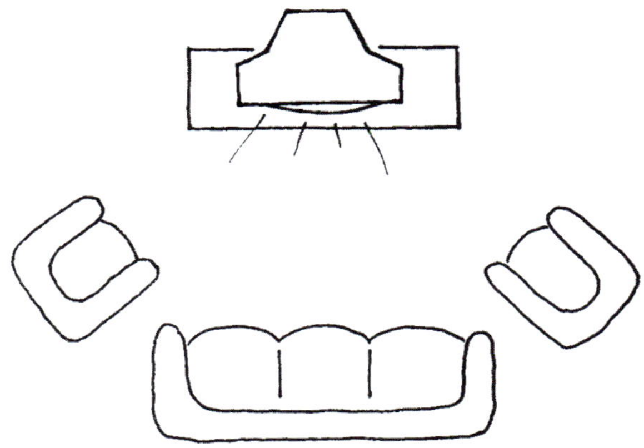

Hier steht der Fernseher im Mittelpunkt.

Hohe, massive Schränke oder gar Schrankwände wirken schwer und stören die Harmonie, besonders wenn sie nur auf einer Seite des Raumes stehen.
Unter der Sitzgruppe oder dem Wohnzimmertisch könnte idealerweise ein großer runder Teppich liegen. Er verbindet die Familienmitglieder und unterstützt die Kommunikation.
Sitzgruppen in U-Form sind günstiger als solche in L-Form – an den letzteren könnte es zu »Aussensitzern« kommen, die sich nie angeschaut, angesprochen und eingebunden fühlen.
Stellen Sie Stehlampen so auf, dass das Licht nicht in Ihre Augen fällt.
Ein offener Kamin kann einen Raum sehr gemütlich machen – wenn er regelmäßig genutzt wird. Wird er aber eigentlich nur als Zierde gesehen oder ist gar als Attrappe eingebaut worden, büßt er seine Stellung als »Yang-Spender« ein. Gleichen Sie in diesem Fall den Chi-Verlust durch den Kaminabzug aus, indem Sie zum Beispiel eine große Pflanze hineinstellen.

Bad und WC

Bad und WC stellen aus Sicht des klassischen Feng Shui ausgesprochene Problemzonen der Wohnung dar. Die Gründe dafür liegen in der Geschichte Chinas verborgen.
Die vornehmen Mandarine pflegten die Verdauung auf ihre Weise zu regeln. Sie setzten sich in ihre Sänfte und ließen sich vom Personal in die freie Natur tragen oder zu einem für sie extra angelegten Abtritt. So wurde das Haus nicht »beschmutzt«.
Es bleiben aber auch aus heutiger Feng Shui-Sicht einige nicht so positiv zu bewertende Tatsachen bestehen. Denn energetisch gesehen ist die Toilette zuerst einmal ein »Loch im Boden des Hauses« und dieses Loch steht für Energieverlust. Also lautet das wohl bekannteste Feng Shui-Gebot: Auf jeden Fall den Toilettendeckel schließen! Wir möchten hinzufügen: Auch für unsere Kultur sollte diese Regel keinesfalls überraschend sein. Die Höflichkeit gegenüber allen Benutzern gebietet es, den Toilettendeckel zu schließen.
Woraus ist überhaupt die Nachlässigkeit des immer geöffneten Toilettendeckels entstanden? Mit verantwortlich dafür sind Werbung und Fernsehen. Schalten Sie mal den Apparat ein, und es wird nur kurze Zeit vergehen, bis Sie auf die begeisterte Hausfrau stoßen, die Ihnen mit Stolz ihre blitzblanke Toilette präsentiert! Und dieses Bild der offenherzigen WC´s hat sich seit Jahrzehnten den Menschen eingeprägt. Jede Hausfrau will mit dem offen Deckel beweisen, dass bei ihr alles absolut sauber ist! Darüber hinaus sollten Sie grundsätzlich daran denken, nicht nur den Toilettendeckel, sondern auch die Toilettentüre zu schließen. Dadurch verhindern Sie eine Abwanderung des Chi.
Liegt – wie so oft – die Gästetoilette direkt neben der Eingangstür, wird ein Großteil der Energie direkt wieder fortgespült, ohne die Wohnung zu nähren.
Praxistipp: Bringen Sie in diesem Fall einen Kristall außen an der WC-Tür an. Für diesen Zweck gibt es halbrunde Klebekristalle, die die Wirkung der Toilette neutralisieren und das Chi-Niveau zusätzlich heben. Bringen Sie zudem in diesen Stiefkindern der Architekten einen großen Spiegel an, um den meist sehr beengten Raum optisch zu vergrößern.
In den meisten Wohnungen und Häusern, die wir analysiert haben, sind Dusche, Badewanne und Waschbecken gemeinsam mit dem WC in einem

Raum untergebracht. Hier ist darauf zu achten, dass der Blick nicht sogleich auf die Toilette fällt. Bisweilen verdeckt schon ein Handtuchhalter den Blick auf die Toilette.

Wenn irgend möglich, sollten Bad und Toilette möglichst weit vom Haus- oder Wohnungseingang entfernt sein. Denken Sie daran, wenn Sie bauen. Denn Feng Shui sagt, dass die Gäste den Anblick mit nach Hause nehmen, den Sie beim Empfang und beim Abschied zuerst und zuletzt sehen. Das prägt sich ein – und nicht der Rest Ihrer geschmackvoll eingerichteten Wohnung.

Auch sollte, aus verständlichen Gründen, das WC nicht unbedingt neben dem Ess- oder Wohnzimmer liegen. Noch schwieriger allerdings wäre es, wenn Bad und WC sich etwa, wie wir es einmal erlebt haben, direkt im Thai Chi (Zentrum) des Hauses befinden. Hier sorgt dann der Wasserfluss für ständige Unruhe im Ruhepunkt des Hauses.

Checkliste: Bad und WC

- Bäder sollten stets freundlich und liebevoll gestaltet, vor allem hell sein.
- Stellen Sie Duftschalen auf.

Das Badezimmer sollte möglichst nicht an das Schlafzimmer angrenzen. Planen Sie das Bad so, dass Sie beim Betreten nicht direkt auf die Toilette schauen.

- Achten Sie darauf, dass die Installationen in Bad und WC immer in Ordnung sind. Tropfende Wasserhähne oder eine defekte WC-Spülung schwemmen im wahrsten Sinn des Wortes Geld aus dem Haus.
- Sorgen Sie täglich für die notwendige Durchlüftung. Sind keine Fenster vorhanden, bauen Sie ein effektives Belüftungssystem ein.

Das Arbeitszimmer

Ob Sie nun angestellt sind oder freischaffend arbeiten – in beinahe jedem Haus findet sich heute auch ein Arbeitszimmer. Die einen verdienen dort ihr Geld, die anderen erledigen hier ihre Steuern, Bankangelegenheiten und Korrespondenz. In den meisten Fällen haben wir bei unseren Analysen feststellen müssen, dass auch dieser Raum eine Art »Stiefkind« der Wohnung ist. Diese Vernachlässigung hat seinen Grund: Beim Arbeitszimmer handelt es sich ja um einen »nichtöffentlichen« Raum, man empfängt hier weder Gäste noch Besucher, man ist »nur unter sich«. Da stehen dann an der Wand die Ikea-Regale aus der Studentenzeit, die wir aus den anderen Zimmern längst verbannt haben, der alte Schreibtisch aus den 50er Jahren ist hier zu finden, die ausrangierten Vorhänge hängen vor dem Fenster und der abgeschabte, 20 Jahre alte Läufer kommt hier auch noch einmal zu Ehren. Wo aber liegt nun das Arbeitszimmer, in dem doch die wichtigen Arbeiten für die finanzielle Zukunft der Familie erledigt werden, oder in dem der Freischaffende seine Karriere in Schwung bringen will? Häufig im Souterrain, klarer ausgedrückt: im Keller! Direkt neben der brummenden Heizungsanlage.

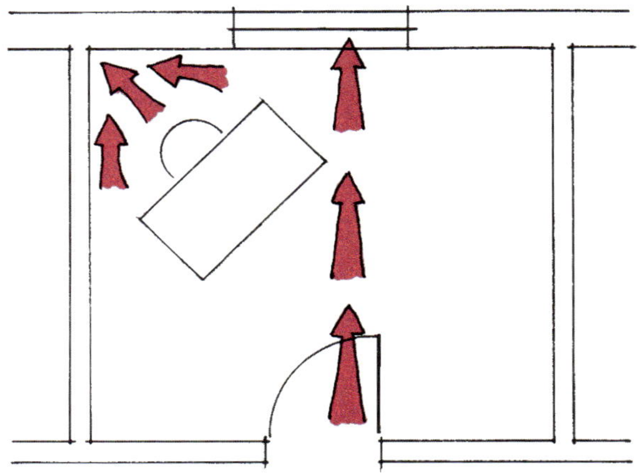

Wer an diesem Schreibtisch arbeitet, wird auf der einen Seite von der »saugenden Ecke« geschwächt, auf der anderen sitzt er im Energiedurchzug.

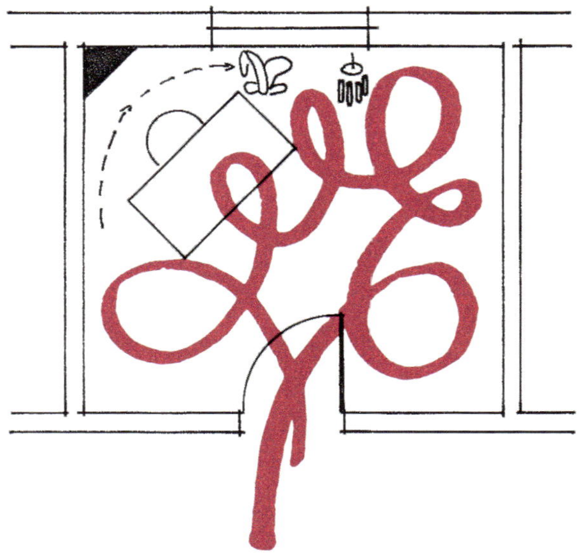

Das Feng Shui wird verbessert, indem man die Raumecke füllt und die Fenster symbolisch schließt.

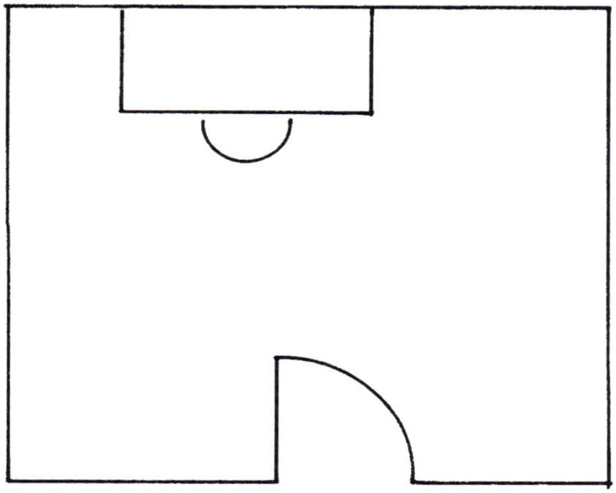

Diese Situation ist ungünstig, denn der Arbeitende sitzt mit dem Rücken zur Tür.

Ungünstiger könnte dieser Standort nicht sein. Schauen wir hoch und durchs Fenster (wir haben nebenbei auch schon fensterlose Arbeitszimmer erlebt), sehen wir einen kleinen Ausschnitt des Vorgartens, der vorbeiführenden Straße und bisweilen Beine bis zum Knie. Wir sind – um es symbolisch zu sagen – ganz unten und sehen nur Puzzlestücke unserer Welt! Energetisch betrachtet müssen wir zu allem und jedem aufschauen, wir armen Kellerkinder. Und das stutzt im Unbewussten jedem hochfliegenden Gedanken bereits im Ansatz die Flügel.
Gerade, wenn Sie in Ihrem Heim-Büro das Geld verdienen, sollten Sie sich auf Dauer ein anderes Zimmer im Haus suchen. Solange Sie aber noch im Keller ausharren (müssen), sollten Sie sich so weiterhelfen:
Praxistipps: Achten Sie darauf, das Sie reichlich Licht zur Verfügung haben, das in jede Ecke fällt. Unbedingt empfehlen wir Ihnen Vollspektrumlampen. Sie erzeugen Licht, das dem natürlichen sehr nahe kommt.

Sorgen Sie für aufstrebende Säulenformen (hoch wachsende Pflanzen, hohe Stehlampen, Landschaftsbilder mit hohen Bergen und/oder Bäumen). Bei der Einrichtung Ihres Arbeitzimmer beachten Sie bitte die folgenden Regeln – gleichgültig ob es

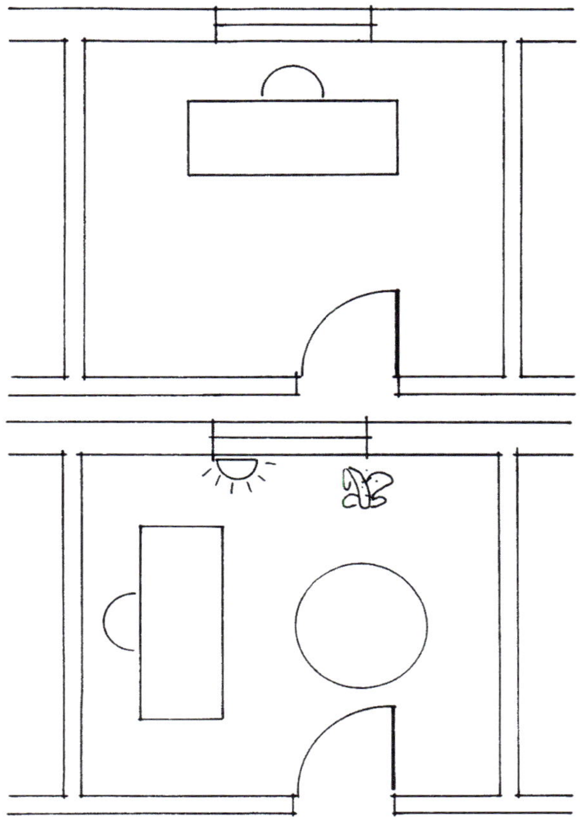

Oben: Hier hat man am Schreibtisch zwar die Tür im Blick, aber das Fenster im Rücken. Zudem befindet man sich inmitten einer Energieautobahn. Das Fenster im Rücken gewährt keinen Rückenschutz. Unten: Jetzt steht der Schreibtisch an der linken Wand, zwischen Tür und Fenster wurde zusätzlich ein runder Teppich gelegt, der das Chi schlängeln lässt.

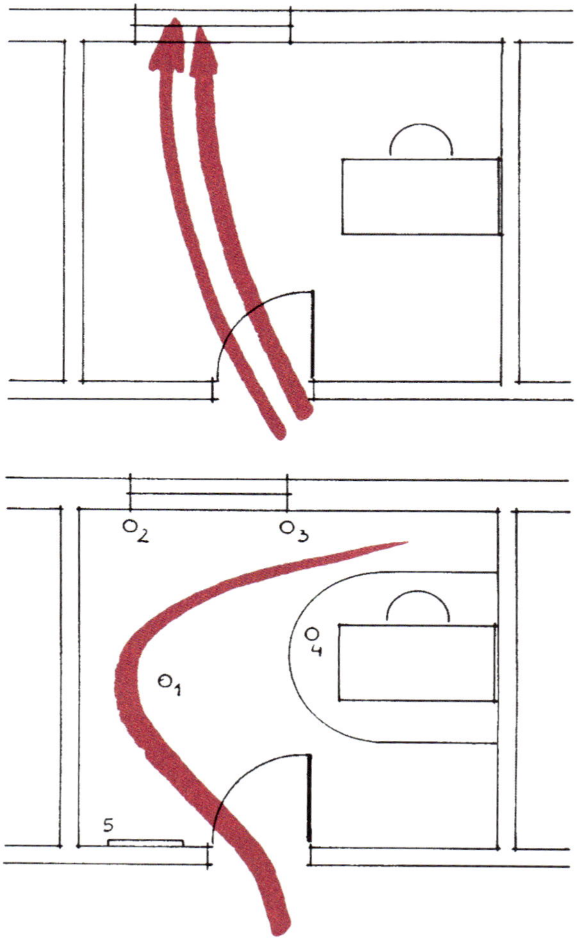

Oben: Dieser Schreibtisch gewährt zwar Rückenschutz und Überblick, wird jedoch nur mangelhaft mit Energie versorgt. Denn ein Großteil huscht sogleich wieder durchs Fenster hinaus.
Unten: Hier sehen Sie die Ausgleichspunkte, die wir gesetzt haben. Wieder wurden die Fenster symbolisch geschlossen. Der Ausgleichspunkt Nr. 1 befindet sich zwischen Fenster und Tür und soll das Chi abbremsen und sammeln. Ideal wäre hier ein Mobile, ein Klangspiel ode auch ein Zimmerbrunnen. Der Schreibtisch steht nun auf einem halbrunden Teppich, der das Chi wandern lässt und anzieht.

sich nun im Keller, Dachspitz oder irgendwo dazwischen befindet:

- Wählen Sie Ihren Sitzplatz nicht im Einflussbereich von Ecken und Kanten oder inmitten einer Energieautobahn. Diese grundsätzliche Regel des Feng Shui gilt selbstverständlich auch im Arbeitszimmer.
- Ein Zimmerbrunnen kann ihre Karriere und die Einnahmen zum Fließen bringen. Stellen Sie ihn in einen der beiden Bagua-Bereiche. Er sorgt für ein angenehmes Raumklima und erhöht das Chi-Niveau im Arbeitszimmer.
- Stellen Sie Ihren Schreibtisch möglichst in den Bereich mit der stärksten Energie.
- Beachten Sie das Lehnstuhlprinzip: Stellen Sie Ihren Schreibtisch so auf, dass Sie die Tür im Blick haben. Auch sollten Sie, wenn möglich, das Fenster nicht im Rücken haben. Was immer auch draußen vorgehen mag, es würde Ihre Konzentration stören.
- Denken Sie an die Wirkung von Raumecken und füllen Sie sie mit einer Pflanze oder einem Eckschrank.
- Die Lampe auf Ihrem Tisch sollte hochwertig sein, Halogenlampen sind als Tischleuchten nicht geeignet.
- Arbeiten Sie möglichst an einem solide gearbeiteten und abgerundeten Schreibtisch aus Holz. Abraten würden wir auf alle Fälle von Glastischen, weil sonst bei der Arbeit unbewusst Gedanken aufkommen, die »ins Bodenlose zu fallen«.
- Stellen Sie den Schreibtisch auf keinen Fall unter eine Schräge, das beengt Ihre Gedanken.
- Sitzen Sie nicht direkt unter Hängeschränken – Ihr Unbewusstes wird dies als eine Bedrohung erleben.

Schreibtisch mit Drei-Türen-Bagua: Ein Landschaftsfoto steht im Bereich »Gesundheit«, die Lampe erhellt den »Ruhm«, per Telefon melden sich »Mentoren«.

Checkliste Arbeitszimmer

1. Aktivieren Sie Ihren Schreibtisch mit dem Drei-Türen-Bagua. Sie selbst sitzen demnach im Bereich Karriere. Aktivieren Sie Ihre Lebenswünsche (aber bitte nicht gleich alle Bereiche, viel nutzt auch in diesem Falle nicht viel und zerstreut nur unnötig die Energien). Legen Sie etwa in die Schreibtischecke des Reichtums eine Glücksmünze.
2. Stellen Sie Ihren Schreibtisch, wenn möglich in eine Ihrer Glücksrichtungen. Lesen Sie dazu das Kapitel: »Die Glücksrichtungen des Pakua Lo Shu.«
3. Leeren Sie täglich den Papierkorb in Ihrem Arbeitszimmer.
4. Räumen Sie unbedingt täglich Ihren Schreibtisch auf. Ein Stapel unerledigter Arbeit auf dem Tisch wirkt nicht motivierend. Ordnen Sie also die Papiere möglichst sofort und verstreuen Sie nicht über die ganze Arbeitsplatte hinweg Notizblätter.
5. Eine Computeranlage auf dem Schreibtisch wirkt wie ein Berg, der vor Ihren Gedanken steht. So können Sie nicht wachsen. Es empfiehlt sich in diesem Fall ein Beistelltisch.

Der Abstellraum

In den vergangenen Jahren haben uns häufig alleinstehende und/oder alleinerziehende Mütter um eine Analyse ihres Heims gebeten. Zumeist handelte es sich um starke Frauen, die irgendwann aus der Ehe ausbrachen, weil sich der Mann nicht mitentwickelt hatte. Nun war das Kind aus dem Gröbsten raus, das Karriereziel erreicht. Der Wunsch nach einer neuen Partnerschaft aber blieb unerfüllt.

Was ergab hier unsere Analyse? Die Ecke der Ehe und Partnerschaft nahm in wirklich mehr als 90 Prozent dieser Fälle der Abstellraum ein! Die Frauen hatten also im wahrsten Sinn des Wortes die Partnerschaft dort »zwischengelagert«. Auch dies ein Beweis für intuitives Feng Shui.

Nun stellt die Abstellkammer nicht gerade das Schmuckstück der Wohnung dar. Hier lagern, zumeist wild durcheinander, Putzeimer und Lappen, Besen und Staubsauger, Schuhe und Wäschestücke. In den Regalen stapeln sich auch noch Einmachgläser und Flaschen – überhaupt alles aus dem Haushalt, was wir gern wegsperren, weil sein Anblick das wohnliche Wohlgefühl nicht eben hebt. Was können wir tun?

Praxistipps: Wer wieder eine Partnerschaft wagen will, soll einen Spiegel auf die Tür kleben. Er schafft einen künstlichen Raum. Ebenso ist ein Symbol für die Partnerschaft an der Tür – ein stilisiertes Herz oder das Yin-Yang-Zeichen – günstig. Man kann auch die Tür links und rechts mit Bildern einrahmen, die das Thema Partnerschaft symbolisieren.

Als Gegengewicht zur »Ehe in der Rumpelkammer« wird in der übrigen Wohnung das Thema der Partnerschaft, vorzugsweise natürlich im Schlafzimmer, aktiviert.

Checkliste Abstellkammer

1. Halten Sie in der Abstellkammer vor allem immer peinliche Ordnung. Wir neigen nun einmal dazu, in diesem Raum alles mögliche aufzustapeln und ein wirres Durcheinander zu hinterlassen. Das erhöht die Gefahr kleinerer oder auch größerer Unfälle. Wir stoßen uns am Bügeltisch, schlagen mit dem Kopf gegen die niedrig hängende Lampe, stolpern gegen den Putzeimer, fallen gegen die Regale und verletzen uns. Sorgen Sie hier für sichere Ordnungssysteme.
2. Werkzeuge, die direkt mit ihren gar nicht mehr so geheimen Pfeilen auf uns zielen, nicht offen herumliegen lassen, sondern in Schubladen aufbewahren.
3. Sorgen Sie für eine gute Beleuchtung, anderenfalls verwandeln die dunklen Ecken diesen Raum in ein »schwarzes Loch« Ihrer Wohnung.

Das Schlafzimmer

Im Schlafzimmer sollten Sie sich entspannen und erholen. Wie sagt unser Hausphilosoph Arthur Schopenhauer: »Der Schlaf ist für den ganzen Menschen, was das Aufziehen für die Uhr ist.« Aber natürlich dauert die Nachtruhe etwas länger. Ein Drittel unseres Lebens spielt sich im Schlafzimmer ab. Es ist unser heimliches Hauptquartier. Idealerweise sollte das Schlafzimmer, wenn irgend möglich, weit entfernt vom Eingangsbereich, der Küche oder dem Bad liegen. Liegt das Schlafzimmer Wand an Wand zur Küche, kann es sein, dass das Essen eine (zu) große Rolle spielt. Ein Schlafzimmer neben dem Bad bringt Unruhe, besonders wenn wir an der Wand schlafen, in der die Wasserrohre liegen.
In jedem anderen Zimmer spielen Spiegel als Mittel

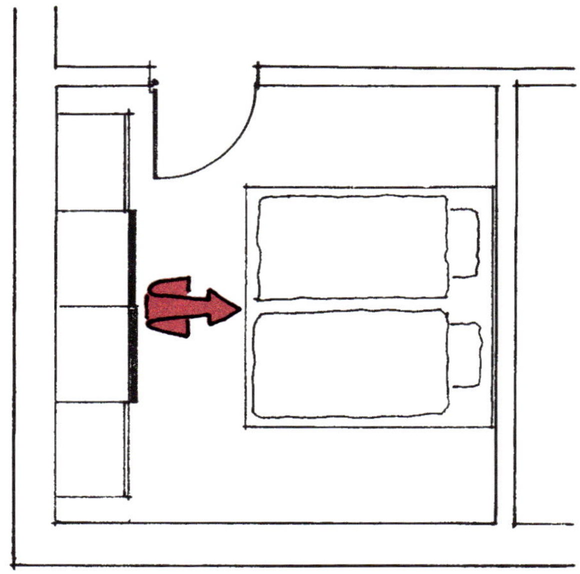

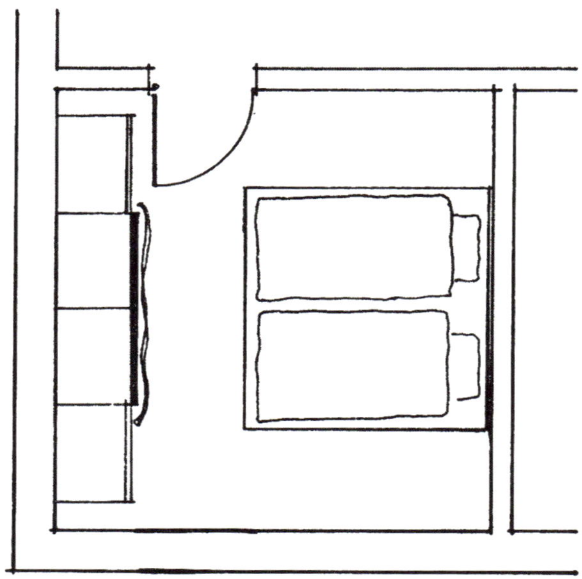

Oben: Der Spiegelschrank sorgt für eine subtile Unruhe im Schlafzimmer. Unten: Er sollte nachts verhängt werden.

der Energielenkung eine tragende Rolle. In diesem Raum nicht. Aus gutem Grund. Hier benötigen wir ja zuerst einmal Ruhe, keine ständigen Bewegungen, abgesehen vom guten Durchlüften vor dem Schlafengehen. Im traditionellen Feng Shui heißt es zum Thema Spiegel, dass während des Schlafes die Seele des Menschen aus dem Körper tritt und sich bei ihrem Anblick im Spiegel erschreckt. Für unsere Leser, die sich vielleicht denken: »Na, so 'ne schwarze Seele habe ich doch gar nicht.«, sei eine rationale Erklärung nachgeschoben. Aufgabe eines Spiegels ist es, zu reflektieren – und das geschieht auch, wenn wir mal gerade nicht in den Spiegel schauen. Das bedeutet: Der Spiegel »strahlt« ständig ab und diese energetische Unruhe stört uns im Schlaf. Ihr Bett sollte also nicht im Einflussbereich von Spiegeln stehen. Deshalb ist ein Spiegelschrank im Schlafzimmer nicht geeignet. Ideal sind Schränke, in denen innen ein Spiegel hängt – so wie es unsere Großväter noch hatten. Haben Sie jedoch einen Spiegelschrank oder können das Bett nicht verrücken, bieten sich diese Lösungen an:

Praxistipps: Verhüllen Sie nachts den Spiegel mit einem Stoffschal oder öffnen sie den Schrank über Nacht. Sie können auch bevor Sie schlafen gehen eine Pflanze vor den Spiegel stellen.

Das Bett

Es ist der Mittelpunkt des Schlafzimmers! Manche Berater geben hier zwei Ratschläge, die für sie verbindlichen Charakter haben, weil sie sonst für das Glück und die Gesundheit des Paares keine Gewähr mehr übernehmen mögen:

1. Das Paar sollte auf einer durchgehenden Matratze schlafen, weil im andern Fall Trennung und Scheidung ins Haus steht.

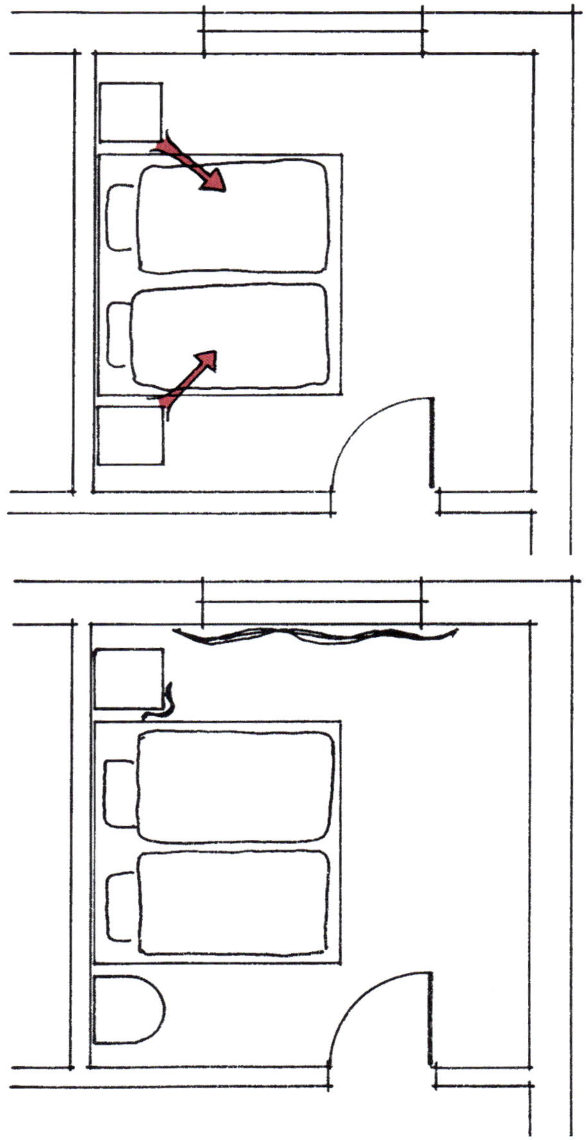

Oben: Die Schlafenden liegen im Durchzug, zudem weisen die Kanten der Nachttische auf das Paar. Unten: Wir schließen das Fenster nachts mit einem Vorhang, nehmen einen Nachttisch mit abgerundeten Ecken oder hängen ein Tuch über die Kante.

2. Das Bett muss in die Glücksrichtung des Paares geschoben werden. Haben Frau und Mann fatalerweise verschiedene Glücksrichtungen, sind getrennte Schlafzimmer am günstigsten.
Zu 1: Rückenbeschwerden sind längst eine Volkskrankheit geworden. Orthopäden raten heute daher dringend zu individuellen Matratzen, die auf Gewicht und Schlafposition zugeschnitten sind. Auch wir sind für zwei Matratzen. Ein durchgehendes Laken kann das Paar ebenso gut verbinden und die Besucherritze verdecken.

Zu 2: Paare, die oft sehr viele Jahre in einem Bett geschlafen haben, daran gewöhnt sind und die Nähe des anderen auch in der Nacht spüren wollen, dürfen nicht auseinandergerissen werden. Der Blick in die günstigste Richtung ist in solchen Fällen absolut zweitrangig. Glücksrichtungen sind nur dann ein Plus, wenn alles übrige harmonisch und stimmig ist. Dann erst bilden sie sozusagen das Sahnehäubchen auf dem Ganzen. (Lesen Sie dazu den Abschnitt: Die Glücksrichtungen des Pakua Lo Shu).
Im traditionellen Feng Shui heißt es auch, die Füße

Dieses Schlafzimmer mit seiner schlicht reduzierten Zen-Einrichtung ist ideal, um zur Ruhe zu finden und sich von der Reizüberflutung des Tages zu erholen.

sollten auf keinen Fall in Richtung der Tür liegen. Diese »Todesposition« bedeute nämlich, dass der Schläfer bald »mit den Füssen voran« aus dem Raum getragen werde. Auch dieser Ratschlag genießt bei unseren Analysen keine Priorität. Wichtiger bleibt für uns: Wir sollten vom Bett aus die Tür im Auge haben und nicht in einer Energieautobahn liegen – also zwischen Tür und Fenster.

Umgekehrt ist es ungünstig, von der Tür aus direkt aufs Bett zu schauen. Diese Regel war auch in Europa gang und gäbe. Zumindest in vornehmen Haushalten. Die Hausbesitzer und Bettinsassen wollten vermeiden, dass das Dienstmädchen mit dem Morgentee die Herrschaft etwa unbekleidet vorfand. Wer sich in dieser Situation wiedererkennt, dem empfehlen wir einen Raumteiler – da wir vermuten, dass das Schlafzimmer auch die Größe besitzt, um diesen Einrichtungsgegenstand harmonisch einfügen zu können.

Praxistipps: Das Bett sollte nicht direkt unter einem Fenster stehen. Die Unruhe draußen könnte sich nachteilig auf unseren Schlaf auswirken. Der Mann liegt am besten auf den linken Seite, um im Notfall seine Frau mit dem starken rechten Arm zu beschützen. Die Bettwäsche kann – dem persönlichen Element entsprechend – farbig sein. Zu vermeiden sind aber grelle Farben, vor allem, wenn sie stark Yang-betont sind wie zum Beispiel ein kräftiges Rot. Bunte Bettwäsche und aufregende Muster können Schlaflosigkeit fördern.

Checkliste Schlafzimmer

1. Schlafen Sie nicht quer unter einem freiliegenden Balken, weil Sie dann das Gefühl mit in den Schlaf nehmen, »zerschnitten« zu werden. Verhüllen Sie die Balken mit Stoffbahnen oder legen Sie

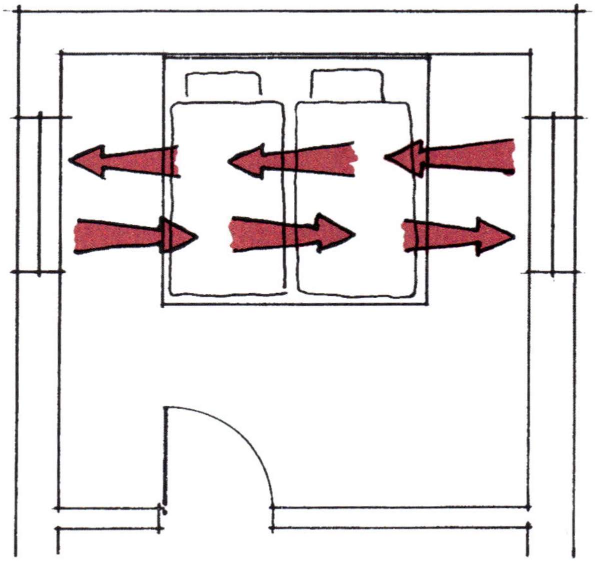

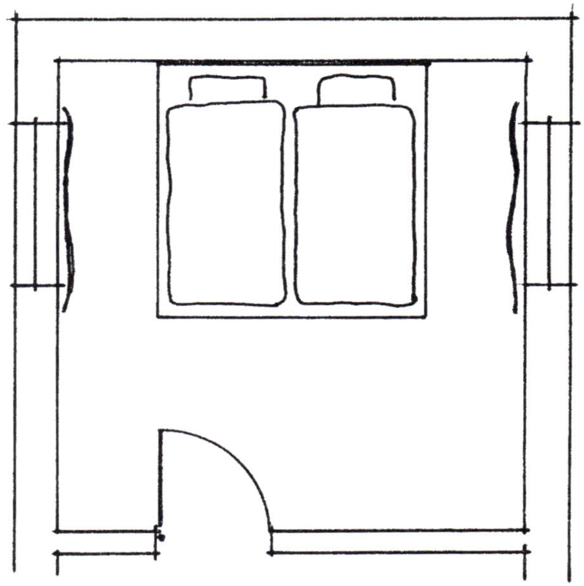

Oben: Auch hier liegen die Schlafenden inmitten einer Energieautobahn.
Unten: Nachts sollten deshalb die Vorhänge geschlossen sein.

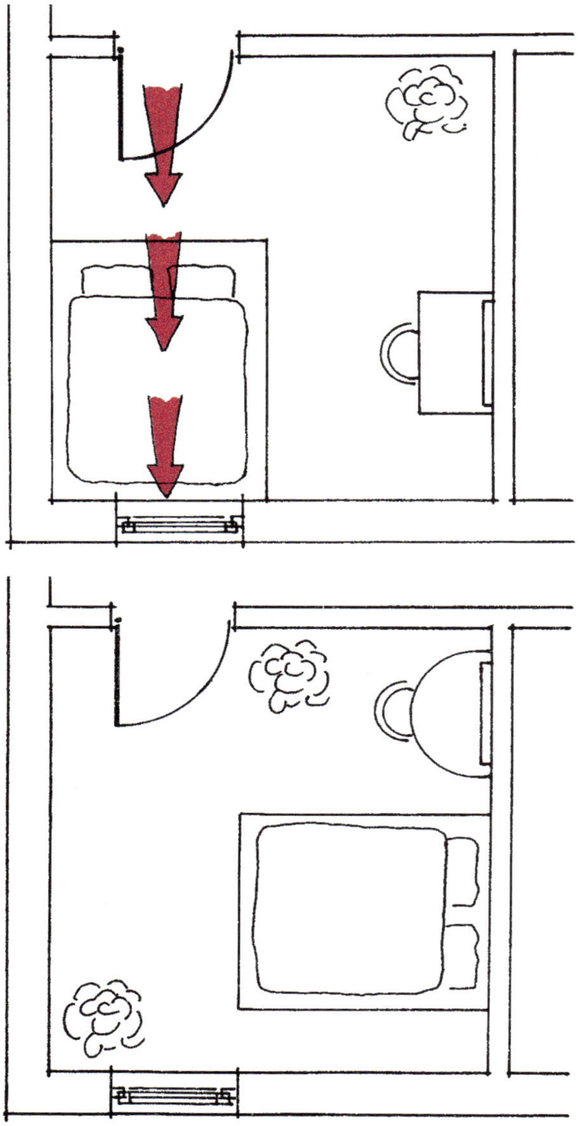

Oben: Die hier Schlafenden liegen im Durchzug, auf einer »Energieautobahn«.
Unten: Wir harmoniseren die Situation, indem wir das Bett so umstellen, dass das Paar zuerst einmal den Blick zur Tür hat und schließen das Fenster mit einer Pflanze.

sich parallel zum Balken. Der Königsweg: Bauen Sie sich ein Himmelbett!

2. Zimmerbrunnen oder Wasserfallposter im Schlafzimmer sind ungünstig, weil sie anregend auf Niere und Blase wirken.

3. Massive Bilderrahmen oder Hängeschränke, die sich direkt über Ihrem Kopf befinden, sind ungünstig – ihre Wirkung ist denen der offenen Balken vergleichbar.

4. Leselampen sollten sich neben dem Bett, nicht hinter oder über Ihrem Kopf befinden.

5. Wasserbetten und Heizdecken, ebenso der »Kabelsalat« unter dem Bett sind Verursacher elektromagnetischer Felder, die auf Dauer krank machen können.

6. Im Schlafzimmer sollten so wenig Elektrogeräte wie möglich stehen. Vermeiden Sie Halogen-Leselampen neben dem Bett ebenso wie die Funk- und Radiowecker, elektronisch verstellbare Betten und Federkernmatratzen.

7. Vermeiden Sie im Schlafzimmer Metall in jeder Form.

8. Sollten Sie zwar an der »richtigen« Wand liegen, jedoch auf deren anderer Seite Elektroboiler, Kühlschrank oder Tiefkühltruhe stehen, vergessen Sie die Feng Shui-Regeln und rücken Sie Ihr Bett weg. Elektromagnetische Strahlen durchdringen jede Zimmerwand.

Die Küche

Die Küche symbolisiert im Haus das stärkste Yang. Hier wird gekocht und oft genug auch gegessen, man trifft sich zum Kaffee, holt sich ein Joghurt aus dem Eisschrank, schmiert sich ein Butterbrot.

Einige klassische Feng Shui-Texte weisen die Küche als »unglückbringenden Raum« aus. Das ist rasch erklärt, da es natürlich beim Hantieren mit kochendem Wasser und heißen Speisen öfter mal zu kleineren oder größeren häuslichen Unfällen kommt. Die Küche sollte idealer Weise im Südosten liegen. Diese Richtung wurde für die Beste gehalten, wenn es darum ging, den Wind einzufangen, der das große Herdfeuer entfachte und am Leben hielt. Wohl auch deshalb wird dem Südosten das Trigramm »Der Wind« zugeordnet.

Auch aus moderner Sicht ist es vernünftig, dass Herd und Spüle getrennt voneinander stehen (Wasser löscht Feuer). Zwar haben wir keine Feuerstellen mehr, aber es leuchtet ein, dass diese Paarung elektrische Störungen begünstigt.

Praxistipps: Ist an diesem Nebeneinander zunächst einmal nichts zu ändern, kleben Sie Spiegelfolie zwischen beide Geräte oder hängen Sie direkt zwischen Herd und Spüle einen hölzernen Kochlöffel an die Wand. So haben Sie eine symbolische Trennung zwischen den Kontrahenten Feuer und Wasser, indem Sie das vermittelnde Element Holz eingebracht haben.

Der Koch oder die Köchin sollte bei der Arbeit stets die Tür im Blickfeld haben. Nur so wird garantiert, dass nicht ein Teil der Aufmerksamkeit darauf gerichtet ist, was hinter dem Rücken passiert.

Praxistipp: Stehen Sie beim Kochen mit dem Rücken zur Tür, hilft ein Spiegel über dem Herd, der zugleich auch die Speisen verdoppelt und Wohlstand symbolisiert.

Platzieren Sie die Spüle nicht ausgerechnet neben dem Kühlschrank. Das bedeutet einen Überschuss an Wasser, das wiederum das Feuer des Herdes symbolisch löschen könnte. Im realen Fall hat man es in diesen Fällen oft mit Wasserschäden zu tun. Auch in der Küche sollte der Wasserhahn nicht tropfen.

Praxistipps: Befestigen Sie über der Spüle ein rotes Seidenband. Es soll verhindern, dass Geld den Ab-

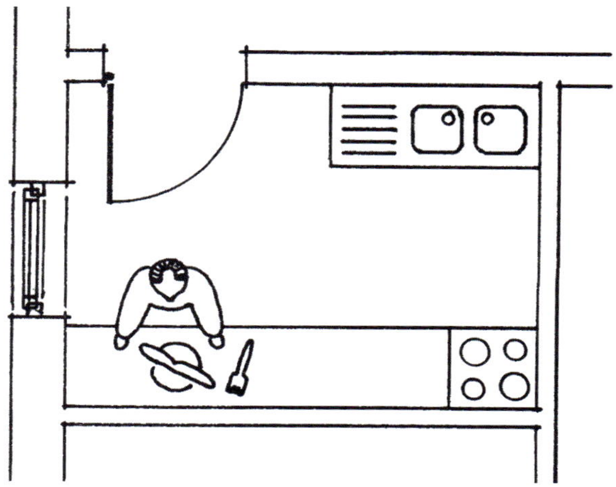

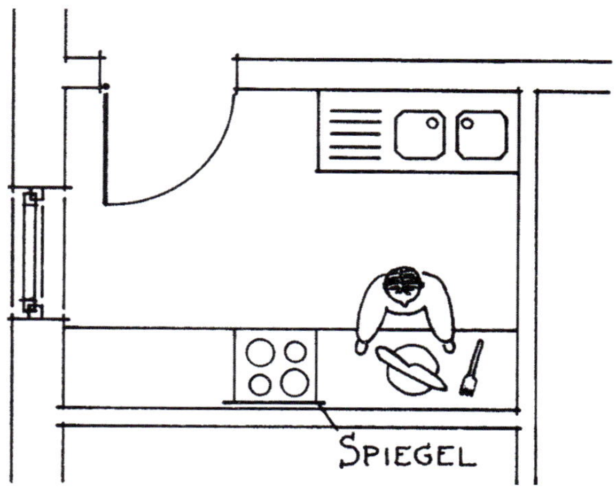

Oben: Wesentlich für die Harmonie in der Küche bleibt, dass sich Feuer und Wasser nicht zu nahe kommen. Unten: Auch sollte man stets die Tür im Auge haben. Deshalb wurde der Herd versetzt und darüber ein Spiegel angebracht. Er verdoppelt nicht nur die Speisen, sondern erlaubt auch dem Koch den Blick zur Tür.

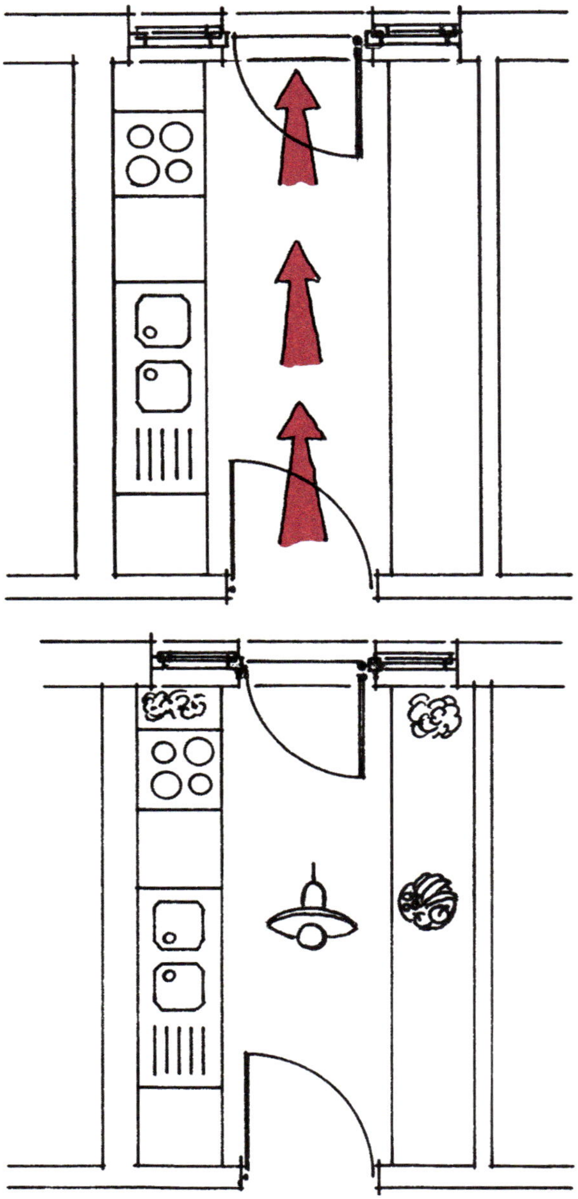

Die Energieautobahn auf dem Bild oben wird durch die runde Hängelampe und die Pflanzen links und rechts vor dem Fenster auf dem Bild unten harmonisiert.

fluss herausfließt. Verstöpseln Sie nach dem Kochen aus eben diesem Grund die Abflüsse.

Hängeschränke über den Arbeitsflächen sind ungünstig, weil sie Schwere symbolisieren und zudem geheime Pfeile aussenden. Verzichten Sie dort, wo Sie viel hantieren, am besten auf Hängeschränke.

Offene Küchen erfreuen sich immer größerer Beliebtheit. In einer Zeit, in der sich die Familie fast nur noch zum gemeinsamen Essen trifft, ist diese Entwicklung durchaus logisch. Auch aus Feng Shui-Sicht sind diese Küchen durchaus empfehlenswert, denn sie fördern die Kommunikation und den Zusammenhalt der Familie. Allerdings sollte darauf geachtet werden, dass die Küchengerüche sich nicht in der ganzen Wohnung verteilen. Nach dem Einsatz der Dunstabzughaube lüften Sie bitte ausgiebig, da mit dem Dunst auch der Sauerstoff hinausbefördert wurde.

Im klassischen Feng Shui wird in der Küche stets der Reistopf in der Zone des Reichtums aufgestellt – und die ganze Familie wacht darüber, dass stets ein Rest darin bleibt. Aus gutem Grund: Der Vorrat an Reis – er symbolisiert Reichtum – soll sich niemals erschöpfen.

Praxistipp: Auch wir lieben Reis. Aber wir haben an eben dieser Stelle unser Salz platziert. Denn in unserer Kultur ist das Salz ein uraltes Sinnbild für Reichtum.

Blaue Küchen sind ungeeignet. Die Farbgebung diente früher dazu, die Vorräte vor Ungeziefer zu schützen. Diese Farbe mindert das Küchenfeuer und auch das der Verdauung, denn die Verdauungsorgane Milz und Magen stehen mit dem Element Erde in Verbindung. Wer allerdings abnehmen will, kann von blauen Tellern essen. Diese Farbtherapie hemmt den Appetit!

Checkliste Küche

1. Wählen Sie Schränke und Tische mit abgerundeten Kanten, um geheimen Pfeilen und der Unfallgefahr vorzubeugen.
2. Das Katzenklo gehört auf keinen Fall in die Küche. Das Nebeneinander von (Katzen) Verdauung und der Zubereitung von Speisen passt nicht zusammen.
3. Lassen Sie niemals Messer, Gabeln und andere spitze Gegenstände offen liegen. Hier denken wir nicht nur an geheime Pfeile, sondern in erster Linie an die ganz reale Verletzungsgefahr für Kleinkinder.
4. Gehen Sie immer wieder Ihren Lebensmittelvorrat durch. Sie werden feststellen, dass bei vielen Lebensmitteln längst das Verfallsdatum überschritten ist. Auch dies blockiert!

Das Kinderzimmer

Auch das Kinderzimmer zählt bedauerlicherweise recht häufig zu den Stiefkindern unserer Architekten und wird oft schmal wie ein Handtuch geplant. Gerade Kinder aber brauchen Raum, um sich zu entwickeln.

Welche Grundsätze aus Feng Shui-Sicht gilt es bei der Einrichtung des Kinderzimmers zu beachten?

- Streichen Sie das Zimmer nicht erst kurz vor Einzug Ihres Säuglings! Auch Erwachsene bekommen bei dieser Arbeit öfters Kopfschmerzen, weil in den meisten Farben noch immer chemische Gifte versteckt sind. Ihr Baby aber könnte ernsthaft krank werden!
- Achten Sie darauf, dass die Möbel und Teppiche gerade im Kinderzimmer garantiert giftfrei sind – Kinder reagieren in den ersten Monaten ihres Lebens extrem empfindlich.
- Kinder lieben Klänge aller Art, sie wirken beruhigend auf sie. Auch schauen sie gern den sachten Bewegungen eines Mobiles zu. Hängen Sie eine solche »Unruhe« jedoch niemals direkt über das Bettchen. Die ständigen Rotationen über seinem Köpfchen werden Ihr Baby nicht ruhig schlafen lassen.
- Das Kinderzimmer sollte möglichst lichtdurchflutet sein. Ebenfalls empfehlen wir helles und leichtes Mobiliar, das am besten abgerundet ist.

Praxisbeispiel: Nathalie ist 17 und wurde am 24. September 1982 geboren. Seitdem sie in das Zimmer ihres Bruders, der seit kurzem nicht mehr bei den Eltern wohnt, umgezogen ist, fühlt sie sich müde und lustlos. Die schulischen Leistungen verschlechtern sich ständig, doch Nathalie scheint alles gleichgültig zu sein. Versuche ihrer Eltern, mit ihr zu sprechen, scheitern. Die Tochter reagiert genervt und aggressiv. Meist liegt sie stundenlang in ihrem Zimmer und schaut in den Fernseher.

Die Feng Shui Analyse ergibt: Nathalie: Geburtsdatum: 24. 9. 1982, Kua-Zahl 6, Element Metall.

Als wir Nathalies Zimmer betreten, fällt unser Blick sofort auf den Fernseher, er steht am energetisch stärksten Ort. Ihr Bett befindet sich in einer Raumecke, die die Energien im Schlaf abzieht. Eine Yucca-Palme in der Ecke sendet über spitze Blätter Sha-Pfeile aus. Beides zusammen bildet einen Unruhepol, der erholsamen Schlaf stört. Links neben dem Bett steht ein großer Spiegelschrank. Obwohl die Reflexionen des Spiegels nicht unmittelbar auf das Bett treffen, verursachen sie doch einen unharmonischen Energiefluss in diesem Bereich. Ungünstig steht auch der Schreibtisch, der sich direkt vor dem Fenster befindet. Er gewährt Nathalie weder Rückenschutz, noch hat sie Blickkontakt zur Tür.

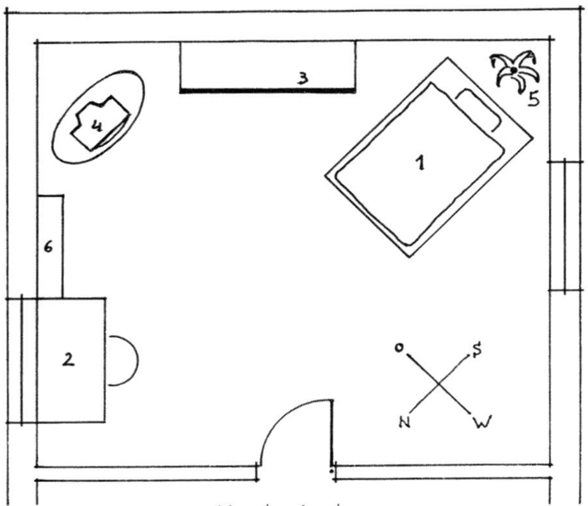

Vor der Analyse

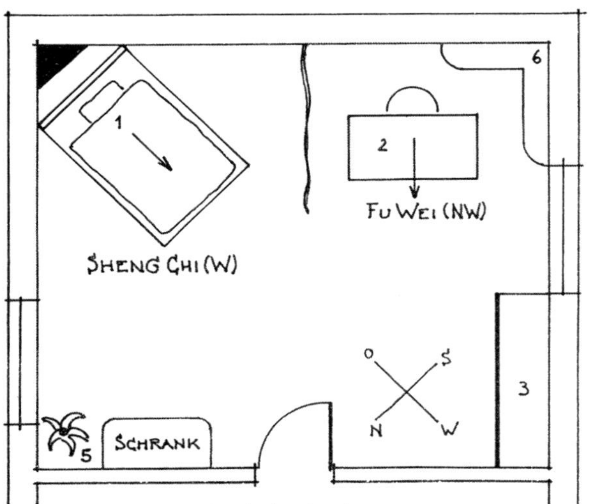

Nach der Analyse

1 = Bett, 2 = Schreibtisch
3 = Spiegelschrank, 4 = Tisch mit Fernseher
5 = Yucca-Palme, 6 = Regale

Mit einigen wenigen Veränderungen konnten schon erhebliche Verbesserungen erzielt werden, die sich schon kurze Zeit nach dem Umräumen bei Nathalie zeigten. Zunächst einmal haben wir den Fernseher in den Schrank, links neben der Tür gestellt. Nun befindet er sich nicht mehr im Blickpunkt und kann das Leben des Mädchens nicht mehr bestimmen. Die zentralen Bereiche Schlafen und Arbeiten wurden durch einen Paravent getrennt, damit sich die unterschiedlichen Energien nicht vermischen. Der Schreibtisch bekam einen Platz, der den Blick zur Tür gewährleistet und Rückenschutz bietet. Weil Nathalie darauf bestand, das Bett auch weiterhin in eine Ecke zu stellen, empfahlen wir die linke, hintere des Zimmers. Wesentlich bei dieser Bettposition ist der Holztisch, der als Eckenfüller genutzt wird. Der Spiegelschrank steht nun hinter der Tür und füllt diesen energetisch schwachen Raum mit seinen Reflexionen. Hier stört er Nathalies Schlaf nicht. Für die vielen herumliegenden Bücher wurde ein weiteres Regal gebaut, deren Enden abgerundet sind. In diesem Zimmer war es ohne weiteres möglich, auch die Glücksrichtungen von Nathalie zu berücksichtigen. So steht das Bett in Sheng Chi-Richtung. So kann Nathalie im Schlaf auftanken. Der Arbeitstisch weist in Fu Wei, der Richtung, die die persönliche Entwicklung fördert.

Lernschwierigkeiten bei Kindern in der Pubertät sind häufig auch auf Disharmonien in ihrem kleinen Reich zurückzuführen. Immer wieder haben wir gesehen, dass die Wände über und über bedeckt waren mit Postern, dazu kommen noch grellbunte Tapeten, Bettwäsche und Gardinen mit Comic-Figuren, offene Regale mit Spielzeug, das durcheinandergewirbelt daliegt und ein zugestellter Schreibtisch. In einem solchen Zimmer kann auch ein noch so begabtes Kind nicht lernen! Natürlich können Sie Ihrem Kind nicht verbieten, ein Poster seines Lieblingsstars an die Wand zu hängen. Aber es muss ja an seinem Schreibtisch sitzend, nicht ständig darauf schauen. Und ein Poster reicht auch aus!

Checkliste: Kinderzimmer

1. Gerade Kinder reagieren sehr sensibel auf geheime Pfeile. Sorgen Sie vor allem dafür, dass Ihr Kind nicht direkt neben Regalen und Schränken sitzt, deren Ecken und Kanten attackieren.
2. Überprüfen Sie, ob es nicht etwa in einer Energieautobahn liegt oder sitzt. Ihr Sprössling sollte an seinem Schreibtisch und im Bett stets die Tür im Auge haben.
3. Offene Regale hinter dem Bett sorgen für ständige Unruhe und können Schlafstörungen zur Folge haben.
4. Gerade Kinderbetten werden, mit dem Kopfteil voran, bevorzugt unter Schrägen geschoben. Die Folge können ebenfalls Schlaflosigkeit und/oder permanenter Kopfschmerz sein sowie ein stetes Gefühl des Eingeengtseins, das sich wiederum auf die schulischen Leistungen auswirken könnte.
5. Fernseher gehören auf keinen Fall ins Kinderzimmer, ebenso wenig Halogenleuchten als Leselampen.
6. Das »Babyphon« darf keinesfalls im Kinderbettchen liegen, sondern sollte mindestens zwei Meter davon entfernt sein.

Der Keller

Unserer Erfahrung nach symbolisiert der Keller das »Unbewusste« eines Hauses und seiner Bewohner. Es ist wirklich unglaublich, was Menschen dort alles aufbewahren. Vom kaputten Wecker aus den 50ern über inzwischen mottenzerfressene Uralt-Läufer, bis hin zu Sperrholzschränken mit kaputten Scheiben, Tische und Stühle mit drei Beinen, dazwischen verstaubte Fotoalben aus längst vergangenen Beziehungen und viele andere mehr oder weniger überflüssige Erinnerungsstücke. Das meiste davon gehört auf den Müll, der Rest sollte gut und vor allem sauber in Schränken und Regalen aufbewahrt werden. Wir haben immer wieder erlebt, wie sehr ein unaufgeräumter Keller bei den Bewohnern des Hauses ein permanentes, subtiles Unbehagen verursacht. Denn »dort unten« (aber natürlich auch auf Dachböden, wo ebenfalls sehr oft ein ungeheures Durcheinander herrscht!) ruht etwas Ungeklärtes, Unerledigtes. Da kann die Wohnung selbst noch so schmuck und aufgeträumt sein: Stapelt sich im Keller das Gerümpel, ist eine stete Unruhe im Haus zu verzeichnen. Die wichtigste Feng Shui-Regel kann in diesem Fall also nur lauten: Aufräumen, saubermachen und alles, was überflüssig, kaputt oder angeschlagen ist, aus dem Haus schaffen. Ja, wir haben die Erfahrung gemacht, dass ein aufgeräumter Keller viele Streitigkeiten und Blockaden innerhalb der Familie auflöst!

Checkliste Keller

1. Der Keller, aber auch der Dachboden zählen zu den »schwarzen Löchern« eines Hauses. Hier finden sich die schlimmsten »Energie-Vampire«. Sorgen Sie für ausreichend Licht!
2. Achten Sie darauf, dass sich im Keller nichts Kaputtes und Belastendes ansammelt.
3. Hängen Sie in feuchte Kellerräume Klangspiele aus Bambus, sie regulieren die Feuchtigkeit (Holz saugt Wasser auf).

4. Achten Sie darauf, dass dieser unterirdische Bereich immer peinlich sauber gehalten wird.
5. Keller, aber auch Dachräume müssen gut durchlüftet sein – denn in vielen »steht« die Luft und zieht somit Energien ab.

Ordnung entlastet

Die Nobelpreisträgerin Pearl S. Buck hat einmal geschrieben: »Ordnung ist die Form, auf die sich die Schönheit stützt.« Die Begriffe Ordnung und Sauberkeit sind in den vergangenen Jahren sehr oft als »spießbürgerlich« diffamiert worden. Doch nichts belastet Menschen so sehr wie ein unordentlicher Haushalt. Wir meinen nicht das einzelne Staubkorn auf dem Kamin – sondern erinnern uns dabei an Wohnungen, in denen sich in allen Ecken Papiere stapelten, Regale mit allem möglich Krimskrams vollgestopft waren, Bilderrahmen mit breiten Rissen an der Wand hingen und die Blumen längst verwelkt in den Vasen die Köpfe hängen ließen. Ein derart vernachlässigtes Heim zerstreut die Energien seiner Bewohner und hindert sie, ihre Ziele zu erreichen. Hier kann Chi nicht harmonisch fließen.

Feng Shui und Elektrosmog

Vor einiger Zeit hielten wir in einer hessischen Stadt einen Vortrag über Feng Shui. Als wir im Verlauf des Abends kurz zum Thema Elektrosmog kamen, hob eine Zuhörerin die Hand und meinte: »Wenn ich nicht irre, kannten die Chinesen vor 3000 Jahren oder so wohl noch keine elektrischen Leitungen. Deshalb kann Elektrosmog mit Feng Shui eigentlich nichts zu tun haben, oder!«
Mit der ersten Feststellung hatte die Dame natürlich recht. Völlig falsch aber lag sie mit der zweiten. Warum? Die moderne Zivilisation hat sich heute nicht nur mit Naturphänomenen zu beschäftigen, sondern auch mit Phänomenen, die sie selbst geschaffen hat. Um ein Beispiel zu nennen: Auch ein perfekt mit seiner Umgebung abgestimmtes Heim, das von einem Feng Shui-Berater in Harmonie mit den Menschen, die darin wohnen, aus- und eingerichtet wurde, kann den Bewohnern wenig Freude bringen, wenn der Boden durch Altlasten verseucht ist. Ähnlich könnte die Situation sein, wenn man aus dem Fenster direkt auf sich kreuzende Hochspannungsmasten schaut.
Wir wissen aus unserer Analyse-Arbeit, dass sich mit Hilfe von Feng Shui die Situation von Hausbewohnern durch gezielte Veränderungen bisweilen entscheidend verbessern lässt und sich in Firmen die Stimmung und Arbeitsleistung hebt, wenn auch dort die Gesetzmäßigkeiten der Harmonielehre beachtet werden. Doch in einem Fall aus unserer Praxis haben wir schlicht passen müssen:
Vor Jahren bat uns ein Studiendirektor um die Analyse seines neuen Hauses, weil er seit seinem Um-

zug kaum mehr schlafen konnte, von Allergien geplagt und ungewöhnlich häufig erkältet sei. Dabei hatte ihm im Vorfeld ein Baubiologe versichert, sein Eigenheim in Holzbauweise sei garantiert giftfrei. Zudem lag das Grundstück nicht nur idyllisch auf dem Land, sondern war auch noch spottbillig gewesen!

Ein halbes Jahr zuvor hatte er bereits einen Feng Shui-Berater konsultiert, der ihm seine Zimmer energisch umräumte. Dennoch hatte sich an seiner Situation nichts geändert.

Als wir das Heim des Lehrers erreichten, war uns sogleich klar, warum der Mann permanent krank und das Gründstück so »preiswert« gewesen war: Unser Klient hatte sein Haus direkt unter einer Hochspannungsleitung errichtet! Zum ersten und (bisher) letzten Mal in unserer Feng Shui-Laufbahn mussten wir einem Klienten sagen: »Hier kann Ihnen unsere Analyse nicht weiterhelfen, sondern nur ein Umzug.«

Natürlich handelte es sich hier um einen Extremfall. Aber viele unserer Klienten, die nicht auf Starkstromleitungen schauen (geschweige denn, darunter leben) haben sich in ihren eigenen vier Wänden Elektrosmogfallen aufgebaut. Und da gilt es dann für einen Feng Shui-Berater Prioritäten zu beachten:

Was nutzt etwa der Ratschlag für einen Schlaflosen, nachts den Spiegel des Wandschranks zu verhüllen – wenn dicht an seinem Kopf ein Funkwecker auf dem Nachtisch »strahlt«. Das Bett an die »richtige« Wand zu rücken bringt nichts, wenn ein Wasserboiler oder der Fernseher des Nachbarn »Standby« auf der anderen Seite der Wand steht.

Die beste Atmosphäre im Arbeitszimmer verliert ihren Sinn, wenn sich auf dem Schreibtisch, direkt neben dem Kopf des Arbeitenden, eine Halogenlampe mit Trafo befindet. Noch sehr viel böser sieht es in großen Büros aus. Leuchtstoffröhren, die starke magnetische Felder ausstrahlen, sind an der Decke befestigt, Computer, Faxgeräte und Kopierer stehen dicht an dicht, Kabelsalat auf dem Fußboden, und der synthetische Fußbodenbelag leitet das unsichtbare Gift weiter.

Wer Menschen in ihrer Berufs- und Lebenssituation berät, darf sich nicht mit altem Wissen zufrieden geben. Er hat auch stets neue Einflüsse aus Gesellschaft und Umwelt in seine Überlegungen mit einzubeziehen. Wir sind immer wieder erstaunt und entsetzt darüber, dass in zahlreichen Neuerscheinungen über Feng Shui das Thema Elektrosmog vielfach ignoriert oder banalisiert wird.

Zitat aus einem entsprechenden Lehrbuch, das uns im übrigen sehr gefallen hat: »Die Pfähle der Hochspannungsmasten sind als versteckte Pfeile zu betrachten. Wir empfehlen zur Abwehr dieser Sha-Energie, in Fenster, die in Richtung der Masten schauen, Mobiles aufzuhängen oder kleine Spiegel, die diese schädliche Energie zurückstrahlen. Ebenfalls ist es empfehlenswert, den Hochspannungsmast direkt vor dem Haus ›einzusperren‹, in dem man ihn unten mit einem Hundehalsband oder etwa mit einer Fahrradsicherung umschließt.« Glauben Sie uns, auch ein Hochspannungsmast am Band strahlt aus – und farbige Energiekarten, auch sie werden auf dem esoterischen Markt inzwischen angeboten, sind leider als »Strahlen-Blocker« untauglich.

Was ist Elektrosmog?

Der Begriff »Smog« ist aus zwei englischen Worten zusammengesetzt, aus »smoke« (Rauch) und »fog« (Nebel). Das Wort wird benutzt, wenn in Ballungsräumen »dicke Luft« herrscht, also bei einer Wetterlage, die keinen Luftaustausch mit den oberen Luftschichten der Atmosphäre erlaubt. Eine andere Art von »Umweltverschmutzung« liegt beim Elektrosmog vor. Er entsteht im Umfeld von Elektrizität: in Kraftwerken, wo sie produziert, in Spannungsleitungen, über die sie transportiert und in Betrieben und Haushalten, wo sie verbraucht wird. Aber auch dort, wo etwa Sender ihre Radio- und Fernsehprogramme abstrahlen, Funkgeräte und Radaranlagen ihre Signale durch den Äther jagen, Antennenanlagen für die allgegenwärtigen Handys funken. In jedem deutschen Haushalt stehen durchschnittlich 40 elektrische Geräte, vom Toaster, über den Funkwecker bis hin zur Handy-Ladestation.

Elektrische Felder entstehen immer, wenn ein Gerät unter Spannung steht. Das ist der Fall, sobald der Stecker in der Dose steckt – auch wenn kein Strom fließt. Unser Körper nimmt diese elektrischen Felder aus der Umgebung auf, er steht also »unter Strom«, besonders dann, wenn er nicht geerdet ist, also zum Beispiel im Liegen. Schalten wir ein Gerät ein, so fließt der Strom – und es entsteht zusätzlich ein magnetisches Feld. Magnetfelder gehen durch sämtliche Materialien: Häuser, Bäume und natürlich auch durch den Menschen. Darum sollten wir darauf achten, dass wir uns ihnen möglichst wenig aussetzen und Abstand halten, da sie mit zunehmender Entfernung abnehmen.

Im sogenannten Hochfrequenzbereich arbeiten Radaranlagen, Radio- und Fernsehsender, Hochspannungsmasten, Mobilfunkgeräte, aber auch Mikrowellenherde. Hier treten elektrische und magnetische Felder stets gemeinsam als elektromagnetische Felder auf, weil permanent Strom fließt. Diese hochfrequenten elektromagnetischen Wellen können sich ablösen und als Strahlung ausbreiten. Sichtbare Zeichen für diesen Bereich sind die Hochspannungsmasten. Sie leiten eine Spannung bis zu 400 000 Volt weiter. Ein Teil dieser gigantischen Ladung, das beweist auch das andauernde Knistern in den Leitungen, geht dabei verloren. Sie verschwindet aber nicht, sondern ist noch Hunderte von Metern entfernt messbar.

Mikrowellen

In vielen Haushalten steht eine unglaubliche Elektrosmogschleuder: die Mikrowelle oder der Mikrowellenherd!

Mikrowellen sind besonders bedenklich, weil sie, im Gegensatz zum sichtbaren Licht, nicht von der Haut absorbiert werden können, sondern tief in den Körper dringen. Dort können sie das Zellgewebe je nach ihrer Stärke erwärmen, erhitzen – oder gar verbrennen, indem sie ihre thermische Energie an die Wassermoleküle abgeben. Dieser Effekt wird bei den Mikrowellen, die das Essen in wenigen Minuten erwärmen, ganz bewusst genutzt. Speisen oder Getränke werden einer hochfrequenten Schwingung ausgesetzt. Das wirkt sich auf die Struktur der Zellen aus, sie verändern sich. Das Essen aus der Mikrowelle gilt bei Nahrungsexperten schlichtweg als fast vollständig seiner Nährstoffe beraubt.

Dies bedeutet nicht, dass wir in Zukunft auf Strom verzichten müssen. Auch wir leben ja nicht in der Vergangenheit, ohne elektrisches Licht, Radio und Computer, wärmen uns nicht am offenen Feuer und lesen uralte Feng Shui-Folianten im Schein der Kerze. Aber, das heißt auch nicht, dass bei uns ein Computer oder gar die Ladestation eines Handys auf dem Nachttisch steht. Wir versuchen, mit dem Strom so umzugehen, wie mit allen Segnungen der

Neuzeit: Wir genießen sie – aber mit Vorsicht – und versuchen stets, informierte Verbraucher zu sein! So haben wir unter anderem von vorneherein bewusst darauf verzichtet, immer »anfunkbereit« und per Handy erreichbar zu sein. Dieses funktioniert auf der Basis hochfrequenter Wellen, die dann zum Teil von der Antenne wieder abgegeben werden. Natürlich beeinflusst das auch unser Nervensystem, das über äußerst feine elektrische Reize gesteuert wird. So wurde bereits vor einigen Jahren bei einem Versuch im Münchner Klinikum Großhadern bewiesen, dass die permanenten Signale der Handys Hirnströme verändern.

Die Mediziner ließen Testpersonen Dauergespräche per Handy führen. Am Kopf der Probanden wurden Elektroden angebracht, die die Gehirnströme während des Gesprächs aufzeichnen sollten. Es stellte sich heraus: Arbeiten Handys auf maximaler Leistungsstufe, zeigten zwei Drittel der Probanden in einem bestimmten Bereich des EEG's (Elektro-Enzephalogramm) gesteigerte Aktivität. Das ist kein Wunder: Halten wir den Hörer eines Mobiltelefons mit integrierter Empfangsanlage ans Ohr, so bestrahlen wir uns mit 25 000 Milliwatt/cm^2 – der amtliche Grenzwert liegt bei 10 Milliwatt/cm^2. Zum Vergleich: Unser körpereigenes Informationssystem arbeitet mit einer Leistung von 0,001 Milliwatt/cm^2.

Noch ist nicht zweifelsfrei erforscht, wann, wo und in welcher Weise Elektrosmog Krankheiten begünstigt oder auslöst. Uns sagt der gesunde Menschenverstand, was zu tun ist. Direkt neben einem Hochspannungsmast zu leben, kann nicht gesund sein. Darüber hinaus gilt: 90 Prozent des Elektrosmogs ist hausgemacht. Wir geben Ihnen nachstehend eine Checkliste an die Hand, mit der sie Ihr Heim auf Elektrosmog-Quellen überprüfen sollten. Sie wird Ihnen helfen, die in Ihrer Umgebung auftretende Abstrahlung so zu reduzieren, dass im Normalfall keine Probleme auftreten sollten.

Grundregeln für einen strahlungsarmen Haushalt

Neubau oder Renovierungen

- Verwenden Sie elektrisch feldfreie Bio-Installationskabel. Achten Sie während des Baus auf Erdung aller leitfähigen Bauteile.
- Lassen Sie Ihre Elektroinstallation überprüfen! Ist sie ordnungsgemäß verlegt? Sind die Steckdosen geerdet? Wenn nicht, kann Ihnen ein Fachmann helfen, das Störfeld zu korrigieren.
- Achten Sie darauf, dass Sie keine Stromverteilerkästen in eine angrenzende Schlafzimmer- oder Kinderzimmerwand installieren.
- Überlegen Sie schon im Vorfeld, wo Sie Leitungen, Steckdosen und Schalter benötigen.
- Planen Sie Netzfreischalter oder Zeitschaltuhren für den Schlaf- und Kinderzimmerbereich ein! Eine Alternative zum Netzfreischalter sind abgeschirmte Kabel.
- Bedenken Sie bei der Wohnungsplanung, dass keine 230-Volt-Geräte im Ober- oder Untergeschoss im Bereich eines Schlafplatzes stehen.
- Planen Sie strahlungsarme Ruhezonen ein!

Wohnraum allgemein

- Verwenden Sie keine unnötig langen und niemals brüchige oder defekte Kabel oder Verlängerungsschnüre.
- Achten Sie beim Kauf von elektrischen Geräten darauf, dass Sie dreiadrige Kabel mit einem Schu-

kostecker kaufen. Finger weg von Geräten mit Euro-Flachsteckern!

- Verlangen Sie grundsätzlich nur geerdete Kabel, Geräte und Lampen.
- Verwenden Sie möglichst keine elektrischen Geräte mit Trafo. Trafos arbeiten mit einer Spannung von 220 Volt, die sie für den weiteren Gebrauch erst auf eine niedrigere Spannung heruntertransformieren müssen. Das lässt starke Felder entstehen.
- Verwenden Sie nur geerdete Lampen. Gegebenenfalls können Sie auch nachträglich von einem Fachmann geerdet werden. Das kann eine Reduktion der elektrischen Feldstärke von bis zu 90 Prozent bringen!
- Achten Sie darauf, dass Sie die Gerätestecker richtig herum in die Dose stecken. Bei falschem Stecken können riesige Felder entstehen! Checken Sie, ob der Prüfschraubenzieher auch im ausgeschalteten Zustand aufleuchtet. Wenn ja – Stecker herausziehen und wieder anders herum hineinstecken!
- Energiesparlampen sind zwar ökologisch sinnvoll, gesundheitlich allerdings nicht unbedenklich. Denn auch hier entstehen elektromagnetische Felder. Achten Sie darauf, dass in Kopf- oder Kör-

Kerzen stehen für das Element Feuer. Sie vermitteln ein Gefühl von Ruhe und Geborgenheit.

pernähe keine Energiesparlampen brennen. Die gute alte Glühbirne dagegen ist kein Elektrosmogerzeuger.

- Auch Halogenlampen und Leuchtstoffröhren erzeugen magnetische Wechselfelder, die noch im Umkreis von ein bis zwei Metern messbar sind. Also diesen Sicherheitsabstand beachten!
- Werden Sie bewusster im Konsum elektrischer Geräte! Welche brauchen Sie wirklich?

Schlafzimmer

- Achten Sie darauf, dass elektrische Geräte einen Mindestabstand zum Bett von zwei Metern haben.
- Wenn Sie eine elektrische Fußbodenheizung im Schlafzimmer haben, schalten sie diese nachts ab, denn sie verursacht starke magnetische Felder. Wenn möglich, verzichten Sie generell auf Fußbodenheizungen. Aber auch Nachtspeicheröfen gehören nicht in das Schlafzimmer.
- Schlafen Sie möglichst nicht in Metallbetten oder auf Federkernmatratzen! Eine metallfreie Umgebung der Schlafstätte hilft, eine erholsame und strahlungsarme Nachtruhe zu finden. Betten sollten nicht elektrisch, sondern nur manuell verstellbar sein.
- Vermeiden Sie möglichst Kunstfasern im Schlafbereich.
- Lassen Sie von einem Fachmann einen Netzfreischalter, auch Feldschaltautomatik genannt, installieren. Der Effekt ist allerdings dahin, wenn Dauerstromverbraucher im Netz bleiben. Also, raus mit dem elektrischen Radiowecker.
- Lampen mit Trafos sind auch nach dem Ausschalten noch am Netz und erzeugen magnetische Felder. Sie sollten diese deshalb nicht in Körpernähe haben. Auch hier muss immer nach dem Ausschalten der Stecker gezogen werden. Am besten aber haben sie keine Trafo-Geräte im Haus (zumindest nicht im Schlafzimmer).
- Stellen Sie Ihr Telefon nicht in unmittelbarer Nähe des Kopfteils auf.
- Verzichten Sie möglichst auf eine Heizdecke. Mit einer Wärmflasche wird es im Bett auf natürlichem Weg mollig warm.

Küche

- Halten Sie den größtmöglichen Abstand zu den elektrischen Geräten. Hier machen einige Zentimeter oft schon viel aus!
- Die Mikrowelle ist der Elektrosmog-Verursacher Nr. 1. Am besten raus damit. Wenn Sie aber nicht auf sie verzichten können, verlassen Sie nach dem Einschalten Ihrer Mikrowelle die Küche.
- Verzichten Sie auf elektrischen Schnickschnack, zum Beispiel einen elektrische Dosen- und Weinflaschenöffner!

Wohnzimmer

- Halten Sie ungefähr drei bis vier Meter Abstand vom Fernsehgerät.
- Lassen Sie sich auf Ihrem Lieblingsplatz nicht von einer ungeerdeten Lampe bestrahlen. Auch Halogen-, Energiespar- und trafobetriebene Lampen sollten Sie nicht in unmittelbarer Nähe brennen lassen.
- Achten Sie auch auf Ihre Leselampe!
- Radiogeräte und Stereoanlagen haben Lautsprecher, jeder Lautsprecher wiederum besitzt einen Magneten – und auch der sendet ein Störfeld aus. Halten Sie einen Abstand von mindestens einem Meter von Gerät und Lautsprechern.

Gestaltungsmittel

»Farben sind das
Lächeln der Natur.«

Hunt

des Feng Shui

Vor drei Jahren bat uns eine Leserin um eine Analyse. Alle Tage erschienen ihr grau in grau, sie ging kaum mehr aus und ganzen Tag war ihr zum Weinen zumute. Als wir an ihrer Türe läuteten, öffnete uns eine dunkelbraun gekleidete Frau. Wir traten ein und konnten sie nur zur gut verstehen. Die Wohnung war dunkel, lag zum Teil im Erdgeschoss, zum Teil im Souterrain. Kaum ein Lichtstrahl verirrte sich dorthin. Die Möbel waren schön, aber dunkel und wirkten viel zu groß. Nach der Trennung von ihrem Mann hatte unsere Klientin diese antiken Stücke für sich ausgesucht und war hierher gezogen – möglichst weit weg vom früheren zuhause.
Wir erklärten ihr den Zusammenhang zwischen ihrem Befinden und der Wohnsituation. Neben vielen anderen Feng Shui-Empfehlungen war die wichtigste, die schweren Vorhänge von den Fenstern zu nehmen, mehr Lichtquellen zu schaffen und die Wände mit der Sonnenfarbe Gelb zu streichen. Einige Wochen später ging es unserer Klientin schon sehr viel besser.

Farben im Feng Shui

Feng Shui gibt uns die Chance, unser Lebensumfeld so zu gestalten, dass es unsere Entwicklung fördert und unterstützt. Es erklärt, welche Wirkungen von Farben, Formen und Maßen ausgehen. Und genau damit beschäftigen wir uns in diesem Kapitel.
Das Haus spiegelt die Persönlichkeit der Bewohner wieder. Allerdings vergessen wir sehr oft den Umkehrschluss, dass die Wohnung auch die Menschen, die darin leben, beeinflusst. Graue Regentage legen sich wie ein Schatten auf das Gemüt. Um so wichtiger ist es, dass unsere Wohnung in den Farben »lächelt«, die uns stärken und erfreuen. Darum gelten Farben im Feng Shui als ein unverzichtbares Gestaltungsmittel, das einen direkten Einfluss auf das Wohlbefinden hat und die physische wie psychische Entwicklung fördert. Wie ist das möglich?
Farben entstehen aus dem Licht oder wie es im Feng Shui heißt, aus dem Licht-Chi. Das natürliche Tageslicht ist in Wirklichkeit ein buntes Farbgemisch, wird es durch ein Prisma gebrochen, so werden die Farben Rot, Orange, Gelb, Grün, Blau und Violett sichtbar. In der Natur kennen wir diese wunderbare Erscheinung als Regenbogen, er entsteht durch Brechung des Lichtes in den Regentropfen. Je nachdem, wie groß die Tropfen sind, fällt auch die Intensität der Farben aus. Kennen Sie die so genannten Nebelbögen, die fast weiß und nur blass pastellfarbig schimmern? Sie entstehen durch die Spaltung des Sonnenlichtes in winzigen, fast schon wieder verdampften Regentropfen.
Farbe hat also immer mit Licht zu tun, denn es ist unmöglich, in völliger Dunkelheit Farben wahrzunehmen. Dunkelheit ist die Abwesenheit von Licht. Auch die Farbwahrnehmung lässt sich im Sinne der chinesischen Philosophie auf eine Yin- und eine Yang-Reaktion zurückführen. Denn ob, wie und welche Farbe wir wahrnehmen, hängt grundlegend davon ab, in welchem Verhältnis das abgestrahlte Licht-Chi von der Materie absorbiert und/oder reflektiert wird. Die Absorption, das Aufnehmen, entspricht dabei dem Yin, die Reflexion, das Abstrahlen, dem aktiven Yang.
Wenn ein Lichtstrahl auf einen Körper trifft, wird

normalerweise (außer bei Schwarz und Weiß) ein Teil des Strahls absorbiert, der andere Teil reflektiert. Entscheidend für unsere Farbwahrnehmung ist der Teil des Farbspektrums, der von einem Objekt zurückgestrahlt wird. Kennen Sie das Zitat »Schwarz ist keine Farbe«? Vor diesem Hintergrund wird der Ursprung dieses Zitates deutlich, denn schwarze Gegenstände sind schwarz, weil sie alles Licht absorbieren. Das charakteristische Merkmal der typischen Farben, die Reflexion, finden wir bei Schwarz nicht. Schwarz entsteht also durch die Yin-Reaktion, die Absorption. Weiß dagegen reflektiert das gesamte Wellenspektrum und ist deshalb Yang-geprägt. Ist Weiß eine Farbe? Zumindest im physikalischen Sinn nicht, denn Weiß steht für die Summe aller Farben.

Warum wirken Farben

Wir wissen aus der Forschung, dass jede Farbe ihre Grundeigenschaften hat, die sie in die Umgebung abstrahlt. Gestalten wir nun unsere Räume in einer bestimmten Farbe, umgeben wir uns mit dieser Energiequalität und ihren Eigenschaften. Sie werden uns beeinflussen – ob wir uns dessen bewusst sind oder nicht. Denn unsere Farbwahrnehmung erfolgt nicht nur über die Augen, nein, wir nehmen die unterschiedlichen Wellenlängen mit Haut und Haaren auf. In wissenschaftlichen Tests wurden Versuchspersonen zuerst in einen roten, dann in einen blauen Raum gesetzt. Ihre Aufgabe war es, die Zimmertemperatur einzuschätzen. Alle Beteiligten empfanden die Raumtemperatur im roten Zimmer um einige Grade wärmer als im blauen. Diese Empfindungen gingen auch mit körperlichen Erscheinungen einher. So bekamen einige Personen bei längerem Aufenthalt im blauen Zimmer eine Gänsehaut, während ihnen im roten richtiggehend warm wurde.

Farben in der Geschichte

Die ersten Hinweise auf die Gestaltung mit Farben, finden sich im alten Ägypten um 2500 vor Christus. So richtete man in Tempelbezirken kleine Räume ein, die farbig ausgemalt wurden. Fiel das Sonnenlicht in die Räume, diente das Farbbad kultischen und therapeutischen Zwecken. Eine andere Methode des Farbbadens: Man hüllte die Klienten in farbige Stofftücher, die als eine Art Farbfilter für das natürliche Sonnenlicht fungierten. Aber auch in der abendländischen Kultur finden wir Aufzeichnungen früher Anfänge einer Farbtherapie. So entwickelte der Alchimist und Philosoph Avicenna eine Therapie, die die unterschiedlichen Gemütsverfassungen beeinflussen und heilen sollte. Er ließ das Sonnenlicht durch farbiges Fensterglas scheinen und verlieh den Räumen auf diese Weise die heilende Farbenergie. Ihre Vollendung findet diese Methode in den wunderschön bleiverglasten Kirchenfenstern. Kirchen und Klöster wurden seit Anbeginn als Orte geistiger Heilung benutzt. Leonardo da Vinci schrieb in seinen Notizen, dass er gern vor den sonnendurchfluteten Fenstern meditierte und stellte fest, dass ihn das violette Licht in besonderer Weise inspirierte.

Dies bestätigt die charakteristischen Eigenschaften der Farben, die uns auf der psychischen und physischen Ebene erreichen. So wirkt Rot grundsätzlich aktivierend und stimulierend, während Blau beruhigende und kühlende Eigenschaften besitzt.

Ein besonders deutliches Beispiel sei noch hinzugefügt. Wird eine Versuchsperson mit rotem Licht bestrahlt, so zieht das eindeutige körperliche Reaktionen nach sich: Blutdruck und Blutzuckergehalt steigen, das körpereigene Abwehrsystem wird aktiviert, die Atmung schneller, die Nebennieren werden zu einem höheren Adrenalinausstoß angeregt. Diese Reaktionen treten auch ein, wenn die Versuchsperson blind ist, also die Farbwahrnehmung nicht über das Auge erfolgt. Es liegt also auf der Hand, dass ein rotes Schlafzimmer nicht gerade zum Schlafen einlädt und ein dunkelblaues Zimmer nicht eben unsere Arbeitslust weckt.

Das alles macht deutlich, wie stark Mensch und Umgebung in Beziehung stehen und zeigt die Chance, die in der bewussten Raumgestaltung mit Feng Shui liegt. Kennen wir die Wirkungen, die Farben auf uns haben, können wir sie so einsetzen, dass sie genau das ausstrahlen, was wir gerade brauchen. Auf diese Weise unterstreichen Farben zum einen den Zweck eines Raumes wirkungsvoll, zum anderen aber unterstützen sie auch die persönliche Entwicklung (siehe Tabelle Seite 173).

Grundlagen der Farbgestaltung im Feng Shui

Jede Farbe ruft also ein bestimmtes Empfinden in uns hervor, manche Farben umfangen uns förmlich mit einem Wohlgefühl der Wärme, andere dagegen wirken distanzierend und eher kühl. Mit Feng Shui wird es möglich, Emotionen, die wir mit den Farben verbinden, auch zu erklären. Denn allein die Tatsache, dass Farben in uns bestimmte Gefühle hervorrufen können, lässt das grundlegende Wirkprinzip des Feng Shui erkennen: Alles ist miteinander verbunden, nichts existiert isoliert. Die Wirkungen der Farben entstehen aus der ganzheitlichen Sicht des Feng Shui dadurch, dass sich unser persönliches Chi mit dem der Umgebung, in diesem Fall mit dem der Farben verbindet. Denn natürlich ist das Wort »Ausstrahlung« auch in diesem Fall ein Pseudonym für die feinstoffliche Energie Chi. In diesem Sinne können wir die warmen Farben aufgrund ihrer Chi-Wirkungen als Yang-Farben, die kühlen als Yin-Farben bezeichnen.

Die Yang- und Yin-Farben – Unterscheidung nach der Wirkung

- Warme Farben haben Yang-Charakter, denn sie strahlen vermehrt Chi ab, ja sie scheinen auf uns zuzustreben. Diesen Chi-Zustrom in Räumen fühlen wir als Wärme und Geborgenheit. Zu den Yang-Farben zählen Rot-, Orange- und Gelbtöne. Ihre vermehrte Chi-Abstrahlung hat auch noch eine andere Wirkung: Werden die Wände von Räumen mit warmen Farben gestrichen, wirken sie optisch kleiner, eine logische Folge des »In-den-Raum-Hineinstrebens« der Energie. Der physikalische Grund: Die Wellenlängen der Yang-Farben sind länger als die der Yin-Farben.
- Kühle Farben dagegen sind Yin-Farben, sie streben von uns fort. Aus diesem Grund rufen sie eine kühle bis distanzierte Atmosphäre hervor. Eine logische Folge dieser Energiebewegung: mit Yin-Farben gestaltete Räume erscheinen größer,

als sie tatsächlich sind. Zu den kühlen Farben gehören Grün-, Blau- und Violetttöne, wobei Grün in seinen Wirkungen stark variieren kann. Blaugrün wirkt eher Yin-betont, Gelbgrün strahlt im Vergleich mehr Wärme aus und hat deshalb eher eine Yang-Farbwirkung.

- Helle Farben steigern unsere Laune, weil sie mehr Licht-Chi reflektieren. Mit ihnen können wir eine aktive und fröhliche Atmosphäre schaffen. Alle Farben können mit Weiß aktiviert werden. Man nennt dies auch yangisieren.
- Dunkle Farben absorbieren das Licht und werfen logischerweise weniger zurück. Darum verbreiten sie gedämpftere Stimmung. Dunkle Farben können – richtig eingesetzt – aber auch eine gemütliche Atmosphäre schaffen. Tönen wir Farben mit Schwarz ab, mindern wir ihre Chi-Energie.

Schwarz und Weiß

Den stärksten Kontrast bilden Schwarz und Weiß. Beide symbolisieren die polaren Energien, Schwarz steht damit für das Aufnehmen und den weiblichen Yin-Aspekt. Keine andere Farbe schluckt so viel Lichtenergie wie sie, weshalb sie nur akzentuiert und sparsam im Wohnraum eingesetzt werden sollte. Weiß dagegen gilt zu Recht als eine ideale (Ausgangs-)Basis für die Farbgestaltung, denn es wirkt immer neutral und lässt jede andere Farbe im hellen Licht erstrahlen. Der Grund: In Weiß ist jede Farbe enthalten. Keine andere strahlt so viel Lichtenergie ab. Die polaren Eigenschaften der Farben Schwarz und Weiß lassen sich damit ganz konkret auf die Farbeigenschaften und damit auf deren Einsatz im Feng Shui übertragen. Nun stellen wir Ihnen noch einige wichtige Farben des Feng Shui vor, wir orientieren uns an den Elementarfarben.

Grün

Entsprechungen: Grün, Holz, Drache, Frühling, Chen, Donner, Osten

Grün ist die Farbe der Vegetation und der Vitalität. Schon im Altertum symbolisierte sie langes Leben und Barmherzigkeit – aus diesem Grund wird sie im Pakua dem Bereich Gesundheit zugeordnet. Als Frühlingsfarbe steht sie für den Neubeginn und damit für das Wiedererwachen der Natur. Da der Wandel in der Natur vor dem philosophischen Hintergrund des Feng Shui »nur« ein Spiegel für allgemeine Energiequalitäten ist, fördern Grün und seine Entsprechungen auch den Beginn und das Wachstum anderer Projekte. Grün verbindet sich mit den Gefühlen der Hoffnung und Zuversicht nach Zeiten der Kargheit und Entbehrungen, dem Übergang vom Winter zum Frühling.

Rot

Entsprechungen: Rot, Feuer, Phönix, Li, Süden, Ruhm

In jedem Zimmer sollte etwas Rotes und etwas Humor sein, hat uns einst ein Architekturprofessor gelehrt. In den Jahren unserer praktischen Arbeit ist uns immer wieder aufgefallen, dass wir Europäer vor dieser kräftigen Farbe scheinbar eine regelrechte Angst empfinden. Nur in ganz wenigen Fällen findet sich Rot in den Wohnungen. Dabei hatte diese Farbe einst eine tiefe Bedeutung – auf alten Bildern finden wir häufig rote Bänder oder Amulette, in vielen Fällen aus Koralle. Sie sollte vor dem bösen Blick zu schützen. Wie in allen Kulturen, so gilt auch in China Rot als männliche Farbe, sie entspricht dem stärksten Yang, steht für Wärme und Aktivität. Auf der Elementarebene ist Rot der Gegenpol zum weiblichen Wasser. Rot wird mit Kraft, Aktivität, ja sogar Aggressivität verbunden.

Gelb

Entsprechungen: Gelb, Erde, (gelber) Mensch, K´un, Ken, Mitte, Südwesten, Nordosten, Berg, Beziehungen, Wissen

Chinesische Sagen erzählen von einem gottähnlichen Kaiser, der den Menschen Kultur und Weisheit brachte, sein Name war: Huang-ti, der Gelbe Kaiser. Gelb hat für die Chinesen eine ganz besondere Bedeutung, denn sie empfinden sich – wie jedes Volk – als Mittelpunkt der Welt. Gelb und Gold sind verwandt, weshalb diese Farbe in China ein Zeichen der Macht war und ist: Die Gewänder der Kaiser waren goldgelb, oft mit goldenen Drachen bestickt. Gelb ist die Farbe der Erde, und die Chinesen erleben sie als lebensspendende Naturkraft. In Nordchina ist es der gelbe Lössstaub der Wüste Gobi, der den Boden in fruchtbare Äcker verwandelt. Im Kreislauf der Elemente steht die Erde für die Mitte und damit für den energetischen Ausgleich und die Harmonie. Nicht umsonst nennen sich die Chinesen, das »Reich der Mitte«. In der Farbgestaltung des Feng Shui steht Gelb auch für das Sonnenlicht. Räume, denen es an natürlichem Licht-Chi fehlt, können mit Gelb wirkungsvoll ausgeglichen werden.

Weiß

Entsprechungen: Weiß, Metall, Tiger, Tui, Ch´ien, Westen, Nordwesten, See, Schöpfer

Die Farbe Weiß gilt als Sinnbild des Vollkommenen. In ihr ist jede Farbe enthalten und doch bleibt sie einfach, schlicht und unaufdringlich. Weiß steht für die Fülle in Einheit und damit auch für Weisheit und Reife. Ein Weiser besitzt die Klugheit, sein Wissen nicht »hinauszuposaunen«, er weiß – in der Stille liegt die Kraft. Dies spiegelt sich auch in den Entsprechungen des Feng Shui, in dem Weiß mit den sich in das Zentrum zurückziehenden Energien des Metallelements in Verbindung gebracht wird. Stets strebt Metallenergie nach innen. Diese innere Festigkeit ist die Basis, aus der kraftvollen Mitte nach außen zu wirken. Passend zu dieser Energie wird dem Nordwesten der Bereich der Mentoren/Förderer zugeordnet, auch soll sein »Wissen« unterstützend wirken. Weiß steht für die Vollendung eines Entwicklungskreislaufes, und ihm folgt die Auflösung bzw. Transformation, die durch das darauffolgende Element Wasser symbolisiert wird. Die Chinesen trauern in Weiß gehüllt, denn hier ist der Glaube an die Reinkarnation, die Wiedergeburt zu Hause. Der Abschied vom irdischen Leben wird gleichzeitig als der Beginn des Neuen gesehen. Weiß gilt deshalb als die Farbe der Transformation und Reinheit, denn nur durch absolute Reinheit ist Weiß möglich.

Blau

Entsprechungen: Blau, Wasser, K´an, Meer, Schildkröte, Norden

Die Farbe Blau ist die des Meeres und wird im Feng Shui – ebenso wie Schwarz – mit dem Wasser verbunden. Sie vermittelt den Eindruck von Tiefe, sie weicht zurück, wirkt deshalb kühl und distanzierend. Auf der anderen Seite steht die Farbe Blau für das nährende Element Wasser, das den Reis, das Hauptnahrungsmittel der Chinesen, wachsen lässt. In Europa wird Blau sehr geschätzt, denn seit alters her gilt sie als die Farbe der Wissenschaft und Klugheit. Die Asiaten dagegen messen ihr keine besondere Bedeutung bei, ja sie wird in China sogar zum Teil gemieden, da sie die zweite offizielle Trauerfarbe ist.

Unterschiedliche Ansätze

Feng Shui kennt zahlreiche Farbkombinationen. Das hat für Verunsicherung gesorgt. Deshalb werden wir diesem »bunten« Thema auch einige Seiten mehr widmen, als es in unseren bisherigen Büchern möglich war. Während unserer Vorträge und Ausbildungen sprachen uns viele der Zuhörer auf das begrenzte Farbangebot im Feng Shui an, das für sie die Farbgestaltung unattraktiv mache. Einige meinten, sie könnten nur mit den Elementarfarben arbeiten, andere hatten die Bagua-Farbentsprechungen gewählt und glaubten, sie müssten ihr Schlafzimmer nun mit Pink oder Rosa ausstatten, um die Partnerschaft zu stärken. Das ist natürlich nicht richtig. Feng Shui kennt unterschiedliche Systeme, um das Gleichgewicht der Energien wieder herzustellen. Im theoretischen Teil haben wir Ihnen verschiedene Ebenen des Feng Shui vorgestellt, erwähnten die Fünf-Elemente-Lehre, brachten Ihnen die Eigenschaften der acht Trigramme näher und stellten das Bagua vor. Sämtliche Methoden sind geeignet, Ihr Wohnumfeld farbspezifisch mit Feng Shui zu harmonisieren, denn all diesen Theorien sind eigene Farbentsprechungen zugeordnet. Sie spiegeln lediglich unterschiedliche Ansätze und Analysewege wider, sind jedoch richtig eingesetzt insgesamt wirksam. Unser Institut hat einen Farbkreis zur Orientierung entwickelt, der die wesentlichen Farbsysteme aus alter und neuer Zeit vereint.

Der Feng Shui-Farbkreis

In unserem Feng Shui-Farbkreis finden Sie die wesentlichen Farbkonzepte des Feng Shui zusammengefasst auf einen Blick. Einen Anspruch auf Vollständigkeit kann aber auch er nicht haben, da Feng Shui von Meister zu Meister individuell geprägt ist und immer auf Erfahrungswissen beruht.

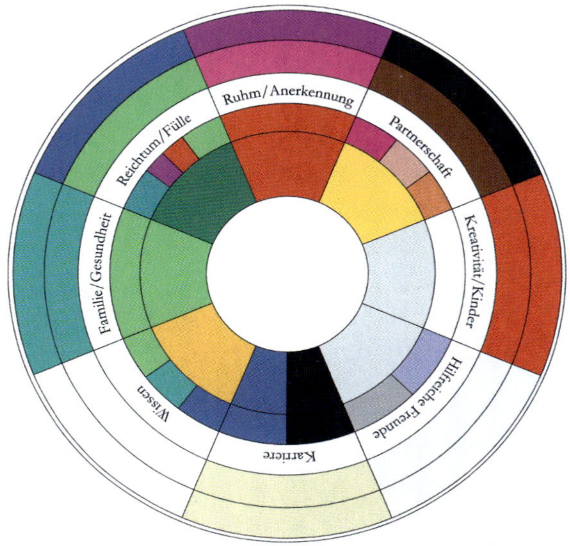

Der Feng Shui-Farbkreis: Der innere Kreis zeigt die Farben der fünf Elemente, der mittlere die Bagua-Farbzuordnungen, der äußere die Trigrammfarben.

1. Die Farben der Fünf-Elemente-Lehre

Wenn Sie sich unseren Farbkreis anschauen, so finden Sie im ersten inneren Kreis die Farbentsprechungen der Fünf Elemente.

Element	Himmelsrichtung	Farbe
Holz	O, SO	Grün/Blau
Feuer	S	Rot
Erde	SW, NO, Mitte	Gelb, Organge Beige, Braun
Metall	W, NW	Weiß, Grau, Silber, Gold
Wasser	N	Blau, Schwarz

2. Die Bagua-Farbzuordnungen

Der zweite Ring des Farbkreises bezieht sich auf ein anderes System der Farbentsprechungen, das sich besonders in Verbindung mit dem Drei-Türen-Bagua in den letzten Jahren immer mehr durchgesetzt hat. Hier werden neben den Elementarfarben auch die Mischfarben zweier benachbarter Bereiche eingesetzt. So finden wir beispielsweise für die Ecke der Partnerschaft die Farbe Rosa, die sich aus den nebenliegenden Elementen Rot (= Feuer) und Weiß (= Metall) ergibt. Analog dazu wird der Bereich »Hilfreiche Freunde« durch die Farben Grau oder Hellblau (Metall = Weiß, Hellblau; Wasser= Schwarz oder Blau) symbolisiert.

Bagua-Bereich	Farbe
Karriere	Blau/Schwarz
Wissen	Blau, Grün, Türkis
Gesundheit und Familie	Grün
Reichtum und Fülle	Grün, Blau, Rot, Purpur (Gelb)
Ruhm und Anerkennung	Rot
Beziehungen	Rosa (auch Mischungen mit Erdfarben z. B. Rosenholz)
Kinder	Weiß
Mentoren	Grau, Hellblau

3. Die Trigrammfarben

Der dritte Ring zeigt die Farbzuordnungen der acht Trigramme oder wie sie auch genannt werden: die Farben der acht Richtungen.

Richtung	Trigramm	Farben
Osten	Chen	Hellgrün
Südosten	Sun	Dunkelgrün, Blau
Süden	Li	Violett
Südwesten	K'un	Schwarz
Westen	Tui	Rot
Nordwesten	Ch'ien	Silberweiß
Norden	K'an	Eierschale
Nordosten	K'en	Weiß

So arbeiten Sie mit dem Farbkreis

Wenn Sie ein Farbkonzept entwickeln wollen, gehen Sie am besten so vor:

Prüfen Sie, welches System im Farbkreis Ihren Vorstellungen am nächsten kommt und für den jeweiligen Zweck geeignet ist. Entwickeln Sie auf dieser Grundlage ein harmonisches Farbkonzept. Gefallen Ihnen im Farbkreis die nebeneinanderliegenden Farben nicht, bringen Sie die Energien über Formen, Materialien oder Symbole ein. Sie haben die Möglichkeit, von folgenden Ansätzen auszugehen:

- Analysieren Sie mit dem Bagua, in welchen Bereich der entsprechende Raum fällt.
- Ermitteln Sie das Kua-Element und die dazugehörige Farbe.
- Gibt es Fehlbereiche, die über Farben ausgeglichen werden können?
- Gehen Sie vom jeweiligen Zweck des Raumes aus (Ruheraum, Arbeitszimmer).

Ein wesentlicher Grundsatz lautet: Wählen Sie nur Farben, die Sie mögen! Verfallen Sie nicht in starre Muster, mit denen Sie sich nicht wohlfühlen. Das ist eine Gefahr bei Feng Shui! Denn viele Feng Shui-Regeln lassen sich nicht auf europäische Verhältnisse abstimmen. Oder möchten Sie in einem purpurroten Zimmer arbeiten, um Ihre Karriere anzukurbeln? Purpur steht in China für höchstes gesellschaftliches und berufliches Ansehen.

Auch Empfehlungen, die Räume stur nach dem Schöpfungszyklus der Elemente zu streichen, sind in den meisten Fällen rein theoretisch. So fanden wir in einem Feng Shui-Buch die folgende Farbempfehlung: roter Fußboden, orange oder hellbraune Wände mit einer weißen Decke. Noch unvorstellbarer ist ein Farbkonzept mit einer grauen oder schwarzen Zimmerdecke! Diese theoretische

Harmonie ist nicht umsetzbar. Befreien Sie sich aus dieser Enge und nutzen Sie die Vielseitigkeit, die Feng Shui Ihnen schenkt.

In diesem Zusammenhang möchten wir auf einen häufigen Fehler hinweisen: In vielen Veröffentlichungen lesen Sie, dass bestimmte Farbkombinationen, zum Beispiel Grün und Gelb, nicht erlaubt sind. Der Grund ist klar, man beruft sich auf die Beziehungen der Elemente und Sie wissen: Holz (Grün) zerstört Erde (Gelb). Allerdings wird dabei vergessen, dass der Zyklus der Elemente nicht nur über Farben, sondern auch über Formen oder Materialien harmonisiert werden kann. Fühlen Sie sich also gerade von dieser Farbkombination angezogen, so können Sie das Feuer auf einer anderen Ebene als vermittelndes Element einbringen. Ein Wandfries mit Dreiecksdekoren wäre ebenso geeignet wie das Feuer in seiner wahrhaftigen Form als Kerze. Auch Abtönungen mit dem vermittelnden Element können Farbenkombinationen harmonisieren, die laut klassischem Feng Shui nicht zusammenpassen. Tönen Sie das Gelb zum Beispiel mit etwas Rot ab, so ist die Information vom Feuer enthalten.

Setzen Sie kräftige Farben sparsam ein. Meist genügt es, mit ihnen Akzente zu setzen. Wollen Sie zum Beispiel den Bereich der Anerkennung stärken, so reicht es vollkommen aus, wenn Sie ein rotes Kissen oder eine rote Lampe in diesem Bereich aufstellen. Auch eine Mischfarbe in der Rot (zum Beispiel Rostrot) ausreichend vorkommt, ist zur Stärkung geeignet.

Lassen Sie sich Zeit bei der Farbgestaltung. Am besten, Sie beginnen mit einem weißen Hintergrund – er lässt den größten Spielraum, um mit den Farben zu experimentieren. Fühlen Sie sich langsam ein und bringen Sie die Farben über Accessoires in den Raum. Das hat auch den Vorteil, dass Sie öfter die Farbstimmung wechseln können.

Praxisbeispiel

Julia und Oliver sind vor drei Jahren in ihre neue Eigentumswohnung im Herzen von München eingezogen. Beide fühlen sich rundum wohl in ihrem neuen Heim, und in der Partnerschaft läuft es so gut wie nie. Nur mit der Karriere geht es für Oliver seit ungefähr einem Jahr nicht mehr aufwärts. Er liebt seine Arbeit als Werbegrafiker, hat mit Erfolg mehrere Kampagnen begleitet, doch niemandem scheint aufzufallen, wie entscheidend seine Ideen Grundlage des Erfolges waren. Als wir in seiner Firma eine Analyse durchführten, sprach uns Oliver an. Da er gemeinsam mit seiner Frau das Schlafzimmer umgestalten wollte, bat er um Hilfestellung. An dieser Stelle nun einige Auszüge aus der Analyse:

Oliver S. geboren am 27.5.1964, Kua-Zahl 9

Julia K., geboren am 12.1.1966 (Jahreskorrektur nach Mondkalender) Analysejahr: 1965; Kua-Zahl 7

Die Grundrissanalyse ergab einen Fehlbereich in Ruhm und Anerkennung, zudem befand sich in

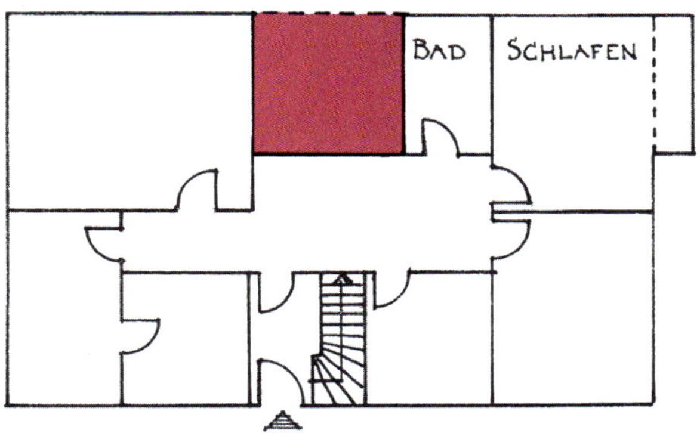

Der Fehlbereich in »Ruhe und Anerkennung« wurde durch bewusste Farbgestaltung harmonisiert.

Die beiden Familien in diesem Doppelhaus hatten sich seit einiger Zeit zerstritten und konnten den Zeitpunkt der Auseinandersetzung sogar ziemlich genau bestimmen. Es begann mit den Tagen, in denen das Gebäude einen neuen Anstrich erhielt: Die eine Hälfte wurde blau, die andere rot gestrichen. Wir empfahlen den Familien als Vermittlung das Element Holz zwischen beide Häuser einzubringen. Es wurde ein schmales beidseitig mit Rankpflanzen begrüntes Holzspalier zwischen die Häuser gesetzt. Dieses verbindende Element erfüllte seine Aufgabe überraschend schnell. Die Nachbarn fanden wieder zueinander.

diesem Sektor auch die Toilette. Direkt angrenzend lag das Schlafzimmer, das über eine »Hilfreiche Erweiterung« verfügt.

Fazit: Der Bereich der Partnerschaft ist räumlich sehr stark, was sich auch im Leben von Oliver und Julia zeigt. Hier knüpften wir an, um im Ruhmesbereich auszugleichen und zu aktivieren. Da Rot für Farbakzente im Schlafzimmer zu aktiv ist, haben sich die beiden für einen zarten Flieder- und Purpurton entschlossen. Diese Farben entsprechen dem Trigramm Li im »Farbsystem der Trigramme« und sind deshalb mit dem Sektor Ruhm und Anerkennung verbunden. Als zweite Farbe sollte ein mattes Weiß gewählt werden. Nun ging es nur noch darum, die Verbindung zwischen dem Feuerelement (Violett, Purpur) und dem Metallelement (Weiß) zu schaffen. Wir empfahlen die ausgleichende Erde (Gelb) in Form von Tontöpfen und anderen Naturmaterialien einzubringen. Um das Zimmer nicht bunt erscheinen zu lassen, wurden nur einige Accessoires in Flieder zusammengestellt. Auf dem Bett liegt tagsüber eine mattseidene Überdecke, die schlichten Holzstühlen sind mit Seidenkissen in den Farben von Violett bis Purpurrot belegt. Auf dem Fensterbrett steht eine violettblühende Orchidee. Für »rosiges« Einschlafen sorgt eine violett eingefärbte Leinenbettwäsche von Oma.

Praxistipp: Richten Sie sich mit den Jahreszeiten ein. Tauschen Sie einfach Ihre Farbakzente wie Kissen, Vorhänge, Tischdecken und andere Wohnaccessoires aus. Wählen Sie im Sommer die kühlen Farben wie Blau oder Türkis, im Herbst die warmen Farben wie Orange, Rotbraun und im Frühling Gelb und Grün. Im Winter tut uns dann ein wenig feuriges Rot gut, kombiniert mit einem satten Wintergrün. Wenn Sie unsicher sind, welche Farbe die richtige für Sie ist, schauen Sie in die Natur, sie ist der beste Ratgeber.

Harmonische Farbkombinationen im Feng Shui

Die folgenden Farbkombinationen sollen eine Anregung sein, wie Sie mit Feng Shui vorgehen können. Beachten Sie die vorab genannten Hinweise und arbeiten Sie mit den kräftigen Farben vorsichtig. Setzen Sie Akzente mit Blumen, Bilderrahmen, Kissen und anderen Dekorationsobjekten.

Farbkombination 1: Purpur – Rosenholz – Vanille

Ideales Trio für ein Schlafzimmer. Mit dieser Kombination bringen Sie Eleganz in diesen Raum, ohne dass er unterkühlt wirkt. Im Gegenteil – die Atmosphäre strahlt Wärme aus und wird wieder etwas Bewegung in die Beziehung bringen. Um eine »Plüschatmosphäre« zu vermeiden, verwenden Sie am besten klassische Materialien wie Leinen, Baumwolle oder Seide. Ein schlichter Sisalteppich kann den gelungenen Kontrast zu dieser ungewöhnlichen Farbkombination bilden.

Elementarqualitäten: Feuer und Erde. Die Farben unterstützen die Eigenschaften von Schlafzimmer und Esszimmer.

Farbkombination 2: Flieder – Kamel – Weiß

Ebenfalls eine sehr günstige Kombination für ein Schlafzimmer, weil das Feuerelement den Bereich der Partnerschaft aktiviert, der hier über den Kamelfarbton vertreten ist. Im Gegensatz zum ersten Vorschlag ist die Ausstrahlung jedoch etwas ruhiger und kühler. Spielen Sie mit den Materialien und Strukturen.

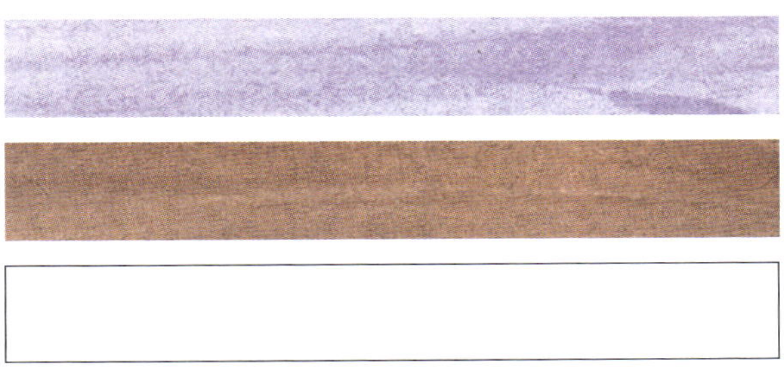

Elementarqualitäten: Feuer, Erde und Metall. Die Farben unterstützen die Eigenschaften von Schlafzimmer und Mädchenzimmer.

Farbkombination 3: Rosa – Hellbraun – Vanille

Diese Kombination wirkt auf den ersten Blick sehr feminin, weshalb sie meist aus dem Schlafzimmer verbannt wird, obwohl gerade sie den Bereich der Beziehung fördert. Insbesondere wegen der Vorurteile stellen wir sie hier in einer ungewöhnlichen Zusammenstellung vor, denn Rosa muss nicht unbedingt feminin wirken. Diese Farbe, mit etwas Beige (Erdelement) abgetönt, wirkt sehr klassisch, wenn man sie punktuell einsetzt. Mit einer rosa Überdecke zu hellbraunem Holz, gepaart mit zartem Vanillegelb könnten Sie den Sektor Beziehung aktivieren.

Elementarqualitäten: Feuer und Erde. Die Farben unterstützen die Eigenschaften von Schlafzimmer und Mädchenzimmer.

Farbkombination 4: Orange – Rot – Weiß

Diese Farben eignen sich gut für das Esszimmer. Orange fördert das Element Erde, dessen Organentsprechungen Magen und Milz sind. In der tradi-

tionellen Chinesischen Medizin (TCM) spricht man vom »inneren Herdfeuer der Milz«, das die Verdauung des Magens anregt. Das Rot symbolisiert hier sowohl das innere als auch das äußere Feuer des Herdes, das für Reichtum und Fülle steht.
Elementarqualitäten: Feuer, Erde und Metall. Die Farben unterstützen die Eigenschaften des Esszimmers.

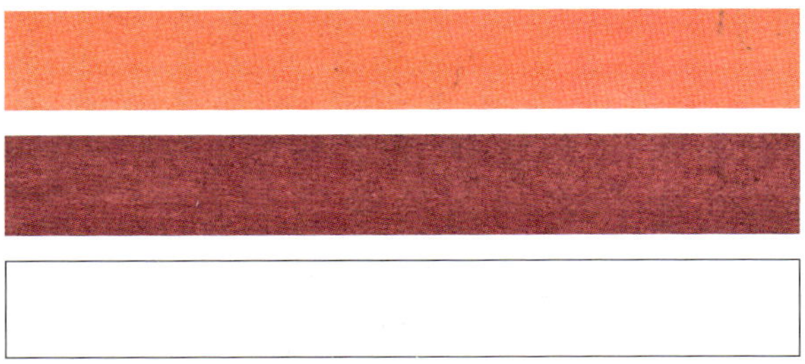

Farbkombination 5: Lila – Braungrau – Eierschale
Eine extravagante, aber dennoch dezente Farbzusammenstellung, die nahezu für jeden Raum geeignet ist. Passen Sie die Farbgewichtung dem jeweiligen Zweck an und spielen Sie mit Materialien. Wichtig, um das Elementargleichgewicht zu wahren: Frischen Sie den Raum mit reichlich Grünpflanzen auf.
Elementarqualitäten: Feuer, Erde. Die Farben unterstützen die Eigenschaften von Arbeitszimmer, Schlafzimmer und Esszimmer.

Farbkombination 6: Hellrot – Gelb – Schilfgrün
Mit diesen Farbenschema können Sie vielen Räumen neue Energie verleihen. Es steht für die Elemente Holz, Feuer und Erde. Ideal ist diese Kombination für das Esszimmer, ebenso wie für die Küche, aber auch für das Arbeitszimmer mit warmer Ausstrahlung. Je nach Gewichtung der Farben untereinander können Sie einen speziellen Effekt erzielen. In Arbeitszimmern zum Beispiel sollte Schilfgrün allerdings nicht dominieren, weil es auf einige Menschen sehr Yin-betont wirkt, was sich in Lustlosigkeit äußern kann. Setzen Sie das Schilfgrün dezent ein, bekommt es energetisches Übergewicht, kann es auch trüb und matt wirken. Als Akzent jedoch ist es wunderschön. Wenn Sie ein klareres Grün verwenden, eignet sich die Zusammenstellung auch für Kinderzimmer.
Elementarqualitäten: Holz, Feuer, Erde. Die Farben unterstützen die Eigenschaften von Küche, Esszimmer und Kinderzimmer.

Farbkombination 7: Dunkelrot – Hellgrün – Smaragdgrün
Diese Zusammenstellung empfehlen wir für das Zimmer kleiner Kinder und Neugeborener. Die moderne Farbpsychologie hat festgestellt, dass sich die Farbe Rot gerade auf Babys und kleine Kinder sehr positiv auswirkt. Sie vermittelt ein Gefühl der Ge-

borgenheit und knüpft an die Farberlebnisse des Ungeborenen im Mutterleib an. Das schafft Vertrauen und lässt den Geburtsschock leichter verkraften. Kombiniert man das Ganze mit einem hellen Apfel- und/oder Smaragdgrün kommt die Energie des Elementes hinzu, das für Wachstum und Vitalität steht.
Elementarqualitäten: Holz und Feuer. Die Farben unterstützen die Eigenschaften des Kinderzimmers.

Farbkombination 8: Blau – Grün – Weiß
Diese Farben sind vielseitig einsetzbar. Im Arbeits- oder Studierzimmer unterstützen sie bei Denkprozessen und helfen, einen kühlen Kopf zu bewahren. Grün wirkt stabilisierend und vitalisierend. Im Kinderzimmer kann diese Farbkombination dazu beitragen, hyperaktive Kinder zu beruhigen und sie zu konzentrierterem Handeln befähigen. Für den Essbereich ist Blau nicht zu empfehlen, denn es dämpft den Appetit und kühlt das »Magenfeuer« ab, wie die Chinesen sagen.
Elementarqualitäten: Wasser, Holz, Metall. Die Farben unterstützen die Eigenschaften von Kinderzimmer und Arbeitszimmer.

Farbkombination 9: Grün – Weiß – Schwarz
Eine Zusammenstellung, die mit Fingerspitzengefühl umgesetzt werden muss. Denn leicht ist des Schwarzen zu viel. Bei Männern ist diese Kombination jedoch sehr beliebt, weil Schwarz für das Element Wasser steht und die Karriere fördern kann. Unverzichtbar sind in derart gestalteten Büros kräftige Farbakzente, zum Beispiel ein roter Kreis, der den Yang-Aspekt der Arbeit unterstützt. Grundsätzlich ist darauf zu achten, dass hier nicht ein Yin-Überschuss entsteht.
Elementarqualitäten: Metall, Wasser, Holz. Die Farben unterstützen die Eigenschaften des Arbeitszimmers oder des Büros.

Farbkombination 10: Orange – Hellgrün – Vanille
Diese frischen Farben eignen sich für jeden Raum und schaffen eine ausgewogene Atmosphäre. Je nach Farbverteilung können Sie die warmen Eigenschaften des Orange für den Essbereich oder die harmonisierenden des zarten Grün für das Kinderzimmer hervorheben. Statten Sie vor allem diesen

Raum mit naturfarbenen Holzmöbeln aus, dann wird die Wirkung der Farbzusammenstellung optimiert. Im Arbeitszimmer sollte ein Brunnen stehen, damit das Element Wasser ebenfalls vertreten ist.
Elementarqualitäten: Holz, Feuer, Erde. Die Farben unterstützen die Eigenschaften von Kinderzimmer, Wohn- und Esszimmer, Küchen, Arbeitszimmer, Badezimmer.

Materialien und Muster

Welche Wirkungen wir mit Farben erzielen, hängt ganz entscheidend von dem verwendeten Material ab. Jeder hat bereits die Erfahrung gemacht, welchen Unterschied es macht, ob man einen grün glänzenden Seidenstoff, einen Vorhang aus voluminösem Samt oder einen aus schlicht gewebtem Leinen vor das Fenster hängt. Gerade die Gegensätze von matt und glänzend, fein und grob, schwer und luftig verleihen einem Raum das besondere Flair.
Stellen wir uns vor, wir betreten ein altes Haus. Unter den Füßen knirschen die alten Dielen. In diesem Ambiente müssen ländliche Stilelemente nicht unbedingt beibehalten werden. Es verträgt durchaus changierte Seidenvorhänge. Die Spannung zwischen Alt und Neu, Grob und Fein erzeugt etwas Unerwartetes, das der Seele gut tut. Auch hier können wir bewusst mit der ganzen Spannbreite von Yin und Yang arbeiten.
Aus unserer Praxis wissen wir, dass viele Menschen sich scheuen, ungewohnte Kontraste auszuprobieren. Aber gerade für diejenigen, die nicht so gern in den Farbtopf greifen, eignet sich das Spiel mit Oberflächenstrukturen, ob es nun die mattgestrichene Tür oder der auf Hochglanz polierte chinesische Wäscheschrank ist. Wir sollten uns stets der Wirkung bewusst sein.
Praxistipp: Um den Einstieg in die Welt der Farben, Muster und Strukturen zu erleichtern, empfehlen wir Ihnen: Sammeln Sie Gestaltungselemente, die Ihnen besonders gefallen. Das könnten ein kleines Stückchen Leinenstoff, ein Seidenband, Papierkordeln, Federn, unterschiedlich strukturiertes handgeschöpftes Papier oder auch Mitbringsel aus Ihrem letzen Urlaub sein. Hier denken wir etwa an die Muscheln vom Strand, das Sträußchen Lavendelblüten oder die Kapsel einer Mohnblüte. Nehmen Sie dieses Sammelsurium als Vorbild für Ihre Feng Shui-Umgestaltungen.

Das Prinzip der Bodenführung

Auch mit der Art, in der Fliesen oder Parkett verlegt werden, können wir Elementareigenschaften in unser Heim einbringen. Parkett lässt sich zum Beispiel so verlegen, dass es einem Mittelpunkt entgegenstrebt und ihn als Zentrum deutlich markiert. Dieser würde nun eine besondere Kraft ausstrahlen – das Tai Chi des Hauses ist aktiviert. Gleiche Effekte lassen sich mit Bodenfliesen oder Auslegwaren erreichen. Das Prinzip, über die Bodengestaltung den Blick zu lenken, nennen wir Bodenführung. Ihr kommt gerade auch im beruflichen Umfeld eine große Be-

deutung zu. Bei unserer Analysearbeit legen wir immer sehr großen Wert darauf, über bewusste Verlegetechniken des Bodenbelags schon in der Bauphase von Geschäften den Kundenzustrom zu optimieren. Auch in den Geschäften selbst können Kunden durch diese Technik geführt werden. An energetischen Sammelpunkten werden hochwertige Produkte nachweislich besser verkauft.
Über Muster und Ornamente können Sie weiterhin gezielt Elementarqualitäten einbringen, die Sie zum Ausgleich benötigen.

Zahlen und Maße

In allen Kulturen besaßen Zahlen und Maße stets eine besondere Bedeutung. Sie sind eng verbunden mit dem Ordnungssystem des Kosmos und seiner Widerspiegelung auf der Erde. »Maßvoll sein« heißt, sich einfügen können, die Mitte zwischen den Extremen zu finden. Wie sehr dieser Begriff in allen Lebensbereichen »zum Maß aller Dinge« wird, lässt sich an Begriffs-Beispielen verdeutlichen.

Die Eigenschaften der Farben und wie sie auf uns wirken

Farbe	positive Eigenschaften	negative Eigenschaften
Rot	motivierend, warm	reizbar, wütend, hyperaktiv
Orange	praktisch, heiter	erdrückend, hyperaktiv
Gelb	aufgeweckt, glücklich, mitteilsam	egozentrisch, verängstigt
Grün	harmonisch, ausgeglichen, großzügig	unentschlossen, in sich gefangen
Blau	loyal, ehrlich, erfrischend	depressiv, zurückgezogen
Purpurrot	kraftvoll, inspirierend, wahrheitsliebend	machthungrig, besessen
Schwarz	stark, selbstbewusst	Identitätskrise, man versteckt sich vor der Welt
Weiß	Reinheit, läuternd	kalt, einsam
Braun	sicher, geborgen	einengend, karg, traurig
Grau	individuell, eigenständig	steif, überkritisch, verschlossen
Pfirsich	kreativ, animierend, wohltätig, reif	sentimental, geringe Selbstachtung
Rosa	verständnisvoll, mitfühlend	unreif, abhängig, emotional, unstet
Türkis	mitreißend, erfrischend, kühl, mitteilsam	kalt, einsam
Pastelltöne	sehr sensibel, sanftmütig	beeinflussbar, leicht zu beeindrucken

Wir wissen, dass zu viel Essen unserer Gesundheit ebenso abträglich ist, wie zu wenig. Ein Glas Rotwein am Tag ist in Ordnung, eine ganze Flasche sicher nicht maßvoll und schadet der Gesundheit. Überschreiten wir die Grenzen der gesellschaftlichen Ordnung im Übermaß, indem wir etwa Gesetze brechen, nimmt man uns die Freiheit und damit die Möglichkeit für weitere Übertritte, das »Maß ist voll«. Man hält diese »Maßnahme« für »angemessen« in Bezug auf die »Vermessenheit« einer Tat. Ist auf der einen Seite ein »angemessenes« Verhalten erwünscht, verlangen andere Situationen ein Heraustreten aus dem »Mittelmaß«. Schon im Altertum, aber auch in unserer leistungsorientierten Gesellschaft, ist dieser Begriff zum Schimpfwort geworden. Ein mittelmäßiger Roman weckt nicht gerade unsere Leselust, ebenso wie mittelmäßige Musik kein Ohrenschmaus ist. Das Gute, Schöne und Edle erfreut uns über alle »Maßen«, weil es uns mit einer Ebene verbindet, die fern dem Gewöhnlichen liegt. Schon Sokrates (469 – 399 v. Chr.) lehrte: »Der maßvolle Mensch handelt überall gegen die Götter an-

Dieses Bodenmuster zentriert die Energien und schafft einen räumlichen Mittelpunkt.

gemessen ... Der Gute aber wird schön und wohl in allem leben, ... wird auch zufrieden und glückselig sein; der Böse hingegen, der dem Maßvollen sich entgegengesetzt verhält, der Maßlose wird elend leben ...«

Es stellt ein Urbedürfnis des Menschen dar, die Welt und ihre Beziehungen ordnend begreifen zu wollen. Die Zahlen ermöglichen das quantitative In-Beziehung-Treten mit der Umwelt. Dieser quantitative Aspekt ist für uns maßgebend, denn die meisten von uns verbinden mit den Zahlen stets Mengenvorstellungen – denken bei der Zahl »3« vielleicht an drei Liter Milch. In diesem Buch wollen wir jedoch auch die andere Seite der Zahlenwelt beleuchten, eine für das Feng Shui wesentliche: die qualitative Ebene. Sie steht für die symbolorientierte Wahrnehmung der Welt. Ein wichtiges Unterscheidungsmerkmal offenbart sich auf den ersten Blick: Wir können die Zahlen, entsprechend ihrer Polarität, in gerade und ungerade Zahlen einteilen. In der chinesischen Philosophie bezeichnet man gerade Zahlen als Yin-, ungerade dagegen als Yang-Zahlen. Auch hier finden wir wieder eine Verbindung zwischen der abendländischen und der chinesischen Kultur. Denn schon Platon definierte die Arithmetik als »Lehre von Geraden und Ungeraden«, und diese beiden Urkräfte finden ihre Entsprechung im männlichen und weiblichen Prinzip. Während die gerade Zahl in sich ruht und ausgeglichen ist, liegt in der ungeraden ein Impuls, der zur Aktivität drängt. Plutarch beschrieb das so: »Die gerade Zahl hat in der Mitte einen leeren, empfängnisbereiten Raum, die ungerade dagegen eine zeugungskräftige Mitte«. Ungerade und gerade Zahlen lösen immer einander ab, sie sind der Rhythmus, das Gerüst, auf dessen Grundlage das Maß entstehen kann.

Wir sehen also – Zahlen sind mehr als einfache Zeichen, vielmehr liegen in einer jeden bestimmte Eigenschaften. Wir haben ja bereits die erste Unterscheidungsebene in gerade und ungerade Zahlen genannt. Die Vorstellung, dass das gesamte Universum nach bestimmten Gesetzen geordnet ist und deshalb auch durch Zahlen beschrieben werden kann, finden wir überall. So wurde der Satz »Alles ist Zahl« zum Glaubenssatz der Pythagoräer. Auf dieser Grundlage erschließt sich uns auch die andere, die symbolische Seite der Zahlen. Während wir heute Zahlen ausschließlich nach ihrem Wert beurteilen, erfassen die alten Weisheitslehren, so auch das Feng Shui, das »Wesen« der Zahl. Alle Kulturen beschreiben letztendlich immer dieselben universalen Zusammenhänge, jedoch unterscheiden sie sich in der Sprache und in den Symbolen voneinander. Damit spiegelt jede Zahl ein Grundmuster der Wirklichkeit wider.

Die Zahlen in der chinesischen Philosophie

Die **Eins** steht für die Einheit an sich und damit für den Anfang, aus dem alles andere hervorgeht. In der chinesischen Philosophie bezeichnete der Begriff »Einheit« die Urenergie Chi, bevor sie sich in das erste Paar der Schöpfung, in Yin und Yang, teilte. Entsprechend wird die Eins in unserer Kultur gesehen, auch hier steht sie für den Schöpfer, den Gott, den all-ein-igen. Im Feng Shui verbinden wir die Eins mit dem Bereich Lebensreise und Berufung. Hier beginnt alles, auch für uns.

Aus der Einheit wird die **Zwei** geboren, die Polarität entsteht. In Asien wird das Prinzip der Zwei durch

die Gegenpole Yin und Yang beschrieben, die sich harmonisch ergänzen. Im Bagua assoziieren wir die Zwei mit dem Bereich Partnerschaft/Beziehungen, eine treffende Entsprechung dieser Zahl, die uns ihre Energie als harmonisches Miteinander oder als schmerzvolles »Getrenntsein« spüren lässt.

Die Spannung, die durch die polare Zwei entsteht, wird von der **Drei** neutralisiert, sie schafft eine neue Ebene, denn aus der Linie der Zwei kann nun etwas Neues, ein umschlossener Raum werden. Symbolisch steht die Drei deshalb für Hilfe, für den Mittler zwischen den zwei Polen. Im Bagua wird die Drei mit dem Bereich der Gesundheit und des Neubeginns assoziiert. Die Drei in der christlichen Tradition des Abendlandes steht auch für die göttliche Trinität. Sollen Zaubersprüche wirksam sein, müssen sie dreimal aufgesagt werden, wer Glück hatte, klopft dreimal auf Holz.

Die **Vier** ist in China nicht sonderlich beliebt, denn ausgesprochen klingt sie so ähnlich wie »Tod«. In vielen Kulturen wird sie jedoch als heilige Zahl verehrt, denn die Götter hatten als Gleichnis ihrer allumfassenden Macht – angelehnt an die vier Himmelsrichtungen – Namen mit vier Buchstaben (Gott, Amun, Zeus). Die Vier steht auch für Stabilität und Halt, denn die harmonischste Form der Vier, das Quadrat, symbolisiert die Erde. Auf einer anderen Ebene jedoch ist die Vier auch bei uns verpönt. Die Dreizehn (1 + 3 = 4) gilt allgemein als Unglückszahl: Jesus wurde vom 13. Apostel verraten und musste das Kreuz der Welt tragen (Kreuz = Vier), die 13. Fee bringt Dornröschchen den 100jährigen Schlaf, und wer möchte schon gern am Freitag den 13. eine Prüfung ablegen?

Die **Fünf** gilt als Glückszahl im Feng Shui, denn sie beschreibt den vollständigen Zyklus der Elemente Holz, Feuer, Erde, Metall und Wasser und damit die Vielzahl der Möglichkeiten. Sie bildet die Mitte der Ziffernfolge von 1 bis 9 und steht auch im Lo Shu-Quadrat für die ausgleichende Mitte. Im Yang-Feng Shui streben die Chinesen die Verteilung von Yin und Yang im Verhältnis von 2 : 3 an und nicht die absolut harmonische Mitte, die mit dem Verhältnis 50 : 50 beschrieben wird. Es geht um eine Spannung, die Bewegung und damit Leben erzeugt, absolute Harmonie dagegen hebt sich gegenseitig auf und lässt keine Bewegung und damit kein Leben zu. Erinnern Sie sich an die Zuordnungen der Trigramme in der vorhimmlischen und nachhimmlischen Sequenz. Die Trigramme der vorhimmlischen Sequenz sind so angeordnet, dass sich die jeweils gegenüberliegenden vollkommen ausgleichen.

Mit der **Sechs** stehen uns alle Wege offen. In der Aussprache der Chinesen klingt sie ähnlich wie »rollen« oder »Bewegung«. Das wird als Grund für die Vielzahl der Möglichkeiten gesehen. Sie beherbergt das Vielfache der Zahlen von 1 bis 3 harmonisch unter ihrem Dach, denn 1 + 2 + 3 = 6. Auch kann sie durch 1, 2 und 3 geteilt werden. Die Sechs gilt als ausgeglichene, harmonische Zahl und fördert die Kommunikationsfreudigkeit sowie das freundschaftliche Miteinander.

Die **Sieben** wird als eine durch und durch harmonische Zahl angesehen. Sie setzt sich aus der dynamischen Drei und der stabilen Vier, die für das irdische Universum steht, zusammen. In sieben Tagen schuf Gott die Welt, die Woche hat sieben Tage, der Mensch wandelt sich in sieben Jahren, das »verflixte siebte Jahr«, das Probleme in der Partnerschaft bringen kann. In China klingt die Sieben ähnlich wie das Wort »sicher«, weshalb sie auch hier als äußerst günstige, ja heilige Zahl gilt. Zudem wird sie dort den Frauen zugeordnet. Im magischen Quadrat Lo Shu wird die Sieben mit der jüngsten Tochter und dem Trigramm Tui, dessen Energie unbeschwert, heiter und ausgelassen ist, assoziiert.

Die **Acht** ist die Zahl der Fülle und des Reichtums. Im Chinesischen ähnelt ihr Wortlaut dem der Begriffe »Reichtum, blühen, gedeihen«. Entsprechend begehrt ist diese Zahl als Haus-, Telefon- oder Autonummer. Es ist bekannt, dass zum Beispiel in Hongkong, aber auch in den USA stattliche Summen für das »richtige« Nummernschild auf dem Auto bezahlt werden, das möglichst viele Achten aufweist. Die Acht symbolisiert auch die acht Trigramme und das aus ihnen entstehende Bagua (Achteck), das im Feng Shui das Glückssymbol schlechthin ist. Die Signatur der Acht steht auch bei uns für den unendlichen Lebensfluss, denn die liegende Acht ist ja das Zeichen für Unendlichkeit. So stellt die Acht auch das Sinnbild der geistigen Wiedergeburt dar, ein Grund, weshalb wir in Europa so viele Taufkirchen mit oktogonalen (achteckigen) Grundrissformen finden. In der Zahlenmystik entspricht die Acht dem Mann, entsprechend wird seine Entwicklung – im Gegensatz zu der der Frauen – in Achterrhythmen eingeteilt.

Die Zahl **Neun** symbolisiert das Ansehen, denn sie wird im Lo Shu dem Süden und damit dem Bagua-Bereich Ruhm/Anerkennung zugeordnet. Im Chinesischen wird sie ähnlich wie das Wort »Langlebigkeit« ausgesprochen. Deshalb gilt die Neun als sehr segensreich. Die Neun schließt die Ziffernfolge von 1 bis 9 ab und wird deshalb als Vollendungszahl angesehen.

Die Feng Shui-Maße

Erst durch die Aneinanderreihung von Zahlen können Maße entstehen. Wir stellen uns einen Maßstab vor, auf dem die Zahlen rhythmisch angeordnet sind und sich in bestimmte Einheiten, die Maße gliedern lassen. Haben Zahlen einen symbolischen Wert, so ist die logische Folge, dass auch jedes Maß als Zahleneinheit einen Symbolgehalt auf der feinstofflichen Ebene besitzt. Für viele Feng Shui-Praktiker ist deshalb der Feng Shui-Fuß (Tschi) eine wichtige Arbeitsgrundlage.

Der *Feng Shui-Fuß* misst 43 cm und wird in jeweils acht Unterabschnitte (Tsun) von je 5,4 cm unterteilt. Die Teilung in acht Unterbereiche bezieht sich auf die acht Trigramme, die im Feng Shui eine zentrale Rolle spielen. Allerdings sind die ursprünglichen Bezeichnungen der Trigramme im Feng Shui-Maßsystem nicht mehr zu finden, nur der Trigramm-Name Li ist erhalten geblieben. Entsprechend hat jeder der acht Abschnitte eine eigene Bedeutung. In der Feng Shui-Praxis werden vier Bereichen glückbringende Eigenschaften zugeschrieben, die übrigen vier gelten als ungünstig und sollten deshalb vermieden werden.

Auf dem *Feng Shui-Lineal* (Ting Lan) sind die günstigen Tsun-Bereiche blau, die ungünstigen rot dargestellt. Als Faustregel gilt deshalb: Meiden Sie Rot und bleiben Sie – wenn möglich – im blauen Bereich.

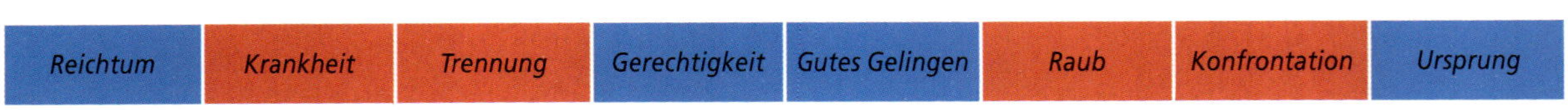

Die acht Abschnitte des Feng Shui-Fußes und ihre Symbolik

In den Tabellen sehen Sie die ersten beiden Phasen. Diese Reihe kann man endlos fortsetzen, denn alle 43 Zentimeter wiederholt sich ein Zyklus, der auch wiederum immer in die acht Bereiche unterteilt wird.

Günstige Feng Shui-Maße

Über die Entstehung der Feng Shui-Maße wird folgende Legende erzählt:
In der Sung Dynastie (960 – 1279 v. Chr.) lebte ein Meister der Zimmermannskunst, der für die Umbauten des Kaiserpalastes ein neues Maßsystem entwickelte, um seinen Herrscher mit einer rundum harmonischen Umgebung zu erfreuen. Hier soll der heute noch bekannte Feng Shui-Fuß mit seinen acht Bereichen entstanden sein. Ursprünglich aber war der Chinesische Fuß jedoch 32 cm lang und in 10 Tsun (Tsun wird auch Chinesischer Zoll genannt) von jeweils 3,2 cm unterteilt.
Zum allgemeinen Überblick hier noch einige chinesische Längenmaße sowie die Einteilung des alten Chinesischen Fußes:

- 1 Li (Chinesische Meile) = ca. 576 Meter (dieser Wert war Geländeschwankungen unterworfen, im Gebirge war ein Li wesentlich kürzer als in der Ebene)
- 1 Li = 180 Dschang
- 1 Dschang (Chinesischer Klafter) = 3,2 Meter
- 1 Dschang = 10 Tschi
- 1 Tschi (Chinesischer Fuß) = 32 Zentimeter
- 1 Tschi = 10 Tsun
- 1 Tsun (Chinesischer Zoll) = 3,2 Zentimeter

Die Feng Shui-Maße

Abschnitt 1. Fuß	Maße	Chinesische Tsun-Bezeichnungen	Symbolik und Bedeutung
1.	0 – 5,4 cm	Ts'ai	Reichtum
2.	5,5 – 10,7 cm	Ping	Krankheit
3.	10,8 – 16,1 cm	Li	Trennung
4.	16,2 – 21,4 cm	I	Gerechtigkeit
5.	21,5 – 26,8 cm	Kuan	Gutes Gelingen / Beförderung
6.	26,9 – 32,1 cm	Chien	Raub / Verlust
7.	32,2 – 37,5 cm	Hai	Konfrontation
8.	37,6 – 42,9 cm	Pen	Ursprung / Einheit
Abschnitt 2. Fuß	**Maße**	**Chinesische Tsun-Bezeichnungen**	**Symbolik und Bedeutung**
1.	43 – 48,4 cm	Ts'ai	Reichtum
2.	48,5 – 53,7 cm	Ping	Krankheit
3.	53,8 – 59,1 cm	Li	Trennung
4.	59,2 – 64,4 cm	I	Gerechtigkeit
5.	64,5 – 69,8 cm	Kuan	Gutes Gelingen / Beförderung
6.	69,9 – 75,1 cm	Chien	Raub / Verlust
7.	75,2 – 80,5 cm	Hai	Konfrontation
8.	80,6 – 85,9 cm	Pen	Ursprung / Einheit

Günstige Feng Shui-Maße (1.–5. Fuß)			
Reichtum	**Gerechtigkeit**	**Gutes Gelingen**	**Ursprung/ Einheit**
0 – 5,4 cm	16,2 – 21, 4 cm	21,5 – 26,8 cm	37,6 – 42,9 cm
43,0 – 48,5 cm	59,2 – 64, 4 cm	64,5 – 69,8 cm	80,6 – 85,9 cm
86,0 – 91,4 cm	102,2 – 107,4 cm	107,5 – 112,8 cm	123,6 – 128,9 cm
129,0 – 134,4 cm	145,2 – 150,4 cm	150,5 – 155,8 cm	166,6 – 171,9 cm
172,0 – 177,4 cm	188,2 – 193,4 cm	193,5 – 198,8 cm	209,6 – 214,9 cm

Die Feng Shui-Maße in der Praxis

Wie gehen wir nun mit diesem Wissen in der Praxis um? Werden Sie vor allem nicht unruhig oder gar ängstlich, wenn einige Möbelstücke in Ihrer Umgebung nicht mit den blauen Feldern des Feng Shui-Fußes übereinstimmen. Die Feng Shui-Maße sind nur ein kleiner Teil dieser komplexen Lehre und durchaus nicht der wesentlichste. Betrachten Sie diese Maße als sinnvolle Ergänzung und keinesfalls als Muss. Was nützt Ihnen ein neuer Schreibtisch, wenn er zwar in Länge, Breite und Höhe genau dem Feng Shui-Maß entspricht, Sie aber schon nach ein paar Wochen unter Rückenverspannungen leiden, weil Sie sich ständig an ihm bei der Arbeit verrenken müssen. Das kann nicht Sinne von Feng Shui sein. Übernehmen Sie also nicht vorbehaltlos alle Feng Shui-Maßempfehlungen, sondern prüfen Sie immer, ob diese Vorschläge für Sie praktikabel sind! Die Schreibtischhöhe kann in den wenigsten Fällen auf Feng Shui-Harmoniemaße gebracht werden.

Schwierigkeiten gibt es auch bei den Betten. Bei uns im Westen haben wir nahezu überall das Standardmaß 2 x 1 m. Wir liegen also im Bereich »Raub und Diebstahl«, die Breite signalisiert uns »Trennung«. Wir sind aber keineswegs der Meinung, die in einigen Feng Shui-Büchern vertreten wird, dass die Scheidungsrate im Westen deshalb so hoch sei, weil die Betten fast sämtlich im roten Bereich lägen. Denn diese Quote ist auch in Ländern ähnlich hoch, die aus ihrer Tradition heraus die Harmoniemaße eher beachten. Falls Sie aber ein mulmiges Gefühl dabei haben, mit Gedanken an Diebstahl und Trennung einzuschlafen, verlängern sie doch einfach den Kopfteil Ihres Bettes mit einem Regalbrett, bis Sie den Bereich Reichtum erreicht haben.

Praxistipp: Versuchen Sie es doch einmal mit einer Feng Shui-Harmoniedecke in Glücksmaßen für Singles und Paare, die vom Deutschen Feng Shui Institut entwickelt wurde. Mit diesem Feng Shui-Heilmittel hüllen Sie Ihr Bett und entsprechend auch sich selbst in Harmoniemaße.

Abschließend noch eine Anmerkung: In unserer Praxis haben wir immer wieder erleben müssen, dass Feng Shui-Berater teilweise recht »maßlos« mit den Harmoniemaßen umgehen. Wir haben zahlreiche Anrufe erhalten, in denen uns Menschen ihr Leid in dieser Sache klagten. Ihnen war nämlich bei Analysen vor Ort dringend empfohlen worden, die Möbel, Spiegel, Geräte und was auch immer, die im roten Bereich lagen, sofort aus dem Haus zu schaffen. Darüber hinaus sollten unbedingt die Fenster, vor allem natürlich auch die Türen, das »richtige Maß« bekommen.

Nun mussten selbst solch radikale Berater einsehen, dass die Wohnung nicht gleich leer geräumt und dazu noch Fenster und Türen aus dem Rahmen gerissen werden können, um dann sogleich flott mit den Harmonisierungs-Umbaumaßnahmen zu beginnen. Sie empfahlen deshalb einen »Zwischenschritt«: Bis die ganze Wohnung in maßvoller Harmonie erstrahlen konnte, sollten die Besitzer alles im roten Bereich erst einmal mit einem Klebeband »vorbehandeln«! Damit könnte zumindest vorläufig alles in harmonische Segmente unterteilt werden.

Bei einer Klientin haben wir das Ergebnis einer solchen »Harmonisierung« gesehen: Einige Möbel, einige Spiegel und alle Fenster und Türen waren mit Klebeband verziert, das sich zum Teil bereits abgelöst hatte. Unsere erste Harmonisierungs-Maßnahme bestand darin, unsere Klientin von dieser »Verschandelung« zu befreien.

In Asien erhalten Sie ganz selbstverständlich Möbel, aber auch zum Beispiel Briefkästen, Bilderrahmen oder Aktentaschen in den Harmoniemaßen des Feng Shui. In Europa werden Sie meist vergeblich danach suchen. Dennoch können Sie auf einfache Art und Weise wichtige Accessoires für Ihren Alltag und das Berufsleben harmonisieren.

Praxistipp: Briefpapier und Visitenkarten lassen sich durch entsprechende Gestaltung in Feng Shui-Teilabschnitte gliedern. So könnte ein DIN-genormter Briefbogen zum Beispiel in zwei Abschnitte geteilt werden, denn die Gesamtlänge dieses Formates reicht ansonsten mit ihrem Maß von 29,8 cm ausgerechnet in den Bereich »Raub und Verlust«. Teilen wir nun symbolisch das Blatt etwa bei 5,3 cm vom oberen oder unteren Rand, erhalten wir zwei Abschnitte. Einer fällt in den »Reichtum«, der andere verspricht uns gutes Gelingen und Beförderung. Dieses Prinzip kann man auch bei den Visitenkarten verwenden.

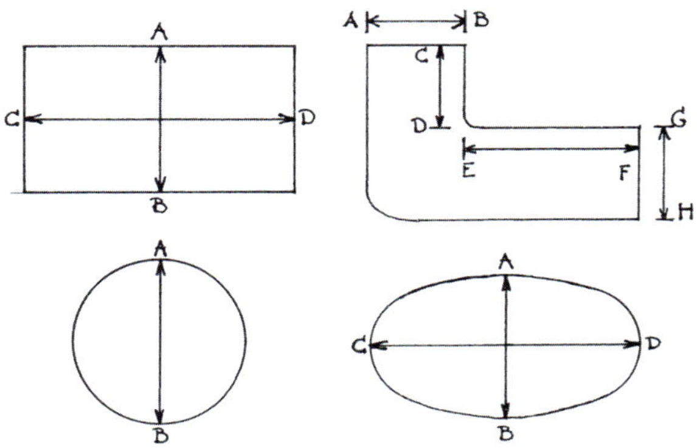

Hier sehen sie, wie Tische oder andere Möbel nach Feng Shui vermessen werden.

Einrichten mit Feng Shui

Wenn Sie sich nach Feng Shui einrichten wollen, genügt es in den meisten Fällen, einige Möbel zu verrücken, um einen günstigen Fluss des Chi zu erreichen. Planen Sie aber bereits seit längerem größere oder kleinere Neuanschaffungen für Ihr Haus, so denken Sie an die Richtlinien der Harmonielehre. Sitzmöbel sollten den nötigen Rückenschutz gewähren, Schränke nicht allzu scharfkantig sein.

Individuell gestalten

Im Feng Shui müssen Sie keineswegs starr einem Schema folgen, um von den positiven Auswirkungen der Harmonielehre zu profitieren. Im Gegenteil: Gerade die Gestaltung auf verschiedenen Ebenen ermöglicht einen einzigartigen und individuellen Einrichtungsstil. So können Sie jeden Bagua-Bereich über die ihm zugeordneten Farben, Muster und Materialien stärken, natürlich aber auch über die ihm entsprechenden Zahlen (siehe Grafik S. 247). Das gelingt, indem Sie diese ganz direkt über die Anzahl der Dekorationsgegenstände einbringen oder aber auch als Symbol über die geschriebene Zahl. So gelten im Feng Shui beispielsweise 7 Münzen als außerordentliches Glückssymbol, wenn sie im Westen platziert werden. Der Grund: Die Sieben ist die dem Westen zugeordnete Zahl und die Münzen stehen gleichzeitig mit dem dort herrschenden Element Metall in Verbindung. So gelingt es, zwei unterschiedliche Entsprechungsebenen miteinander zu kombinieren.

Denken Sie kreativ bei der Gestaltung: Feng Shui folgt keinem starren Muster, sondern den grundlegenden Prinzipien. Probieren Sie aus, was Ihnen gefällt und spüren Sie, was passiert. Das Leben kann so spannend sein, wenn man es selbst gestaltet!

In diesem Zimmer unterstützt der schräg in die Ecke gestellte Schrank den harmonischen Energiefluss. Hinter das Sofa wurde eine halb hohe Anrichte gestellt. Überall tauchen paarweise angeordnete Accessoires auf, die ebenso wie die rote Farbe den Partnerschaftsbereich wirkungsvoll unterstützten.

Beziehen Sie auch feinere Ebenen wie Düfte und Klänge mit in Ihr Einrichtungskonzept ein. So kennen wir beispielsweise spezielle Raumdüfte, die mit den Bagua-Bereichen in Verbindung stehen und deren Energien wirkungsvoll aktivieren können.

Das schützende Heim

Richtig verstandenes Feng Shui ist nicht gestrig, sondern reagiert auf die Herausforderungen unserer Zeit. Deshalb kann es notwendig sein, abschirmende Maßnahmen in den Einrichtungsstil zu integrieren. Gerade in den vergangenen Monaten wurde in den Medien ja viel über die Gefahren des Mobilfunks berichtet. Schon lange zuvor haben wir zum Schutz vor Störstrahlung das Konzept *Vital Balance* entwickelt. Es basiert auf messtechnisch nachweisbaren Abschirmmaßnahmen und auf biologisch wirksamer Resonanztherapie zur Revitalisierung und Stärkung des Umfeldes.

Oft kann man wirkungsvolle Abschirmkonzepte in die Raumgestaltung integrieren. Eine schnelle und einfache Möglichkeit bieten Abschirmbilder, die nach dem Prinzip des Funkschattens funktionieren und bei punktuell zu ortenden Störquellen eingesetzt werden. Auf diese Weise wird der Elektrosmog zum Beispiel von Nachbars DECT Telefon messbar um bis zu 98 Prozent abgeschirmt und die Elektrosmog-Gestressten finden endlich wieder den erholsamen Schlaf.

Muss großflächiger gearbeitet werden, etwa weil – wie vielerorts – ein Mobilfunkmast in der Nähe Ihres Zuhauses steht, bieten Abschirmfarben und Abschirmstoffe von *Vital Balance* einen effektiven Schutz. Der Abschirmstoff ist weiß, sehr fein und dünn und auf den ersten Blick nicht von einer üb-

Schützendes Fensterkleid: ein Vorhang mit integriertem Abschirmstoff

lichen Gardine zu unterscheiden. Um solche schützenden Stoffe – nicht jeder mag ja die schlichte weiße Optik – in bestehende farbige Einrichtungskonzepte zu integrieren, empfehlen wir unseren Klienten und Beratern, den *Vital Balance*-Abschirmstoff als Futter auf die Innenseite der bestehenden Vorhangstoffe zu nähen.

Auch Abschirmfarben können beliebig überstrichen werden und engen die gestalterische Freiheit keineswegs ein. Allerdings braucht ihr Einsatz fachliches Know-how, deshalb sollten Sie sich informieren, bevor Sie diese Schritte planen. Neben der Erdung, die für das Ergebnis mit entscheidend ist, geht es vor allem darum, den optimalen Ort für die Abschirmmaßnahmen zu finden.

Denn der vielerorts praktizierte Weg nach dem Motto »Wir machen jetzt gleich mal alles. Sicher ist sicher!« ist durchaus nicht sinnvoll und Erfolg versprechend. Warum? Wenn wir abschirmen, ist das keine Einbahnstraße. Abschirmmaterialien schirmen alles ab, das heißt leider auch viele gesunde Einflüsse! Beispielsweise etwa auch das positiv aufbauende Strahlungsfeld der Erde. Und diese Tatsache wiederum hat Auswirkungen auf den Chi-Gehalt von Räumen, der in abgeschirmten Häusern sehr gering ist, da diese von den nährenden irdischen und atmosphärischen Einflüssen abgeschnitten sind.

Um dieses Defizit auszugleichen, arbeiten wir mit den *Vital Balance Energiekugeln*. Sie wirken aufgrund des physikalischen Gesetzes des Frequenzausgleiches und werden bei Bedarf individuell Vorort über das therapeutische Verfahren der Kinesiologie ausgetestet.

Grundsätzlich wirkt eine der Frequenz angepasste Entstörung anders, als eine Abschirmung. Sie verstärkt das biologisch aufbauende positiv wirksame Feld und wird darüber hinaus auch auf das individuelle Frequenzfenster des Betreffenden abgestimmt. Ihre Wirkung ist über die reine »Vermeidungsstrategie« von Abschirmungen hinaus wesentlich ganzheitlicher. Sie lädt das Umfeld auf und stärkt das Biosystem der Menschen.

Licht im Feng Shui

Die Sonne ist nur einer von 3000 Sternen, die wir mit bloßem Auge sehen können – aber der wichtigste von allen. Ohne sie gäbe es kein Leben auf unserer Erde. Aus Feng Shui-Sicht könnten wir hinzufügen – die Sonne besitzt das stärkste Yang in unserer Galaxie. Fasziniert hat uns eine Entdeckung, die der Wissenschaftsreporter Horst Güntheroth so beschreibt: »Unsere Sonne hat einen ›Herzschlag‹. Im Takt von zwei Stunden und 40 Minuten zieht sich die Sonne wie ein riesiges, pumpendes Organ um drei Kilometer zusammen und dehnt sich dann wieder aus.«

Auch unsere Herzen schlagen nur Dank der Sonne. Ob Pflanze, Tier oder Mensch – sie alle sind vom diesem Stern abhängig. Die Intensität des Lichts und die Dauer der Bestrahlung beeinflussen das Wachstum der Pflanzen. Sie wiederum speichern das Sonnenlicht und wandeln es bei der Photosynthese in Sauerstoff um, den Mensch und Tier zum Atmen brauchen.

Das Licht der Sonne regelt auch unsere innere Uhr, den Tag- und den Nachtrhythmus. Wir brauchen mindestens eine Stunde Sonnenlicht am Tag um gesund zu bleiben.

Die Sonnenstrahlen sind also natürliche Chi-Träger, die uns helfen, fit zu bleiben. Doch wir heutigen Menschen sind ja längst Kinder des künstlichen Lichts geworden. Wir verbringen im Durchschnitt 90 Prozent unserer Wachzeit in geschlossenen Räumen – daher rührt wohl auch das zunehmende Bedürfnis nach der Harmonisierung unserer Häuser, Büros und Firmen im Sinn von Feng Shui. Weiterhin wurde in einer neueren Untersuchung festgestellt, dass bei uns in Deutschland immerhin 20 Prozent aller Beschäftigten auch noch Nachtarbeit leisten. All das tut seine Wirkung: Vor Beginn der industriellen Revolution war etwa das heute so viel diskutierte »Müdigkeitssyndrom« kaum bekannt. Der Mangel an natürlichem Sonnenlicht kann unter vielem anderen auch zu Verstopfung und Appetitlosigkeit, zu hohem Blutdruck und Magengeschwüren führen. Selbst in Räumen mit künstlichem Licht aber fühlen wir sehr genau die hellen und die dunklen Tage in der Natur, den Wechsel von Tag und Nacht, auch wenn in den Metropolen unserer Welt die künstlichen Sonnen niemals untergehen. Und doch: Ist der Himmel verhangen, sind wir oft müde und schlecht gelaunt. Strahlt die Sonne vom Himmel, sind wir heiter und haben ein »sonniges Gemüt«.

Mit Bio-Licht gegen Stimmungstiefs

Nun können wir nicht alle auf Landwirt oder Förster umsatteln, um ausreichend an die für uns lebensnotwendigen Sonnenstrahlen zu gelangen. Um der modernen Welt gewachsen zu sein, sollten wir uns neuen Techniken anvertrauen, die uns im Notfall ein bisschen Sonnenschein in unsere Wohnung zaubern. Eine neue Möglichkeit eröffnen hier etwa die Vollspektrum-Lampen, die Leuchtstoffröhren enthalten, die tageslichtähnliches, weißes Licht erzeugen. Hierbei nutzt man das gesamte Tageslichtspektrum – ausgespart sind lediglich die UV-Anteile, die ausgefiltert werden. Ebenfalls auf dem Markt sind auch Geräte mit Bio-Licht. Sie vollziehen in einem 12-Stunden-Rhythmus den kompletten Sonnenkreis nach. Hierzu die Autoren des Mosaik-Buches »Urkraft Licht«, Cornelia Adam und Jutta Keller: »Sie simulieren die zunehmende und abnehmende Sonne – vom Rot-Gold des Sonnenaufgangs über das silberne Mittagslicht bis hin zum Gold-Rot der Abendstimmung. Vor allem das Rot-Orange-Licht hat sich gegen Winterdepressionen bewährt. Stimmungsaufhellend wirken auch sommerliche Leuchtfarben wie Sonnenscheingelb, Wiesengrün und Himmelblau. Sie helfen als farbenfroher Lichtblick vor allem über sonnen- und lichtarme Jahreszeiten hinweg – und stillen die Sehnsucht nach Licht und Farben, einem der stärksten menschlichen Grundbedürfnisse.«

Ausgleichen durch Licht

Wir haben also die Dunkelheit als einen Energieräuber zu betrachten. Achten Sie also deshalb, dass Ihr Heim stets gut ausgeleuchtet ist. Besonderes Augenmerk sollten Sie auf die Bereiche richten, die leicht vergessen werden – etwa die düsteren Ecken im Flur, des Treppenhauses oder die im Keller. Gerade Zimmerecken, in denen sich die Energie staut, sollten immer gut ausgeleuchtet sein. Licht verhindert Stau. Aber nicht nur das Licht an sich, sondern auch die Form der Lichtquelle kann für die bewusste Gestaltung eingesetzt werden. Kugellampen wirken auch durch ihre Formgebung zusätzlich sammelnd. Sie sind hervorragend geeignet für die Bereiche, in denen die Energie unruhig fließt (zum Beispiel Treppenhäuser und Hausaufgänge). Zudem können Sie auf der Terrasse oder dem Balkon einen Sammelpunkt für das Chi bilden. Säulenförmige Lampen oder solche, deren Licht nach oben strahlt, gleichen die Bedrückung einer niedrigen Decke oder die Schwere von Balken aus.

Praxistipp: Möchten Sie einen Fehlbereich ausgleichen, bringen Sie an der angrenzenden Wand eine Leuchte an. Eine extra Portion an Aktivierung erreichen Sie, wenn Sie den Bagua-Bereich, der für Sie momentan im Mittelpunkt steht, mit einem Spot bestrahlen. Auch Symbole können so ins rechte Licht gerückt werden.

In der Berufswelt kann die Bedeutung des Lichtes nicht genügend hervorgehoben werden. So haben wir eine Passage analysiert, deren Durchgänge blau ausgeleuchtet waren und alles in einem kränklichen, fahlen Licht erscheinen ließ. Kein Wunder, dass die Geschäftsinhaber über mangelnde Umsätze klagten.

Neben der Farbe des Lichts spielt auch die Lichtführung eine entscheidende Rolle. Auf diese Weise kann ein virtueller Raum geschaffen werden. Das erreichen wir, indem aus dem Laden heraus Spotligths so ausgerichtet werden, dass sich ihre Strahlen an einem Punkt außerhalb des Geschäftes treffen.

Wie wir Licht und Farben ideal kombinieren und einsetzen, zeigt ein Beispiel, dass längst bei uns sprichwörtlich geworden ist. Gewiss weiß ein jeder von Ihnen, was damit gemeint ist, wenn wir etwa vom Rotlichtviertel schreiben. Dieses »Lichtsignal« galt bei fast allen Kulturen als ebenso diskreter wie eindeutiger Beweis dafür, dass hier besonderer Wert auf die Zweisamkeit gelegt wurde.

Heilmittel

»Die Wahrheit kommt nicht nackt in die Welt, sondern sie ist gekommen in Symbolen und Bildern.«

PHILIPPUS

unt Symbole

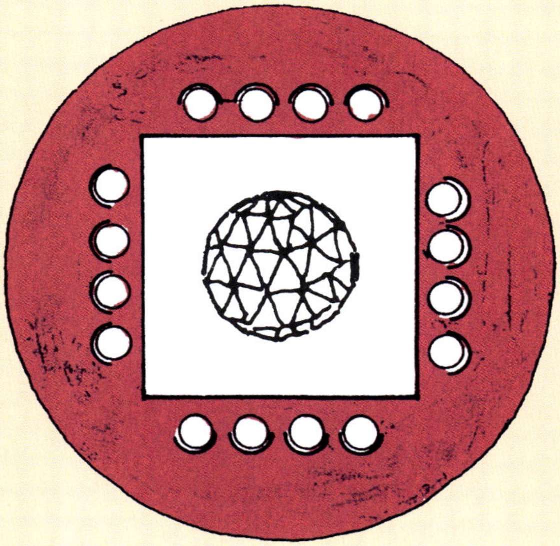

Ein Ziel von Feng Shui ist es, Vorzüge in unserem Umfeld zu betonen und potentielle Schwachstellen zu erkennen. Sind sie uns erst einmal bewusst, können wir etwas unternehmen. Oft sind es nur kleine Korrekturen, die eine große Wirkung mit sich bringen. Seien Sie also behutsam mit Veränderungen.

Heilmittel bremsen zu schnelles, zu starkes, geradliniges Yang-Sha ab und bringen es wieder in den natürlichen Fluss zurück (bei scharfen Ecken und Kanten, Energieautobahnen durch lange Flure, gegenüberliegende Fenster und Türen). Sie wirken als Energiemagneten und beleben Bereiche, die gar nicht oder mangelhaft mit Chi versorgt werden oder halten Energie, die sonst verloren gehen würde.

Die wichtigsten Heilmittel im Feng Shui

Symbole wirken eher auf der qualitativen Ebene des Chi. Durch ihren Informationsgehalt ziehen sie genau die Energiequalität an, die sie verkörpern. Die Aussage eines Symbols kann je nach Kulturkreis, aber auch von Mensch zu Mensch unterschiedlich sein.

Natürlich können sich die Bereiche überschneiden und ergänzen. So kann ein Feng Shui-Heilmittel gleichzeitig Symbol und Energielenker sein, je nachdem wie wir es platzieren.

Spiegel

Das Feng Shui-Element zur Energielenkung ist der Spiegel. Er zieht auf der einen Seite Energie an, gibt sie aber auch durch Reflexion wieder ab. Diese beiden Eigenschaften sollten uns bewusst sein, wenn wir Spiegel einsetzen möchten.

Plane Spiegel

Sie sind die gebräuchlichsten. In den meisten Fällen setzen wir sie unbewusst ein, ohne zu wissen, welche Wirkung sie besitzen. Wir schauen täglich mehrmals hinein, um uns zu betrachten. Damit wir uns sehen können, müssen sie unser Bild aufnehmen und unser Spiegelbild reflektieren. Die Voraussetzung dafür, dass wir uns so sehen, wie wir sind, liegt darin begründet, dass der Spiegel die aufgenommene Energie geradlinig zurückstrahlt. Täte er das nicht, würden wir uns wie im Spiegelkabinett verschwommen und verzerrt sehen. Diese geradlinige Energie aber ist es, die uns subtil stören kann. Deshalb sollten wir im Schlafzimmer keinen Spiegel aufhängen, denn er wirkt auch wenn wir nicht in ihn hereinschauen. Der Spiegel strahlt also die gesamte Nacht über im Schlafzimmer, und das in einer

Grundfunktionen der Heilmittel zur Energielenkung		
Sha-Einfluß	**Wo?**	**Ziel und Ausgleichsmöglichkeiten**
Yin-Sha (Stagnation, Mangel)	in Raumecken, geschlossenen Räumen ohne ausreichende Belüftung (Abstellkammern, Keller; oft in Krankenzimmern), auch unter Dachschrägen, in unbewegten und trüben Gewässern (Tümpel, Teiche, altes Blumenwasser), bei defekten Geräten	Bewegen und Anziehen von Chi – durch Beleben mit Lampen, Pflanzen, Zimmerbrunnen oder Spiegel, ausreichende Belüftung
Yin-Sha (Energieverlust)	durch Treppen mit offenen Stufen oder nach unten führende Treppen, durch Kamine, in Hanglagen	Chi lenken und sammeln – durch Pflanzen, Lichtquellen, Mobiles, Klangspiele, Mauern, Anpflanzen von Büschen, Bäumen, Sträuchern
Yang-Sha (versteckte Pfeile, Energieautobahnen)	lange, schmale Flure, gerade Straßen, Raumbereiche zwischen Tür und Fenster, Ecken und Kanten von Häusern, Tischen, Schränken, Regalen, Deckenbalken	Abbremsen und Zerstreuen der Energie – durch Entschärfen von Pflanzen mit versteckten Pfeilen, Einsatz von Mobiles und Klangspielen, Vorhängen, Raumteilern, diagonal gelegten Läufern oder Teppichen, symbolisches Schließen von Fenstern mit Pflanzen, Mobiles, Klangspielen

Zeit, in der der Körper besonders empfänglich für Einflüsse jeglicher Art ist. Hinzu kommt, dass Spiegel, ebenso wie andere Metallobjekte, störende Erdstrahlungen verstärken können.

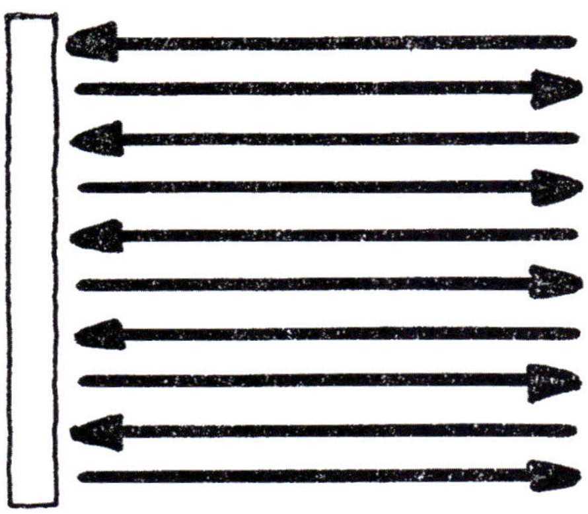

Planer Spiegel

Konvexe Spiegel

Konvexe, also nach außen gewölbte Spiegel, zerstreuen durch ihre Oberfläche die Energie. Sie sind daher besonders geeignet, versteckte Pfeile ebenso wie Energieautobahnen auszugleichen. In einigen Feng Shui-Büchern heißt es, dass konvexe Spiegel Glück anziehen. Das ist nicht der Fall, denn schon durch ihre Form wird deutlich, dass hier Chi-Energie zerstreut und nicht gesammelt wird. Unbedingt möchten wir darauf hinweisen, dass diese Spiegel sich keinesfalls außen auf der Eingangstür befinden sollten! Sie mögen hier zwar Sha-Einflüsse abwehren, werfen aber auch das vitale Chi wieder zurück und hindern es, in das Gebäude zu gelangen. Alternativ können andere, reflektierende Elemente eingesetzt werden. Wir verwenden sehr gerne den sogenannten »Feng-Gong«. Er wird in Handarbeit in China gefertigt und wirkt gleich auf zweierlei Weise: Zum einen reflektiert er aufgrund seiner Form Sha-Chi, zum anderen funktioniert er als mächtiges und harmonisierendes Klanginstrument, denn er erzeugt Klangwellen, die sich wohltuend im Raum ausbreiten.

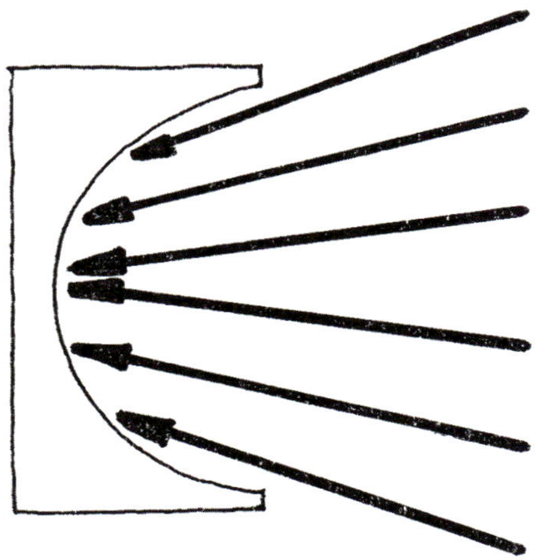

Konkaver Spiegel

Konkave Spiegel

Konkave, nach innen gewölbte Spiegel, sammeln und fokussieren Chi-Energie. Sie füllen Bereiche mit niedrigem Chi-Niveau energetisch auf. Um das Wirkprinzip zu verstehen, stellen Sie sich eine Satellitenschüssel vor, die Sendefrequenzen bündelt, damit wir die Fernsehprogramme bei uns zu Hause empfangen können.

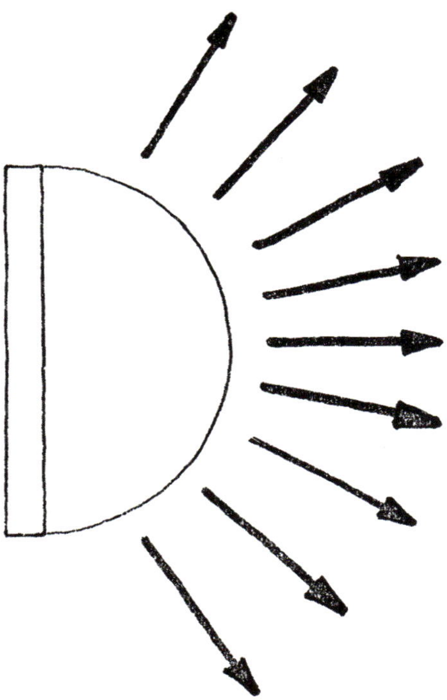

Konvexer Spiegel

Grundregeln für den Einsatz von Spiegeln

- Benutzen Sie nur hochwertige, gut gearbeitete Spiegel. Reflektieren Spiegel verzerrte Bilder, bringen wir etwas Schräges in unser Umfeld.
- Hängen Sie niemals einen Spiegel unmittelbar gegenüber einer Eingangstür auf. Er würde die gesamte Energie sofort wieder zurückreflektieren und das Ziel, möglichst viel vitales Chi anzuziehen, wäre verfehlt.
- Das gilt auch für Aufgänge in andere Geschosse. Auch hier sollten Spiegel sich nicht unmittelbar gegenüber des Aufgangs befinden, da das Chi sonst nur teilweise den oberen Bereich des Hauses beleben kann.
- Bringen Sie Spiegel nicht an Türen von Räumen an, die bewohnt werden. Wenn Sie die Tür öffnen, hindern sie das Chi daran, über die Pumpbewegung der Tür in den Raum zu fließen.

- Spiegel verdoppeln energetisch das, was sie spiegeln. Deshalb sollten Sie, wenn Sie hinein schauen, auch nur etwas Angenehmes erblicken, weil dies dann verstärkt in Ihr Leben tritt.
- Verwenden Sie keine Spiegelfliesen. Sie zerschneiden das sich in ihnen Spiegelnde optisch und schaffen kein gutes Feng Shui.
- Spiegel sollten ausreichend groß sein, um das ganze Gesicht oder den gesamten Körper wiederzugeben.
- Gehen Sie beim Einsatz von Spiegeln bedächtig und bewusst vor. Suchen Sie einen geeigneten Ort für Ihren Spiegel, so vollziehen Sie in Gedanken den Energiestrom nach, den er mit sich bringt. Beziehen Sie dabei auch all die anderen Einflüsse mit ein, die die Umgebung erzeugt (Fenster und Tür, Treppen).
- Wollen Sie versteckte Pfeile im Außenbereich neutralisieren, so hängen Sie einen kleinen Spiegel direkt gegenüber der Sha-Quelle auf. Durch die Reflexion wird das Sha zurückgeworfen und kann Sie nicht mehr treffen. Allerdings sollten Sie den Spiegel nicht außen an der Haustür anbringen, da er den Chi-Zustrom erheblich vermindert.
- Versteckte Pfeile im Innenraum sollten nie mit Spiegeln harmonisiert werden. Sie verstärken den Sha-Einfluss durch die Reflexion und verteilen ihn im Raum. Bremsen und zerstreuen sie die beschleunigte Energie durch andere Feng Shui-Hilfsmittel (Pflanzen, Bändern, Kugeln usw.), sie haben den Vorteil, dass Sie Sha in Chi umwandeln. Ideal sind geschliffene, halbrunde Feng Shui-Kristalle, die man etwa außen an der Badtür anbringen kann.

Praxisbeispiel: In einer Presseagentur wurde der Chi-Strom durch eine Wand direkt gegenüber der Eingangstür blockiert. Das hatte zur Folge, dass der hintere Bereich des Flures energetisch unterversorgt war, was sich durch die Ausrichtung des hinteren Zimmers nach Norden noch verstärkte. Durch eine bewusste Platzierung eines Spiegels, schräg versetzt gegenüber der Eingangstür, haben wir das Chi auch in den hinteren Teil des Flurs gelenkt und

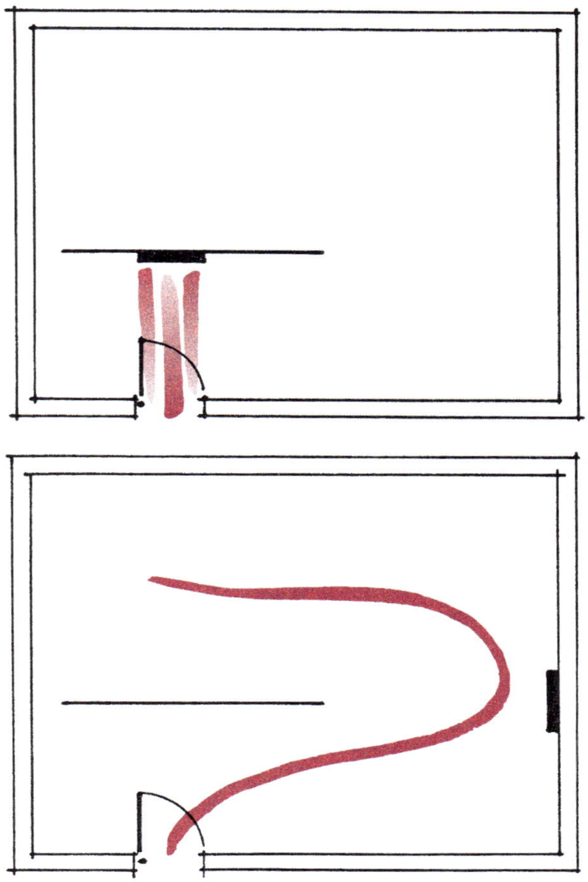

Oben: Der Spiegel gegenüber der Tür schickt das Chi gleich wieder hinaus.
Unten: Der Spiegel an der Wand unterstützt und lenkt den Chi-Fluss im Raum.

den Raum aktivieren können. Danach war eine spürbare Verbesserung der Arbeitssituation festzustellen. Der Spiegel hängt so, dass er die Energie von außen anzieht und einen Großteil des Chi in den hinteren Flur leitet.

Neben der Energielenkung haben Spiegel noch andere wichtige Funktionen: Sie können Räume mit fehlenden Ecken oder schrägen Wänden harmonisieren, denn sie erzeugen einen optischen Raum und stellen dadurch das energetische Gleichge-

Durch drei geschickt platzierte Spiegel wird der Chi-Fluss durch die Diele geleitet.

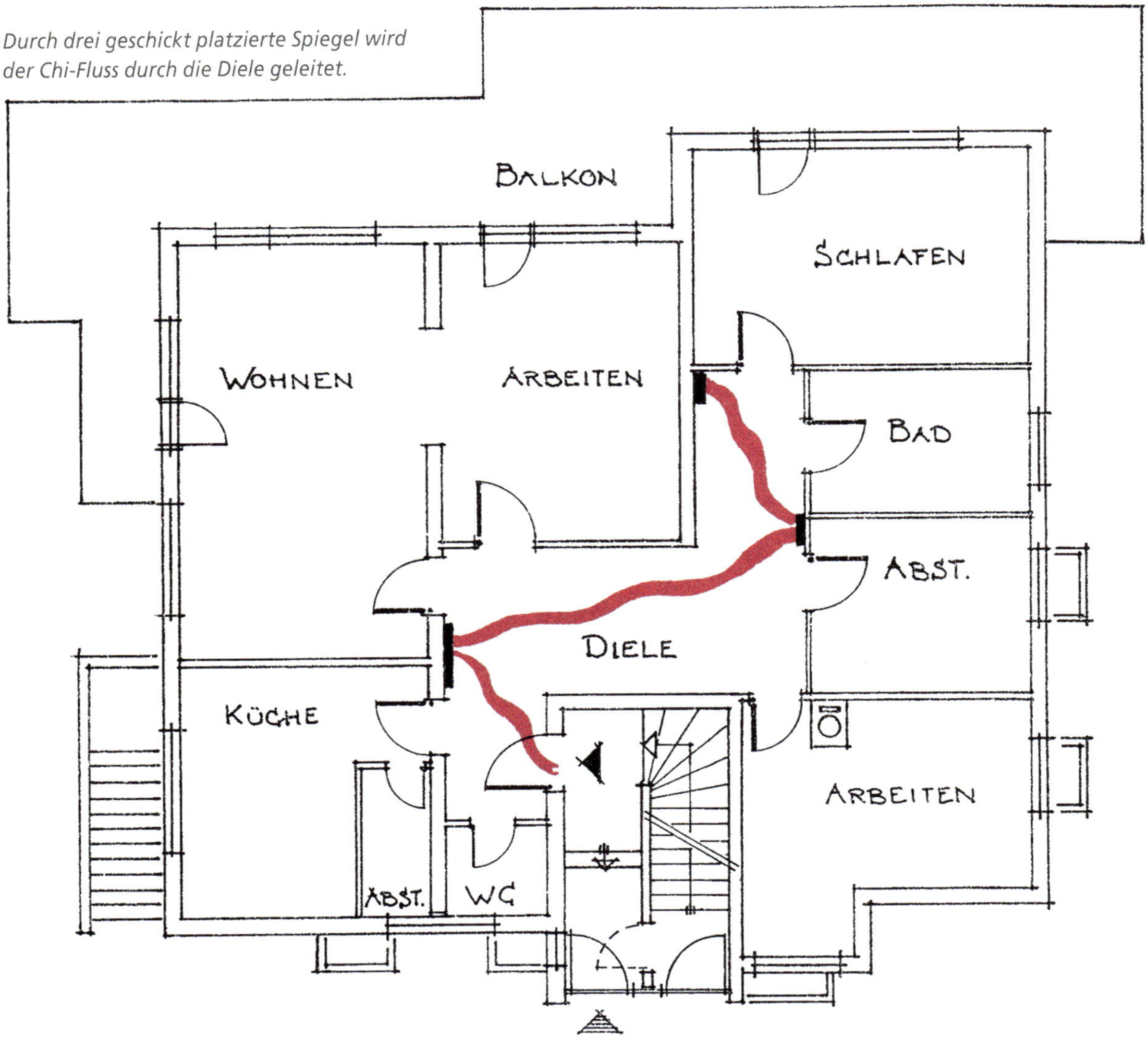

wicht wieder her. Diese Eigenschaft hat eine besondere Bedeutung beim Ausgleich von Fehlbereichen. Auch lange, schmale Räume und Flure profitieren von Spiegeln, wenn man sie so anbringt, dass sie den Raum optisch verbreitern. Allerdings ist auch hier Vorsicht geboten, denn allzu leicht kann eine unruhige Atmosphäre entstehen. Der Zweck des Raumes ist dabei zu berücksichtigen. In einem Badezimmer zum Beispiel können große Spiegel das Chi-Niveau erhöhen, vor allem auch, wenn dort kein Fenster ist. Im Wohn-, Ess- oder Kinderzimmer allerdings werden große Spiegel Unruhe erzeugen.

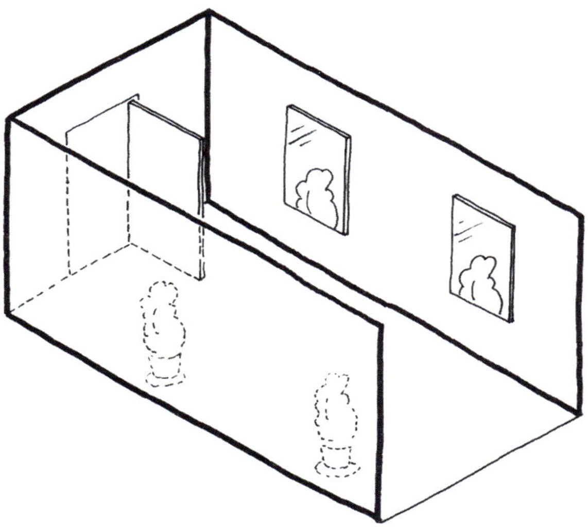

Die Spiegel in diesem Flur öffnen den Raum symbolisch, sollten aber immer mit Bedacht eingesetzt werden.

Diese Spiegel erweitern zwar optisch den schmalen Flur, schaffen aber, wenn sie zu groß sind, eine unruhige Atmosphäre.

Bagua-Spiegel

Im alten China wurden Spiegel als magisch angesehen. Ja, sie galten als Tor zur Geisterwelt. In klassischen Feng Shui-Überlieferungen warnen die Meister vor Spiegeln direkt vor dem Bett. Sie glaubten nämlich, dass nachts der Geist aus dem Körper trete und sich bei seinem Anblick im Spiegel erschrecke. Parallelen dazu finden wir auch in unseren Märchen und Sagen; auch unsere Vorfahren versuchten, mit blanken Metallstücken Unheil, Krankheiten und Hexenzauber abzuwehren. Und wer sich nachts im Spiegel betrachtete, sollte gar neben sich des Teufels Fratze sehen. Schaute ein Kranker in den Spiegel, so verdoppelte sich sein Leid.

Den Bagua-Spiegeln werden seit alters her ganz besondere Kräfte zugeschrieben. Sie sind rund geschnitten und achteckig gerahmt. Ihre – für die Chinesen – ungeheure Anziehungskraft erhalten sie durch die achteckige, glückverheißende Form und die acht Trigramme des I-Ging, die sich auf dem Spiegelrahmen befinden. Ihre Macht drückt sich in diesem Fall nicht durch die kleine Spiegelfläche in der Mitte aus, sondern den Symbolgehalt der Trigramme, die mit den acht Himmelsrichtungen verknüpft sind.

Nach Vorstellung der Chinesen sollten diese Bagua-Spiegel keinesfalls innerhalb des Hauses angebracht werden. Denn sie zeigen die Sequenz des vorgeburtlichen Himmels, die nur im Yin-Feng Shui genutzt wird, und sind deshalb nicht für die Lebenden bestimmt. Ihre Aufgabe ist es, draußen Sha-Einflüsse abzuwehren, die unter anderem von den Ecken, Kanten oder Dächern anderer Häuser ausgehen können.

Praxisbeispiel: Eine Erfahrung mit Bagua-Spiegeln aus unserer Feng Shui-Praxis möchten wir an dieser Stelle weitergeben. Eine Klientin von uns, eine Unternehmerin, deren Firma wir analysiert hatten, lud uns nach der Arbeit noch zu einem Tee bei sich ein. In Anwesen lag inmitten einer parkähnlichen Anlage. Die Jugendstilvilla hatte die Besitzerin mit viel Liebe restaurieren lassen. Auf der dunkelroten, reichverzierten Haustür prangte ein Bagua-Spiegel aus Plastik! Wie unsere Klientin erklärte, war sie dem Rat einer Freundin gefolgt, die einen Volkshochschul-Wochendkurs über Feng Shui absolviert hatte.

Diese war der Ansicht, der Bagua-Spiegel gehöre dorthin, um »die bösen Pfeile« eines Kirchturms in ungefähr 250 Meter Entfernung abzuwehren.

Die Villenbesitzerin selbst gestand auf unsere Nachfrage, dass sie den Plastikspiegel einfach schrecklich fände. Wir konnten ihr erklären, dass sie das Plastikteil ohne weiteres wieder abnehmen und durch andere geeignete »Heilmittel« ersetzen könnte. Wir haben ihr ein Messingschild neben der Tür empfohlen, auf dem das Familienwappen eingraviert ist. Dieses nützliche und zudem noch schöne Accessoire erfüllt nun den gleichen Zweck: es zerstreut die Sha-Einflüsse aus der Umgebung.

Praxistipp: Wenn auch Sie in Ihrem Heim einen Bagua-Spiegel verwenden möchten, so müssen Sie nicht auf die typischen, meist sehr bunten, China-Spiegel zurückgreifen, die in den meisten Fällen nicht mit unserem Wohnstil harmonieren. Besorgen Sie sich am besten einen Spiegel, der Ihnen gefällt und der mit Ihrer sonstigen Einrichtung harmoniert. Die Achteckform an sich ist es, die die Kraft der Trigramme symbolisiert. Deshalb strahlt auch jeder andere achteckig gerahmte Spiegel die gleichen kraftvollen Energien aus.

Praxisbeispiel: Bei der Analyse einer großen Firma haben wir die Spiegel auf eine ganz andere – und wie sich herausgestellt hat – sehr erfolgreiche Weise eingesetzt. Seit einigen Monaten gab es dort schwerwiegende Kommunikationsstörungen zwischen zwei Abteilungen. Durch die mangelnde Koordination mussten die Besitzer so manchen wichtigen Auftrag an die Konkurrenz abgegeben. Die Büros der beiden Abteilungen lagen jeweils nebeneinander, einige durch einen langen Flur getrennt. Hier haben wir mit Hilfe von Spiegeln eine unsichtbare Verbindung von Raum zu Raum geschaffen. Wir hängten auf gleicher Höhe in jedem Büro einen Spiegel an die Wand, der die Grenze zum Nachbarbüro bildete. Der virtuelle Raum im Spiegel verband nun energetisch die jeweiligen Büros untereinander. Ein positiver Nebeneffekt: Die Spiegel wirken aktivierend und können deshalb bei der Arbeit eine gute Unterstützung sein.

Praxistipp: Wollen Sie den Umsatz Ihres Geschäfts steigern, dann stellen Sie neben der Kasse einen Spiegel auf. Das verdoppelt die Kasse – und damit die Umsätze symbolisch.

Blumen und Kübelpflanzen

Schöne Chi-Träger sind natürlich Blumen und Pflanzen. Beachten Sie aber, dass Sie Verwelktes sofort entfernen, denn es steht für Verfall, Krankheit und Tod und würde kein gesundes Chi anziehen. Bei blühenden Pflanzen oder Schnittblumen können Sie über deren Farben auch bestimmte Energiequalitäten unterstützen, Räume also zum einen ruhiger oder aber auch anregender gestalten. So symbolisieren Sonnenblumen die Yang-Kraft der Sonne, sie laden einen Raum auf. Ein Strauß zarter, blauer Blumen dagegen wirkt beruhigend und ist für ein Krankenzimmer gut geeignet. Rund geschnittene Pflanzen wirken zentrierend und sammelnd, während nach oben strebende die Kreativität fördern können.

Pflanzen schließen energetisch die Fenster, wenn sie auf dem Fensterbrett aufgestellt werden. So min-

Sonnenblumen verkörpern die Yang-Kraft der Sonne.

dern sie den Energiedurchzug und die Abwanderung des Chi. Verwenden Sie keine stacheligen Kakteen oder Pflanzen mit spitzen Blättern in unmittelbarer Nähe Ihres Aufenthaltsortes, also dort, wo Sie längere Zeit sitzen, liegen oder schlafen – wie Sie ja bereits wissen, senden sie versteckte Pfeile aus. Allerdings beobachten wir seit einiger Zeit etwas besorgt, dass aus diesem Grund immer mehr Yucca-Palmen »ausgesetzt« werden. Deshalb sei hier auch einmal auf die positive Seite von den spitzblättrigen Pflanzen hingewiesen. In Zimmerecken ebenso in Treppenhäusern können sie Energiestau verhindern und das Chi mit Schwung weiterleiten. Es kommt eben immer darauf an, wie sie eingesetzt werden. Als Grundregel gilt: Ab drei Metern Entfernung hat sich das Sha wieder in harmonisches Chi umgewandelt.

Seidenblumen

Eine pflegeleichte und dauerhafte Blütenpracht erhalten Sie, wenn Sie Seidenblumen aufstellen. Achten Sie aber darauf, dass sie ihren natürlichen Verwandten möglichst nahe kommen und hochwertig sind. Legen Sie also für Ihre Seidenblumen lieber etwas mehr Geld an. Auf diese Weise können auch die Bereiche, an denen natürliche Pflanzen nicht so gut gedeihen, belebt werden. Verzichten Sie auf Trockenblumen, da es ja eigentlich »Blütenmumien« sind, die den Tod symbolisieren.

Windräder

Auf eine heitere, leichte Weise aktivieren Windräder das Chi. Das »Chinarad« besteht aus zwei Doppelrädern, die sich gegeneinander drehen und so die polaren Energien Yin und Yang vereinigen. Der Wind, als verbindendes Element zwischen Himmel und Erde, wirkt als Energielieferant, denn beginnt er zu wehen, dreht sich das Windrad, und das glückbringende Chi sammelt sich vor dem Haus. Platzieren Sie das Windrad in unmittelbarer Nähe von Fenstern oder Türen, damit das Chi ins Haus gelangen kann. Besonders gut aufgehoben ist es im Sektor des Trigramms Sun, das den Wind repräsentiert.

Klangspiele

Klassiker im Feng Shui sind Klangspiele. Ihre dezenten Klänge sind im Garten, auf dem Balkon oder in den Innenräumen sehr beliebt. Klangspiele lassen sich fast unbegrenzt einsetzen. Sie können versteckte Pfeile und Energieautobahnen abbremsen und die Energie aus der Geradlinigkeit wieder zurück in den harmonischen Chi-Fluss lenken. Neben den formalen Wirkungen können wir auch die Klangqualität berücksichtigen. Denn – je nachdem, wel-

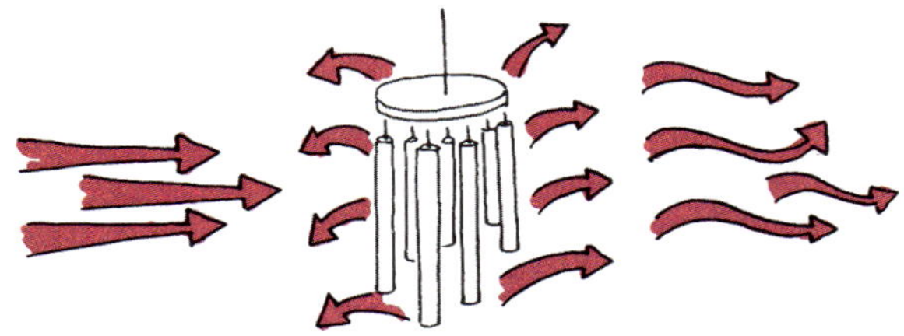

ches Material wir wählen –, erklingen sie entweder in einem hellen, metallischen oder erdhaft satten Ton. Im Grundsatz aber wirken alle von den Klangröhren ausgehenden Schwingungen harmonisierend und können störende Geräusche aus der Umwelt neutralisieren.

Bambus-Klangspiele

Sie sind ideale Harmonisierer von feuchten Räumen (Keller), Abstell- oder Vorratskammern. Das Wirkprinzip ist einfach, denn Bambus hat die Tendenz, Feuchtigkeit aufzunehmen. Im Feng Shui wird Bambus dem Element Holz zugeordnet, das wiederum von Wasser genährt wird. Ein Bambus-Klangspiel im Bad trägt außerdem dazu bei, Energieverlust auszugleichen und den Raum zu beleben.

Wasser

Wasser, besonders fließendes, versinnbildlicht im Feng Shui wie kein anderes Element Reichtum und Fülle. Es steht für Glück, Gesundheit, »fließende Einkünfte« und eine glänzende Karriere.
Wasser wird in vielen Religionen seit alters her als heilig und lebensspendend betrachtet. Auf der einen Seite war die Wasserversorgung gesichert, auf der anderen Seite konnte über die Wasserstraßen Handel getrieben werden. Ein hervorragendes Bei-

spiel dafür ist bis heute die Handelsstadt Hongkong. Die Einwohner sind davon überzeugt, dass sie ihren Wohlstand der von freundlichen »Drachen« (also Hügeln und Bergen) beschützten Lage, vor allem aber ihrem Hafen verdanken, der der Form einer Geldbörse gleicht. Die Verbindung von Wasser und Reichtum finden wir auch in der Symbolik des Feng Shui. Sun, das Trigramm, das mit Reichtum und Fülle assoziiert wird, korrespondiert mit dem Element Holz und das wiederum wird von Wasser genährt.

Praxistipp: Wasser ist das Symbol für Reichtum. Ein Sorgenkind im Feng Shui sind deshalb Bäder und Toiletten, weil hier das Wasser verschmutzt und aus dem Haus gespült wird. Der wichtigste Feng Shui-Tipp ist daher, den Toilettendeckel stets wieder zu schließen!

Zimmerbrunnen

Ein bekanntes »Feng Shui-Rezept« ist der Zimmerbrunnen, aber nur wenn in ihm sauberes und frisches Wasser fließt. Erneuern Sie es also mindestens alle drei Tage! Besonders gut stehen Zimmerbrunnen im Sektor des Reichtums (Wasser das Holzelement), ebenso aber auch im Bereich der Karriere und Gesundheit.

Übrigens tragen die Brunnen auch über die Befeuchtung der Luft zu einem gesünderen Raumklima bei. Auf diese Weise werden gerade auch in beheizten Räumen die Atemwege geschont, was zu einer erhöhten Widerstandsfähigkeit gegen Erkältungskrankheiten führt.

Wasserfallposter

Sie bieten eine wirkungsvolle Möglichkeit, sich die glücksbringende Energie des Wassers ins Haus holen. Wo immer sie aufgehängt werden, erhöhen sie mit ihrer kraftvollen Ausstrahlung das energetische Niveau eines Raumes. Besonders bewährt haben sie sich im Arbeitszimmer. Über den Einsatz von Wasserfallabbildungen im Schlafzimmer kennen wir unterschiedliche Aussagen. Auch wenn man von Fall zu Fall entscheiden muss, tendieren wir dazu, sie hier nicht einzusetzen, weil das Poster die nächtliche Ruhe stören könnte. Zudem steht das Element Wasser in Resonanz mit dem Organsystem Blase und Niere, das durch diese starke Anregung leicht aus dem Gleichgewicht geraten könnte.

»Katma«-Essenzen

Wasser ist ein besonderes Element, denn wie kein anderes ist es Träger feinstofflicher Informationen. Wissenschaftler sprechen inzwischen vom »Gedächtnis des Wassers«. Dieses Phänomen erklärt, warum Heilmittel, die auf dem homöopathischen Prinzip beruhen, so wirksam sind. Dieses Wissen

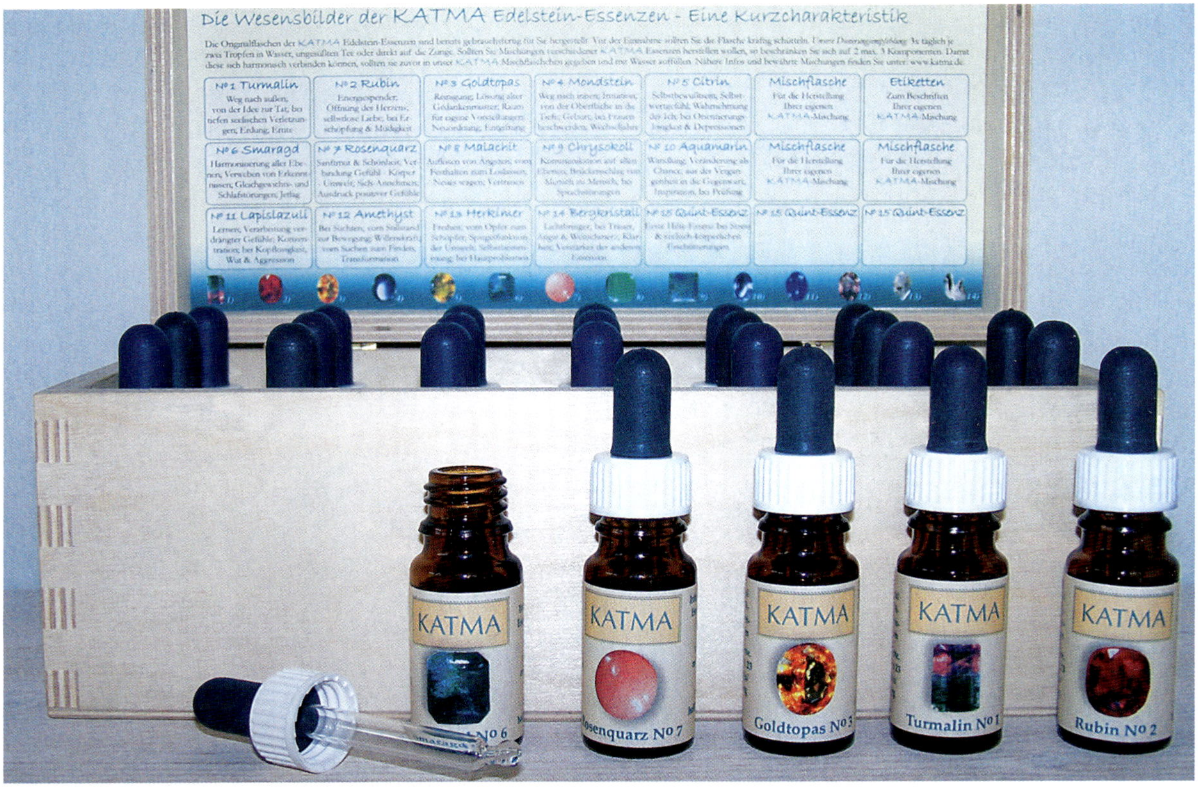

können Sie auch im Feng Shui nutzen, wenn Sie dem fließenden Wassers etwas hinzufügen, was mit Ihrem Befinden oder Lebensziel in Resonanz steht. Wir, ebenso wie viele andere Feng Shui-Berater, arbeiten gern mit den »Katma«-Essenzen, in denen (ähnlich den Bachblüten) die feinstoffliche Information von Edelsteinen gespeichert ist. Edelsteine bestehen aus Mineralien, die wiederum die stoffliche Grundlage für die gesamte Materie, also auch für die Menschen und deren Häuser sind. Jede dieser Essenzen wurde über Jahre hinweg getestet und kann Räume mit ihrer individuellen Wirkung energetisch definieren.

Einige der wichtigsten Essenzen

- KATMA Turmalin-Essenz: unterstützt die Umsetzung von Ideen in die Tat, sehr effektiv für Existenzgründer.
- KATMA Rubin-Essenz: verstärkt die Energie der Liebe, ideal auch für die Aktivierung des Partnerschaftsbereichs.
- KATMA Goldtopas-Essenz: hilft bei Reinigungsprozessen und bei der Neuorientierung im Leben.
- KATMA Mondstein-Essenz: schafft eine Atmosphäre der Ruhe und Entspannung.
- KATMA Citrin-Essenz: stärkt Selbstbewusstsein und Selbstwertgefühl.

- KATMA Smaragd-Essenz: unterstützt bei Umstellungen und Neuorientierungen jeder Art (Arbeitsplatzwechsel, Umzug usw.).
- KATMA Rosenquarz-Essenz: erfüllt den Raum mit Energien von Sanftmut und Schönheit.
- KATMA Malachit-Essenz: stärkt die Entwicklung von Vertrauen, besänftigt Ängste (ideal auch für das Kinderzimmer).
- KATMA Chrysokoll-Essenz: gut für Kommunikationsprozesse, schafft die Verbindung von Wesen zu Wesen.
- KATMA Aquamarin-Essenz: ideale Hilfe bei Veränderungs- und Loslösungsprozessen.
- KATMA Lapislazuli-Essenz: stärkt die Konzentration, harmonisiert Schlafstörungen.
- KATMA Amethyst-Essenz: unterstützt die Willens- und Durchsetzungskraft.
- KATMA Herkimer-Essenz: fördert die Erkenntnisfähigkeit der Spiegelfunktion von Umwelt und Mensch.
- KATMA Bergkristall-Essenz: erfüllt den Raum mit einer Atmosphäre von lichter Klarheit.

Kristalle und Steine

Facettierte Bleikristallanhänger sind ein beliebtes Feng Shui-Heilmittel. Kristalle heben das Energieniveau eines jeden Raumes, indem sie das Tageslicht auffangen und die Regenbogenfarben in den Raum reflektieren. Die Wirkung ist umso intensiver, je besser sie gearbeitet sind und je mehr Facetten sie haben. Sie sind in verschiedenen Formen zu finden, beliebt ist auch der »Spiegelersatz« für die Toilettentür.

Steine und Edelsteine sind ebenfalls hervorragende Feng Shui-Heilmittel. Sie können Chi anziehen und verstärken, nehmen aber auch Sha auf und wandeln es um. Um sie effektiv einzusetzen, sind Form und Farbe der Steine entscheidend.

Runde Formen wie Kugeln, Eier, sowie unregelmäßige, sanft geformte Steine wirken beruhigend. Sie besänftigen den Energiefluss und wandeln versteckte Pfeile in Chi um. Besonders gut eignen sich Steinkugeln und Marmoreier in den Sektoren des Metallelements.

Spitze Formen, zum Beispiel auch Kristallspitzen, wirken grundsätzlich aktivierend. Sie bündeln das Chi und senden es gesammelt wieder in die Umgebung ab. Achten Sie darauf, dass die ausgestrahlte Energie nicht auf Personen gerichtet ist. Auf der Elementarebene korrespondieren Kristallspitzen mit dem Feuerelement.

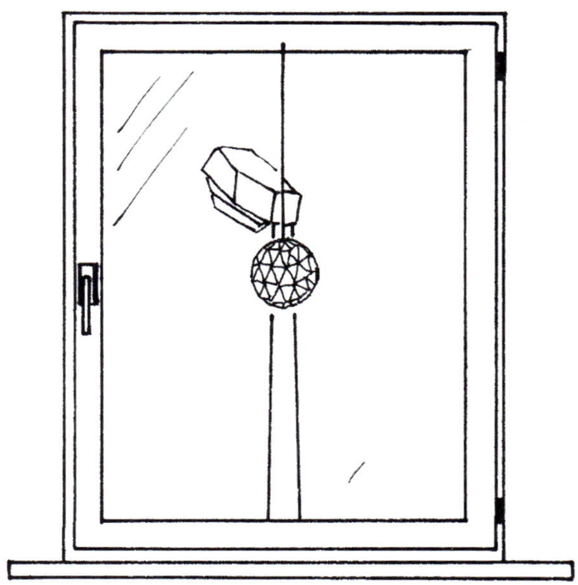

Ein Laternenpfahl direkt vor dem Fenster versendet versteckte Pfeile. Eine Kristallkugel zerstreut durch ihre Facetten diesen negativen Sha-Einfluss.

Räuchern dient dem atmosphärischen Reinigen und regt den Geist an.

Praxisbeispiel: In diesem Zusammenhang eine kleine Geschichte aus unserer Arbeit. Als wir gerade ein Ausbildungsseminar vorbereiteten und nebenbei noch an einem Buch arbeiteten, hatten wir einen Bergkristall zur Aktivierung der »Hilfreichen Freunde« auf den Schreibtisch gelegt. Hier stand auch das Telefon, und es war wie verhext, wir konnten uns kaum auf unsere Arbeit konzentrieren, denn es klingelte ständig. Um die Situation zu beruhigen, nahmen wir den Bergkristall fort und legten statt dessen einen runden, schweren Stein neben den Störenfried. Auf einmal wurde es wesentlich ruhiger, und wir konnten uns wieder voll und ganz auf die Arbeit konzentrieren.

Ein anderes Beispiel: Thomas Fröhling war eine Zeitlang in eine gerichtliche Angelegenheit verwickelt, die immer verworrener und komplizierter wurde. Wir haben sie dann symbolisch »beerdigt«, indem wir alle Unterlagen in eine Kiste mit Deckel packten. Darauf legten wir einen dicken, schweren Stein. Nun erfuhr die Angelegenheit eine Wendung und die Sache wurde schnell und für uns befriedigend beendet.

Räuchern

Wir halten Räuchern für den Königsweg, um thermisches Chi in der Umgebung auszugleichen, denn hier wird ja das Element Feuer aktiviert. Räuchern stellt wohl die älteste Form der Aromatherapie dar. In jeder Kultur finden wir konkrete Hinweise auf das Ritual des Räuchern.

Die alten Chinesen verwendeten ihre Räuchermischungen für magische Rituale, um Glück und Wohlstand anzuziehen und sich mit den Energien der Natur zu verbinden. Aber auch für alltägliche Zwecke wurde geräuchert, so zur Desinfektion von Räumen oder zur Wohnraum- und Kleiderbeduftung. Überliefert sind auch Räucherrezepte, die die Energien für die Entwicklung bestimmter Lebenswünsche fördern sollen. Wir möchten Ihnen einige von unserem Institut erprobte Feng Shui-Mischungen vorstellen:

- »Reinigung« (u.a. Weihrauch, Bernstein, Wacholder) ist eine sehr kraftvolle Zusammenstellung für gute Energien in Haus und Garten aber auch zur Reinigung von Möbeln und alten Gegenständen. Sie eignet sich auch ideal zur Klärung der Luft nach Streit oder schlechten Nachrichten.
- »Harmonie« (u. a. Weihrauch, Sandelholz, Salbei) hebt das Energieniveau in Räumen und wirkt

ideal auch bei der Einweihung von neuen Häusern, nach dem Umzug oder Neubau.
- »Reichtum« (u. a. Iriswurzel, Zeder, Zypresse, Geraniumöl) weckt den Geist in der Münze und fördert den finanziellen Erfolg.
- »Liebeszauber« (u. a. Rosenblüten, Zimt, Moschus) fördert eine verständnisvolle und erotische Paarbeziehung.

Dorje

Schon von Urbeginn an galten den Menschen Blitz und Donner als machtvolle Kommentare der Götter zum Weltgeschehen. Bei den Kelten wurden Donnerkeile, also keilförmige Steine, deren Entstehung man sich durch Blitzschlag und Donnergetöse vorstellte, gesammelt und bei Riten verwendet. Die Steine sollten ebenfalls vor Blitzeinschlag schützen, den Besitzer gar unsichtbar machen. In China war die Göttin »Tien Mu« die Verkörperung des Blitzes. Ihr Licht fiel grell auf schlechte Menschen, die dann vom Gott des Donners, »Lei Kung«, zerschmettert wurden. Als ein magisches Symbol, das wir auch als Feng Shui-Heilmittel einsetzen können, gilt der sogenannte »Dorje«. Im Buddhismus wird dieses »Donner-Zepter« bis heute bei bestimmten Riten eingesetzt. Im Feng Shui kann es für die Ausrichtung von Räumen genutzt werden. Charakteristisch für die Dorje ist, dass sie an ihren Enden unterschiedliche Ladungen aufweist. Mit ihr können wir deshalb Chi-Mangelbereiche energetisch füllen, wenn wir die positiv geladene Seite auf sie richten. Auf der anderen Seite können wir Unerwünschtes über das andere, negativ geladene Ende der Dorje ableiten und transformieren.

Der Dorje gilt als magisches Symbol.

Fächer

Seit mehr als 3000 Jahren, das wissen wir aus archäologischen Funden, sind Fächer in China bekannt. Im alten China waren sie einst ein Statussymbol für den Beamtenstand. Des weiteren trägt ihn auch einer der Unsterblichen der chinesischen Sagenwelt, Chung-li Ch'üan, immer mit sich und schenkt mit seinem Wunderfächer Verstorbenen neues Leben!
Im Feng Shui wird der Fächer für die Energielenkung eingesetzt. Seine Wirkung ist abhängig von der Art, wie oder wo wir ihn platzieren. In Räumen mit Treppen kann er helfen, das Chi nach oben zu leiten und das Herabfließen von Energie zu vermindern.

Flöten

In der Vorstellung vieler Laien sind Flöten und Feng Shui untrennbar verbunden. Als vor einiger Zeit ein alter Journalistenkollege bei uns anrief und fragte, was wir denn so trieben, meinte er auf unsere Auskunft hin: »Ach so, Ihr gehört jetzt zu diesen Leuten, die den Menschen Flöten in die Wohnung hängen.« An dieser Stelle sei gesagt, dass in unserem Haus keine einzige Flöte von den Balken baumelt. Das heißt aber nicht, dass wir etwa Flöten in Bausch und Bogen ablehnen. Wer sie schätzt, zu wem sie passen, der kann ihre Qualitäten für sich nutzen.
Wie die Fächer so dienen auch die Flöten im klassischen Feng Shui dazu, das Chi durch den Raum zu führen und zu lenken sowie Energieautobahnen zu regulieren. Es ist darauf zu achten, in welche Richtung das Mundstück weist, denn hierhin fließt das Chi. In der Regel werden Flöten immer paarweise auch über Türen, an Deckenbalken und langen Fluren befestigt, ebenfalls an Treppenaufgängen und unter starken Dachschrägen, um die Energie nach oben zu lenken.

Klangschalen

Jede ist in Handarbeit gefertigt und erzeugt je nach Stärke und Größe einen eigenen Klang. Je nach Tonfrequenz werden sie mit bestimmten Planetenenergien in Verbindung gebracht, die den Raum mit genau dieser Qualität aufladen.
Die »Klangschale Jupiter« fördert die Energie der Gestaltungskraft und ist deshalb für Menschen gedacht, von denen diese Eigenschaft gefordert wird oder die sie entwickeln müssen. Die Klangschale kann den Bereich der Karriere, des Reichtums, des Ruhmes oder der Hilfreichen Freunde aktivieren. Unverzichtbar ist sie auch für Existenzgründer, Selbstständige, leitende Angestellte oder künstlerisch Tätige. (Tonfrequenz: 183,85 Hz, Fis)
Die »Klangschale Venus« fördert die Liebesenergie und das Harmoniestreben in Partnerschaft, Familie und Beruf. Sie eignet sich hervorragend zur Harmonisierung und Aktivierung der Ecke der Partnerschaft, des Bereiches Familie und Gesundheit und der Kinder. Bei Missstimmungen, nach Streitigkeiten oder schlechten Nachrichten sollte sie gezielt eingesetzt werden. Sie erfüllt den Raum mit ihrem sanften, warmen Ton. Im Elternschlafzimmer fördert sie liebevolle zwischenmenschliche Beziehungen. (Tonfrequenz 221,23 Hz, Ton A)
Die »Klangschale Uranus« steht für Erneuerungskraft und Regeneration. Ihre Frequenz hilft uns, nach Niederlagen wieder Fuß zu fassen und unter-

Eine wunderbar sinnliche Art für die innere und äußere Harmonisierung im Feng Shui sind Klangschalen.

stützt alle Heilungsprozesse körperlicher und psychischer Art. Sie harmoniert räumlich hervorragend mit der Ecke der Gesundheit und Familie, mit der Partnerschaft und der Wand der Kinder. (Tonfrequenz 207,36 Hz, Ton Gis)

Praxistipp: Beim Einzug in neue Räume kannte man früher den uralten Brauch, ihnen eine individuelle Prägung zu verleihen. Stimmen Sie Ihre Räume mit unseren Klangschalen auf Ihren Lebenswunsch ein, die Klangschwingungen werden aufgenommen und können nun auf Sie zurückwirken. Metall-Klangspiele werden ebenfalls mit bestimmten Tonqualitäten angeboten, auch mit ihnen können Sie Ihre Räume einstimmen.

Salzkristall-Lampen

Heute verbringt der Mensch mindestens 80 Prozent seines Lebens in geschlossenen Räumen. Dabei ist er häufig erheblichen raumklimatischen Belastungen ausgesetzt. So leiden viele Menschen unter den Emissionen von Baustoffen, falsch beheizten und gelüfteten Wohnungen, Elektrostress, erhöhter radioaktiver Strahlung, geopathischen Störungen usw.

In dieser Situation leisten Salzkristalle einen wesentlichen Beitrag für ein gesünderes, natürlicheres Raumklima. Denn unser Wohlbefinden und unsere Leistungsfähigkeit hängen wesentlich von der Luft ab, die wir einatmen. Sie besteht aus verschiedenen Teilchen, die elektrisch geladen sind. Normalerweise sind in der Luft positiv und negativ geladenen Teilchen (Ionen) im etwa gleichen Verhältnis enthalten. In unseren heutigen Arbeits- und Lebensräumen ist dieser Gleichgewichtszustand gestört. Durch elektrische Geräte wie Computer, Fernseher, Lampen, aber auch durch das Rauchen entsteht ein Übergewicht an Plus-Ionen und dadurch ein Mangel an Minus-Ionen. Medizinische Untersuchungen haben ergeben, dass dieser Mangel an negativ geladenen Teilchen Ursache vieler Alltagsbeschwerden wie Abgeschlagenheit, Müdigkeit, Immunschwäche, Depressionen oder Kopfschmerzen ist.

Kristalllampen sind in besonderem Maße dazu geeignet, kritische Zimmerecken mit genügend Energie zu versorgen.

Salzkristalle geben – aufgrund ihrer physikalischen Eigenschaften – negativ geladene Ionen ab, die auch als »Vitamine der Luft« bezeichnet werden. Sie verbessern spürbar das Raumklima. So hat man zum Beispiel festgestellt, dass überall dort, wo sich Menschen besonders wohl fühlen (am Meer, in heilklimatischen Kurorten usw.) eine stärkere Konzentration an negativ geladenen Ionen in der Luft messbar ist.
Die Lampen werden überall eingesetzt; im Schlafzimmer fördern sie die Entspannung, in Büro- oder Wohnräumen mildern sie die Ausstrahlung elektrischer Geräte. Aber auch dort, wo geraucht wird, bewirken sie eine umfassende Verbesserung der Luft.
Bei vielen körperlich-psychische Erkrankungen können die heilsamen Schwingungen der Salzkristalle harmonisierend und gesundheitsfördernd wirken. So kann die Abstrahlung der Salzkristalle die Nieren-, Leber- und Nerventätigkeit ausgleichen, den Hormonhaushalt regulieren und die Entgiftung des Blutes fördern. Die Menge der abgegebenen Ionenstrahlung ist abhängig von der Größe der Salzkristalle. Auch nicht beleuchtete Salzkristalle geben Minus-Ionen ab, verstärkt wird der Effekt jedoch durch die Beleuchtung, die eine Erwärmung der Kristalle bedingt. Die Salzkristalle, aus denen die Lampen gefertigt werden, sind über 250 Millionen Jahre alt. Jede Salzkristall-Lampe ist deshalb in ihrer Form und Ausstrahlung einzigartig und unverwechselbar. Jedoch hängt ihre Wirkung auch vom sorgsamen Abbau der Kristalle ab, deren innere Struktur ebenso wie die äußere Form unharmonisch sein kann. Leider sind heute zahlreiche Billigmodelle im Handel, deren Kristalle durch Sprengung gewonnen werden. Dieser aggressiver Abbau wirkt sich nachteilig auf die Form und letztendlich auf die Kristallstruktur der Lampe aus.

Die Spirale

Zu den ältesten Symbolen der Menschheit zählt – gemeinsam mit dem Kreis – die Spirale. Wir finden sie bereits auf Darstellungen der Steinzeitmenschen! Denn schon unsere ganz frühen Vorfahren wussten, dass die spirituelle und physische Energie spiralförmig fließt. Je nachdem, wie die Energie durch die Spirale bewegt wird, spricht man von links- (Yin) oder rechtsdrehenden (Yang) Spiralen. Die Rechtsdrehung (im Uhrzeigersinn) zieht die Kraft von außen ins Zentrum und steht deshalb für Verdichtung und Materialisation. Die linksdrehende Energiebewegung ist von der Mitte nach außen gerichtet und steht für die Welt der Ideen und die Auflösung von Materie.
Auch im Feng Shui hat die Spirale ihren festen Platz unter den Feng Shui-Heilmitteln. Jedoch ist ihr Einsatz mit Bedacht zu wählen. Zu bedenken ist, dass Metallspiralen – falsch eingesetzt – Erdstrahlung verstärken, sie sollten deshalb vom Laien nicht unbedacht verwendet werden. Eine gute Alternative sind die Glasspiralen. Grundsätzlich können Spiralen jeden Bereich aktivieren, vor allem aber den Mittelpunkt des Hauses.
Praxistipp: Verwenden Sie linksdrehenden Spiralen in den Bereichen, in denen Sie etwas Unerwünschtes auflösen wollen.

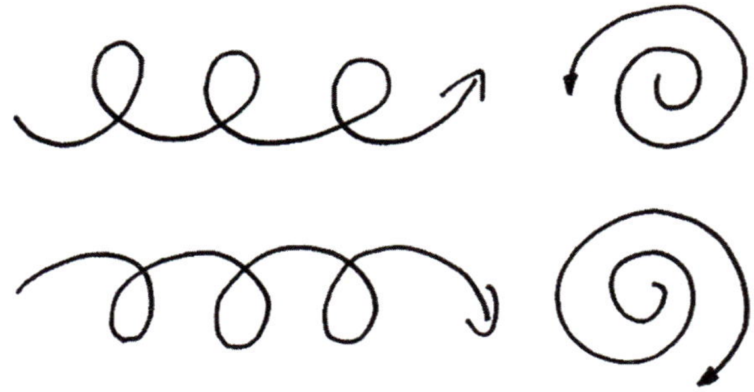

Rechtsdrehende Spiralen helfen Ihnen in den Sektoren, in denen Sie einen Lebenswunsch verwirklichen wollen.

Teddybären

Kennen Sie irgendeinen Menschen, der Teddybären nicht liebt? Das scheint unmöglich! Denn mit diesen Stoffbären verbindet sich für uns das Bild der unschuldigen Kindheit. Der Teddybär war unser erster Freund, der uns im Alltag begleitete, auf Reisen selbstverständlich mit dabei war – und in dunkler Nacht vor bösen Mächten beschützte.

Bei vielen unserer Klienten haben wir in Schränken und auf Dachböden Teddys entdeckt und empfohlen, diesem Begleiter aus schönen Kindertagen wieder einen Platz in der Wohnung zu geben. Denn wo immer sie auf Sesseln und Sofas sitzen, macht sich Gemütlichkeit und gute Stimmung breit.

Seinen Namen verdankt der Teddybär dem amerikanischen Präsidenten Theodore (»Teddy«) Roosevelt. Von ihm wird erzählt, dass er es auf einer Jagd ablehnte, einen in die Enge getriebenen Bären – »diesen »König der amerikanischen Wälder« – abzuschießen. Diese Story ging durch die Zeitungen und ein gewisser Morris Mitchom kam auf die Idee, freundlich schauende kleine Spielbären für Kinder herzustellen. In einem Schreiben bat er den Präsidenten, ihnen seinen Namen, »Teddy's Bears«, geben zu dürfen. Der Präsident gestattete dies, obwohl er nicht an einen Erfolg dieser Idee glaubte.

Dieser Erinnerungs- und Glückspender hat in unserem Institut als westliches geprägtes Feng Shui-Heilmittel seinen festen Platz. Ja, darüber hinaus haben wir für unsere Klienten einen Teddy entwickelt, der auch den Bereich des »Geldes und des Reichtums« aktivieren soll. Es ist ein Plüschbär mit einer Chinesischen Glücksmünze am purpurroten Band um den Hals. Der Grund für diese ungewöhnliche Kombination von Teddy und Münze war eine Erfahrung, die wir immer wieder gemacht haben: Viele unserer Klienten verbinden Geld und Reichtum noch immer mit moralischen Werten, die dazu im direkten Widerspruch stehen. In ihren Köpfen spuken noch immer Sätze wie: »Eher geht ein Kamel durch ein Nadelöhr, als dass ein Reicher in den Himmel kommt«, »Geld verdirbt den Charakter« oder »Geld allein macht nicht glücklich«. Es ist Zeit wieder zu lernen, das Geld als das zu sehen, was es ist: etwas völlig Neutrales, ein Stück Metall oder Papier, dem ein bestimmter Wert verliehen wurde. Wir sollten wieder lernen, unverkrampft damit umzugehen – und dabei hilft uns der unschuldige kleine Teddybär mit seiner Glücksmünze, den wir in die Reichtumsecke setzen.

Symbole im Feng Shui

Wir leben in einer Welt der Symbole, auch wenn uns das im täglichen Leben kaum bewusst ist. Sie wirken in unserem Unbewussten, denn über Jahrtausende und Jahrhunderte hinweg wurden sie mit bestimmten Inhalten und Bedeutungen verknüpft. Die Verbindung von Form und symbolischem Inhalt macht die Wirkung der Symbole aus. Sie sind eine Art Universalsprache, die ein jeder versteht. Und doch interpretieren wir diese Zeichen – je nach unserem kulturellen Hintergrund – sehr verschieden. Da steht der Sand im heißen und trockenen Orient als Symbol für Reinheit, weil er anstatt des knappen

Wassers zum Waschen verwendet wurde. Wir im Westen, mit ausreichendem Wasser gesegnet, sehen im Sand etwas gänzlich anderes. Gehen wir auf ihm, so stehen wir auf »schwankendem Grund« und ein Sprichwort sagt: »Er hat sein Haus auf Sand gebaut!«

In China gilt der Drache als farbenfrohes Tier des Himmels, als Glücks- und Segensspender. In unserer Tradition wird er dagegen als finsteres, menschenfeindliches Wesen gesehen, das in Höhlen haust und nur von Siegfried oder dem Heiligen Georg besiegt wurde.

Wenn wir also über Feng Shui-Symbole schreiben, die Bilder und Verkörperungen etwa von Wasserfällen, Drachen, Löwen und Fischen, sollten wir diesen urgeschichtlichen Hintergrund im Auge behalten. Sinnbilder, die etwa in China Wohlbehagen und Glücksgefühle auslösen, können bei westlich orientierten Menschen das genaue Gegenteil bewirken. Und dafür ist der Drache nur ein Beispiel. Aus diesem Grund sind wir der Ansicht, dass wir chinesische Symbole nicht gedankenlos in unsere Kultur übertragen können.

Im Folgenden erläutern wir traditionelle chinesische Feng Shui-Symbole, ebenso wichtig erschien es uns, europäische Pendants und Ergänzungen zu nennen. Denn Feng Shui in Europa bedeutet nicht, unsere Wohnungen mit Klangspielen, Flöten und Bagua-Spiegeln voll zuhängen. Was für andere Kulturen eine tiefe traditionelle Bedeutung besitzt, wirkt auf uns oft fremd und harmoniert nicht mit unseren üblichen Einrichtungsgegenständen. Hier sollten wir zu den Sinnbildern greifen, die für uns maßgeblich sind.

Das Ei

Aus der chinesischen Mythologie kennen wir den Riesen Pan-Gu. Der Sage nach wuchs er in einem schwarzen Ei auf, bis er die Schale zerschlug und Himmel und Erde schuf. Auch wir im Westen kennen ähnliche Sagen über klassische Helden (Castor und Pollux), die aus einem Ei schlüpfen. Die Symbolik des Ur-Eis, aus dem alles erwächst, finden wir in fast allen Kulturen.

Im Frühling feiern die Christen das Osterfest, bei dem nicht nur des auferstandenen Christus gedacht wird, in diesen Tagen feiern wir auch das Wiedererwachen der Natur – und im Mittelpunkt steht das Ei! Dieses Symbol der Fruchtbarkeit passt als Abbildung oder aus Marmor geformt sehr gut in die Ecke der Partnerschaft, wenn ein Kinderwunsch erwacht oder auch in die der Anerkennung (die wachsen möge), ebenfalls in die der Kinder. Gemäß der Formensprache im Feng Shui kann es ebenso die Sektoren des Metallelements stärken.

Der Fisch

In zahlreichen Feng Shui-Büchern finden wir die Empfehlung, einen Goldfisch im Glas in die Ecke des Reichtums zu stellen. Wir können diesem Ratschlag nichts abgewinnen. Der arme Fisch ist vollkommen orientierungslos in seinem Kugelglas und allein mit anzusehen, wie er mit seinem Maul immer wieder gegen die unsichtbaren Wände stößt und sich in seinem winzigen Gefängnis dreht und wendet, ist schlimm genug. Wir sind sicher, dass auf diese Weise kein gutes Feng Shui entstehen kann. Wenn Sie sich also einen Goldfisch als Glückssymbol erwählen, geben Sie ihm die Umgebung, in der er sich wohl fühlt. Wir haben in unserer Reichtumsecke das Bild eines Butts hängen, das uns eine bekannte Künstlerin gemalt hat. Denn speziell dieser Fisch hat für unsere westliche Welt eine besondere Bedeutung. So kennt ein jeder von uns noch das Märchen vom »Fischer un syner Fru«. In der Erzählung der Gebrüder Grimm fängt ein Fischer einen Butt, lässt ihn aus Mitleid wieder frei und bekommt nun von dem dankbaren Fisch jeden Wunsch erfüllt. Auch wenn das Märchen schlecht ausgeht, bleibt für uns der Butt doch ein positives Symbol.

Der Drache

Wir haben darauf hingewiesen, dass die Europäer ein gänzlich anderes Bild vom Drachen besitzen als die Chinesen. Für uns bleibt der Drache (griech. »dracon«, das heißt »der Scharfblickende«) der »grässliche Lindwurm«, dessen Überwindung durch den Heiligen Georg zugleich als Sieg des Christentums über den Satan angesehen wird. Weiterhin gilt er mit seinem Schuppenleib, den gezackten Flügeln, seinem Höhlendasein und dem Feuer in seinen Lungen als Verkörperung der vier Elemente.

Ganz anders wird der Drache im Reich der Mitte betrachtet. Bei Ausgrabungen haben die Archäologen Drachendarstellungen aus dem 4. Jahrtausend vor Christus entdeckt und schon damals war er für die Chinesen ein Glückssymbol. Auch heute bei uns im Westen käme kein chinesisches Restaurant ohne Drachen aus. Folgen wir den Überlieferungen, schläft er im Winter unter der Erde, um dann am zweiten Tag des zweiten chinesischen Monats mit Donnergewalt zum Himmel aufzusteigen. Seine Spuren zeigen sich nicht nur am Himmel, wo er den Regen erschafft, der auf die ausgedörrte Erde fällt – sondern auch in den sogenannten »Drachenadern«, durch die unterirdisch das Chi fließt und in deren Nähe gut bauen und wohnen ist. Wir empfehlen bei unseren Analysen gerne einen besonderen Drachen – eine Öllampe – als Haus-Repräsentanten für das Trigramm Chen. Fehlt nämlich die Drachenformation in der Umgebung, so kann mit ihm das Lehnstuhlprinzip wirkungsvoll harmonisiert werden. Gestaltet hat diese Drachenöllampe ein uns bekannter Künstler. Dieses Wesen ähnelt allerdings sehr viel eher dem putzigen Film-Drachen »Draco« als dem furchtbaren Lindwurm oder seinem chinesischen Kollegen mit dem grimmigen Mienenspiel.

Das Einhorn

Anders als der Drache, dessen Bild in den verschiedenen Erdteilen zwischen Gut und Böse schwankt, gilt das Einhorn überall als eine positiv besetzte Fantasiefigur. Wir kennen das weise und sanfte Einhorn aus mittelalterlichen Rittersagen, ja sogar aus einem Bericht des Marco Polo, der es einst in Sumatra entdeckt haben will. In Indien wird es als Symbol für die Zeugungskraft verehrt. Für unser Thema besonders interessant ist die Sicht der Chinesen von diesem mythischen Tier. In einigen Feng Shui-Urquellen fanden wir Hinweise, dass das Einhorn einst zu den vier himmlischen Tieren zählte – und, neben Drachen (Osten), Phönix (Süden) und Schildkröte (Norden) für den Westen stand. Erst später wurde er durch den weißen Tiger ersetzt.

Wer diese mythologische Figur schätzt, kann eine Einhorn-Darstellung in den Westen des Hauses stellen, um am Feierabend Entspannung zu finden. Das Einhorn passt ebenfalls (bei Kinderwunsch) in den Bagua-Bereich der Kinder.

Die Eule

Zwiespältig ist in der westlichen Kultur auch das Verhältnis zum Symbol der Eule. Auf der einen Seite wurde die Eule im klassischen Griechenland als Sinnbild des Reichtums verehrt. Das äußerte sich auch in dem bekannten Sprichwort: »Eulen nach Athen tragen«, also etwas völlig Nutzloses zu unternehmen. Denn Athen war in seiner Glanzzeit unendlich wohlhabend. Auf ihren Münzen hatte die Bevölkerung die Darstellung einer Eule geprägt. Wer also so reich war, dem musste man nicht noch mehr Geld hinterher tragen! Folgen wir diesem Gedanken, würde ein Eulenbild oder eine -statuette sehr gut in die Ecke des Reichtums passen. Andererseits gilt uns die Eule spätestens seit dem Mittelalter als Inbegriff der Dunkelheit. Denn dieser Vogel ist ein Nachtjäger. In den düsteren Zeiten der Inquisition glaubten die Menschen, dass sich Hexen nachts in Eulen verwandeln. Das Zeitalter der Aufklärung erinnerte dann wieder daran, dass dieses Tier einst der Pallas Athene (der Schutzgöttin Athens), die Wissen und Weisheit verkörpert, zugeordnet wurde. Nun galt die gerade noch verdammte Eule vor allem als Schutzheilige der Dichter und Philosophen. Bei wem eine Darstellung der Eule positive Gefühle erweckt, der kann sie in den Bagua-Bereich des Wissens hängen.

Die Lilie

Überall beliebt ist die Lilie mit ihrer klaren, schönen Wuchsform. Bei den Europäern gilt sie nicht nur als ein Sinnbild der Reinheit und der jungfräulichen Liebe, sondern auch als das dynastischer Größe. Die dreifache Schwerterlilie symbolisiert die Macht, die Schöpfung und das Königtum Gottes. Zugleich verkörpert sie die Einheit von Körper, Geist und Seele. Einer Legende nach soll einst ein Engel die »Fleur-de-Lis« dem Frankenkönig Chlodwig I. überreicht haben. Im Feng Shui passt die Lilie besonders gut in den Bereich des Ruhmes und der Anerkennung.

Der Löwe

In unseren Fabeln wird der Löwe stets als der König der Tiere dargestellt. Auf alten Wappen aus der Ritterzeit findet er sich oft und symbolisiert hier Majestät, Mut und Weisheit. Im klassischen Feng Shui wird der Löwe in China als Hüter des Hauses gesehen. Wir finden Löwenpaare vor Amtsstuben und Tempeln, aber auch vor Hotels, Restaurants und Wohnhäusern. In Europa stehen sie oft vor alten Adelssitzen oder reichen Bürgerhäusern. Aber im Reich der Mitte blickt er nicht – wie zumeist bei uns im Westen – königlich-freundlich und entspannt, sondern grimmig und drohend. Denn er soll ja Einbrecher abschrecken und böse Einflüsse von draußen abwehren. Solche löwenbewehrten Eingänge werden in China als »Löwentor« bezeichnet.

Die Münze

Etwa seit 2700 Jahren kennen die Chinesen Metallmünzen und haben für sie eine tiefe Symbolsprache. Die runde Form steht für den allumfassenden Kosmos, ihre quadratische Öffnung in der Mitte für die Erde und diente auch dazu, sie mit einem roten Band aufzufädeln. Im Feng Shui hatten früh die so genannten Glücksmünzen eine ganz besondere Bedeutung für den Bagua-Bereich des Reichtums. So können die Glücksmünzen Ordner für Geldangelegenheiten aktivieren oder als »Lesezeichen« im Kassenbuch an einem roten Band befestigt werden. Die antiken Münzen findet man ebenfalls in Kugelform gebunden, auch sie werden gerne im Feng Shui verwendet.

Der Phönix

Gemeinsam mit dem Drachen, der Schildkröte und dem Einhorn zählt der Phönix zu den vier heiligen Tieren der Chinesen. Die Ursprünge dieses mythologischen Vogels finden wir im alten Ägypten. Dort gab man ihm den Namen »Benu« – und daraus wurde im Griechischen Phönix. Der Vogel – halb Fasan, halb Adler – ist die Verkörperung des Sonnengottes. Im ersten Jahrhundert nach Christus verliehen ihm die Römer eine neue Bedeutung, die für uns bis heute Gültigkeit hat. Der Sagen nach nämlich soll er alle hundert Jahre aus Indien zurück in seine Heimat Ägypten fliegen. Hier verbrennt er sich auf einem Scheiterhaufen selbst, um sich nach drei Tagen aus der Asche zu neuem Leben zu erheben. Das macht nun aus ihm ein Symbol für die Auferstehung und die Unsterblichkeit. Ganz anders sehen die Chinesen das Sagentier. Bei ihnen ist der Phönix die Verkörperung des Windes (Feng). Bereits in uralten Texten wird vom zinnoberroten Phönix geschrieben – daher seine Bezeichnung »roter Phönix«, der dem Haus vom Süden her, der Richtung des stärksten Yang, mit seinen weiten Flügeln das Chi zufächelt. Als Symbol für den Eingangsbereich ist der Phönix sehr empfehlenswert, es ist jedoch darauf zu achten, dass er den Chi-Fluss nicht behindert. Auch den Sektor des Ruhmes im Arbeitszimmer stärkt dieser sagenumwobene Vogel.

Die Mistel

Die immergrüne Mistel ist bei zahlreichen Festen von großer Bedeutung. Bereits bei den Kelten galten die Schmarotzerbüsche, die auf vielen Laubbäumen wachsen, als alles heilende Pflanze. Kranken Kindern wurden Mistelzweige umgehängt. Junge Ehefrauen bekamen einen Mistelzweig überreicht, damit sie fruchtbar werden – ebenso Schwangere, damit ihr Baby gesund zur Welt kommen möge.

Aus der alternativen Medizin wissen wir, dass diese Pflanze eine blutdrucksenkende und harntreibende Wirkung besitzt.

Die Engländer hängen zur Weihnachtszeit einen Mistelzweig an ihre Tür, für die Amerikaner bedeutet ein Kuss unterm Mistelzweig, dass Braut und Bräutigam eine glückverheißende Zukunft mit vielen Kindern vor sich haben.

Die Mistel eignet sich also hervorragend als Symbol für den Bereich Gesundheit, ebenso wie ein blühender Mistelzweig in der Ecke der Partnerschaft, aber auch der Kinder für positive Ausstrahlung sorgt. Aus der Geologie wissen wir, dass Misteln Strahlensucher sind und sich überall dort ansiedeln, wo es ein Zuviel an Energie, also erhöhte Erdstrahlung, gibt. Sie nehmen ihren Wirten sozusagen die Belastung ab. Auf das Feng Shui der Innenraumgestaltung übertragen, können Misteln ideal an Orten mit erhöhter Strahlung (neben dem Computer, Fernseher usw.) aufgestellt werden.

Das Sonnenrad

In einigen Feng Shui-Büchern haben wir die eigentümliche Empfehlung gelesen, das Symbol des Sonnenrades (das Hakenkreuz) doch als Ornament oder bildliche Darstellung im Haus anzubringen. Unter anderem auch zur Stärkung der Bagua-Bereiche Ruhm und/oder Eltern. Diesen Rat lehnen wir aus verschiedenen Gründen ab. Wie wir bereits schrieben, können wir in Europa nicht einfach unreflektiert alte Symbole, auch wenn sie in China oder Indien durchaus positiv gesehen werden, übernehmen. Und das gilt in besonderer Weise für das Sonnenrad. Kein Westeuropäer und schon gar kein Deutscher denkt beim Anblick eines Hakenkreuzes zuerst einmal an eine uralte Darstellung der Sonne und des Kosmos, vielmehr verbinden wir es mit dem Holocaust.

Das I Ging-Glücksband

Für jede Arbeitsstätte, sei sie draußen oder daheim, empfehlen wir als Glücksbringer das I Ging-Glücksband. Auf ihm sind alle acht Trigramme, die Grundbausteine des I Ging, abgebildet und verkörpern so die Energie des gesamten Universums. Da in ihm alles enthalten ist, steht mit ihm immer die Energie zur Verfügung, die gerade benötigt wird.

Chinesische Schriftzeichen

Auch in der Schrift der Chinesen spiegelt sich wieder, wie sehr dieses Volk mit dem emotionalen Bilderbewusstsein verbunden ist. Während wir Buchstabe an Buchstabe setzen, um ein Wort zu schreiben, verwendet der Chinese für jeden Begriff ein Bild. Dieses Schriftbild hat Symbolcharakter und wird auch heute noch für magische Zwecke genutzt.

Shengyi xing long: Dieses Schriftzeichen umfasst vier Zeichen (übereinanderstehend); es ist ideal für alle kaufmännischen Berufe geeignet. Legen Sie es ins Auto oder unter die Schreibtischunterlage.

Cai: Dieses Symbol aktiviert wirkungsvoll den Bagua-Bereich Reichtum und Fülle, ebenso den der Gesundheit. In der Küche soll es den Wohlstand mehren.

Chun: Alle Unternehmungen stehen mit diesem Zeichen unter einem guten Stern, denn es verspricht vitale Energie.

Mei: Für strahlende Schönheit steht dieses Zeichen, das nicht nur Frauen am Badezimmerspiegel befestigen sollten. Es ist auch ein Schutzzeichen für all jene Berufe, die sich mit dem Thema Schönheit beschäftigen.

Dao: »Der Weg« hilft uns dabei, unsere Mitte zu finden. Es unterstützt jeden Bereich, besonders den des Lebensflusses.

Bao: Dieses Schriftzeichen eignet sich sehr gut für Kinderzimmer, es soll vor widrigen Ereignissen und Krankheiten Schutz gewähren.

Guang: Für alle Menschen, die aus einem »Schattendasein« erwachen wollen, ist das Zeichen Licht zu empfehlen. Es stärkt zudem den Sektor Ruhm und Anerkennung.

Cheng gong: Dieses Schriftzeichen umfasst zwei Zeichen (übereinanderstehend). Wer Herausforderungen zu meistern hat und einen kühlen Kopf bewahren muss, dem hilft Cheng gong dabei, stets den Überblick zu behalten.

Yuai: Dieses Schriftzeichen umfasst zwei Zeichen (übereinanderstehend). Unter dem Schutz des Jadekaisers braucht niemand Einbrecher zu fürchten. Gerade ängstlichen Menschen empfehlen wir dieses Zeichen gern, das symbolisch die Tür verriegelt. Bringen Sie es über der Tür an.

J'ixiang: Dieses Schriftzeichen umfasst zwei Zeichen (übereinanderstehend). Es beschert uns Glück in allen Unternehmungen. Es gilt als gutes Omen für Gerichtsprozesse oder andere schwierige Situationen.

財 美 春 吉

Cai
Wohlstand

Mei
Schönheit

Chun
Frühling

保 道 光 祥

Bao
Schutz

Dao
Weg

Guang
Licht

J'ixiang
Gutes Omen

玉 成 興 生

帝 功 隆 意

Yuai
Jadekaiser

Cheng gong
Gelingen, Durchführen

Shengyi xing long
Es durch Handel zu Wohlstand bringen

Das individuelle

»Wir Menschen haben einen Himmel,
und dieser liegt auch in jedem von uns
in seiner ganzen Fülle, ungeschieden und
eines jeden Eigenart entsprechend.«

Paracelsus

Feng Shui

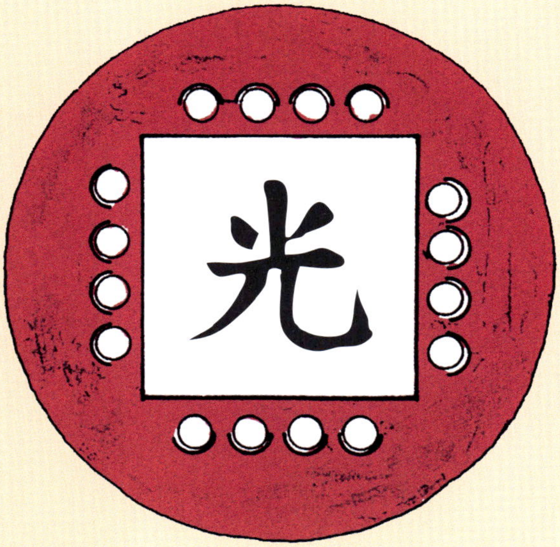

Der Mensch, sagen die Chinesen, kennt drei Arten von Glück: das »T'ien choy«, das »Ti choy« und das »Ren choy«.
Das T'ien choy steht für die Gaben und Talente, die uns vom Himmel in die Wiege gelegt wurden. Das Ti choy beschreibt das Erdenglück und meint damit die Familie ebenso wie den Ort, an dem wir leben. Das aber, was das Himmels- und das Erdenglück verbindet, sind wir, die Menschen. Unser Handeln steht für den Begriff Ren choy, für unser Schicksal, das wir in die eigenen Hände nehmen sollen. Bisher haben wir unser Augenmerk auf das Ti Chi, das Erdenglück gerichtet, das wir mit Feng Shui verbessern können. Nun geht es um den Menschen selbst, denn er ist eingebettet in das kosmische Geflecht von Himmel und Erde.
Die Aufgabe von Feng Shui besteht auch darin, uns dieser Tatsache wieder bewusst zu werden. Es umfasst deshalb mehrere miteinander verknüpfte Systeme zur Erforschung der Zusammenhänge von Kosmos, Erde und Mensch. Um zu wissen, wie ein Ort oder Haus auf Sie wirkt, müssen Sie zuerst einmal erkennen, welche Einflüsse Sie prägen. Jeder Augenblick hat seine Eigenschaften und deshalb ist der Zeitpunkt unserer Geburt wesentlich für die weiteren Betrachtungen. Feng Shui räumt jedem Menschen einen ganz individuellen Platz in dem reichen Beziehungsgeflecht unseres Universums ein – und stellt ihn unter den Schutz einer Energie, die durch die »Kua-Zahl« ausgedrückt wird.

Ihre persönliche Kua-Zahl

Erinnern Sie sich noch an das magische Quadrat Lo Shu mit seinen Zahlen, das wir Ihnen im Grundlagenkapitel vorgestellt haben? In einem dieser Quadrate finden Sie auch Ihre Kua-Zahl, und das Quadrat, in dem sie steht, kann vieles darüber sagen, wie Sie Ihre Umgebung mit Feng Shui optimieren können.
Die Kua-Zahl spiegelt das Potential, das ein Mensch zum Zeitpunkt seiner Geburt in die Wiege gelegt bekommt und steht damit für seine gesamten Möglichkeiten. Deshalb kann es sein, dass Ihnen die mit ihr verbundenen Eigenschaften im ersten Moment fremd vorkommen. Oft handelt es sich dann um »Schattenseiten«, das heißt um Fähigkeiten, die noch nicht entwickelt und Ihnen deshalb auch nicht bewusst sind. Die Kua-Zahl ist also in diesem Sinn eine Lebenszahl, denn es gilt, ihr Potential zu fördern und zu harmonisieren.

4	9	2
3	5	7
8	1	6

Die Addition von jeweils drei nebeneinander liegenden Zahlen in horizontaler, vertikaler oder diagonaler Richtung ergibt stets die Zahl 15.

Wie aber finden Sie Ihre Kua-Zahl? Sie ergibt sich aus Ihrem Geburtsjahr, die Formel zur Berechnung stellen wir Ihnen im folgenden vor.

Die Berechnung der Kua-Zahl

Bei der Ermittlung der Kua-Zahl kennen wir verschiedene Möglichkeiten. Einige Feng Shui-Praktiker verwenden für ihre Berechnungen nur die absteigende Yang-Reihe mit dem Ergebnis, dass Männer und Frauen eines Jahrganges die gleichen Kua-Zahlen haben. Wir haben jedoch die Erfahrung gemacht, dass die differenzierte Betrachtung von Männern und Frauen sinnvoll ist und arbeiten deshalb bei Männern mit der absteigenden Yang-Reihe, bei Frauen mit der aufsteigenden Yin-Reihe. Beachten Sie, dass der Jahresbeginn in China immer in die Zeit von Mitte Januar bis Anfang Februar fällt. Sollten Sie also in den Wochen vor dem Beginn des neuen chinesischen Mondjahres geboren sein, so müssen Sie Ihr Geburtsjahr diesem angleichen. Wann in Ihrem Geburtsjahr Neujahr begonnen hat, entnehmen Sie der Tabelle auf der Seite 232/233.

Kua-Formel für Männer

1. Addieren Sie die letzten beiden Ziffern des Geburtsjahres und bilden Sie solange die Quersumme, bis eine einstellige Zahl übrig bleibt.
2. Subtrahieren Sie diese Zahl von 10.
3. Das Ergebnis ist Ihre persönliche Kua-Zahl.

Beispiel: 1949

4 + 9 = 13

1 + 3 = 4

10 – 4 = 6 (Kua-Zahl)

Kua Formel für Frauen

1. Addieren Sie die letzten beiden Ziffern Ihres Geburtsjahres und bilden Sie solange die Quersumme, bis eine einstellige Zahl übrigbleibt.
2. Addieren Sie zu dieser Zahl die 5. Wenn die neue Zahl zweistellig ist, bilden Sie die Quersumme, bis eine einstellige Zahl übrigbleibt.
3. Die ermittelte Zahl ist Ihre Kua-Zahl.

Beispiel: 1970

7 + 0 = 7

7 + 5 = 12

1 + 2 = 3 (Kua-Zahl)

Kua-Zahl	Trigramm	Element	Himmelsrichtung
1	K´an	Wasser	Norden
2	K´un	Erde	Südwesten
3	Chen	großes Holz	Osten
4	Sun	kleines Holz	Südosten
5 *			
6	Ch´ien	großes Metall	Nordwesten
7	Tui	kleines Metall	Westen
8	Ken	Erde	Nordosten
9	Li	Feuer	Süden

* Männer = 8, Frauen = 2

Der Sonderfall – die Kua-Zahl 5

Wie Sie wissen, liegt die Fünf im magischen Quadrat in der Mitte. Mit ihr sind deshalb keine eigene Himmelsrichtung und kein Trigramm verbunden. Da aber auch Menschen mit der Kua-Zahl 5 eine Entsprechung im Feng Shui bekommen, wird den Männern die 8, den Frauen die 2 zugeordnet. Beide Zahlen gehören zum Element Erde – ebenso wie die Mitte.

Vielleicht haben Sie in einigen Büchern gelesen, dass die Zahlen genau anders herum verteilt wurden (Männer 2, Frauen 8). Wir sind bei unserer Entscheidung für diese Definition von den ursprünglichen Bedeutungen der Trigramme ausgegangen, und hier ist die Antwort eindeutig: K´un, das weiblichste Trigramm entspricht der 2, weshalb wir es den Frauen zuordnen, und Ken ist männlich und entspricht der 8.

Kua-Formel für Männer ab 2000

Die vorab gezeigten Formeln zu Berechnung der Kua-Zahl sind nur von 1900 bis 1999 gültig. Für ab dem Jahr 2000 Geborene gilt:

1. Addieren Sie die letzten beiden Ziffern des Geburtsjahres und bilden sie solange die Quersumme, bis eine einstellige Zahl übrig bleibt.
2. Subtrahieren Sie diese Zahl von 9.
3. Das Ergebnis ist Ihre persönliche Kua-Zahl.

Beispiel: 2004
0 + 4 = 4
9 – 4 = 5 (Kua-Zahl)

Kua-Formel für Frauen ab 2000

1. Addieren Sie die letzten beiden Ziffern Ihres Geburtsjahres und bilden Sie solange die Quersumme, bis eine einstellige Zahl übrigbleibt.
2. Addieren Sie zu dieser Zahl die 6. Wenn die neue Zahl zweistellig ist, bilden Sie die Quersumme, bis eine einstellige Zahl übrigbleibt.
3. Die ermittelte Zahl ist Ihre Kua-Zahl.

Beispiel: 2007
0 + 7 = 7
7 + 6 = 13
1 + 3 = 4 (Kua-Zahl)

Kua-Zahl und Kompass

Ihre Kua-Zahl können Sie als einen Bergführer ansehen, der Sie in die Höhen der Kompass-Schule führt. Denn mit dieser Schutzzahl erfahren Sie, welche Himmelsrichtungen für Sie besonders glücksbringend sind.
Die Kua-Zahl weist uns also den Weg zu unserem Element. Ob Sie sich nun aber wirklich als »Holzmensch« oder »Feuertyp« sehen, hängt davon ab, in welchem Maß dieses Element Sie beeinflusst. Vielleicht sagen Sie: Ja, das bin ich ganz und gar! Möglich wäre aber auch, dass Sie sich überhaupt nicht wiederfinden. Der Grund ist einfach: Die Elementareigenschaften können stark, weniger oder kaum ausgeprägt sein.

Das persönliche Befinden

Um das persönliche Chi genauer beschreiben zu können, ist unser persönliches Befinden ein idealer Ansatzpunkt. Denn jedem der fünf Elemente wird in der Traditionellen Chinesischen Medizin (TCM) ein Organsystem zugeordnet und jedem Organ eine Entsprechung im Gefühlsleben. Wenn Körper und Seele eine Einheit sind, können Gefühle nicht isoliert von Organfunktionen betrachtet werden. Und deshalb löst jedes Übermaß – auf welcher Ebene auch immer – eine Disharmonie im gesamtenergetischen System aus. Es ist daher nur logisch, dass Emotionen, wenn sie lange vorherrschen oder besonders stark ausgeprägt sind, auf eine gestörte Balance hinweisen. Umgekehrt heißt das, dass wir anhand des persönlichen Befindens Rückschlüsse auf das Wirken der Fünf Elemente im körperlich seelischen Bereich ziehen können. Auf diese Weise wird es möglich, auch über die äußere Gestaltung der Umgebung mit unserer Richtung des Feng Shui, zur ganzheitlichen Harmonisierung beizutragen. Wir haben es uns zur Aufgabe gemacht, die Wechselwirkungen zwischen Mensch und Raum auch auf dieser Ebene zu erfassen, und unsere Mitarbeiter setzen dieses Wissen bei ihren Analysen ein.

Betrachten Sie das Kua-Element deshalb als Anhaltspunkt für Ihr persönliches Feng Shui und sehen sie es im Zusammenhang mit Ihrem Befinden! Fragen Sie sich, inwieweit die Eigenschaften des Kua-Elementes bei Ihnen in Erscheinung treten. Sind sie zu massiv und unterdrücken ein anderes Element? Oder spiegelt Ihr Kua-Element eine wesentliche Eigenschaft, die Sie für Ihre Entwicklung benötigen?

Praxisbeispiel: Frau W. ist am 14. 4. 1940 geboren, sie entspricht laut der Kua-Zahl dem Element Feuer. Pauschal würde man nun sagen, dass sie durch Rotes und dem Feuerelement Zugehöriges in ihrer Entwicklung gefördert wird. Analog dazu könnten ihr auch Entsprechungen des Holzelementes helfen, weil Holz ja Feuer nährt. Bezieht man aber die Eigenschaften der Feuerdame mit ein, die durchaus feurig, schnell erregt und von innerer Unruhe getrieben ist, kommt man zu dem Schluss, dass hier ein Feuerüberschuss vorliegt. In diesem Fall sollten wir nicht noch das Feuer verstärken, sondern eine Harmonisierung anstreben, indem man zum Ausgleich das nächstfolgende Element, also Erde aktiviert. Auf diese Weise kann der Feuerüberschuss an die Erde abgegeben und transformiert werden.

Elementarzuordnungen nach der TCM

Elemente	Eigenschaften	Befinden	Organe
Holz	*Ich kann*: Durchsetzungskraft, Neubeginn, Entschlossenheit, Optimismus, Mut	Wut, Entrüstung, Ärger, Frustration, Reizbarkeit, Zorn verursacht innere Hitze, Mutlosigkeit, Antriebsarmut, Pessimismus	Yin: Leber Yang: Gallenblase
Feuer	*Ich will*: Man ist Feuer und Flamme für etwas, Leidenschaft, Überzeugungskraft, Enthusiasmus	Freude, Erregtheit, Unruhe, Schlaflosigkeit, Herzklopfen, Überempfindlichkeit, Müdigkeit, Lustlosigkeit	Yin: Herz Yang: Dünndarm
Erde	*Ich mache*: Beständigkeit, Konsequenz, Beharrlichkeit, Zuverlässigkeit, Festigung und Konkretisierung	Grübeln, Schwermut, Nachdenklichkeit, Sorge, Denken im Kreis, Erd-Chi leert sich durch übermäßige geistige Arbeit, Schwerfälligkeit, Trägheit	Yin: Milz Yang: Magen
Metall	*Ich gebe*: Gerechtigkeit, Genauigkeit, Konzentration auf das Wesentliche, Disziplin	Traurigkeit, Kummer, Depressionen, Schluchzer, Seufzer, Konzentrationsstörungen, Ziellosigkeit, Zerstreutheit	Yin: Lunge Yang: Dickdarm
Wasser	*Ich bin*: Selbstfindung und Selbstentfaltung, In die Tiefe gehen, Verständigung	Angst und Furcht, (bei Kindern Bettnässen), Melancholie, Neigung zu Frösteln und kalten Füßen	Yin: Nieren Yang: Blase

Die Elemente in der chinesischen Medizin

Jeder Mensch trägt grundsätzlich alle Anlagen und damit alle Elemente in sich. Im Laufe unseres Lebens werden unterschiedliche Eigenschaften von uns gefordert – mal wird es nötig sein, die Erdenergie in Form von Beständigkeit zu entwickeln, dann ist Durchsetzungskraft gefordert, die durch das Holzelement verkörpert wird.

Das Element Holz

Organsystem: Leber – Galle
Emotion: Zorn
Geschmack: sauer
Sinnesorgan: Auge

Ein Mensch mit ausgewogener Holzenergie ist entschlussfreudig, anpassungsfähig und dynamisch. Er hat hochgesteckte Ziele, die er durch Zielgerichtetheit und Beharrlichkeit auch langfristig erreicht. Das rechte Maß an Flexibilität und Beharrlichkeit befähigt ihn, die Herausforderungen des Lebens zu bestehen.

Ein Mangel an Holzenergie gleicht einem Floß ohne Ruder, Menschen mit dieser Disharmonie lassen sich mal hierhin, mal dorthin treiben. Ihre sonst so geschätzte Flexibilität und Biegsamkeit wird zum Mangel an innerer Festigkeit. Eine übertriebene Anpassungsfähigkeit bringt sie dann immer häufiger dazu, sich von anderen beeinflussen zu lassen, sie widersprechen sich laufend, weil sie keine eigene Meinung haben, ja sich blitzschnell der gerade gängigen anpassen. Zurecht gelten diese Menschen dann als sprunghaft und unstet.

Menschen mit zuviel Holzenergie hingegen neigen zu Vorurteilen und Intoleranz. Sie haben die Geschmeidigkeit und Biegsamkeit verloren, sind statt dessen stur. Meinungen anderer prallen an ihnen ab, sie sind nicht bereit, andere Ansichten zu akzeptieren, geschweige denn als Denkanstoß zu nutzen. Die Gefühle der »Holzmenschen« stauen sich schnell an und entladen sich dann explosionsartig, oft mit dem typisch cholerischen Temperament. In Diskussionen werden sie schnell unruhig, laut oder jähzornig, wenn sie ihrem Gegenüber ihren Standpunkt nicht sofort klar machen können.

Auf der körperlichen Ebene entspricht der Holzenergie der Funktionskreis Leber und Galle. Seitlich auftretende Kopfschmerzen, die eventuell mit tränenden Augen einhergehen, sind ein Symptom für eine Disharmonie des Leber-Gallenblasen-Meridians. Ist die energetische Balance gestört, läuft uns öfter mal eine »Laus über die Leber«, und wir sind richtig »sauer«. Sauer ist auch die Geschmacksrichtung, die diesem Element zugeordnet wird. Ist der Chi-Fluss im Funktionskreis Leber und Galle gestört, kann es zu Depressionen und extremer Reizbarkeit kommen. Charakteristisch ist auch das Kloßgefühl im Hals, ein Symptom dafür, dass »es einem bis ganz oben steht«.

Das Element Feuer

Organsystem: Herz – Dünndarm
Emotion: Freude
Geschmack: bitter
Sinnesorgan: Zunge

Die Energie des Feuers korrespondiert mit Verstandeskraft, Ausdrucksfähigkeit und Höflichkeit. Disharmonien der Feuerenergien können sich folgendermaßen zeigen: Menschen mit zu starken Feuereigenschaften fühlen sich energiegeladen, manchmal neigen sie zu emotionalen Ausbrüchen. Einigen von ihnen »kocht das Blut in den Adern«, körperlich spüren sie das als innere Hitze. Menschen mit starkem Feuer leiden bisweilen an Bluthochdruck.

Menschen mit wenig Feuerenergie neigen dazu, ihre Emotionen zu unterdrücken, Kritik können sie scheinbar gut wegstecken, doch tief in ihnen sieht es ganz anders aus. Sie schlucken Enttäuschung und Ärger permanent herunter, in der Hoffnung, dass er irgendwann von allein verschwinden wird. Doch Energie verschwindet nicht so ohne weiteres und viele solcher Erlebnisse belasten diese Menschen sehr. Tief in ihnen schwelen die Konflikte und suchen andere Wege, um sich auszudrücken. Mit der Zeit schlägt ihnen das alles auf den Magen, so dass die Menschen mit »Feuermangel« oft an Magen- und Darmproblemen leiden.

Dem Feuerelement wird das Herz zugeordnet. Es hat eine zentrale Aufgabe bei der Versorgung des Körpers mit Blut. Je nachdem, wie die Blutversorgung im Einzelfall ist, fallen Menschen mit Disharmonien in diesem Bereich durch ein gut durchblutetes rotes, bläulich-rotes oder aber blasses Gesicht auf.

Zum Energiekreislauf Herz gehört die Freude. Wir erkennen Menschen dieses Typs daran, dass sie »ihr Herz häufig auf der Zunge tragen«. Stottern, Gedächtnisstörungen, ein unkontrollierter Redefluss, Schlaflosigkeit oder Schläfrigkeit weisen auf eine Disharmonie im Funktionskreis Herz hin. Zu wenig Feuerenergie kann sich in übersteigerten Angstattacken oder Depressionen.

Das Element Erde

Organsystem: Magen – Milz
Emotion: Grübeln, Sorgen
Geschmack: süß
Sinnesorgan: Mund

Menschen mit ausgeglichener Erdenergie stehen mit beiden Beinen fest im Leben. Sie haben eine gesicherte Existenz, kümmern sich liebevoll um Hilfsbedürftige, ohne sich selbst dabei zu vergessen. Menschen mit ausgewogener Erdenergie sind aufrichtig und loyal, auf sie kann man sich in allen Situationen verlassen.

Wer zuviel Erdenergie hat, gibt gern und viel. In diesem Element finden wir eher die etwas kräftigeren Menschen mit rundlichem Gesicht, sie essen gerne und gut. Nie lassen sie sich zu Gefühlsausbrüchen hinreißen. Die Energie der Mutter Erde steht wie kein anderes Element für das Nährende, Menschen dieses Typs bemuttern und pflegen aufopferungsvoll. Diese oft übertriebene Großzügigkeit kann bis zur Selbstaufopferung oder gar Selbstaufgabe gehen. Manche neigen zur Schwerfälligkeit, die sich dann auch körperlich in langsamen, behäbigen Bewegungen oder einem schleppenden, schlurfenden Gang zeigt. Vielen fehlt der Schwung, Neues anzupacken, statt dessen halten sie an der scheinbaren Sicherheit des Gewohnten fest. Menschen mit starker Erdenergie neigen zu Nasen- und Atemwegserkrankungen, die mit schleimigen Absonderungen einhergehen. Generell sind sie für Schwellungen anfällig, die die Lymphknoten, das Gesicht, die Augenlider oder Unterschenkel betreffen können. Auffällig ist auch die Unfähigkeit, Entscheidungen zu treffen. Menschen mit mangelnder

Erdenergie fehlt der Halt im Leben. Einige haben ihren Platz in der Welt noch nicht gefunden und Schwierigkeiten, ein geregeltes Leben zu führen. Manche wirken egozentrisch und selbstsüchtig.
Das Element Erde stellt einen empfindlichen Punkt für viele Menschen dar. Besonders bei denjenigen, die über längere Zeit sehr angestrengt lernen oder andere reine Kopfarbeiten erledigen müssen, ist der Funktionskreis Milz und Magen geschwächt. Deshalb ist bei ihnen auch ausnahmsweise der süße Pausensnack erlaubt, denn das Süße entspricht der Erde und stärkt das verausgabte Erd-Chi.

Das Element Metall

Organsystem: Lunge – Dickdarm
Emotion: Traurigkeit
Geschmack: scharf
Sinnesorgan: Nase

Die Energie des Metalls steht für Kommunikation und Austausch. Ein ausgewogenes Metall-Chi begünstigt die Konzentration und die Fähigkeit, das, was einem in Kopf und Herz bewegt auch auszudrücken. Man ist in der Lage, klar und präzise zu formulieren worum es geht und kann ebenso zuhören. Viele soziale Berufe werden von der Metallenergie gefördert, ebenso Richter und Rechtsanwälte. Charakteristisch für Menschen mit einer ausgewogenen Metallenergie ist, dass sie zuerst denken, bevor sie sprechen.
Fehlt es einem Menschen an diesem zentrierenden Element, so zeigt sich dies in Konzentrationsstörungen, viele Betroffene sind emotional und verbal blockiert. Der Prüfling, der trotz guten Lernens sein Wissen nicht zum Ausdruck bringen kann, hat einen Mangel an Metallenergie. Körperlich leiden diese Menschen öfter als andere an Erkältungskrankheiten. Der Grund dafür ist das schwache Abwehr-Chi der Lunge, so dass krankmachende Faktoren leichter in den Körper eindringen können. Im Gegensatz zur Milzdisharmonie sind die Erkältungskrankheiten aber nicht von Schleimabsonderungen, sondern eher von trockenem Husten und Kältegefühlen gekennzeichnet.
Ist zuviel Metall-Yang im Körper, zeigt sich das durch Hitzegefühl und starken Durst auf kalte Getränke. Der betroffene Mensch neigt dazu, seine Gedanken – noch ehe er sie wirklich fassen kann – zu zerstreuen. Er spricht, bevor er weiß und überfällt seine Umgebung mit einem Redeschwall. Auf diese Weise werden Gespräche leer und oberflächlich.

Das Element Wasser

Organsystem: Blase – Niere
Emotion: Angst
Geschmacksrichtung: salzig
Sinnesorgan: Ohr

Das Element Wasser steht für gesellschaftliche Kontakte und persönliche Initiative. Ein Mensch unter diesem Einfluss hat keine Schwierigkeiten, Kontakte zu knüpfen, er reist gerne. Dabei ist er diplomatisch und geschickt, er weiß, wie er wirkt.
Ein Mangel am Wasserelement zeigt sich in einer gewissen Unbeweglichkeit, dabei ist Angst oft der Grund für dieses Verhalten. Dahinter steht die Unfähigkeit, sich dem Wandel des Lebens hinzugeben und loszulassen.

Menschen mit viel Wasserenergie versinken im Ozean der Gefühle und in Melancholie. Angst fährt ihnen in Mark und Bein oder sie bekommen weiche Knie. Diese Aussagen beschreiben schon sehr deutlich den Funktionskreis Niere und Blase. Wenn wir »vor Angst kalte Füße bekommen«, haben viele Wassermenschen bald eine Blasenentzündung. Der Zusammenhang ist nicht zufällig, denn der Blasen-Meridian verläuft tatsächlich an der Außenseite unserer Füße entlang. Die Neigung zu kalten Füßen kann auch im Zusammenhang mit Kälteempfindungen des Rückens und der Lendenwirbelsäule auftreten. Neben den wasserregulierenden Organen Niere und Blase gehören auch die Genitalien zu diesem Funktionskreis.

Die chinesischen Tierkreiszeichen

Ähnlich den westlichen Sternbildern kennen wir auch in der chinesischen Astrologie zwölf Tierkreiszeichen. Eines dieser zwölf Tiere steht für Ihre persönlichen Energien und spiegelt die Art und Weise, wie Sie die Welt wahrnehmen und sich in ihr bewegen. Jedes Tierkreiszeichen steht deshalb für ein Symbol geistiger Energiemuster, ähnlich den Archetypen unserer Mythologie. Nicht immer sind ihre Eigenschaften im Alltag zu erkennen, dennoch wirken sie im Verborgenen und sind die Grundlage für unser So-Sein in der Welt.

Zwei Grundbegriffe sind mit dem »Zodiakus« (Tierkreis) eng verbunden: die »Himmlischen Stämme« und die »Irdischen Äste«. Die zwölf Irdischen Äste entsprechen den zwölf Tierkreiszeichen, die zehn Himmlischen Stämme beschreiben die fünf Wandlungsphasen der Lebensenergie und stehen mit den Fünf Elementen in Verbindung.

Die 10 Himmlischen Stämme	**Polarität**
Altes Holz	Yang
Junges Holz	Yin
Altes Feuer	Yang
Junges Feuer	Yin
Alte Erde	Yang
Junge Erde	Yin
Altes Metall	Yang
Junges Metall	Yin
Altes Wasser	Yang
Junges Wasser	Yin

Die Chinesen haben ein recht kompliziertes astrologisches System, denn ihre Zeitmessung basiert auf dem Mondkalender. Jeder Monat beginnt demzufolge mit dem Neumond und dauert durchschnittlich 29 Tage. Das Jahr wird in zwölf Zyklen geteilt und jedes Jahr steht unter dem Einfluss eines Tierkreiszeichens. Die Chinesen messen die Zeit im sogenannten Sechzigjahr-Zyklus. Innerhalb dieser Zeit erscheinen fünf Mal die zwölf Tierkreiszeichen. Obwohl jedes Tierkreiszeichen von Natur aus einem der fünf Elemente zugeordnet wird, durchwandert es im Laufe der Jahre alle Elemente. Auf diese Weise kann jedes der Tiere die Eigenschaften aller Elemente aufnehmen, die von den himmlischen Stämmen verursacht werden. Ein Tier mit den gleichen Eigenschaften gibt es also nur alle 60 Jahre.

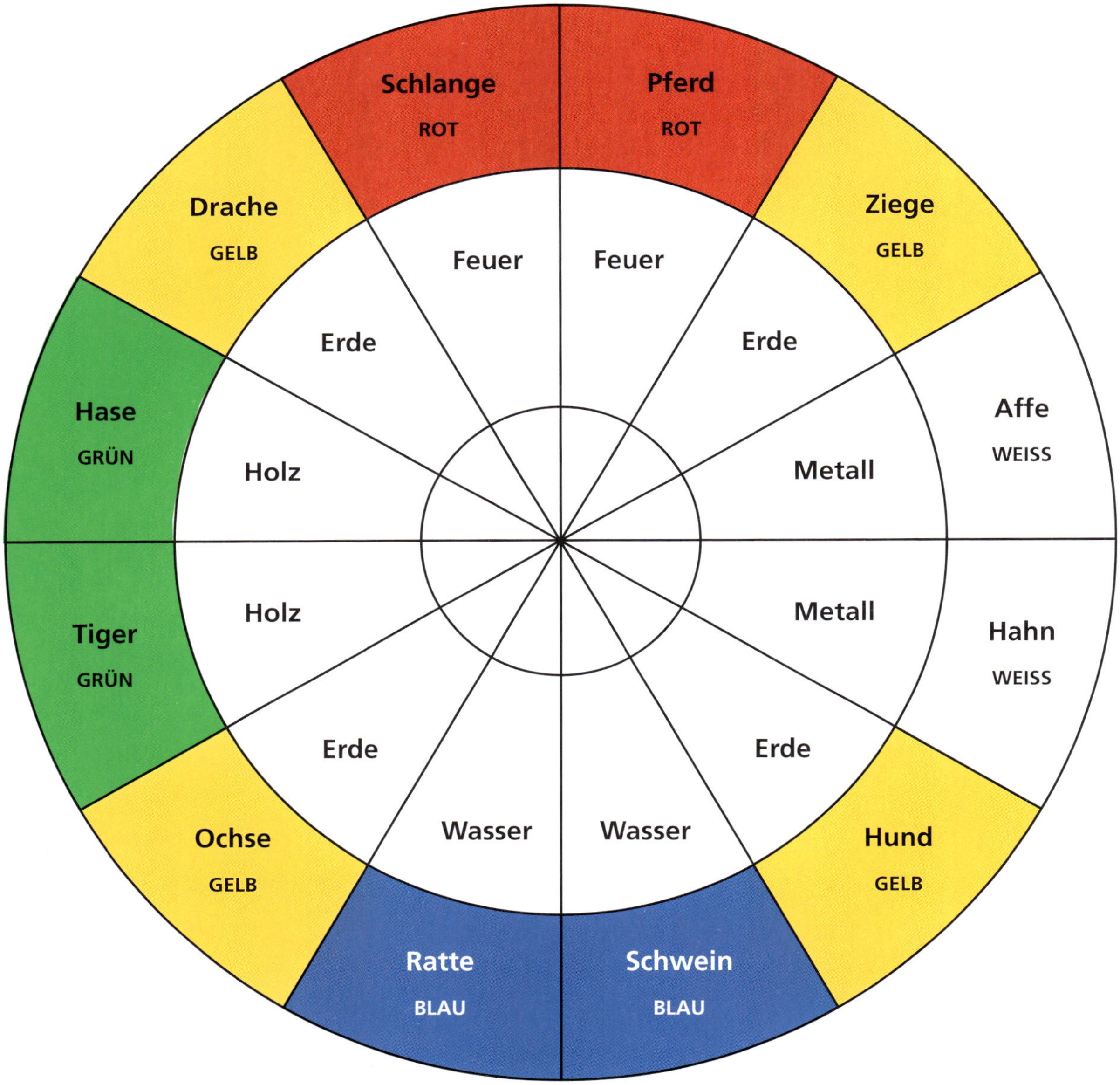

In der chinesischen Astrologie steht jedes Jahr und jeder Monat unter dem Einfluss eines Tierkreiszeichens, das zusätzlich einem Element zugeordnet wird. Das Jahr 2000, das am 5. Februar begann, steht unter der Herrschaft des Drachen – für die Chinesen ein äußerst positives Omen, denn der Drache verkörpert Glück, Energie und Klugheit.

Die Ratte

Die Ratte gilt als zäh, ausdauernd und anpassungsfähig. Menschen, die unter dem Einfluss dieses Zeichens stehen, klagen nicht über Schwierigkeiten in Beruf oder Privatleben, sondern orientieren sich mutig und beharrlich an den gegebenen Umständen. Ratten sind besonders gute Beobachter und haben einen unstillbaren Forscherdrang, man findet sie häufig unter Künstlern und Erfindern. Sie sind ehrlich an anderen Menschen interessiert, manchmal aber übertrieben offen. Die Ratte lebt häufig etwas ruhelos, wechselt gerne Beruf und Wohnort, reist gerne. Dieses starke Interesse an stets Neuem lebt sie auch in verschiedenen Hobbys aus. Sie liebt das Leben und ist bereit, auch Risiken einzugehen. Ratten-Menschen haben eine schnelle Auffassungsgabe und sind zu raschem Handeln fähig.

Der Büffel (Ochse)

Der Büffel steht symbolisch für die stete, gleichmäßige Bewegung. Menschen dieses Zeichens lieben den Arbeitstrott, Veränderungen oder Unvorhergesehenes sind für sie ein Graus. Lieber halten sie am Alten fest (auch wenn es für sie nicht so angenehm ist), als etwas Neues zu wagen. Das macht sie zum Symbol für Beharrlichkeit und Beständigkeit. Diesen Eigenschaften verdanken sie es auch, dass andere Mitmenschen sich ihnen gerne anvertrauen. Der Büffel-Mensch ist stets zuvorkommend und hilfsbereit. Hat er selbst Ärger, behält er ihn für sich, vieles sitzt er einfach aus. Menschen, die unter dem Einfluss des Büffels stehen, klagen nicht, tun sie es doch, so handelt es sich um etwas wirklich Ernstes. Gerne bleiben Büffel in einer angestammten Stellung, arbeiten hart und erfüllen zuverlässig ihre Pflicht. Büffel sind auch für ihre Ehrlichkeit bekannt.

Der Tiger

Der Tiger ist das Symbol für die maximale Kraftentfaltung. Seine Energie gleicht einem gespannten Bogen, dessen Pfeil kurz vor dem Flug steht. Dieses Bild finden wir auch im ältesten Zeichen für den Tiger wieder. Im wahrsten Sinne des Wortes gleichen diese Großkatzen einer geladenen Waffe. Selbst wenn sie sich ausruhen, sind sie stets auf der Lauer und zum Sprung bereit. Immer vermitteln sie den Eindruck, voll da zu sein. Menschen unter Tiger-Einfluss erleben ihr Dasein mit starker Intensität. Sie sind geborene Führer und Beschützerfiguren, tatkräftig und packen beherzt zu, sind manchmal aber auch ruhelos. Haben sie noch nicht gelernt, mit ihrer Kraft umzugehen, kann sie sich als Wut entladen.

Der Hase (Kaninchen)

Der Hase zeichnet sich durch eine rasche Auffassungsgabe und einen beweglichen Geist aus. Er ist ungewöhnlich empfindsam und aufmerksam und hat stets die nächst mögliche Entwicklung im Auge. Aus diesem Grund auch sind Hasen besonders schnell von Begriff und etwas ungeduldig, wenn andere Mitmenschen nicht ganz so flott denken wie sie selbst. Sie pflegen ein äußerst intensives Gefühlsleben, fühlen sich himmelhoch jauchzend und im nächsten Augenblick zu Tode betrübt. Diese Wechselhaftigkeit macht es ihnen schwer, Angefangenes zu Ende zu bringen. Manchmal können sie sich nur schwer beherrschen, dann brechen die Gefühle aus ihnen heraus. Einige Menschen fühlen sich von den Hasen provoziert, weil sie – zu Unrecht – ihre Wendigkeit und Ungeduld für Arroganz halten. Menschen, die unter dem Einfluss dieses Zeichens geboren sind, sind im Team äußerst nützlich. Sie sind in der Lage, in kürzester Zeit verschiedene Möglichkeiten und Situationen zu durchdringen.

Der Drache

Der Drache wird in China als überaus mächtiges Tierkreiszeichen gesehen, denn seit Jahrtausenden gilt er als Symbol für höchste spirituelle Energie. Sein Lebensraum ist im Himmel über den Wolken, von hier gewinnt er Weitsicht, ist mit einer aktiven Vorstellungskraft gesegnet. Dabei sind es keine substanzlosen Höhenflüge, denen er sich hingibt. Seine Vorstellungen und Visionen sind ausgesprochen solide und entschlossen. Der Drache versteht es, andere mitzureißen. Lastet die sorgenvolle und unbequeme Realität zu schwer auf einem Drachen-Menschen, so ist er fähig, sich von ihr zu lösen und sich seinen Visionen hinzugeben. Drachen sind sehr kreativ. In ihrem Leben scheint nichts unmöglich, wir finden viele Künstler und Visionäre unter ihnen. Der Drachen symbolisiert aber auch Weisheit, Ruhm und Erfolg, den er vor allem seiner Fähigkeit verdankt, zu wissen, dass das einzig Beständige im Leben der ständige Wandel ist.

Die Schlange

Menschen, die unter dem Einfluss der Schlange geboren sind, sind sehr sensitiv. Sie spüren sofort, wann etwas in der Luft liegt, weil ihre Sinne sehr stark ausgeprägt sind. Schlangen gelten als äußerst intelligent, sind stets hellwach. Besonders erwähnenswert ist ihr Ehrgeiz. Wenn sie ein Ziel vor Augen haben, setzen sie alles daran, es zu erreichen. Hindernisse kennen sie nicht, dank ihrer inneren Stärke geben sie nicht auf. Sie sind klug, haben das Gespür für den richtigen Zeitpunkt und können geduldig warten, bis er gekommen ist. Dann gehen sie mit äußerster Konzentration ans Werk. Auf diese Weise schützen Schlangen-Menschen sich davor, ihre Energien sinnlos zu zerstreuen, und bündeln sie statt dessen. Im Arbeitsteam ist die Schlange von unschätzbarem Wert, weil ihre Weisheit und Entschlossenheit große Projekte entschieden vorantreibt.

Der Pferd

Menschen, die im Zeichen des Pferdes geboren sind, gehen völlig in ihrer Arbeit auf. Sie führen ihr Tagwerk stets zu Ende, sind bereit, ihr Bestes zu geben. Die Energie des Pferdes ist von Ausdauer und Kraft gekennzeichnet, selbst in schwierigen Zeiten geht es vorwärts. Pferd-Menschen arbeiten sich langsam nach oben, sind immer bereit, mit ihrer Kraft die nächste Stufe zu erklimmen. Ihre Art verschafft ihnen häufig hohes Ansehen, auch weil Pferd-Persönlichkeiten mit ihrer Meinung nicht hinter dem Berg halten. Einige Menschen empfinden ihre Direktheit als Taktlosigkeit. Zur vollen Entfaltung seines Potentials braucht das Pferd einen Gefährten, der es ergänzt und führt. Menschen dieses Zeichens sind häufig ausgesprochen angenehme Arbeitskollegen. Sie sind sehr harmoniebedürftig und brauchen Ausgeglichenheit und Geborgenheit in ihrer unmittelbaren Umgebung.

Die Ziege (Schaf)

Kennzeichen der Ziege sind Standhaftigkeit und Zuverlässigkeit. Beruflich finden wir sie selten in Führungspositionen, statt dessen bilden sie die Basis, arbeiten den Vorgesetzten zu. Sie wirken im Hintergrund, beschweren sich nie. Manchmal bürden sie sich so viel auf, dass sie die Last fast zu erdrücken scheint. Ziege-Menschen sind immer bereit, mehr zu tun, übernehmen unangenehme Pflichten und schaffen unter Einsatz all ihrer Kräfte Aufgaben selbst zu kurzfristigen Terminen. Da sie aber Herausforderungen nicht unbedingt lieben, kommt ihnen die Arbeit an der Basis sehr entgegen. Äußerlich machen sie meist einen sanften Eindruck. Ihre Belastbarkeit und innere Stärke erkennt man auf den ersten Blick nicht.

Der Affe

Vom Affen beeinflusste Menschen gelten als wissbegierig und lernfähig. Sie verfügen über die Gabe, Geschehenes leicht wiederzugeben und zu imitieren. Das macht sie zu beliebten Zeitgenossen. Dabei sind sie sehr rasch, auch in ihrem oft abfälligen Urteil, was sie für viele gefühllos und/oder oberflächlich erscheinen lässt. Ihre wache Intelligenz befähigt sie, Neues zu entwickeln, das sie begeistert und überzeugend weitervermitteln können. Affen sind meist unabhängig und leben in gesicherten Verhältnissen. Oft gelten sie als etwas unbeständig und überschätzen ihre Fähigkeiten. In der Folge fehlt ihnen häufig die Einsicht, Fehler rechtzeitig einzugestehen. Affen träumen davon, Helden zu sein.

Der Hahn

Menschen dieses Zeichens beobachten die Umgebung und setzen sich gerne in Szene. Diesen Drang leben sie auch beruflich aus. Viele Hähne finden wir unter Schauspielern, Künstlern, Designern, Bildhauern oder Zeichnern. Sie besitzen eine große Vorstellungskraft und haben die Fähigkeit, ihre Energie kraftvoll zu bündeln. Einer gestellten Aufgabe widmen sie sich intensiv. Hähne geben stets ihr Bestes, denn sie besitzen die Fähigkeit ihre Energie zu bündeln. Diese Ausdauer hilft ihnen dabei, ihre Ziele zu erreichen. Nur ungern lassen sie sich herumkommandieren. In schwierigen Situationen zeigt ein Hahn Mut, vermittelt, harmonisiert und zeigt dabei Charme und Witz. Das macht ihn zu einem beliebten und geschätzten Mitmenschen. Sein Selbstbewusstsein ist nicht immer wirklich echt, deshalb wird eine Hahn-Persönlichkeit manchmal manipuliert und gerät unter fremden Einfluss.

Der Hund

Hauptmerkmal des Hundes ist seine Zuverlässigkeit. Deshalb gelten in Asien »Hundgeborene« als begehrte Ehepartner. Aufgrund ihres Selbstvertrauens müssen sie ihre Fähigkeiten nicht mehr unter Beweis stellen. Sie wissen immer genau, wann sie was zu tun haben. Sie sind gute Zuhörer und nehmen sich anderer gerne an, um ihnen zu helfen. Wegen dieser Eigenschaften sagt man in China jemanden mit diesen Eigenschaften nach, er habe die sanften Ohren eines Hundes. Hunde sind stets loyal und schrecken auch vor schwierigen Situationen nicht zurück. Das und ihr stark ausgeprägter Gerechtigkeitssinn bringen ihnen hohen Respekt ein. Trotz dieser Eigenschaften findet man Hund-Geborene selten in Führungspositionen, wohl aber sind sie hervorragende Untergebene.

Das Schwein

Schweine sind ausgesprochen unabhängig, denn oft sind sie mit Reichtum gesegnet. Diese Fülle bezieht sich sowohl auf materielle als auch immaterielle Güter. Sie haben die Eigenschaft, Energie zu mehren, was sich auch in ihrer Leibesfülle bemerkbar macht. Oft haben sie einen »Wohlstandsbauch«, der in China mit Weisheit, Zufriedenheit und Wohlstand assoziiert wird. Man denke nur an den »lachenden Buddha« mit seinen ausladenden Formen. Das Schwein nimmt den ihm gegebenen Reichtum an, ohne das Bedürfnis zu verspüren, ihn zu mehren. Das liegt vor allem an der Eigenschaft der unter diesem Zeichen Geborenen, sich keine Sorgen um das liebe Geld zu machen. Gestellte Aufgaben erfüllen sie einfach, ohne sich dann neuen Herausforderungen zu stellen. Diese Beständigkeit lässt sie manchmal nicht gerade klug erscheinen, was sie allerdings überhaupt nicht stört, da sie von Natur aus bescheiden sind.

Ihr Tierkreiszeichen

Wenn Sie wissen möchten, welches Tierkreiszeichen zu Ihnen gehört, sehen Sie in der Tabelle auf Seite 232/233 nach. Hier finden Sie auch genaue Angaben, wann das chinesische Jahr jeweils begann und endete. Sind Sie also im Januar oder bis Mitte Februar geboren, müssen Sie in den meisten Fällen Ihr Geburtsjahr den chinesischen Jahresdaten anpassen.
Beispiel: Sind Sie am 2. Februar 1969 geboren, so gehören Sie nach der chinesischen Zeitrechnung noch zum Jahr 1968, da das Jahr 1969 erst am 17.2. begann. Ihr Tierkreiszeichen wäre also der Affe.

Die rechnerische Ermittlung des Tierkreiszeichens

Die Tierkreiszeichen lassen sich aber auch mit einer einfachen Formel berechnen. Beachten Sie aber auch hier die erwähnte Jahresanpassung! Grundlage sind die letzten beiden Ziffern des Geburtsjahres. Wenn sie größer als 11 ist, subtrahieren Sie solange 12, bis eine Zahl übrigbleibt, die kleiner als 12 ist. Anhand der folgenden Aufstellung finden Sie Ihr Tierkreiszeichen.
0 Ratte, 1 Büffel, 2 Tiger, 3 Hase, 4 Drache,
5 Schlange, 6 Pferd, 7 Ziege, 8 Affe, 9 Hahn,
10 Hund, 11 Schwein, 12 Ratte.
Beispiel: Das Geburtsjahr von Frau M. ist 1965. Die 65 ist größer als 11, deshalb wird die Zahl 12 solange abgezogen, bis die übrigbleibende Zahl kleiner als 12 ist.

$65 - 12 = 53 \qquad 53 - 12 = 41$
$41 - 12 = 29 \qquad 29 - 12 = 17$
$17 - 12 = 5$

Die 5 ist also die Zahl zur Bestimmung des Tierkreiszeichens. Damit ist Frau M. im Zeichen der Schlange geboren.

Schlange ist nicht gleich Schlange

Jedes chinesische Tierkreiszeichen ist von Natur aus einem der fünf Elemente zugeordnet, in dem es Zuhause ist (siehe Tabelle Seite 232/233). Allerdings durchwandert es im Laufe des Sechzigjahres-Zyklus auch alle anderen Elemente. Auf diese Weise erhält jedes Tierkreiszeichen in Kombination mit den fünf Elementen eine individuelle Prägung. So ist die im Jahr 1953 geborene Schlange eine »Schlange im Gras (Wasser-Schlange)«, die 1965 geborene eine, »die aus der Höhle kommt (Holz-Schlange)«. Dadurch wird schon deutlich, dass eine Schlange nie identisch mit einer anderen ist, sonst wären ja alle Schlangen-Menschen gleich. Vielmehr geht es um eine energetische Grundstruktur, die unsere Art und Weise die Welt zu sehen und ihr zu begegnen, mitbestimmt. Die Bestimmung des Elementes, das in Ihrem Geburtsjahr Ihr Tierkreiszeichen beeinflusst hat, ist deshalb eine wesentliche Komponente, um diese Aussagen zu konkretisieren. Um welches Element es sich dabei handelt, können Sie entweder selbst berechnen, oder Sie schauen einfach in der Tabelle nach.

Die rechnerische Ermittlung des dazugehörigen Elements

Wenn Sie das Element, das im Jahr der Geburt Ihr Tierkreiszeichen beeinflusste, feststellen wollen, gehen Sie so vor:
Wieder sind die letzen beiden Ziffern Ihres Geburtsjahres der Ausgangspunkt. Ziehen Sie solange 10 ab, bis ein Rest von 10 oder weniger übrigbleibt.

Elemente des Tierkreiszeichens im Geburtsjahr

0 Metall, 1 Metall, 2 Wasser, 3 Wasser, 4 Holz,
5 Holz, 6 Feuer, 7 Feuer, 8 Erde, 9 Erde, 10 Metall.

Beispiel: Wieder Frau M., die 1965 geboren ist:

65 – 10 = 55	55 – 10 = 45	45 – 10 = 35
35 – 10 = 25	25 – 10 = 15	15 – 10 = 5

Die Zahl des Elementes ist auch hier die 5 und entspricht damit der bestimmenden Eigenschaft von Holz.

Günstige und ungünstige Konstellationen

Anhand der zwölf Tierkreiszeichen, die direkt mit den Monaten und den Jahren im Zwölfjahres-Zyklus in Verbindung stehen, können wir gewisse Grundeigenschaften eines Menschen ablesen. Jedoch stellt diese Analyse nur einen kleinen Ausschnitt der Möglichkeiten des Feng Shui dar. Die populäre chinesische Astrologie nutzt die Tierkreiszeichen, um zum Beispiel Aussagen darüber treffen zu können, welche Partner gut zusammenpassen. Ideale Partnerschaften können sich demzufolge innerhalb folgender Gruppen, zu denen jeweils drei Tierkreiszeichen gehören, ergeben:

Ratte – Drache – Affe
Büffel – Schlange – Hahn
Tiger – Pferd – Hund
Hase – Ziege – Schwein

Ungünstige Konstellationen ergeben sich, wenn sich die Tierkreiszeichen direkt gegenüber liegen:

Ratte – Pferd
Büffel – Ziege
Tiger – Affe
Hase – Hahn
Drache – Hund
Schlange – Schwein

Die vorgestellten Konstellationen der Tierkreiszeichen beziehen sich auf die »angeborenen« Eigenschaften der Tiere, die sich durch das Element ergeben, in dem sie von Natur aus beheimatet sind. Leben Sie in einer Partnerschaft von zum Beispiel Büffel und Ziege, sollten Sie die Jahreselemente der Tiere in die Betrachtung mit einbeziehen. Da diese die jeweiligen Eigenschaften der Tierkreiszeichen ergänzen und ihnen eine individuelle Ausprägung geben, können sie ein umfassenderes Bild vermitteln. Das wiederum kann dann der Ansatz für Ihr auf die Paarbeziehung abgestimmtes Feng Shui sein.

Die Analyse über die Tierkreiszeichen gibt einen Einblick in unsere Wesens- und Persönlichkeitsmerkmale. Allerdings fehlt uns mit ihnen allein ein Zuordnungssystem, denn die direkte Verbindung zum Feng Shui entsteht erst, wenn wir die Jahreselemente der Tierkreiszeichen hinzunehmen. Sie sind es ja, die uns über ihre Entsprechungen in Form und Farbe konkrete Gestaltungshinweise geben. Obwohl das Tierkreiszeichen jährlich wechselt, verändern sich die mit ihnen verbundenen Elemente nur alle zwei Jahre. Auch die Tatsache, dass das Geschlecht des zu Analysierenden hier keine Bedeutung hat (Tiere und Elemente sind für Männer und Frauen immer gleich) zeigt, dass die Aussagen über die bestimmenden Elementareigenschaften allein logischerweise sehr allgemein bleiben müssen. Anhand der Abbildung auf Seite 235 werden die Beziehungen der Elemente in den vorgestellten Analyse-Methoden deutlich. Selbst wenn sich die Elemente unterscheiden, so beeinflussen sie sich doch gegenseitig, weil sie auf verschiedenen Ebenen wirksam und eng miteinander verknüpft sind. Vereinfacht könnte man sagen: Das mit dem Tierkreiszeichen verbundene Element steht für allgemeine, grundlegende Energiestrukturen, denn es verändert sich nur alle zwei Jahre und ist damit die allgemeinste Stufe der Analyse und sollte im Zusammenhang mit dem persönlichen Tier gesehen werden. Obwohl beide Analysesysteme eigenständig sind, begegnen sie sich in der Fünf-Elemente-Theorie. So vermittelt die Kua-Zahl schon ein etwas genaueres Bild, denn das Element verändert sich ja immerhin jedes Jahr. Wollen wir mehr über das Energiemuster erfahren, so können wir zusätzlich das Element der Monatszahl ermitteln. Aus der Abbildung ist ersichtlich: Das Element der Jahreszahl (Kua-Zahl) steht im Beziehungsgeflecht der Elemente in der Mitte, weshalb es häufig als Ansatz verwendet wird. Die unterschiedlichen Ergebnisse bei der Ermittlung der Elemente sind kein Widerspruch, sondern erlauben dem Feng Shui-Kundigen, die Persönlichkeitsanteile genauer zu spezifizieren. In Asien arbeiten wissende Meister mit bis zu 8 Elementen, deren Eigenschaften und Wechselwirkungen die Feng Shui-Beratung maßgeblich beeinflussen.

In der Tabelle (Seite 232–234) finden Sie die Tierkreiszeichen und in Klammern dahinter das Element, in dem es ursprünglich zu Hause ist. In der dritten Spalte steht das Element, das die Energie im jeweiligen Jahr entscheidend prägte. Ihre Kua-Zahl entnehmen Sie der 4. und 5. Spalte.

Jahr von – bis	Irdischer Ast/ Tierkreiszeichen	Himmlischer Stamm/Element	Kua-Zahl Männer	Kua-Zahl Frauen
08.02.1921–27.01.1922	Hahn (Metall)	Metall	7	8
28.02.1922–15.02.1923	Hund (Erde)	Wasser	6	9
16.02.1923–04.02.1924	Schwein (Wasser)	Wasser	5	1
05.02.1924–24.01.1925	Ratte (Wasser)	Holz	4	2
25.01.1925–12.02.1926	Büffel (Erde)	Holz	3	3
13.02.1926–01.02.1927	Tiger (Holz)	Feuer	2	4
02.02.1927–22.01.1928	Hase (Holz)	Feuer	1	5
23.01.1928–09.02.1929	Drache (Erde)	Erde	9	6
10.02.1929–29.01.1930	Schlange (Feuer)	Erde	8	7
30.01.1930–16.02.1931	Pferd (Feuer)	Metall	7	8
17.02.1931–05.02.1932	Ziege (Erde)	Metall	6	9
06.02.1932–25.01.1933	Affe (Metall)	Wasser	5	1
26.01.1933–13.02.1934	Hahn (Metall)	Wasser	4	2
14.02.1934–03.02.1935	Hund (Erde)	Holz	3	3
04.02.1935–23.01.1936	Schwein (Wasser)	Holz	2	4
24.01.1936–10.02.1937	Ratte (Wasser)	Feuer	1	5
11.02.1937–30.01.1938	Ochse (Erde)	Feuer	9	6
31.01.1938–18.02.1939	Tiger (Holz)	Erde	8	7
19.02.1939–07.02.1940	Hase (Holz)	Erde	7	8
08.02.1940–26.01.1941	Drache (Erde)	Metall	6	9
27.01.1941–14.02.1942	Schlange (Feuer)	Metall	5	1
15.02.1942–04.02.1943	Pferd (Feuer)	Wasser	4	2
05.02.1943–24.01.1944	Schaf (Erde)	Wasser	3	3
25.01.1944–12.02.1945	Affe (Metall)	Holz	2	4
13.02.1945–01.02.1946	Hahn (Metall)	Holz	1	5
02.02.1946–21.01.1947	Hund (Erde)	Erde	9	6
22.02 1947–09.02.1948	Schwein (Wasser)	Feuer	8	7
10.02.1948–28.01.1949	Ratte (Wasser)	Erde	7	8
29.01.1949–16.02.1950	Ochse (Erde)	Erde	6	9
17.02.1950–05.02.1951	Tiger (Holz)	Metall	5	1
06.02.1951–26.01.1952	Hase (Holz)	Metall	4	2

27.01.1952–13.02.1953	Drache (Erde)	Wasser	3	3
14.02.1953–02.02.1954	Schlange (Feuer)	Wasser	2	4
03.02.1954–23.01.1955	Pferd (Feuer)	Holz	1	5
24.01.1955–11.02.1956	Schaf (Erde)	Holz	9	6
12.02.1956–30.01.1957	Affe (Metall)	Feuer	8	7
31.01.1957–17.02.1958	Hahn (Metall)	Feuer	7	8
18.02.1958–07.02.1959	Hund (Erde)	Erde	6	9
08.02.1959–27.01.1960	Schwein (Wasser)	Erde	5	1
28.01.1960–14.02.1961	Ratte (Wasser)	Metall	4	2
15.02.1961–04.02.1962	Ochse (Erde)	Metall	3	3
05.02.1962–24.01.1963	Tiger (Holz)	Wasser	2	4
25.01.1963–12.02.1964	Hase (Holz)	Wasser	1	5
13.02.1964–01.02.1965	Drache (Erde)	Holz	9	6
02.02.1965–20.01.1966	Schlange (Feuer)	Holz	8	7
21.01.1966–08.02.1967	Pferd (Feuer)	Feuer	7	8
09.02.1967–29.01.1968	Schaf (Erde)	Feuer	6	9
30.01.1968–16.02.1969	Affe (Metall)	Erde	5	1
17.02.1969–05.02.1970	Hahn (Metall)	Erde	4	2
06.02.1970–26.01.1971	Hund (Erde)	Metall	3	3
27.01.1971–15.01.1972	Schwein (Wasser)	Metall	2	4
16.01.1972–02.02.1973	Ratte (Wasser)	Wasser	1	5
03.02.1973–22.01.1974	Ochse (Erde)	Wasser	9	6
23.01.1974–10.02.1975	Tiger (Holz)	Holz	8	7
11.02.1975–30.01.1976	Hase (Holz)	Holz	7	8
31.01.1976–17.02.1977	Drache (Erde)	Feuer	6	9
18.02.1977–06.02.1978	Schlange (Feuer)	Feuer	5	1
07.02.1978–27.01.1979	Pferd (Feuer)	Erde	4	2
28.01.1979–15.02.1980	Schaf (Erde)	Erde	3	3
16.02.1980–04.02.1981	Affe (Metall)	Metall	2	4
05.02.1981–24.01.1982	Hahn (Metall)	Metall	1	5
25.01.1982–12.02.1983	Hund (Erde)	Wasser	9	6
13.02.1983–01.02.1984	Schwein (Wasser)	Wasser	8	7
02.02.1984–19.02.1985	Ratte (Wasser)	Holz	7	8
20.02.1985–08.02.1986	Ochse (Erde)	Holz	6	9

09.02.1986–28.01.1987	Tiger (Holz)	Feuer	5	1
29.01.1987–16.02.1988	Hase (Holz)	Feuer	4	2
17.02.1988–05.02.1989	Drache (Erde)	Erde	3	3
06.02.1989–26.01.1990	Schlange (Erde)	Erde	2	4
27.01.1990–14.02.1991	Pferd (Feuer)	Metall	1	5
15.02.1991–03.02.1992	Schaf (Erde)	Metall	9	6
04.02.1992–22.01.1993	Affe (Metall)	Wasser	8	7
23.01.1993–09.02.1994	Hahn (Metall)	Wasser	7	8
10.02.1994–30.01.1995	Hund (Erde)	Holz	6	9
31.01.1995–18.02.1996	Schwein (Wasser)	Holz	5	1
19.02.1996–07.02.1997	Ratte (Wasser)	Feuer	4	2
08.02.1997–27.01.1998	Ochse (Erde)	Feuer	3	3
28.01.1998–15.02.1999	Tiger (Holz)	Erde	2	4
16.02.1999–04.02.2000	Hase (Holz)	Erde	1	5
05.02.2000–23.01.2001	Drache (Erde)	Metall	9	6
24.01.2001–11.02.2002	Schlange (Feuer)	Metall	8	7
12.02.2002–31.01.2003	Pferd (Feuer)	Wasser	7	8
01.02.2003–21.01.2004	Schaf (Erde)	Wasser	6	9
22.01.2004–08.02.2005	Affe (Metall)	Holz	5	1
09.02.2005–28.01.2006	Hahn (Metall)	Holz	4	2
29.01.2006–17.02.2007	Hund (Erde)	Feuer	3	3
18.02.2007–06.02.2008	Schwein (Wasser)	Feuer	2	4
07.02.2008–25.01.2009	Ratte (Wasser)	Erde	1	5
26.01.2009–13.02.2010	Ochse (Erde)	Erde	9	6
14.02.2010–02.02.2011	Tiger (Holz)	Metall	8	7
03.02.2011–22.01.2012	Hase (Holz)	Metall	7	8
23.01.2012–09.02.2013	Drache (Erde)	Wasser	6	9
10.02.2013–30.01.2014	Schlange (Feuer)	Wasser	5	1
31.01.2014–18.02.2015	Pferd (Feuer)	Holz	4	2
19.02.2015–07.02.2016	Schaf (Erde)	Holz	3	3
08.02.2016–27.01.2017	Affe (Metall)	Feuer	2	4
28.01.2017–15.02.2018	Hahn (Metall)	Feuer	1	5
16.02.2018–04.02.2019	Hund (Erde)	Erde	9	6
05.02.2019–24.01.2020	Schwein (Wasser)	Erde	8	7

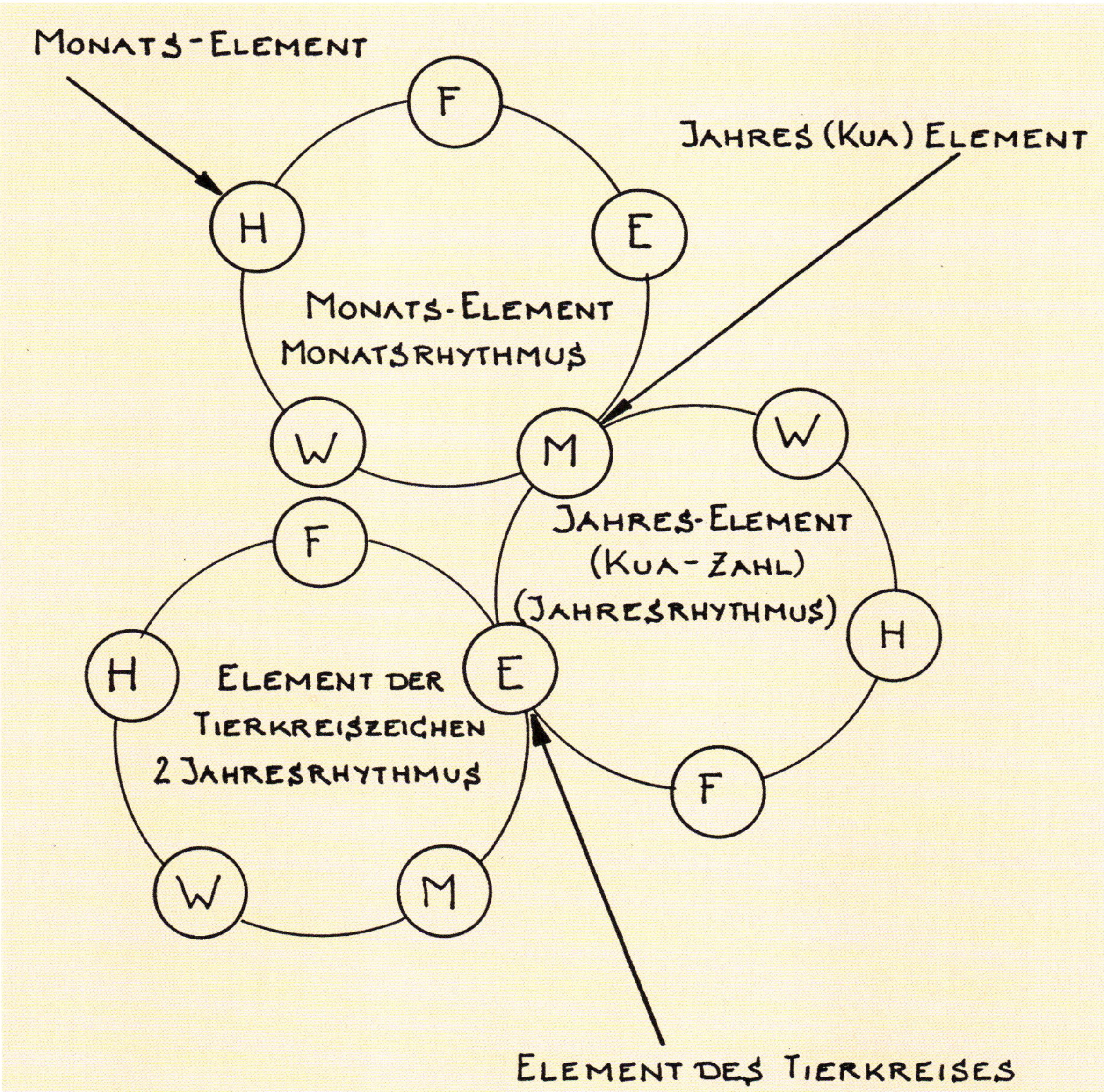

Die Verknüpfung unterschiedlicher Elementarkreisläufe – hier das Element des Tierkreiszeichens, das Kua-Element und das Monatselementen am Beispiel eines am 13. 4. 1949 geborenen Mannes.

Die hohe Kompass-Schule

»Die Nadel des Kompass
weist dir den Weg, doch
gehen musst du ihn selbst.«

SUN TSE

Kunst der

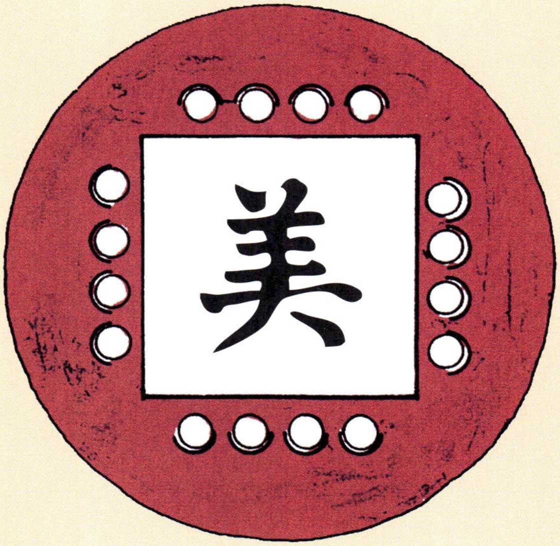

In diesem Kapitel beschäftigen wir uns mit dem Aspekt des Feng Shui, der an die mystische Seite des Menschen rührt. In den meisten Fällen erklärt Feng Shui die offensichtlichen Zusammenhänge zwischen Mensch und Natur. Doch manchmal fühlen wir uns Einflüssen ausgesetzt, deren Ursache wir nicht bestimmen können. Hier könnten die Formeln der Kompass-Schule weiterhelfen. Die folgenden Feng Shui-Theorien entstammen ihr und verbinden grundlegende Systeme des klassischen Feng Shui miteinander: Das magische Quadrat Lo Shu und das Pakua (Bagua) in Verbindung mit den Trigrammen der vorhimmlischen und nachhimmlischen Sequenz. Aus der jeweiligen Kombination entstehen acht weitere Energiequalitäten, die Grundlage dieser Methoden sind. Obwohl die Ausgangsbasis die gleiche ist, kennen wir doch zwei artverwandte Methoden, die von jeweils unterschiedlichen Ansätzen ausgehen. Eine bezieht sich auf den Innenraum von Gebäuden, die andere geht von der Kua-Zahl der Bewohner aus. Die Methoden sind bekannt unter den Bezeichnungen:

a) »Die Theorie der Acht Orte« oder »Die Acht Vorzeichen« oder »Die Sieben Omen des Hauses«
b) »Die Glücksrichtungen des Pakua Lo Shu« oder »Das persönliche Lo Shu-Omen«

Daraus wird schon deutlich, dass es sich bei diesen Methoden eher um mystische, für unseren Verstand zumeist nicht nachvollziehbare Theorien handelt. Sie beschreiben nicht fassbare, geistige Einflüsse, die sich aus dem Zusammenspiel der formlosen, feinstofflichen Himmelsenergie mit der stofflichen Erdenergie ergeben. Einige alte Meister der Kompass-Schule haben ihre Erfahrungen verallgemeinert und in Formeln zusammengefasst. Im Kern geht es darum, die auf diese Weise entstandenen acht Energien auf ihre Wirkung hin zu untersuchen. Denn laut klassischem Feng Shui sind vier Energien günstig und von gebender Natur, sie unterstützen uns bei unserem Tun, die übrigen vier dagegen gelten als ungünstig, sie stehen für die Minderung des Chi.

Die Theorie der Acht Orte

Als wir dieses Buch planten, haben wir überlegt, ob und wenn ja wie viel Raum wir diesen Formeln geben sollten. In Anbetracht der Vielfalt, die Feng Shui bietet, sind die Seiten, auch in einem umfangreichen Werk, schnell gefüllt. Die Problematik dieser Formeln liegt nämlich darin begründet, dass sie, bleiben sie unerklärt, viel Unsicherheit bei den Lesern hinterlassen können. Das wissen wir aus der täglichen Praxis. Im Feng Shui-Buch der Autorin Lillien Too zum Beispiel finden wir diese Formeln ohne nähere Erläuterung, so dass die Leser davon ausgehen müssen, dass sie immer und bei jedem wirksam sind. Und das hat seine Folgen. Im Laufe der vergangenen Jahre erhielten wir unzählige Anrufe von verunsicherten Lesern, die befürchteten, bald dem Tod ins Auge blicken zu müssen, weil sie ihr Schlafzimmer im »Ort des Todes« eingerichtet hatten.
Ebenso bedenklich erscheint uns die Tatsache, dass die Formeln auch von einigen Feng Shui-Praktikern und -Ausbildern zum Maß aller Dinge erhoben werden und sich daraus Empfehlungen ergeben wie: Ihr Wohlstandsbereich liegt im Badezimmer, Ihr Todesbereich in der Küche. Sie müssen, wenn Sie ihr Glück in die eigenen Hände nehmen wollen, mit dem Bad in die Küche ziehen und die Küche in das

jetzige Bad umquartieren. Solche Aussagen sind für das Verständnis von Feng Shui nicht eben förderlich, rücken es in die Ecke des Aberglaubens und lassen die Menschen verängstigt und verunsichert zurück. Was also ist dran an diesen Formeln?

Wie Sie ja nun schon wissen, kennt Feng Shui eine Vielzahl von Möglichkeiten, das Lebensumfeld zu optimieren. Sehr viele schließen sich aus, ja widersprechen sich. Schon aus dieser Tatsache wird deutlich, dass keine Methode allein bei jedem und immer erfolgreich ist. Wollen wir den Lebensraum mit Feng Shui optimieren, so muss an erster Stelle die Feng Shui-Analyse des Ortes und der Menschen stehen. Erst diese Bestandsaufnahme wird die Antwort darauf geben, welcher Feng Shui-Weg der geeignete ist. Denn der Einfluss der hier vorgestellten Acht Orte zeigt sich nicht in jeder Wohnung oder jedem Haus. Allerdings haben wir die Möglichkeit, die glückbringenden Omen des Hauses zu aktivieren. Andererseits kennen wir genügend Fälle, in denen ein disharmonisches Vorzeichen aktiv war, das die Hausbewohner sehr belastet hat. Wenn Sie also zum Beispiel in letzter Zeit häufig in Rechtsstreitigkeiten verwickelt sind und sich nicht erklären können, woran das liegt, dann finden Sie in diesem Kapitel sicher nützliche Hinweise, wie Sie Feng Shui auch bei diesen Problemen gezielt einsetzen können.

Wo liegen die Acht Orte?

Zur Feststellung der Acht Orte in Ihrem Haus nehmen Sie wieder Ihren Grundriss zur Hand. Teilen Sie ihn zunächst in neun gleich große Bereiche, so dass sich ein mittlerer und acht äußere Sektoren ergeben. Sollte Ihr Grundriss Unregelmäßigkeiten aufweisen, müssen Sie ihn erst wieder harmonisieren (siehe Bagua-Kapitel). Der Ausgangspunkt Ihrer Analyse ist die Energie, die in das Haus hineinfließt. Messen Sie mit dem Kompass die Ausrichtung und tragen sie in den Grundriss ein. Je nach Messergebnis erhalten Sie eine Himmelsrichtung, die mit einem Trigramm der nachhimmlischen Sequenz verknüpft ist. Der Trigrammname bestimmt die Bezeichnung des Hauses. Wir unterscheiden zwei Typen von Gebäuden:

Östliche Häuser

Haustyp	*Himmelsrichtung*	*Element*	*Lo-Shu-Zahl*
Li-Haus	Süden	Feuer	9
K'an-Haus	Norden	Wasser	1
Chen-Haus	Osten	Holz	3
Sun-Haus	Südosten	Holz	4

Westliche Häuser

Haustyp	*Himmelsrichtung*	*Element*	*Lo-Shu-Zahl*
Ch'ien	Nordwesten	Metall	6
K'un	Südwesten	Erde	2
Ken	Nordosten	Erde	8
Tui	Westen	Metall	7

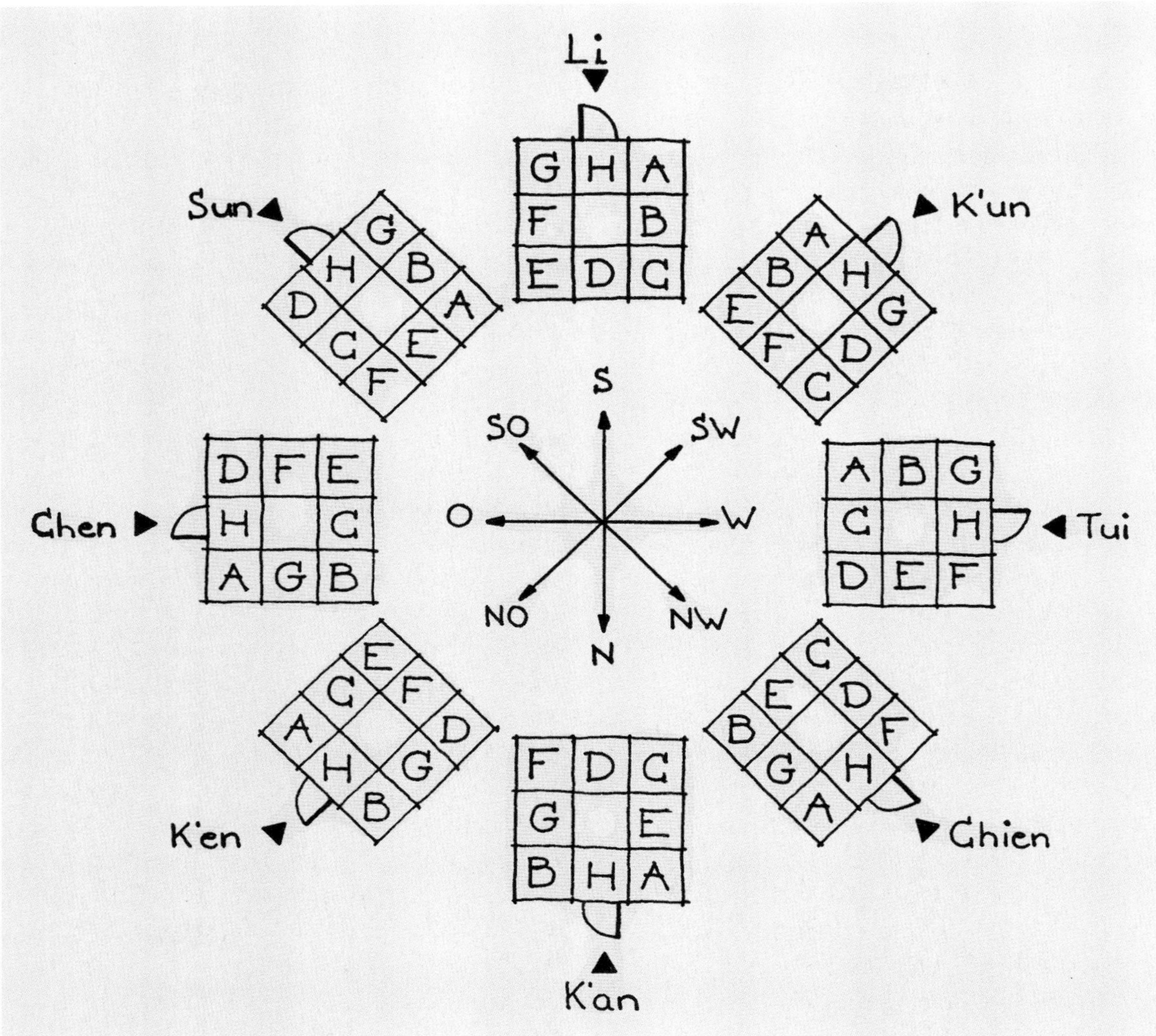

Günstige Orte	Ungünstige Orte
F = Lebensatem	A = Verlust
D = Langlebigkeit	B = Hindernisse
G = Himmlischer Heiler	E = Schwierigkeiten
H = Heller Palast	C = Untergang

Die Acht Orte und ihre Energien

Nun stellen wir Ihnen die Acht Orte und ihre Eigenschaften vor. Jeder Ort wird darüber hinaus mit einer Elementareigenschaft verbunden. Sie ermöglicht es, positive Omen zu aktivieren und negative, soweit sie aktiv sind, auszugleichen. Die Harmonisierung erfolgt hier wieder anhand der Fünf-Elemente-Lehre und nach dem einfachen Prinzip:

- Günstige Bereiche werden durch das nährende Element aktiviert und gefördert.
- Ungünstige Bereiche stehen für elementare Disharmonien und können durch Ableiten der blockierenden Energie ausgeglichen werden. Zum Ableiten wird das im Schöpfungszyklus nächstfolgende Element eingesetzt.

Lebensatem (F)

Dieser Ort bringt ein Maximum an Energie, die alle Aktivitäten des Lebens unterstützt. Ideal sind hier Arbeits- und Wohnzimmer, weil sie eine Atmosphäre der Kreativität und Vitalität ausstrahlen. Lassen Sie die Tür, die zu diesem Bereich führt, ruhig öfter mal geöffnet, damit die vitale Energie von hier auch andere Bereiche beleben kann. Achten Sie auf ausreichende Beleuchtung. Für das Schlafzimmer könnte die Energie zu stark sein und in einigen Fällen zu Einschlafstörungen führen.
Elementarqualität Holz
Aktivierung durch Wasser

Langlebigkeit (D)

Dieser Ort ist ideal zum Schlafen, Arbeiten und Leben. Er verströmt harmonisierende Schwingungen und spiegelt das Eingebundensein in die irdische und kosmische Umwelt mit der man »auf einer Wellenlänge« liegt. Wir »schwimmen« im Fluss des Lebens und können unsere Lebensenergie optimal nutzen, da wir keine Reibungsverluste erleiden. Der Ort eignet sich besonders auch für ältere Familienangehörige, die hier ein langes Leben erwarten sollen.
Elementarqualität Metall
Aktivierung durch Erde

Himmlischer Heiler (G)

Dieser Ort unterstützt durch seine heilenden Energien die körperliche und geistige Regeneration. Er strahlt ein Gefühl von Geborgenheit und Schutz aus, weshalb hier vor allem Schlaf-, Kinder- und Krankenzimmer gut aufgehoben sind. Aber auch Entspannungs- und Therapieräume profitieren von seiner Energie. Im Vordergrund stehen hier die nährenden Eigenschaften. Deshalb ist er auch ideal für Schwangere geeignet.
Elementarqualität Erde
Aktivierung durch Feuer

Heller Palast (H)

Dieser Ort gilt allgemein als günstig und steht für den Eingangsbereich. Die hier wirkenden Einflüsse werden von den Energien bestimmt, die von außen in das Haus einfließen und sich mit diesem verbinden. Der Helle Palast steht für Klarheit, Struktur, Stabilität und eine solide Basis.
Elementarqualität Holz
Aktivierung durch Wasser

Verlust und Skandal (A)

Im Verhältnis zu den anderen ungünstigen Orten wirkt seine Energie noch mild. Er steht für Energieverlust, deshalb wäre hier die Toilette gut aufgehoben. Im traditionellen Feng Shui soll dieser Bereich

des Hauses Missgeschicke und Rückschläge verursachen, denn er wird auch mit dem Verlust des Ansehens und der gesellschaftlichen Stellung verbunden. Er ist gut geeignet für Routinetätigkeiten wie Buchhaltung, Ablage, Bügeln, Waschen. Die Botschaft dieses Ortes lautet: Alles um uns herum ist dem Gesetz der immerwährenden Wandlung unterworfen. Symbolisch zeigt sich das im Element Wasser, dessen Energie hier im Übermaß vorhanden ist und für den Prozess des Loslassens steht.
Ausgleich: Mit reichlich Licht und Säulenformen
Elementarqualität: Übermaß an Wasser
Heilung: Ableiten durch Holz

Hindernisse (B)

An diesem Ort haben wir mit Hindernissen zu tun, die sich in Form von Einbrüchen, Betrug oder Übervorteilung äußern können. Kernaussage ist die (unfreiwillige) Öffnung nach außen, weshalb wir hier besonders angreifbar und ansprechbar für fremde Energien sind. Deshalb wird dieser Ort als die »Fünf Geister« bezeichnet. Seine Atmosphäre kann sich auch in ständig wiederkehrenden Alpträumen spiegeln. Als Ausgleich kann ein Bild von lieben Verstorbenen aufgestellt werden, das diese Energie kanalisiert und uns den nötigen Schutz gewährt. Öffnen wir uns jedoch dieser Energie bewusst, hilft dieser Ort, sensitiver für die spirituelle Ebene zu werden. Wir entdecken zunehmend unsere Intuition und werden empfänglicher für Eingebungen. In diesem Sinn eignet sich dieser Ort für Kreative, ebenso wie für Medien, Geistheiler oder Psychotherapeuten.
Ausgleich: Anpflanzung von Rosmarin, Schutzsymbole
Elementarqualität: Übermaß an Feuer
Heilung: Ableiten durch Erde

Schwierigkeiten (E)

Der Ort der Schwierigkeiten kann Gereiztheit und Zorn, die in Streitereien münden, hervorrufen und wird deshalb bisweilen auch mit Rechtsstreitigkeiten in Verbindung gebracht. Auch soll er kleinere und größere Unfälle begünstigen, deren Folgen jedoch meist harmlos sind. Man sagt, hier sollten möglichst wenig Aktivitäten stattfinden, ungeeignet ist er deshalb für Werkstätten, Küchen oder Badezimmer. Ideal wäre hier die Speisekammer oder ein Lageraum. Dieser Ort ist durch eine sich überlagernde schwere Energie gekennzeichnet, die einen emotionalen Druck auf die dort Lebenden ausübt. Es gilt, ein Gefühl für die notwendigen Zeitabläufe zu bekommen. Die Veränderung sollte über eine innere Stärkung und Sammlung erfolgen, die sich dann erst nach außen wendet.
Elementarqualität: Übermaß an Erdenergie
Heilung: Ableiten durch Metall

Untergang (C)

Dieser Ort gilt als äußerst ungünstig und sollte möglichst wenig oder gar nicht benutzt werden. In einigen Büchern wird er auch als »Ort des Todes« oder »Lebensende« bezeichnet. Alten Überlieferungen nach sollte hier niemals ein Krankenbett stehen. Liegt der Ort jedoch in Küche oder Bad, wird er als weniger gefährlich eingeschätzt. Gerade die Küche kann mit ihrer starken Yang-Energie, die durch das Herdfeuer symbolisiert wird, diesen Ort positiv verwandeln. Öffnet sich der Herd dann auch noch in eine glückbringende, persönliche Richtung, steht alles zum besten. Verzichtet werden sollte mit diesem Ort auf Aufenthaltsräume oder gar Schlafzimmer. Keinesfalls sollte aber der »Ort des Todes« in seinem wortwörtlichen Sinn verstanden werden.

Energetisch steht er für die Kraft des Loslassens, und so können auf der psychologischen Ebene gezielte Feng-Shui-Maßnahmen in diesem Bereich helfen, uns von schlechten Gewohnheiten und uns belastenden Situationen zu lösen. Die Zigarette, hier aufbewahrt, wird dann zum Symbol, mit dieser Sucht zu brechen. Auch kann er uns dabei unterstützten, Loslösungsprozesse zu durchleben, wenn etwa ein lieber Verwandter gestorben oder die Ehe zerbrochen ist. Probleme, die zu viel Kraft von uns binden, können von den ableitenden Eigenschaften dieses Ortes profitieren.
Elementarqualität: Übermaß an Metall
Heilung: Ableiten durch Wasser

So aktivieren Sie günstige Orte

Wollen Sie nun die günstigen Einflüsse aktivieren, so können Sie das anhand der Elementareigenschaften tun.
Beispiel: Ihr Ort »Lebensatem (F)« liegt im Flur, und Sie möchten seine Energie wecken, damit er die angrenzenden Räume aufladen kann. Die Energie dieses Ortes steht mit dem Element Holz in Verbindung und wird vom Wasser aktiviert. Analog dazu könnten Sie nun eine Wasserentsprechung einbringen, indem Sie zum Beispiel die Farbe Blau, Wellenlinien oder eine Schale mit frischem Wasser aufstellen. Achten Sie jedoch darauf, dass diese Aktion keine neue Disharmonie schafft, das heißt mit anderen Elementen in Konkurrenz steht.
Wir werden jetzt etwas ausführlicher auf das eigentliche Wesen von ungünstigen Omen und deren Ausgleich zu sprechen kommen. Damit wollen wir aber den »negativen« Aspekten nicht etwa mehr Raum geben als den positiven. Der Grund ist ein anderer: Bisher wurden die Leser von Feng Shui-Büchern gerade an diesem Punkt allein gelassen. Denn allgemein wird in der Feng Shui-Literatur empfohlen, ungünstige Orte zu meiden und alle wichtigen Räume in günstige Bereiche zu verlegen. Das aber ist natürlich nicht immer möglich.

Die Acht-Orte-Theorie in der Praxis

Es ist unrealistisch, konsequent ungünstige Bereiche zu meiden und Räume, die dort liegen, ausschließlich als Abstellkammern oder Toiletten nutzen. Sie alle wissen längst: Es gibt nichts grundsätzlich Schlechtes, und tatsächlich spiegeln die »Glücks«- und Unglücksorte« lediglich die Licht- und Schattenseiten, die sich auch in unserem Umfeld manifestieren. Vor diesem Hintergrund sollten wir die Unglücksorte als das verstehen, was sie sind: eine Energieform, die von uns erkannt und transformiert werden will. Sie ist für all diejenigen spürbar, die mit ihr in Resonanz stehen. Das ist auch der eigentliche Grund dafür, warum die negativen Omen nicht bei jedem wirksam werden.
Die Eigenschaften der Acht Orte entstehen aus dem Zusammenspiel von Himmel und Erde, konkret aus der Überlagerung und Verschmelzung der Trigramme der vor- und nachhimmlischen Sequenz. Vor diesem Hintergrund wird deutlich, dass alle vorab aufgeführten Eigenschaften der Orte sichtbare Ergebnisse beschreiben und damit Folgen einer hier herrschenden Energie, die sich auf ihre Weise bemerkbar macht. Im Bereich Lebensende ist die grundlegende Wirkungsrichtung die des Loslassens.
Wir sollten uns nicht die Möglichkeit nehmen lassen, diese Energiequalitäten ganz bewusst zu er-

fahren, denn auch sie gehören zum Leben. Und darin liegt das eigentliche Wesen von Feng Shui. Es geht ja gerade um das Integrieren und Transformieren der feinstofflichen Energien in unserem Umfeld und in uns. Klammern wir einige aus unserem Leben aus, so werden sie sich früher oder später auf einer anderen Ebene bemerkbar machen.

Und ganz ausdrücklich sei es hier noch einmal erwähnt: Auch die vier »ungünstigen« Orte sind nicht bei jedem wirksam. Und wenn ein Omen aktiv ist, sind es nicht automatisch alle anderen auch. Überprüfen Sie anhand der nachfolgenden Checkliste, ob sich Anzeichen dafür finden, dass in Ihrem Heim möglicherweise ein ungünstiges Omen aktiv ist.

Checkliste der ungünstigen Bereiche

1. Stoßen Ihnen außergewöhnlich oft Missgeschicke zu (Gegenstände fallen herunter, Sie schneiden oder verbrühen sich)?
2. Gibt es Orte in Ihrem Haus, an denen Sie sich ständig streiten?
3. Haben Sie öfter das Gefühl, nicht Herr Ihrer Selbst zu sein?
4. Glauben Sie, dass es in Ihrem Haus spukt?
5. Ist in den Räumen, die Sie bewohnen, jemand verstorben?
1. Stand das von Ihnen bewohnte Gebäude vor Ihrem Einzug längere Zeit leer?
7. Haben die vorherigen Bewohner Ihres Hauses (schwere) Schicksalsschläge erlebt?
8. Fühlen Sie sich energieleer und ausgelaugt, obwohl Sie ausreichend schlafen und sich gesund ernähren?
9. Ist bei Ihnen eingebrochen worden?
10. Haben Sie das Gefühl, dass Sie das Pech verfolgt oder gar ein Fluch auf Ihnen lastet?
11. Kommt es vor, dass Sie etwas verleihen und es nicht zurückbekommen?
12. Passiert es Ihnen öfter als gewöhnlich, dass Sie Dinge verlegen und nicht wiederfinden.
13. Sind Sie häufig in Rechtsstreitigkeiten verstrickt?
14. Gibt es öfter technische Pannen im Haus (Wasserrohrbrüche, kleinere Brände)?
15. Haben Sie nachts Alpträume?

Auswertung

Hier finden Sie die vier Orte mit den Nummern der Fragen, die ein Anzeichen dafür sind, dass das entsprechende Omen aktiv sein könnte. Überprüfen Sie, unter welchen Omen Sie die Nummern der Fragen wiederfinden, die Sie mit »Ja« beantwortet haben. Da es zu Überschneidungen kommen kann, sollten Sie sich dem Bereich zuwenden, der den meisten »Ja«-Antworten entspricht.

Verlust (A): 1, 5, 6, 7, 12, 14
Hindernisse (B): 3, 4, 5, 6, 7, 9, 11, 14, 15
Untergang (C): 5, 6, 7, 8, 10, 15
Schwierigkeiten (E): 1, 2, 5, 6, 7, 13

Sollte es anhand dieses Tests Anzeichen dafür geben, dass eines der »ungünstigen« Omen bei Ihnen im Haus aktiv ist, so ängstigen Sie sich nicht. Auch wenn ein wichtiges Zimmer in diesen Bereich fällt, ist das kein Grund zur Sorge. Beachten Sie einfach die folgenden Hinweise, damit Sie Ihr Umfeld mit Hilfe von Feng Shui so gestalten, dass bald wieder alles in harmonischen Bahnen fließt.

Wodurch kann ein Omen im Haus aktiv werden?

Die vorherrschende Energie ungünstiger Omen besitzt ableitende Eigenschaften – im Gegensatz zu den Orten, die uns fördern, weil sie die Atmosphäre mit vitalem Chi aufladen. Deshalb können ganz alltägliche Dinge dazu führen, dass einer der vier ungünstigen Orte aktiv werden kann.
Beispiel: Unordnung jeder Art staut den Chi-Fluss und bindet Energie. Führen wir den Gedanken weiter mit dem Wissen, dass alles miteinander verbunden ist, so wird deutlich, dass dieser Stau Energie ableitet, die uns in anderen Bereichen wiederum fehlt. In unserer Praxis haben wir immer wieder erlebt, dass nach dem gründlichen Hausputz plötzlich auch die Pechsträhne vorbei war, über die unsere Klienten geklagt hatten.

Die Harmonisierung ungünstiger Orte

In der Charakteristik eines jeden Ortes haben wir ja schon die jeweils zugeordneten Elementareigenschaften genannt. Die Heilung erfolgt also über das Ableiten mit dem folgenden Element.

Praxistipps

1. Sie können »ungünstige Orte« harmonisieren, indem Sie wichtige Einrichtungsgegenstände wie Stühle, Arbeitstische usw. so positionieren, dass Ihre persönlichen Glücksrichtungen aktiviert werden.
2. Achten Sie darauf, dass die entsprechenden Bereiche immer gut beleuchtet sind. Licht bringt Chi, was dazu führt, dass die ableitende Energie ausgeglichen wird.
3. Klären Sie die Atmosphäre an diesen Orten und geben Sie ihnen eine neue Ausrichtung. Das kann über Räuchern, Rituale, Namensgebungen usw. geschehen.
4. Setzen Sie »Feng Shui-Room-Harmonizer« ein. Sie können die hier herrschende Energie transformieren, indem Sie Gleiches mit Gleichem heilen. In ihnen finden sich die feinstofflichen Energien von ausgewählte Mineralien und Pflanzen, die dem gleichen Wirkprinzipien entsprechen.
5. Akzeptieren Sie die durch den Ort symbolisierte Energieform und geben Sie ihr einen eigenen Platz. So könnten Sie zum Beispiel in eine kleine Dose etwas legen, das für Sie mit diesem Thema in Verbindung steht. Dann weisen Sie der Energie einen Ort zu, in dem Sie diese Dose ganz bewusst an einen bestimmten Platz innerhalb des entsprechenden Bereiches stellen.

Die Glücksrichtungen des Pakua Lo Shu

Haben Sie Ihre persönliche Kua-Zahl errechnet, können Sie Ihr persönliches Feng Shui noch weiter optimieren. Jede Kua-Zahl steht in Verbindung mit einem Element, dem entsprechenden Trigramm und einer Himmelsrichtung. Mit der Pakua-Lo-Shu-Formel können Sie nun die Richtungen ermitteln, die Sie in besonderer Weise unterstützen. Wann immer es geht, sollten Sie wichtige Bereiche wie den Arbeitsplatz oder das Bett in eine Ihrer vier günstigen Richtungen zeigen lassen. Sie korrespondieren mit Ihrem inneren Potential und können Sie deshalb bei all Ihren Aktivitäten unterstützen. Für die Richtungsbestimmung zählt immer die Richtung, in die Sie blicken. Unsere vordere Körperseite

Kua-Zahlen	1	2	3	4	6	7	8	9
Sheng Chi	SO	NO	S	N	W	NW	SW	O
Tien Yi	O	W	N	S	NO	SW	NW	SO
Nien Yen	S	NW	SO	O	SW	NO	W	N
Fu Wei	N	SW	O	SO	NW	W	NO	S
Lui Sha	NW	S	NO	W	N	SO	O	SW
Wu Kwei	NO	SO	NW	SW	O	S	N	W
Ho Hai	W	O	SW	NW	SO	N	S	NO
Chueh Ming	SW	N	W	NO	S	O	SO	NW

Ihre günstigen (hell) und ungünstigen (dunkel) Richtungen auf einen Blick.

ist die aktivere, die die Richtungsqualitäten mit allen Sinnen in besonderer Weise aufnehmen kann. Beim genaueren Studium der nachfolgend beschriebenen Richtungen werden Sie eine direkte Entsprechung zur »Theorie der Acht Orte« feststellen. Der Unterschied zwischen beiden besteht lediglich darin, dass sich die eine Formel auf die Gebäude, die andere auf Sie als Mensch stützt. Da die Pakua-Lo-Shu-Formel auf Ihren individuellen Daten aufbaut, wird sie allgemein als die wirksamere angesehen.

Die acht Richtungen

Fördernde Kua-Richtungen

- Sheng Chi, Lebensatem (F)
- Tien Yi, Himmlischer Heiler (G)
- Nien Yen, Liebe und Harmonie (D)
- Fu Wei, Persönliche Entwicklung (H)

Blockierende Kua-Richtungen

- Lui Sha, Verlust (A)
- Wu Kwei, Hindernisse (B)
- Ho Hai, Schwierigkeiten (E)
- Chueh Ming, Untergang (C)

Sheng Chi wirkt universell und verheißt großes Glück. Diese Richtung wird verbunden mit dem Lebensatem, steht für größtmöglichen Zustrom an vitalem Chi und ist besonders geeignet, Reichtum und Fülle in jeder Form zu erlangen. Wenn Sie nicht wissen, welche der günstigen Richtungen Sie wählen sollen, entscheiden Sie sich für Sheng Chi.

Tien Yi bringt Ihnen heilende Schwingungen. Wann immer Sie Entspannung und Regeneration brauchen, sollten Sie die Energie des Himmlischen Heilers nutzen. Deshalb ist hier der Entspannungs- und Lesesessel ebenso gut aufgehoben, wie das Bett oder die Meditationsliege.

Nien Yen hilft Ihnen, zurück zur Harmonie zu gelangen. Diese Richtung unterstützt zwischenmenschliche Beziehungen jeder Art und ist deshalb zu Hause ebenso hilfreich wie am Arbeitsplatz. Sie erleichtert die Kommunikation und verhilft zur Toleranz. Aktivieren Sie die Richtung der Harmonie, wenn Sie Schwierigkeiten in der Partnerschaft haben.

Fu Wei steht für persönliches Wachstum und fördert die Entwicklung Ihrer Anlagen und Fähigkeiten. Wählen Sie diese Richtung, wenn Sie wichtige Entscheidungen zu fällen haben oder sich auf Prüfungen vorbereiten.

Lui Sha kann sich blockierend auf die Arbeit und das Privatleben auswirken, denn diese Richtung steht für Konfrontation. Wenn Sie also häufig in Streitereien verwickelt sind oder sich ständig mit Hindernissen konfrontiert fühlen, könnte es an Lui Sha liegen.

Wu Kwei kann dazu führen, dass wir unsere Ziele aus den Augen verlieren und an uns zu zweifeln beginnen. Wu Kwei kann Verwirrung hervorrufen und zieht Unklarheit an.

Ho Hai kann Missgeschicke anziehen. Achten Sie darauf, dass Sie in dieser Richtung nichts Gefährliches tun.

Chueh Ming sollten Sie meiden. Diese Richtung zieht Lebensenergie ab. Sie steht für die Auflösung und das Dahinschwinden von Reichtum und Glück und bildet damit den Gegenpol zum Sheng Chi, der Richtung des Lebensatmens.

Wie bei den Häusern, so wird auch hier eine Unterteilung in zwei Lebensgruppen vorgenommen. Überprüfen Sie, zu welcher Sie gehören:

Östliche Gruppe

Kua-Zahlen: 1, 3, 4, 9
Himmelsrichtungen: N, O, SO, S

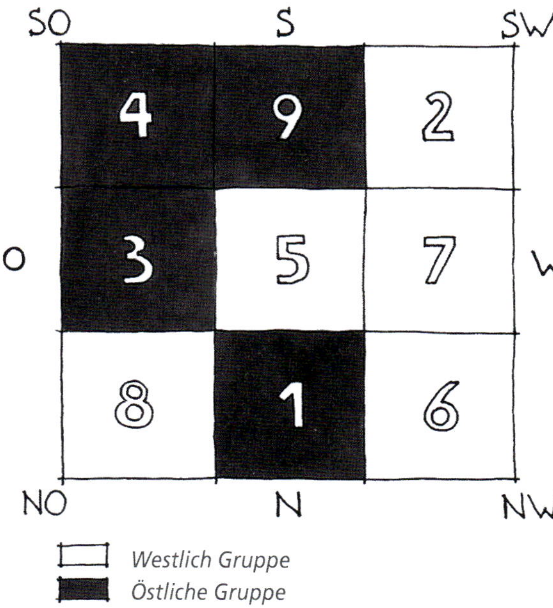

Westliche Gruppe

Kua-Zahlen: 2, 5, 6, 7, 8
Himmelsrichtungen: SW, NW, W, NO, Mitte

Idealerweise sollten Menschen der östlichen Gruppe in einem Haus wohnen, das östlich orientiert ist; in einem Haus der westlichen Gruppe dagegen solche mit ebenfalls westlichen Merkmalen. Stimmt die Grundausrichtung von Gebäude und Mensch überein, so sind Haus und Bewohner auf einer Wellenlänge, was sich in einem grundsätzlich angenehmen Wohngefühl äußern wird. In der Praxis leben aber meist Bewohner beider Gruppen unter einem Dach. Ist das der Fall, sollte ausgeglichen werden.

Östliche Menschen in einem westlichen Haus sollten die Elemente des Ostens, also Holz, Wasser oder Feuer im Eingangsbereich anbringen.

Westliche Menschen in einem östlichen Haus soll-

ten die Elemente des Westens, also Erde und Metall im Eingangsbereich platzieren.
Wichtig: Wählen Sie eine Entsprechung, die passend ist und beachten Sie auch die Gesamtsituation. Verstoßen Sie nicht gegen andere grundlegende Feng Shui-Prinzipien. Wenn Sie zum Beispiel als »westlicher« Mensch eine große Metallskulptur zum Ausgleich direkt vor der Haustür Ihres »östlichen« Hauses stellen, versperren Sie dem Chi den Weg in das Haus.
Auch die Einrichtung von Häusern kann im Hinblick auf die Glücksrichtungen optimiert werden. Wann immer es möglich ist, sollten die Tische, Stühle, Sofas oder Arbeitstische in eine günstige Richtung zeigen. Besonderes Augenmerk ist auch auf die Bewohner zu legen, deren Kua-Zahl nicht mit der Hausgruppe übereinstimmt. Gerade sie sollten darauf achten, dass sie im Haus optimal unterstützt werden.

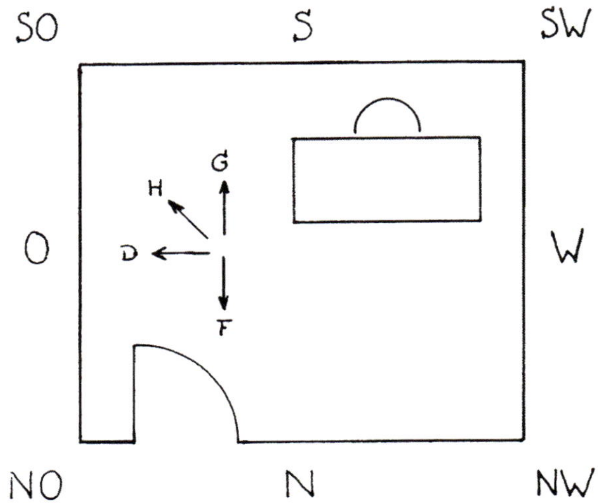

Schreibtischausrichtung:
F = Sheng Chi, G = Tien Yi, D = Nien Yen, H = Fu Wei
Maßgeblich für die Ausrichtung von Möbeln nach den Glücksrichtungen ist immer die Blickrichtung. In dieser Abbildung erkennen Sie das Prinzip am Beispiel eines Schreibtisches für einen Mann mit der Kua-Zahl 4. Wir haben mit der Position in die Sheng Chi-Richtung die günstigste für den Klienten ausgesucht.

Praxistipps:

- Lüften Sie öfter mal über Fenster und Türen, die sich in Ihre Glücksrichtungen öffnen.
- Stellen Sie Ihren Schreibtisch so, dass Sie in eine Ihrer Glücksrichtungen blicken, am besten in die Sheng Chi oder Fu Wei.
- Setzen Sie sich beim Essen in Ihre Tien Yi-Richtung oder aber in eine der anderen günstigen Richtungen.
- Stellen Sie den Kühlschrank so auf, dass er sich in die Tien Yi- Richtung öffnet.
- Das Kuschelsofa steht gut in der Nien Yen-Richtung.
- Eheringe oder Heiratsurkunden bringen Harmonie im Nien Yen.
- Komplizierte Gerichtsakten entwirren sich in der Tien Yi- oder Nien Yen-Richtung.
- Bewahren Sie Ihre Kontoauszüge oder Sparbücher in der Sheng Chi-Richtung auf.
- Wenn Sie vor einer wichtigen Entscheidung stehen, aktivieren Sie Ihre Fu Wie-Richtung. Sie verhilft Ihnen zu Klarheit.

Grundregeln für den Umgang mit Ihren Glücksrichtungen

Die persönlichen Glücksrichtungen sind in der Praxis nicht immer leicht umzusetzen. Denn viele Richtungsempfehlungen betreffen feststehende Einrichtungsgeräte oder bauliche Strukturen.

- Grundsätzlich sollten Sie einfache Lösungen anstreben und mit den beweglichen Dingen beginnen (Schreibtisch, Stühle, Sofas). Bauen Sie also nicht Ihre ganze Küche um, damit sich der Feuermund des Ofens in eine günstige Richtung öffnet. Lassen Sie auch nicht Ihre Tür mit großem Aufwand in eine andere Wand setzen, damit sie glückliche Energie hineinbringt.

- Planen Sie niemals die Ausrichtung der Haustür nur nach den Glücksrichtungen! Wählen Sie stattdessen den Ort, der über das meiste vitale Chi verfügt, bestenfalls auch einen Ming Tang, in welcher Form auch immer, aufweist. Es nützt Ihnen gar nichts, wenn sich Ihre Tür in die beste Richtung öffnet, die Himmelsrichtung und damit der Energiezufluss aber durch ein dicht davor stehendes Gebäude blockiert ist. Auch hier gilt: Die Himmelsrichtung ist ein Plus und ordnet sich den offensichtlichen Formen unter. Wenn Sie sich nicht sicher sind, lassen Sie lieber einen qualifizierten Berater kommen – man baut in den allermeisten Fällen ja nur ein Mal!
- Ist es nicht möglich, größere Möbelstücke, zum Beispiel das Bett, so umzuräumen, dass Sie in eine Glücksrichtung schauen, weil das möglicherweise mit der Formenschule oder Ihren Wohlgefühl unvereinbar ist, dann aktivieren Sie im entsprechenden Raum Ihre Nien Yen-Richtung mit einem persönlichen Symbol.
- Leben Menschen unterschiedlicher Lebensgruppen unter einem Dach, so können die Empfehlungen zur Aktivierung der Glücksrichtungen was Dinge wie Herd, Sofa oder Bett anbelangt, logischerweise immer nur von einem umgesetzt werden. Entscheiden Sie je nach Resonanz. Ist die Frau diejenige, die gerne kocht, sollte der Herd in ihre Tien Yi- Richtung zeigen, arbeitet der Mann vorwiegend zu Hause, so sollte der gemeinsame Schreibtisch für ihn ausgerichtet sein.

Bitte beachten Sie bei der Ausrichtung Ihrer Glücksrichtungen, dass sie nicht zu Lasten der Formenschule geht. Das heißt konkret: Es nützt nichts, wenn Ihr Schreibtisch in Ihre Sheng Chi-Richtung schaut – Sie aber nun mit dem Rücken zur Tür sitzen. Das nämlich würde Ihnen mehr schaden, als die Sheng Chi-Richtung Ihnen nützt. Betrachten Sie die Glücksrichtungen deshalb als ein Plus, wenn alles andere harmonisch gestaltet ist.

NOVEMBER
DEZEMBER
JANUAR
FEBRUAR
MÄRZ
APRIL
MAI
JUNI
JULI
AUGUST
SEPTEMBER
OKTOBER
NORDWEST
NORD
NORDOST
OST
SÜDOST
SÜD
SÜDWEST
WEST
SCHWEIN
RATTE
OCHSE
TIGER
HASE
DRACHE
SCHLANGE
PFERD
SCHAF
AFFE
HAHN
HUND
HIMMEL
KAN
WASSER
KEN
BERG
CHEN
DONNER
SUN
WIND
LI
FEUER
KUN
ERDE
TUI
SEE
CHIEN
WISSEN WEISHEIT
FAMILIE URSPRUNG
REICHTUM SEGEN
RUHM ANERKENNUNG
EHE PARTNERSCHAFT
KINDER PROJEKTE
HELFER FREUNDESKREIS
KARRIERE LEBENSFLUSS
MAUER
HAUS
RITTLINGS
DACHGIEBEL
LEERHEIT
MÄDCHEN
SCHAUFEL
SCHWANZ
HERZ
RAUM
WURZEL
HALS
HORN
KUTSCHE
FLÜGEL
BOGEN
STERN
WEIDE
GEISTER
BRUNNEN
ORION
SCHNABEL
PLEIADEN
NETZ
MAGEN
HÜGEL
A • FLÜCHE
B • GEISTER
E • VORSICHT
F • VITALITÄT
C • ABSCHLUSS
H • AUSDEHNUNG WÄCHST

Der Lo Pan

Wie das Papiergeld oder das Schießpulver zählt auch der Kompass zu den Entdeckungen der Chinesen. Er war nach Süden ausgerichtet und wurde erst unter der Song-Dynastie der Navigation über dem Meer angepasst. Denn seine ursprüngliche Aufgabe war eine andere. Er diente bereits Jahrhunderte zuvor den Geomanten im Reich der Mitte dazu, die Gebäude in der Landschaft so auszurichten, dass sie den Regeln des Feng Shui entsprachen. Erst später wurde der Kompass von den Militärs übernommen, aber auch von Bergleuten, die sich mit seiner Hilfe unter Tage orientierten. Wir können davon ausgehen, dass der chinesische Kompass einst vor allem von und für die alten Feng Shui-Meister entwickelt wurde. Seine Ursprünge lassen sich über 2000 Jahre zurückverfolgen. Dieses Alter besaß jedenfalls ein Lo Pan, der in einem Grab gefunden wurde und einen sehr ähnlichen Aufbau aufweist wie seine modernen Nachfolger.
Der Lo Pan stellt eine Art Lexikon des Feng Shui dar, mit dem der erfahrene Feng Shui-Profi nicht nur die Himmelsrichtungen, sondern auch deren zahlreiche Verknüpfungen ablesen kann, die auf einen Standort einwirken.

Der chinesische Lo Pan

Diese Vernetzung ist wortwörtlich zu nehmen, denn »Lo« heißt »Netz« und »Pan« bedeutet »Scheibe«. Seine Form hat eine tiefe symbolische Bedeutung. Der Lo Pan setzt sich aus einer quadratischen Basisplatte (sie symbolisiert die Erde) und einem scheibenförmigen Zifferblatt, das den Himmel verkörpert, zusammen. Daher lauten auch die traditionellen Namen für diese beiden Bestandteile: »Erdplatte« und »Himmelsscheibe«. In der Mitte des Lo Pan befindet sich in einer Vertiefung der eigentliche Magnetkompass. Um auch die Informationen auf den äußeren Ringen der Himmelsscheibe den Messungen genau zuordnen zu können, kreuzen – sozusagen als verlängerte Kompassnadel – zwei rechtwinklig verlaufende Nylonfäden den Lo Pan. Mit ihnen wird das präzise Ablesen erst möglich.

Der europäische Lo Pan

Für europäische Feng Shui-Praktizierende wurde in den vergangenen Jahren der Lo Pan entwickelt, den Sie auf der gegenüberliegenden Seite abgebildet sehen. Obwohl er sich in einigen Details unterscheidet, ist er doch seinem chinesischen Vorläufer nachempfunden. Bei dem klassischen Vorbild ist, wie Sie wissen, der Süden Ausgangspunkt der Kompassmessung. Der westliche Feng Shui-Kompass wurde unserer gewohnten Sichtweise angepasst. Das besondere an ihm ist der Aufbau, denn er besteht aus mehreren Scheiben, die sich zueinander drehen lassen. Damit werden unnötige Informationen verdeckt und weitere Vernetzungen sind sofort sichtbar. So logisch und umfassend der Lo Pan auch aufgebaut ist, um mit ihm im Feng Shui arbeiten zu können, ist eine lange Zeit des Studiums und der Praxis nötig.

Feng Shui-Kur

»Daheim glücklich zu
sein, ist das letztendliche
Ziel allen Strebens.«

Samuel Johnson

für Ihr Zuhause

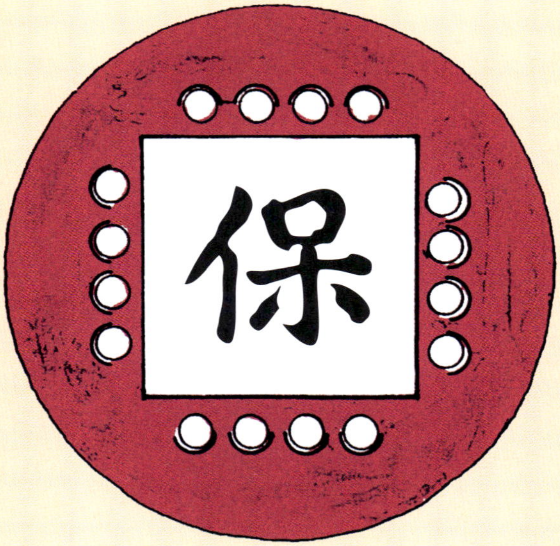

Feng Shui besteht nicht nur aus Formeln, Zahlen und schier unendlichen Verknüpfungen, sondern bietet auch eine Fülle von Ratschlägen für jede Gelegenheit. Wir werden Ihnen einige probate Mittel aus der Feng Shui-Hausapotheke vorstellen, die Sie auch ohne tiefes Wissen um die komplexen Zusammenhänge gut umsetzen können. Zuvor aber soll das Offensichtliche nicht vergessen werden.
Viele unserer Seminarteilnehmer reagieren verblüfft, wenn Sie hören: Das oberste Feng Shui-Gebot ist die Ordnung! Altes, nicht mehr zu uns Gehörendes, nicht länger von uns Geliebtes ist wegzugeben, um dadurch Raum für das Neue zu schaffen.

Harmonische Räume durch Reinigung und Ausrichtung

Jedes Mal, wenn wir unsere Räume putzen, befreien wir sie nicht nur von Staub und Schmutz, sondern gleichzeitig auch von negativen und stagnierenden Energien. Das ist uns nicht bewusst, und doch spüren wir stets, wie erleichtert wir sind, wenn die Wohnung blinkt und blitzt. Doch neben der materiellen Reinigung von Räumen ist für das Feng Shui auch die feinstoffliche Klärung ganz wesentlich.
Der Mensch steht in ständiger Wechselwirkung mit seiner Umgebung – er reagiert auf Gedanken, Gefühle, Klänge, Licht und Farben, auf jede Veränderung der inneren und äußeren Welt. Negative Gedanken, Streit und Ärger schwingen lange im Raum nach und vergiften die Atmosphäre. Kommen wir als Besucher oder als Feng Shui-Berater in ein Haus, verspüren wir diese negative Energie sofort. Mit ihr erfüllte Räume schwächen, wirken dumpf und bedrückend, manchmal wird das Atmen schwer. Die Zusammenhänge werden deutlich, wenn wir uns bewusst machen, dass wir von einem Energiefeld umgeben sind. Aber nicht nur das, auch unsere Umgebung (Möbel, Teppiche, Farben) strahlt permanent, und die Energiefelder von Mensch und Umgebung verbinden sich und treten in Wechselbeziehung.
Reinigung von schwächend wirkenden Energien ist deshalb ein wesentlicher Aspekt des Feng Shui. Ob ein Raum über diese blockierenden Energien verfügt, lässt sich leicht feststellen. Wir können von Sha-Chi in Räumen ausgehen:

- wenn man sich unwohl, lustlos oder krank fühlt
- wenn man zu Aggressivität und Streit neigt
- wenn man häufige Alpträume hat
- nach unangenehmen Nachrichten oder Besuchen
- nach Krankheiten und Todesfällen

Wann empfiehlt sich eine feinstoffliche Reinigung?

Bei Umzügen sollten die neuen Räume vor dem Einzug energetisch gereinigt werden. Das kann durch Räuchern, Klänge oder Rituale geschehen. Dem Raum geben wir nach der Reinigung mindestens 12 Stunden Zeit, um die alten Prägungen der vormaligen Bewohner auszugleichen. Wenn möglich, sollte man erfragen, wer dort wie gelebt hat. Mit diesem Wissen lässt sich viel gezielter reinigen, weil wir nun wissen, welche Informationen »im Raum stehen«. Das Reinigen und Staubwischen von Accessoires bewirkt ebenfalls eine Klärung des Vergangenen und hilft uns dabei, die mit dem Ortswechsel verbundene Veränderung besser zu verkraften.
Es empfiehlt sich ebenfalls, Neubauten energetisch

zu reinigen, da sie noch nicht bewohnt waren und deshalb besonders aufnahmefähig für Informationen sind. Die vielen Handwerker, die am Bau beteiligt waren sowie der damit verbundene Lärm, haben das Gebäude geprägt. Viele Neubauten strahlen große Unruhe aus, auch sind sie noch nicht beseelt, weil bislang niemand in ihnen wohnte. Neben den Reinigungen empfehlen wir, das neue Haus mit lieben Gästen und schöner Musik zu beleben.

Wenn wir die Möglichkeit haben, einen Bau zu begleiten, so sollte uns bewusst sein, dass alle Dinge, die kaputt oder angeschlagen sind, eine Minderung erfahren, weil sie nicht mehr harmonisch ganz sind. In diesem Sinne wäre es natürlich auch wichtig darauf zu achten, dass nichts Kaputtes und Angeschlagenes in das Haus gebaut wird.

Wenn ein Zimmer innerhalb der Wohnung eine neue Bestimmung erfährt, sollten wir auch hier energetisch reinigen. Räume werden durch das, was in ihnen geschieht, geprägt. Wird also zum Beispiel aus einem Schlafzimmer ein Arbeitszimmer, muss der Raum darauf eingestimmt werden, sonst würde die Arbeit sehr schwer fallen, weil in ihm immer noch die Prägung »Ruhe und Entspannung« wirkt.

1. Phase: Reinigung

Beim Reinigungs-Ritual befreien wir die Räume von alten, belastenden und anhaftenden Energien, machen sie frei und aufnahmefähig für das Neue und Kommende. Reinigungen können über Wasser, laute Geräusche, Räucherwerk und Klänge erfolgen. Um effektive energetische Reinigungen vornehmen zu können, müssen wir aber auch die Art der anhaftenden Energien berücksichtigen, die aufgenommen werden. Je härter die Materialien, um so mehr haben sich die anhaftenden Energien festgesetzt. Lag in einem Zimmer jahrelang ein Schwerkranker, so hat sich diese Energieform im Laufe der Zeit intensiver festgesetzt, als in einem Raum, in dem es vor kurzem einen kleinen Streit gab. Einfache Energieanhaftungen können in den meisten Fällen schon durch rhythmisches Klatschen gelöst werden, danach sollte geräuchert werden. Wir haben mit unserer Räuchermischung »Reinigung« sehr gute Erfahrungen gemacht – sie enthält neben einigen sehr wirksamen Kräutern und Harzen auch Bittersalz.

Ein sehr gutes Mittel, um negative Energien zu entfernen sind auch Wasserwaschungen aus Naturessig und ätherischen Ölen.

Praxistipp: Vermischen Sie 5 Liter warmes Wasser mit 100 ml Apfelessig (5 Prozent Säureanteil) und je 7 Tropfen Salbei und Zitronenöl (reines ätherisches Öl). Reinigen Sie mit dieser Mischung Ihre Türen, Fenster, Bilderrahmen usw. Die Waschung sollte nach Umzügen, beim Einzug in Neubauten oder mindestens jedes halbe Jahr durchgeführt werden.

2. Phase: Ausrichtung

Die Ausrichtung kann einer Reinigung folgen. Sie hat den Sinn, den Raum auf seine Bestimmung vorzubereiten. Mit der Ausrichtung geben wir dem Ort eine gezielte Information, die er aufnimmt und – da Information und Zweck des Raumes übereinstimmen – ausstrahlt. So werden die Bewohner in ihrem Tun unterstützt und gestärkt. Die Ausrichtung kann durch Klänge, Namensgebung (der Raum erhält einen eigenen Namen), Düfte und Räucherwerk, Essenzen, Wasserweihungen, Symbole oder Meditationen erfolgen. Ausrichtungen erhöhen das Energieniveau des Raumes.

Ausrichtung mit Wasserweihungen

Ideale Mittel zur Ausrichtung eines Raumes sind Wasserweihungen. Aus der Erfahrung wissen wir, dass abgekochtes Wasser, in das – je nach Zweck – einige Tropfen der KATMA-Essenzen gegeben werden, den Raum ideal ausrichten und mit der ausgewählten Information anreichern. So können Sie einen Raum mit energetisiertem Wasser weihen:

Praxistipp: Geben Sie in einen Liter Quellwasser (am besten aus einer natürlichen Quelle in der Nähe des Wohnortes, ansonsten natürliches Quellwasser aus dem Reformhaus), sieben Tropfen der gewählten KATMA-Essenz und schütteln oder verrühren Sie das Ganze (nicht mit Metall) einige Male. Versprengen Sie nun das Wasser ganz sanft mit den Fingerspitzen vom Raumzentrum aus zu den Wänden, also von innen nach außen. Während Sie das tun, sprechen Sie einen kurzen, prägnanten Satz, der den Zweck Ihres Tuns wiedergibt. Achten Sie darauf, nur mit positiven Formulierungen zu arbeiten, auf keinen Fall mit Verneinungen.

Eine einfache Methode, einem Raum eine Prägung zu verleihen, ist, in fließendes Wasser zum Beispiel in einen Zimmerbrunnen einige Tropfen der Essenzen zu geben.

Ausrichtungen mit Räucherwerk

Die Art der Wirkung beim Räuchern ergibt sich natürlicherweise aus den Zutaten, die mit dem Räucherwerk verbrannt werden. Laut alter Überlieferungen wird beim Verbrennen die feinstoffliche Energie der Pflanzen, die Pflanzenseele, befreit und erhöht. Für die Ausrichtung von Räumen bieten sich folgende Räuchermischungen an:

Die Räuchermischung »Harmonie« (Weihrauch, Sandelholz, Salbei) hebt das Energieniveau in Räumen und eignet sich auch ideal für die Einweihung von neuen Häusern.

Die Räuchermischung »Reichtum« (Iriswurzel, Zeder, Zypresse, Geraniumöl) weckt den Geist in der Münze und fördert den finanziellen Erfolg.

Die Räuchermischung »Liebeszauber« (Rosenblüten, Zimt, Moschus) fördert eine verständnisvolle und erotische Paarbeziehung und kann bei der Suche nach dem richtigen Partner helfen.

Ausrichtung über den Klang

Eine weitere Möglichkeit für die Ausrichtungen von Räumen und Gebäuden ist die Aktivierung über den Klang. Wir arbeiten gerne mit Klangschalen, die je nach Bearbeitung unterschiedliche Töne, also unterschiedliche Schwingungsqualitäten besitzen. Seit Urzeiten weiß man um die große Bedeutung des Klanges für die Entwicklung des Menschen. Feng Shui wirkt um so intensiver, je mehr Ebenen man erfasst. Sie können die Räume mit Klangschalen, Klangspielen oder einem Feng-Gong ausrichten. Siehe dazu die »Heilmittel des Feng Shui«.

Die Namensgebung von Räumen

Früher, als die Häuser noch nicht in endlos langen Reihen an die Straßen gebaut wurden, besaß jedes Haus einen eigenen Namen. Mit ihm bekam es seine eigene Stimmung, denn die Namen hatten immer einen Bezug zum Ort, zu den Vorstellungen der Bewohner oder dem Zweck des Gebäudes.

Eine schöne Art, die Beziehung zu den eigenen vier Wänden zu intensivieren, kann die Namensgebung einzelner Zimmer sein. Jeder Raum wird leichter seinen Zweck erfüllen und eine bestimmte Atmosphäre verströmen, wenn seine Bewohner bewusst darüber nachgedacht haben.

Düfte im Feng Shui – Bedeutung und Rezepte

Alle alten Kulturen waren sich der Bedeutung von Düften und ihrer harmonischen Schwingungen für die Menschen bewusst. Immer wieder ist in uralten Aufzeichnungen die Rede davon, dass die Propheten, die Heiligen, die Meister mit einem köstlichen Geruch »bekleidet sind«. Auf der anderen Seite aber wird auch beschrieben, dass bestimmte Menschen und Orte von schlechten Gerüchen und negativen Schwingungen durchdrungen werden. Da wird dann etwa – um nur ein Beispiel aus der europäischen Kultur zu nennen – der schwefelige Gestank des Satans beschrieben. Diese besondere Art, einen anderen über die Nase zu erkennen, hat sich dann auch in dem Schlagwort niedergeschlagen, dass man jemanden »gut riechen« oder »gar nicht riechen« kann.

Beginnen wir also mit den Menschen. Unabhängig von Parfüms und Deos könnten wir damit anfangen, unserer Kleidung eine ganz besondere, ureigenste »Duftnote« zu verleihen. Und so wird's gemacht:

Praxistipp: Auf ein Leinentuch tröpfeln wir zwei bis vier Tropfen von drei aufeinander abgestimmten ätherischen Ölen. Die richtige Mischung sollten Sie selbst »erschnüffeln«. Das Leinentuch legen Sie danach zur frischgewaschenen Wäsche mit in den Wäschetrockner.

Yang-Duft (für Männer)

3 Tropfen Muskatellersalbei
2 Tropfen Geraniumöl
3 Tropfen Neroli

Yin-Duft (für Frauen)

2 Tropfen Verbene
3 Tropfen Jasmin
2 Tropfen Ylang-Ylang

Praxistipp: Wenn Sie am Vorabend einer Prüfung, einer Bewerbung oder eines besonders stressigen Tages Ihre Kleidung bügeln, geben Sie einen Tropfen Lavendel und einen Tropfen Zitrone in ein feuchtes Tuch und legen dieses beim Bügeln auf die Kleidungsstücke. Das Lavendelöl wird Ihnen die notwendige Ruhe geben – die Zitrone Ihnen Wachheit und Klarheit verleihen.

Duftlampen werden von vielen intuitiv zur Harmonisierung des Raumes eingesetzt.

Duftmischungen für das Heim

Wenn Sie neu in eine Wohnung oder ein Haus einziehen, geben Sie jeweils drei Tropfen von Weihrauch, Vanille und Vetiver in eine Duftlampe und erfüllen (drei Tage lang!) mit dieser Mischung das ganze Haus, indem Sie damit alle paar Stunden in einen anderen Raum gehen. Zuerst beduften Sie den Eingangsbereich, dann das Wohnzimmer, Schlafzimmer, Küche und so weiter.

Nach dieser Grundreinigung geben Sie nun Ihrem Haus Ihre eigene Duftnote. Zuerst sollten Sie sich um den Eingangsbereich kümmern. Denken Sie daran: Hier treffen nicht nur alle Gerüche des gesamten Hauses aufeinander – in diesen Bereich zieht auch der Geruch von draußen herein. Hier gehen Sie ins Haus, hier begrüßen und verabschieden Sie Ihre Freunde. Es hat sich hierfür eine Mischung bewährt, die in japanischen Gasthäusern oft benutzt wird – und zwar, indem man sie sowohl in die Duftlampe des Gastzimmers füllt, als auch auf die Fußmatte vor dem Eingang sprüht.

Duftmischung für den Eingangsbereich

4 Tropfen Weißtanne
3 Tropfen Riesentanne
4 Tropfen Lemongras

Duftmischung für die Küche

3 Tropfen Eisenkraut
2 Tropfen Wacholder
2 Tropfen Lemongras

Duftmischung gegen Küchengerüche

3 Tropfen Weißtanne
2 Tropfen Douglasfichte

Duftmischung für Bad und WC

4 Tropfen Pfefferminze
3 Tropfen Zitrone

Duftmischung für Wohn- und Arbeitszimmer

3 Tropfen Zitrone
3 Tropfen Thymian
1 Tropfen Lavendel

Duftmischung für Kinderzimmer

3 Tropfen Zeder
2 Tropfen Zirbelkiefer
2 Tropfen Myrte
2 Tropfen Clementine

Duftmischung für Schlafzimmer

3 Tropfen Grapefruit
3 Tropfen Sandelholz
3 Tropfen Jasmin

Feng Shui für ein glückliches Leben

Bisweilen sind wir alle einmal mit unserem Latein am Ende. Wir sehen uns Situationen gegenüber, die uns schlicht überfordern. Wir wissen uns keinen Rat mehr, die Gedanken bewegen sich nur noch im Kreis. Für diese Fälle haben wir Ihnen einige Feng Shui-Rezepte herausgesucht, die sich in unserer Praxis bewährt haben.

Eine harmonische Familie ist für die meisten immer noch vorrangiges Lebensziel. Feng Shui hilft, es zu verwirklichen.

Feng Shui fürs Liebesglück

Auch in der besten Partnerschaft kann es zeitweise zu totaler Funkstille im Schlafzimmer kommen. Seien die Gründe nun ein Streit, Stress oder die alltäglichen Sorgen, die einen alles andere vergessen lassen. Wie können wir wieder zueinander finden?
Praxistipps: Wir möchten Ihnen zunächst einmal ein magisches Ritual empfehlen. Suchen Sie vor Ihrem Haus oder im Garten zwei Steine. Sie symbolisieren Ihre Partnerschaft. Verbinden Sie die beiden mit einem purpurfarbenen Seidenband. Platzieren Sie das Steinpaar in der Partnerschaftsecke Ihres Schlafzimmers und stellen Sie direkt daneben eine Salzkristall-Lampe auf, die durch ihre sanfte Ausstrahlung aktivierend wirkt. Legen Sie unter Ihre beiden Kopfkissen ein langes, rotes Partnerschaftsband aus Seide – auch so verbinden Sie sich. Sorgen Sie für eine lauschige Atmosphäre, indem Sie Schwimmkerzen in eine Schale mit Wasser legen. Vor dem Zubettgehen schauen Sie sich diesen »Altar der Gefühle« gemeinsam an und sagen sich die drei bekannten (und allzu oft vergessenen Worte): »Ich liebe Dich.« Stellen Sie in den Teil des Hauses, der der Partnerschaft gewidmet ist, einen Strauß mit frischen roten Rosen.

Feng Shui für Reichtum und Fülle

Auch uns selbst erstaunt es immer wieder, wie schnell gezielt eingesetzte Feng Shui-Mittel in gerade diesem Bereich greifen! Geld gehört nun einmal zu den elementaren Notwendigkeiten dieses Lebens, allerdings haben viele von uns ein gestörtes Verhältnis zu ihm. Ein Grund dafür mag in unserer Erziehung liegen. Haben wir alle früher nicht ständig Sätze gehört wie: »Geld allein macht nicht glücklich. Geld verdirbt der Charakter. Über Geld spricht man nicht.« Aber nun reden wir darüber und empfehlen Ihnen zunächst einmal: Versuchen Sie das Geld nicht als etwas zu sehen, das in den falschen Händen Schlimmes anrichten kann. Denken Sie an sich und das Gute, das Sie sich, Ihren Lieben und all denjenigen, die in Not geraten sind, damit geben könnten. Denn Geld ist zunächst einmal eine neutrale Energieform, die wir, wie alles in unserem Leben, mit Hilfe von Feng Shui lenken können.
Praxistipps: Hängen Sie eine Schnur mit grünen Edelsteinen (etwa Malachit), an denen unten eine chinesische Reichtumsmünze befestigt ist, in den Sektor des Reichtums. Bedeutsam für diese kleine Zeremonie ist der Zeitpunkt. Da wir im Feng Shui nach dem Mondkalender arbeiten, legen wir Ihnen ans Herz, die Kette in der zunehmenden Mondphase aufzuhängen. Sprechen Sie dazu: »Ich bin bereit für die Fülle.«

Feng Shui für die Karriere

Wir leben in einer Zeit des Umbruchs, viele Arbeitsplätze werden von heute auf morgen überflüssig, andere kommen im Berufsleben einfach nicht mehr voran. Verwandeln Sie diese Stagnation wieder in Bewegung. Lenken Sie also mit Feng Shui die Energien in diesen Sektor des Hauses, damit es wieder aufwärts gehen kann. Der Bereich Karriere wird unter anderem mit der Farbe Blau und dem Wasser verbunden. Und nun bündeln wir die Energien mit einem Ritual.
Praxistipps: Duschen oder baden Sie ausgiebig und

waschen alle Sorgen von sich ab. Dann suchen Sie in Ihrem Fotoalbum ein Bild heraus, das Sie ganz am Beginn Ihrer Karriere zeigt. Lassen Sie sich dieses Foto blau einrahmen und hängen es in den Bereich der »Karriere«. Denken Sie dabei an Ihre Ziele und sagen Sie laut vor sich hin: »Ich erreiche alles, was ich will!« Stellen Sie auf Ihrem Schreibtisch neben dem Bild Ihrer Frau (oder Ihres Mannes) das Foto eines erfolgreichen Vorbildes auf. Legen Sie in die Mitte Ihres Schreibtisches einen Lapislazuli oder einen Sodalith. Trinken Sie abends einen Schluck Wasser aus einem blauen Glas. Sie sollten es etwa bis zur Hälfte leeren. Nehmen Sie danach Ihre Karrierewünsche mit in den Schlaf – und trinken Sie das Glas am nächsten Morgen, direkt nach dem Erwachen, ganz aus. Beleben Sie den Karrieresektor mit einer Pinnwand, hier sollten Sie auf Zetteln ihre kleineren oder größeren Erfolge im Beruf niederschreiben.

Feng Shui für Schüler und Prüflinge

Prüfungsängste sind nichts Ungewöhnliches. Viele Menschen leiden darunter. Aber auch hier kann Feng Shui helfen. Wir haben Menschen in Prüfungssituationen stets ein uraltes Ritual empfohlen:
Praxistipps: Vor einer entscheidenden Prüfung oder einem Examen sollten Sie ein bis zwei Tage Ihr Zimmer umgestalten. Was auch immer an den Wänden hängt, der bunte Läufer auf dem Boden, die tausend Papiere auf dem Schreibtisch sowie der andere Krimskrams müssen verschwinden – im leeren Raum kann sich Ihr Geist ideal mit Wissen füllen. Es könnte auch eine Urkunde, ein Zeugnis oder irgend ein anderes Symbol für einen guten Abschluss vor Ihnen liegen, das sagt: Ich habe diese Hürde schon mal übersprungen. Stellen Sie sich vor Ihrem geistigen Auge vor, wie Sie den Prüfungsraum betreten, die Lehrer oder Ausbilder Sie freundlich begrüßen und sich alle ganz sicher sind, dass Sie sehr gut abschneiden. Jeder von ihnen mag Sie gerne leiden und möchte Sie fördern. Sehen Sie am Vorabend einer Prüfung vor Ihrem geistigen Auge, wie die Energie zwischen Ihrem Gehirn und dem Prüfungsstoff »fließt«. Legen Sie das Buch oder die Unterlagen mit dem Prüfungsstoff unter Ihr Kopfkissen und sagen sich leise vor: »Ich freue mich darauf, morgen mein Wissen beweisen zu dürfen!«

Feng Shui gegen Stress

Wir alle kennen diese Situation: Auf dem Schreibtisch häufen sich die Papiere, das Telefon klingelt unentwegt, und die kleine Tochter jammert: »Fährst du mich endlich zu meiner Freundin!« Was nun?
Praxistipps: Verlassen Sie zuerst einmal für zwei Minuten das Zimmer oder Büro. Suchen Sie sich eine ruhige Ecke, lassen Sie zuerst Ihre Arme hängen und breiten Sie sie danach weit aus. In einer Bewegung, die über ihren Kopf führt. Dort legen Sie die Finger aneinander und führen die Hände langsam herunter zu Ihrer Brust. Diese Übung machen Sie drei Mal. Das hat den Effekt, dass Sie nun wieder zentriert sind und dem Stress mit mehr Ruhe begegnen können. Schreiben Sie nacheinander alle Stress-Quellen auf einen Zettel und streichen Sie der Reihe nach ab, was Sie nun einmal in andere Hände legen wollen. Fragen Sie in einer Meditation, ob Sie Ihr Leben, Ihren Beruf wirklich in diesen Bahnen weiterführen wollen – oder ob es nicht Zeit ist, einen neuen Weg zu Ihrem Ziel zu gehen.

Beispiele aus unserer Praxis

Frage: Mein Mann und ich möchten unser Haus nach Feng Shui bauen. Wir beide gehören jedoch jeweils unterschiedlichen Gruppen an, mein Mann hat die Kua Zahl 3 und zählt deshalb zur östlichen Gruppe, ich dagegen habe die Kua Zahl 7, zu mir würde also ein westliches Haus eher passen. Die Folge ist, dass eigentlich jede Richtung für einen von uns nicht gut ist. Wir wissen nun nicht, was wir machen sollen, da es in dem Sinne kein Familienoberhaupt gibt. Wir arbeiten beide und sind selbstständig.

Antwort: Die Formel, von der Sie sprechen, entstammt der Kompass-Schule. Sie wurde in einer Zeit entwickelt, als die Bedingungen des Bauens ganz andere waren. Damals war Feng Shui den Mächtigen und Wohlhabenden vorbehalten, die ihren Palast in die Natur planten. Und gleich, welche Himmelsrichtung sie wählten, stets hatten sie den Energiesammelplatz, den Ming Tang, vor dem Haus. Auch galt die Regel, dass das Haus nach dem Familienoberhaupt ausgerichtet wurde. Heute aber leben wir in einer anderen Zeit, unter anderen Bedingungen. In den meisten Familien arbeiten beide Ehepartner, so dass es den klassischen Versorgerstatus des Mannes nicht mehr gibt. Auch stehen heute die Häuser dicht an dicht, weshalb die Himmelsrichtung als alleiniger Ansatzpunkt für die Planung und Ausrichtung des Eingangs schon längst nicht mehr sinnvoll ist. Wir geben deshalb den folgenden Rat: Planen Sie das Haus so, dass sich die Eingangstür in eine Richtung öffnet, aus der am meisten vitales Chi ins Haus gelangen kann. Berücksichtigen und unterstützen Sie diesen rein formalen Aspekt auch bei der Planung der Außenanlagen. Haben Sie den günstigsten Platz für die Haustür nach der Formenschule ausfindig gemacht, können Sie die Formeln der Kompass-Schule miteinbeziehen. Stellen Sie fest, ob Ihr Haus ein östliches oder westliches ist und gleichen Sie eventuelle Disharmonien der Bewohner aus. Ein Beispiel: Stellen Sie fest, dass sich Ihr Haus in den Südosten öffnet, so handelt es sich um ein Haus der östlichen Gruppe. Da Sie durch die Kua-Zahl 7 der westlichen Gruppe angehören, sollten Sie den Eingangsbereich entsprechend ausgleichen. Bringen Sie etwas ein, das Ihr Kua-Element widerspiegelt.

Frage: Vor zwei Monaten habe ich meine gesamte Wohnung, praktisch jeden Bagua-Bereich mit Feng Shui aktiviert. Trotzdem kann ich noch keine Veränderungen in meinem Leben spüren.

Antwort: Sie haben einen typischen Fehler von Feng Shui-Einsteigern gemacht. Gerade in diesem Fall hilft viel wenig, ja bewirkt sogar das Gegenteil: Durch die Aktivierung jedes Bagua-Bereiches haben Sie die Energien zerstreut. Im Feng Shui aber geht es darum, Prioritäten zu setzen. Denn es wirkt um so effektiver, je zielorientierter es eingesetzt wird. Überlegen Sie also, welcher Lebenswunsch bei Ihnen im Vordergrund steht.

Beachten Sie auch: Wollen Sie Veränderungen in Ihrem Leben vornehmen, muss das Neue auch Raum zur Entfaltung haben. Deshalb sollten Sie das Aktivieren nur als einen Teil von Feng Shui sehen. Grundsätzlicher und wesentlicher ist es, zuerst einmal Platz zu schaffen für das Neue. Betrachten Sie also Ihre Wohnung eingehend: Welche Möbel behindern den Fluss des Chi? Wo gibt es Staus? Trennen Sie sich von Altem und Verbrauchtem, von Dingen, die nicht mehr zu Ihnen gehören. Räumen Sie auf! Die Praxis hat uns immer wieder gezeigt, dass allein schon dieses Loslassen eine Art energetisches

Vakuum schafft, das wiederum Neues anzieht. Manche Veränderungen brauchen Zeit. Wenn Sie die oben genannten Regeln beachten, wird Feng Shui Ihr Leben verändern. Ein Erfahrungswert zeigt uns: Nach spätestens drei Monaten sind erste Veränderungen spürbar und manifestieren sich im Leben des Betroffenen.

Frage: Was bedeutet eigentlich die Kua-Zahl, und was kann ich mit ihr anfangen?
Antwort: Im klassischen Feng Shui gilt die Kua-Zahl als Schutzzahl. Grundlage für ihre Berechnung ist das Geburtsjahr und das Geschlecht (siehe Seite 216). Jede Kua-Zahl wird mit einem Element und einer Himmelsrichtung verbunden. Ihrem Geburtsjahr entspricht beispielsweise die Kua-Zahl 4, die dem Trigramm Sun zugeordnet ist. Die dazugehörigen Elemente und Himmelrichtungen sind Holz und Südosten. Laut der Kua-Formel wäre der Südosten eine Richtung, die Ihre persönliche Entwicklung besonders fördert, denn laut der Pakua Lo Shu-Formel entspricht sie der Fu Wei-Richtung. Die Kua-Zahl verrät Ihnen außerdem, ob Sie zur östlichen oder westlichen Gruppe gehören und sagt ihnen dadurch, welche Richtungen für Sie günstig oder ungünstig sind.

Frage: In einem Feng Shui-Buch habe ich gelesen, dass ich das Element Erde verkörpere, mein Freund das Element Metall. Demnach würden wir also gut zusammenpassen. Bei einer Freundin habe ich ein anderes Feng Shui-Buch gelesen, hier aber bin ich nun auf einmal das Element Feuer und mein Freund ist das Element Wasser. Nach dieser Berechnung passen wir also gar nicht zusammen. Was ist denn nun eigentlich richtig?
Antwort: Zunächst einmal ist festzuhalten, dass Feng Shui eine 4000 Jahre alte und sehr komplexe Lehre ist. Im Laufe dieser Zeit haben sich verschiedene Schulen und Methoden entwickelt. In dem zuerst genannten Buch wurden die Elemente über die Himmlischen Stämme ermittelt. Diese Methode entstammt der chinesischen Astrologie und steht im Zusammenhang mit den Tierkreiszeichen. Im zweiten Buch war die Berechnungsgrundlage die Kua-Zahl. Beide Methoden haben ihre Berechtigung, und in diesem Sinne gibt es auch kein »richtig« und kein »falsch«. Denn nicht nur ein Element beeinflusst unser Leben, sondern alle fünf Elemente wirken. Im vorliegenden Buch haben wir beide Methoden der Elementebestimmung vorgestellt. Da das Leben ein fortwährender Entwicklungsprozess ist, leben wir ständig unterschiedliche Elementareigenschaften, die unsere persönliche Entwicklung widerspiegeln. Deshalb ist das individuelle Befinden der erste, genaueste und aktuellste Ansatzpunkt für Ihre Feng Shui Maßnahmen. Grundsätzlich aber gilt: Die Kua-Zahl entstammt der Kompass-Schule, sie wurde und wird vorrangig benutzt, um günstige Richtungen zu ermitteln. Die Bestimmung der Elemente über das Tierkreiszeichen sollte immer im Zusammenhang mit dem jeweiligen Tierkreiszeichen gesehen werden. Für welche Vorgehensweise Sie sich entscheiden, wird also stets davon abhängen, in welcher Situation Sie sich gerade befinden.

Frage: Mein Mann, mein Sohn und ich – wir alle haben das Kua-Element Metall. Trotzdem sind wir ganz unterschiedlich. Wie kann das sein?
Antwort: Im Feng Shui wird jeder Mensch unter den Schutz einer Zahl gestellt, diese Zahl heißt Kua-Zahl. Jede Kua-Zahl steht für ein umfangreiches Be-

ziehungsgeflecht, denn je nach Lage im Lo Shu ist sie mit jeweils einem Trigramm, einer Himmelsrichtung und einem Element verbunden. Ursprünglich entstammt die Bestimmung der Kua-Zahl der Kompass-Schule und hatte den Sinn, günstige Richtungen zu ermitteln. Jede Kua-Zahl ist auch mit einem Element verknüpft, das dem Menschen besonderen Schutz gewähren soll. Im gegebenen Fall steht die ganze Familie unter dem Schutz des Metallelements, das sie weitgehend mitbestimmt, sich aber bei jedem mehr oder weniger stark zeigen kann.

Einen tieferen Einblick in die innere Natur und das Wesen eines Menschen erlaubt uns die chinesische Astrologie. Deshalb empfehlen wir, die Tierkreiszeichen (Irdische Äste) und das dazugehörige Element (Himmlischer Stamm) zu ermitteln. Beides finden Sie in der Tabelle im Kapitel: »Das individuelle Feng Shui«. Diese Daten, im Zusammenhang betrachtet, liefern ein umfassenderes Bild über die unterschiedlichen Wesenstrukturen der Familiemitglieder. Im Gegensatz zum Kua-Element haben wir bei dieser Methode schon 12 unterschiedliche Energien, die von den Tierkreiszeichen beschrieben werden. Jeder Mensch ist unter einem Zeichen geboren. Kombiniert mit den Himmlischen Stämmen entstehen nun 60 individuelle Wesensmuster, und es liegt auf der Hand, dass diese Analyse umfassender und individueller ist.

Frage: Seit einigen Monaten fühle ich mich wie festgefahren. In meinem Leben bewegt sich nichts mehr, alles läuft sehr schwergängig und stagniert. Was kann ich tun?

Antwort: Bringen Sie die Energien in Bewegung, indem Sie die einzelnen Bagua-Sektoren »versetzt« aktivieren. Das bedeutet: Verwenden Sie für den Karrierebereich nicht das dazugehörige Wasserelement, sondern Metall für die Partnerschaft nicht die Erde, sondern Feuer. Auf diese Weise schaffen Sie Impulse, die die Raumsektoren stark energetisieren. Behandeln Sie nach diesem Muster die Bereiche, die für Sie Priorität haben.

Frage: Ich werde in einigen Wochen umziehen. Nun habe ich in einem Feng Shui-Buch gelesen, dass man in diesem Fall auf günstige und ungünstige Richtungen achten sollte. Anhand des Jahres, in dem ich umziehen werde, habe ich nun ausgerechnet, dass meine neue Wohnung in einer für mich ungünstigen Richtung liegt. Obwohl mir die neue Wohnung gefällt, habe ich nun Angst davor, umzuziehen.

Antwort: Es ist richtig, dass im Feng Shui günstige und ungünstige Umzugsrichtungen errechnet werden können. Die Grundlage dieser Methode ist das »Neun Sterne Ki«. Der Ansatz: Ein jeder von uns ist verwurzelt mit dem Ort, an dem er lebt. Er stellt das räumliche Zentrum dar, von dem aus wir in der Umwelt wirken. Doch uns verbinden nicht nur der Ort als solcher, die Umgebung, die Nachbarn oder das Haus, in dem wir wohnen, sondern auch die hier herrschenden energetischen Bedingungen. Mit einem Umzug verändern wir unserer Zentrum und verlassen nicht nur den Ort, sondern auch das feinstoffliche Beziehungsgeflecht, auf das wir uns im Laufe der Zeit eingestimmt haben. Wir entfernen und nähern uns zwangsläufig den unterschiedlichen Richtungsenergien. Da aber jede Richtung in Verbindung mit dem individuellen Chi steht, kann ein Umzug unser Befinden beeinflussen. Um diese Neuorientierung zu erleichtern, sollten Sie die Repräsentanten der Richtungen zu sich holen. Unser Feng

Shui-Tipp: Kaufen Sie sich in einem Bastelgeschäft Bänder in den Farben der Trigramme, schneiden Sie sie auf eine Länge von 43 cm. Fassen Sie mit einer Hand alle acht Bänder zusammen, knicken Sie sie in der Mitte, so dass jedes Band nun doppelt herunterhängt. Bringen Sie eine Aufhängung in der Mitte an, indem Sie zum Beispiel einen Schlüsselring hindurchziehen. Befestigen Sie dieses Umzugsband mindestens für 21 Tage außen an Ihrer Haustür. Ein andere Empfehlung: Nehmen Sie eine Pflanze oder einen Setzling aus dem alten Heim mit in Ihr neues und pflanzen sie diese in den Garten oder auf den Balkon. Das hilft Ihnen, neue Wurzeln zu schlagen.

Frage: Mein Mann ist im Management einer großen Firma tätig. Seine Geschäftstreffen finden auch öfter mal bei uns im Haus statt. Dann übernehme ich die Planung und organisiere die Tischordnung und das Essen. Ich habe beobachtet, dass sich mein Mann etwas unsicher fühlt in der häuslichen Umgebung. Kann ich ihn mit Feng Shui unterstützen und wenn ja, wie?
Antwort: Achten Sie darauf, dass Ihr Mann von einer starken Position aus agieren kann. Er sollte auch unbedingt so sitzen, dass er über genügend Rückenschutz verfügt und den Blick zur Tür hat. Zusätzlich können Sie über die Tischdekoration sein individuelles Feng Shui stärken, indem Sie zum Beispiel die Farbe einbringen, die seinem Kua-Element entspricht oder es nährt. Ideal wäre außerdem, wenn er in eine ihn fördernde Richtung blickt. Um das Geschäftsgespräch harmonisch zu gestalten, empfiehlt sich ein runder Tisch und/oder ein runder Teppich unter ihm, der die Gesprächpartner durch seine Form unsichtbar verbindet. Stärken Sie weiterhin in diesem Zimmer die Bereiche des Ruhmes und der Anerkennung durch frische rote Rosen sowie den der Karriere mit einem Zimmerbrunnen oder einer blauen Schale. Am Ende noch ein magisches Feng Shui-Rezept: Verbinden Sie drei Feng Shui-Reichtumsmünzen mit einem roten Band und befestigen Sie sie für die Gäste unsichtbar unter dem Tisch, dem Stuhl oder dem Teppich.

Frage: Ich arbeite in einer Behörde. Mein Büro liegt wie die anderen auch an einem langen, das Gebäude teilenden Flur. Ich habe nun festgestellt, dass speziell in unserer Abteilung Missstimmung und Rivalität zwischen den Mitarbeitern, die rechts vom Flur sitzen und denen, die sich links davon befinden, herrschen. Wie ist diese Situation zu verbessern?
Antwort: In diesem Fall ist ein langer Flur mit einer symbolischen Grenze vergleichbar. Sie trennt im wahrsten Sinn des Wortes die Mitarbeiter rechts und links von Flur. Vergleichbar ist diese Situation mit einem Fluss, der einen Ort teilt. Aus der Geschichte wissen wir, dass die Trennung in Ober- und Unterstadt oft zu Rivalitäten und Streitigkeiten zwischen den Bewohnern geführt hat. Das änderte sich, wenn die geteilte Stadt durch Brücken verbunden wurde. Dieses Prinzip können wir auch auf Ihre Behörde übertragen. Schaffen Sie eine Verbindung zwischen den sich gegenüberliegenden Bereichen. Ideal sind »formale Brücken«, die Sie über Gestaltungselemente einbringen können: Dekore etwa, die quer über den Flur verlaufen, verbinden die sich gegenüberliegenden Räume. Wir denken in diesem Zusammenhang an die Bodenführung (quergemusterte Teppiche oder Linoleum, Verlegetechniken für Fliesen oder Parkett) oder Farbanstriche, die die jeweils direkt gegenüberliegenden Türen einrahmen

und über die Decke verbinden. Eine andere Möglichkeit sind gleiche Objekte wie etwa Wandleuchten oder Bilder, die ebenfalls für die symbolische Zusammenführung stehen.

Frage: Ist es wahr, dass Feng Shui Wasseradern und andere Störfelder aufheben kann?
Antwort: Diese Frage müssen mit »Nein« beantworten. Feng Shui sorgt zwar für einen harmonischen Energiefluss in den Räumen, doch allein dadurch beseitigt man keine bereits vorhandenen Störfelder. Allerdings ist es selbstverständlich, dass in eine Feng Shui-Beratung diese geomantischen Betrachtungen mit einfließen müssen, damit zum Beispiel das Bett nicht ausgerechnet auf einer Störzone steht. Auf der anderen Seite können Feng Shui-Laien durch falsche Platzierung von Spiegeln und/oder Metallgegenständen auch Erdstrahlungen verstärken und dadurch weiterleiten. Das ist ein Grund für unsere Empfehlung, im Schlafzimmer möglichst auf Spiegel und Metalle zu verzichten.

Frage: Über unserem Eingangsbereich liegt im ersten Stock die Toilette. Ist es richtig, dass diese Situation aus Sicht des Feng Shui besonders ungünstig ist?
Antwort: Richtig, denn die Energien des WC beeinträchtigen den Eingangsbereich und verschlechtern das Feng Shui. Hier sollten Sie ausgleichen. Bringen Sie im Flur eine nach oben strahlende Leuchte an, die die abfließende Energie der Toilette harmonisiert.

Frage: Ich habe einen alten Walnussbaum im Garten, den ich sehr liebe. Er steht etwa acht Meter von unserem Haus entfernt. Von einer Freundin, die einen Feng Shui-Kurs in der Volkshochschule belegt hat, habe ich nun erfahren, dass diese Bäume als äußerst unglückbringend gelten. Muss ich den Baum nun fällen?
Antwort: Hier liegt ein typisches Missverständnis vor. Walnussbäume bringen kein schlechtes Feng Shui, sondern sind Strahlensucher. Sie gedeihen deshalb besonders gut auf geopathischen Störzonen. Sie sind also nicht Verursacher, sondern Anzeiger von Erdstrahlen, die sich bei Ihnen im Garten befinden – aber durchaus nicht Ihr Haus durchkreuzen müssen.

Frage: Bäume sollen ja nicht zu dicht am Haus stehen. Doch was heißt »zu dicht«? Gibt es hier genaue Anhaltspunkte?
Antwort: Der empfohlene Abstand hängt von Höhe und Breite eines Baumes ab. Unsere grundsätzliche Feng Shui-Empfehlung lautet: Ein Abstand von ungefähr 7–8 Metern zum Haus ist in Ordnung. Anders sieht es allerdings aus, wenn der Baum direkt den Hauseingang blockiert.

Frage: Was unterscheidet einen diplomierten Feng Shui-Berater von einem Berater ohne Diplom?
Antwort: Nichts, es existiert kein Unterschied. Diplome haben noch keine rechtsgültige Grundlage. Das Deutsche Feng Shui Institut bemüht sich seit einigen Jahren um die staatliche Anerkennung des Berufs eines Feng Shui-Beraters. Bis es soweit ist, erhalten Schüler des DFSI nach dem Abschluss ihres Studiums ein Zertifikat, das die Teilnahme an den Kursen und die erfolgreich bestandene Abschlussprüfung bestätigt. Wichtig für die Qualifikation eines Feng Shui-Beraters ist also nicht ein Diplom, sondern die Frage, ob er eine qualifizierte Ausbildung absolviert hat.

Frage: Ich habe mich ein wenig in das Thema Feng Shui eingelesen und weiß nun, dass es günstige und ungünstige Richtungen gibt. Können Sie mir sagen, ob es vielleicht in meiner Firma einen Sektor gibt, in dem ich den Safe mit dem Bargeld und den wichtigen Geschäftspapieren aufbewahren kann?
Antwort: Wir empfehlen unseren Klienten in diesem Fall den nordöstlichen Sektor mit dem Trigramm »Ken«, zu Deutsch »der Berg«. Auf der einen Seite handelt es sich bei diesem Trigramm um eine Energie des Stillstandes. Je nachdem aber, aus welchem Blickwinkel wir »den Berg« betrachten, kann er ein Hindernis sein, aber auch Schutz vor äußeren, unerwünschten Einflüssen bieten. Im Geschäftsbereich sind also hier der Safe oder/und geheime Papiere gut aufgehoben, da »Ken« ein Hindernis für Einbrecher und Unbefugte darstellt.

Frage: Darf ich rote Rosen in meine hohe blaue Vasen stellen? Ich habe nämlich in einem Feng Shui-Buch gelesen, dass die Vase, deren Farbe das Wasser symbolisiert, meine schönen »Feuer-Rosen« löschen könnte. Muss ich also befürchten, dass die Blumen hier schneller verblühen?
Antwort: Wir sind sicher, dass die Rosen in Ihrer blauen Vase gut zur Geltung kommen – und keine Disharmonie erzeugen. Denken Sie daran, dass die verschiedenen Elemente sich nicht nur durch Farben ausdrücken, sondern ebenso durch Formen. Die Form ihrer hohen Vase vertritt das Element Holz, sie stellt also einen idealen Mittler zwischen Feuer und Wasser dar. Zudem haben Ihre Rosen ja noch grüne Stiele, hier kommt also wieder das verbindende Holzelement zum Tragen.

Der Feng Shui-Fragebogen für die Partnerschaft

Dieser Fragebogen hilft Ihnen, Ihre Beziehung einmal aus der Sicht des Feng Shui zu beleuchten. Wir empfehlen Ihnen, den Fragebogen zu kopieren, damit jeder Partner ihn für sich ausfüllt. Bei der gemeinsamen Auswertung werden auch Sie sicher interessante Parallelen zwischen Ihrem Befinden und der Lebenssituation feststellen.

1. Verfügt Ihre Wohnung über einen Fehlbereich in der Partnerschaftsecke oder befindet sich dort die Abstellkammer oder die Toilette?
   ☐ JA ☐ NEIN

2. Schlafen Sie in einem Bett mit Stauraum (Schubladen, Bettkasten) unter der Liegefläche?
   ☐ JA ☐ NEIN

3. Putzen Sie regelmäßig unter dem Bett und in den Ecken des Schlafzimmers?
   ☐ JA ☐ NEIN

4. Schlafen Sie mit dem Kopf an der Wand zum Bad oder zur Küche?
   ☐ JA ☐ NEIN

5. Verfügt Ihr Bett über eine ausgeprägte Besucherritze?
   ☐ JA ☐ NEIN

6. Schläft Ihr Kind oft bei Ihnen im Bett?
   ☐ JA ☐ NEIN

7. Wohnen Sie mit den Schwiegereltern in einem Haus und ergeben sich daraus Spannungen?
☐ JA ☐ NEIN

8. Ist Ihr Kleiderschrank übervoll und befinden sich darin noch Röcke, Hosen etc. aus längst vergangenen Zeiten, die Ihnen schon lange nicht mehr passen?
☐ JA ☐ NEIN

9. Ist Ihre Partnerschaft überschattet von der oder den vorherigen Beziehungen?
☐ JA ☐ NEIN

10. Haben Sie manchmal das Gefühl, in Ihrem Heim nicht zu Hause zu sein?
☐ JA ☐ NEIN

11. Stimmt die Kommunikation zwischen Ihnen und Ihrem Partner noch oder beschränkt sie sich auf ein paar alltägliche Floskeln?
☐ JA ☐ NEIN

12. Leben Sie in einer gleichberechtigten Partnerschaft oder hat einer von Ihnen »die Hosen an«?
☐ JA ☐ NEIN

13. Steht in Ihrem Wohnzimmer der Fernseher im Zentrum?
☐ JA ☐ NEIN

14. Sind Sie im Schlafzimmer Sha-Pfeilen ausgesetzt (Deckenbalken, Schrankkanten u. ä.)?
☐ JA ☐ NEIN

15. Gefällt Ihnen Ihr Schlafzimmer, fühlen Sie sich wohl darin?
☐ JA ☐ NEIN

16. Haben Sie das Gefühl, Ihr Partner und Sie leben aneinander vorbei?
☐ JA ☐ NEIN

17. Unternehmen Sie regelmäßig etwas gemeinsam?
☐ JA ☐ NEIN

18. Neigen Sie dazu, alte und defekte Dinge aufzuheben?
☐ JA ☐ NEIN

19. Würden Sie sagen, Ihre Beziehung könnte etwas mehr »Pepp« gebrauchen?
☐ JA ☐ NEIN

20. Werden Sie nur selten von Freunden besucht?
☐ JA ☐ NEIN

Auswertung des Fragenbogens

Nachfolgend finden Sie einige kurze Empfehlungen zu den einzelnen Punkten.

Zu 1) Wenn Sie diese Frage mit »Ja« beantwortet haben, so sollten Sie auf jeden Fall ausgleichen. Denn Ihnen steht zur Zeit nicht die volle Energie für Ihre Partnerschaft zur Verfügung. Lesen Sie im Kapitel »Das Bagua« nach, wie Sie die Zone der Partnerschaft stärken können. Aktivieren Sie diesen Bereich im Schlafzimmer zum Beispiel über die paarweise Anordnung von Gestaltungselementen.

Zu 2) Das Bett ist kein Ort, um Dinge zu verstauen. Für einen erholsamen Schlaf sollte die Energie auch unter dem Bett frei zirkulieren können. Falls Sie nun aber über ein Bett mit einem solchem Stauraum verfügen, ist hier höchstens Platz für saubere Bettwäsche. Keinesfalls sollte sich dort Schmutziges oder Altes befinden!

Zu 3) Auch Staub und Schmutz unter dem Bett oder in den Ecken des Schlafzimmers stehen für Stau und Stagnation, was sich ebenfalls belastend auf die Partnerschaft auswirken kann.

Zu 4) Diese Bettposition ist ungünstig, da sie den erholsamen Schlaf stören kann, weil sich die Energien vermischen. Wenn Sie Ihr Bett nicht umstellen können, sorgen Sie dafür, dass zwischen der entsprechenden Wand und Ihrem Kopf ein ausreichendes energetisches Polster besteht.

Zu 5) Die tiefe Besucherritze, wie sie in alten Betten üblich ist, zieht eine energetische Grenze zwischen dem Paar. Neuerdings gibt es Auflagen zu kaufen, die diesen Spalt füllen. Legen Sie zusätzlich das Feng Shui-Partnerschaftsband auf die Kopfkissen, das Ihre Verbundenheit symbolisiert.

Zu 6) Es ist normal, dass Kinder, wenn Sie sich fürchten, hin und wieder zu ihren Eltern unter die Decke kriechen. Wenn dies jedoch regelmäßig geschieht, schläft selbst die größte Liebe zwischen den Partnern einmal ein. Sie sollten nicht nur Eltern sein, sondern auch Ihre Liebesbeziehung pflegen. Sehen Sie die Situation als ein Zeichen, dass Ihr Kind sich in seinem Zimmer nicht geborgen fühlt und gestalten Sie es um.

Zu 7) Wenn Sie diese Frage mit »Ja« beantwortet haben, sollten Sie darauf achten, sich auf der einen Seite Ihren Schwiegereltern zu öffnen, auf der anderen aber auch bewusst eine Grenze zu ziehen. Machen Sie deutlich: »Dies ist unser Reich!« Dokumentieren Sie das, indem Sie für beide Bewohner eine eigene Klingel und ein Namensschild an der Haustür anbringen.

Zu 8) Ungetragene Kleider aus alten Zeiten aufzubewahren heißt, an der Vergangenheit festzuhalten, anstatt sich der Gegenwart zu öffnen. Eine Partnerschaft kann nur harmonisch funktionieren, wenn beide im Hier und Jetzt leben.

Zu 9) Der Grund für eine solche Situation liegt oft darin begründet, dass wir vieles aus der vorherigen Beziehung übernommen haben. Das betrifft unter vielem anderen Möbel, Bilder, ja sogar Betten. Wir sollten uns darüber im Klaren sein, dass auch der Einrichtung Energien anhaften, die uns unbewusst mit der Vergangenheit verbinden. Deshalb ist es grundsätzlich günstig, eine neue Partnerschaft unbelastet zu beginnen. Wenn Sie sich keine neuen Möbel kaufen können, so raten wir Ihnen zu einem gründlichen Hausputz. Reinigen Sie den Raum, die Möbel, geben Sie die Matratzen in die Reinigung und kaufen Sie sich neue Bettwäsche.

Zu 10) Diese Frage beantworten viele Männer mit »Ja«. Der Grund liegt oft darin, dass sie die Gestaltung des Heims ganz ihrer Partnerin überlassen haben. Damit eine harmonische Partnerschaft wachsen kann, müssen sich aber beide in der Wohnung wiederfinden und wohlfühlen. Achten Sie deshalb darauf, dass jeder von Ihnen seine Ideen einbringt.

Zu 11) Mangelnde Kommunikation ist ein Liebestöter. Überprüfen und aktivieren Sie den Bagua-Bereich Kreativität und Kinder, seine Energie fördert die Kommunikationsfähigkeit. Aktivieren Sie die Richtung der Liebe und Harmonie »Nien Yen«. Stellen Sie das Sofa, das Bett oder die Stühle im Esszimmer so auf, dass Sie und Ihr Partner von dieser für die Partnerschaft so wichtigen Richtungsenergie aufgeladen werden.

Zu 12) Überprüfen Sie Ihre Elementareigenschaften und die Ihres Partners. Wie sind sie im Wohnumfeld vertreten? Gleichen Sie aus. Überprüfen Sie, in welcher Richtung das Bett, das Sofa oder Ihr Entspannungssessel stehen. Stellen Sie bei Bedarf um. Aktivieren Sie Ihr Element und die Sheng Chi-Richtung, damit Ihnen neue Energien zufließen.

Zu 13) Diese Konstellation lenkt Sie von Ihrem Partner ab und führt die Energien hin zum Fernseher. Die Gefahr, dass hier früher oder später jedes Gespräch erstirbt, ist sehr groß. Räumen Sie um, und zwar so, dass Sie nach Feierabend nicht den Fernseher anschauen, sondern Ihren Partner.

Zu 14) Vorsicht – gleichen Sie versteckte Pfeile aus! Gerade nachts sind wir diesen subtilen Einflüssen besonders ausgesetzt, weil der Körper entspannt und deshalb besonders aufnahmefähig ist. Ein einfaches Mittel, sich aller Sha-Einflüsse rund ums Bett zu entledigen ist: Bauen Sie sich ein Himmelbett.

Zu 15) Wenn Sie diese Frage mit »Ja« beantwortet haben, ist es allerhöchste Zeit, diesen Raum neu zu gestalten. Wir verbringen die meiste Zeit des Lebens in ihm und deshalb sollten wir ihn so einrichten, dass wir uns hier rundum wohl fühlen. Der Gedanke, dass wir nachts nichts wahrnehmen, weil die Augen ja geschlossen sind, ist schlichtweg falsch. Wir nehmen die Umgebung mit Haut und Haaren auf.

Zu 16) Richten Sie Ihre gemeinsamen Energien auf einen Punkt in der Wohnung, den Sie gemeinsam gestalten. Ideal wäre in diesem Fall die Partnerschaftsecke, in der Sie zum Beispiel ein gemeinsames Foto aus besonders glücklichen Zeiten aufstellen.

Zu 17) Für Entspannung, Freude und Unternehmungslust steht das Trigramm Tui, das dem Sektor des Westens zugeordnet ist. Überprüfen Sie diesen Bereich in Ihrer Wohnung, räumen Sie ihn auf und aktivieren Sie ihn.

Zu 18) Wenn Sie wollen, dass sich in Ihrem Leben etwas bewegt, lassen Sie los. Vielleicht hilft Ihnen ja ein Zimmerbrunnen im Sektor Karriere, Gesundheit oder Fülle, damit Sie sich dem Fluss des Lebens wieder hingeben können.

Zu 19) Damit wieder etwas Schwung in Ihre Beziehung kommt, aktivieren Sie den Bereich Ruhm und Anerkennung mit einem roten Samtkästchen, in dem Sie etwas Gemeinsames aufbewahren. Der Sektor Partnerschaft sollte durch eine gelbe oder orangefarbene Lampe aktiviert werden.

Zu 20) Überprüfen Sie Ihre Wohnsituation. Sind Sie im Außenbereich durch Ihre Namen präsent? Ist der Eingang gut zu erkennen oder mit Hecken zugewachsen? Überprüfen Sie den Sektor Hilfreiche Freunde und aktivieren Sie ihn mit einem Kugelkristall.

Praxistipps wenn Verspätung droht

Der wichtige Termin drängt, von ihm hängt einiges ab – und von dem Eindruck, den wir hinterlassen. Und ausgerechnet jetzt sind wir spät dran, stecken zudem noch im Stau und fragen uns verzweifelt, ob wir in ein paar Minuten überhaupt den passenden Parkplatz erwischen werden! Was raten wir nun in einer solchen Situation? Denken Sie daran: Feng Shui bedeutet auch bewusste Energielenkung. Und das sollten wir auch in diesem Fall versuchen: Stellen Sie sich bildlich vor, wie die lange Schlange sich rasch auflöst – und dann direkt vor der Firma, die Sie besuchen, ein Parkplatz für Sie frei wird. Und zwar genau zu dem Zeitpunkt, an dem Sie ankommen. Versuchen Sie's mal: Bei unseren Klienten klappt es (fast) immer! Noch besser wäre es freilich, wenn Sie sich am Abend vor dem wichtigen Termin vor Ihrem geistigen Auge auf einer freien Autobahn sehen, und wie Sie nun ohne jede Störung Ihr Ziel erreichen, pünktlich wie ein Maurer parken – und vom Fenster sieht Ihr neuer Boss voller Wohlgefallen auf den neuen Mitarbeiter herab, dem er gleich ein sehr gutes Angebot unterbreiten wird.

Praxistipps bei aktueller Geldnot

In diesem Fall möchten wir Ihnen einen klassischen Feng Shui-Ratschlag weitergeben: Fädeln Sie drei alte chinesische Münzen auf eine rote Seidenschnur auf. Entweder hängen Sie die Münzen in die Ecke des Reichtums oder Sie legen Sie in Ihr Kassenbuch. Ideal sind auch die Feng Shui-Reichtumskugeln.

Praxistipps für den schnellen Hausverkauf

Wenn sich demnächst Interessenten anmelden, dann backen Sie direkt vor dem Besuch einen Obstkuchen und/oder ein Brot. Dieses ganz spezielle »Parfüm« wird Ihr Haus durchziehen und ihm eine heimelige Atmosphäre verleihen. Denn wir kaufen ja nicht nur mit unserem Geldbeutel, sondern mit allen Sinnen! Auch eine kleine Zeremonie könnte weiterhelfen: Schreiben Sie mit einem Goldstift auf rotem Papier nieder, in welchem Zeitraum und für wie viel Geld Sie Ihr Haus verkaufen wollen. Legen Sie diesen Brief an den zukünftigen Käufer und an sich selbst unter eine Pyramidenform.

Praxistipp für die Steuerprüfung

Nach der Analyse eines Werbebüros fragte uns der Chef: »Eine Bitte hätte ich noch. Sie sehen ja, bei uns ging es einigermaßen chaotisch zu. Jetzt wissen wir, worauf es ankommt und werden entsprechend agieren. Aber – schon gleich morgen früh kommt zu uns der Steuerprüfer. Kennen Sie einen Kniff, ihn etwas versöhnlicher zu stimmen?« Wir schauten uns nun noch einmal das Büro an, in dem der Beamte am nächsten Tag sitzen sollte. Zuerst gaben wir den Ratschlag, das moderne Bild mit vielen Rottönen, Zacken und Ecken für die nächsten Tage der Prüfung aus diesem Zimmer zu verbannen. Dann empfahlen wir, auf den Schreibtischstuhl ein grünes Kissen zu legen (grün harmonisiert) und auf den Tisch noch eine Obstschale mit grünen Äpfeln und Feigen zu stellen. Außerdem kam nun noch eine große Kugelvase in das Zimmer mit duftenden Blumen (bei diesem Anblick denkt jedermann an den Feierabend und den Partner daheim, der auf ihn wartet – und hat es eilig mit der Arbeit). Auch in diesem Fall hat alles im Sinne unseres Klienten geklappt. Eine Woche später rief uns der erleichterte Unternehmer an und sagte scherzhaft: »Er hat gar nicht gebohrt!«

Die Ursprünge

»Alles, was man gemeinhin Vergangenheit nennt, ist im Grunde nur eine leiser und dunkler gewordene Art von Gegenwart.«

Gertrud von Le Fort

des Feng Shui

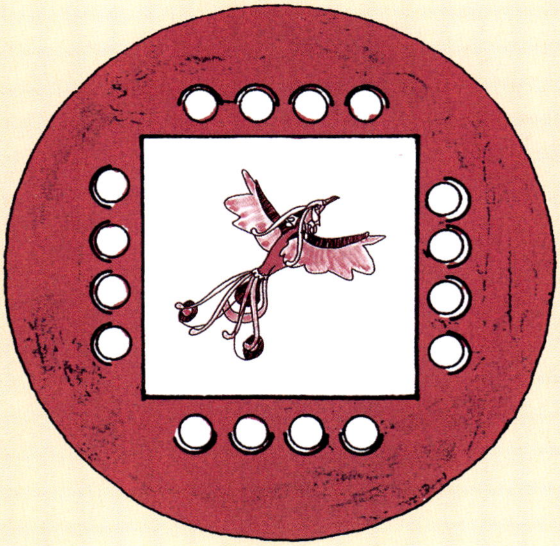

Die vergangenen 2000 Jahre der chinesischen Hochkultur können wir einigermaßen lückenlos nachvollziehen – Dank eines perfekten bürokratischen Systems, das alle Ereignisse von Bedeutung schriftlich festhalten ließ. Darüber hinaus gab es eine blühende literarische und philosophische Kultur sowie nach der Erfindung des Papiers – im zweiten Jahrhundert nach Christus – relativ billige Bücher, ja sogar erste Taschenbücher. Aus dieser Zeit besitzen wir Zeugnisse von und über Feng Shui. Wer jedoch diese Harmonielehre wirklich verstehen will, muss tiefer graben. Denn der chinesische Staat, die Verbundenheit seiner Bürger mit der Natur und das profunde Wissen um die Abläufe in der Natur haben sich bereits viele Jahrhunderte vor Christi Geburt entwickelt. Zudem haben gerade wir Europäer gewisse Schwierigkeiten, uns in die Geschichte Chinas, die auch die Geschichte des Feng Shui ist, einzufinden, weil uns das Denken, besser noch das Fühlen, der »Söhne des Himmels« doch recht fremd ist. Wir westlich geprägten Menschen sind es gewohnt, unsere Vergangenheit als ein fortwährendes Ringen um eine erfülltere Zukunft zu betrachten, unsere »Kinder sollen es einmal besser haben«. Die Helden unserer Historie tragen Beinamen wie der »Löwe« oder der »Bär«.

Das erste Feng Shui-Werk

Die alten Chinesen dagegen lebten für die Vergangenheit, für ihre Vorfahren. Deshalb wurde anfangs die Kunst des Feng Shui vor allem für die Grabstätten angewendet und das erste und wichtigste der bekannten Feng Shui-Werke das »Buch der Beisetzungen« genannt. Es stammt aus dem vierten Jahrhundert, das zweite, das sich mit den Wohnungen der Lebenden beschäftigt, erschien erst 100 Jahre später. Forscher wie E. J. Eitel sehen in verschiedenen Gräberformen aus der Chou-Zeit (1122 bis 255 v. Chr.) erste wissenschaftliche Belege einer angewandten Feng Shui-Praxis

Kinder waren und sind also für die Chinesen deshalb von so großer Bedeutung, weil mit ihnen der Ahnenkult fortgesetzt werden kann. Helden der chinesischen Geschichte sind nicht die siegreichen Kaiser, sondern diejenigen, die die Ordnungsgesetze durchsetzten oder einhielten und im Reich für Harmonie sorgten. Und sie wurden nicht mit starken und mächtigen Tieren verglichen, bekamen keine Beinamen wie »der Große« oder »der Schreckliche« – sie wurden im Gegenmsatz zum Beispiel mit »Lotosblüte« besungen.

Wie ist das zu erklären? Der Schriftsteller E. W. Heine hat es so formuliert: »Unser Kulturkreis erlebt die Welt hauptsächlich mit der linken Gehirnhälfte, dem Sitz des logisch-analytischen Denkens und des räumlichen Vorstellungsvermögens. In China ist die rechte Großhirnhemisphäre stärker ausgeprägt. Wieviel stärker der Chinese dem emotionellen Bilderbewußtsein verhaftet ist, erkennt man ganz deutlich an der Schrift. Wir reihen analytisch Buchstabe an Buchstabe. In China gibt es für jedes Ding nur ein Zeichen. Das chinesische Schriftzeichen ist die Abbildung eines Begriffs.« Es wäre also hilfreich, wenn wir über Feng Shui schreiben, die frühe, noch im Dunkeln liegende Geschichte und die Hintergründe dieser Lehre zu verstehen.

Der Vater der Menschheit

Gehen wir weit zurück in die Vergangenheit Chinas. Zunächst einmal wissen wir durch den Fund des berühmten »Peking-Menschen« (er lebte vor rund 500 000 Jahren), dass die Region schon sehr früh besiedelt war. Und aus dieser ganz frühen Zeit stammt auch die Saga des Pan Gu, der »Vater der Menschheit« genannt wurde. Hier nun ein Zitat aus der Schöpfungsgeschichte des alten China:
»Vor aller Zeit war ein schwarzes Ei, ein Ei von unendlicher Größe. In ihm waren Dunkelheit und Chaos – aus ihm entsprang Pan Gu. 18 000 Jahre dauerte sein Leben schon, denn er wuchs sehr langsam, weil nur die Dunkelheit ihn nährte, als er auf einmal durch ein Beben geweckt wurde ... Und da wurde dem Riesen im Ei klar, dass es eine Welt und ein Leben außerhalb seines Zwingers geben musste. Voller Zorn sprang er auf und zerschlug mit seinen Fäusten die schwarze Schale des Eis.
Dunkelheit floss aus dem Ei heraus – doch es vermischte sich mit dem Licht, das seit unzähligen Jahren darin verborgen gewesen war. Die Dunkelheit fiel herab auf die Erde, die Helligkeit stieg jubelnd in den Himmel. Auf diese Weise waren Himmel und Erde scharf voneinander getrennt. Und weil der mächtige Pan Gu Angst verspürte, dass das Licht nach unten auf die düstere Erde stürzen könnte und wieder überall Dunkelheit herrschen könnte, hielt er den Himmel in seinen Armen fest und stellte sich mit seinen Beinen auf die Erde, um sie unten zu halten.
Dann starb Pan Gu – und alles aus ihm wurde zu Leben! Aus seinem allerletzten Atemzug wurden der Wind und die Wolken, sein letzter Seufzer schuf den Donner. Sein linkes Auge flog in den Himmel und wurde zur Sonne – das rechte folgte bald und verwandelte sich in den Mond. Der Körper fiel rücklings auf die Erde und siehe da: aus Rumpf und Gliedern wuchsen Ebenen, Hügel und Berge, das Blut füllte Flüsse und Seen. Seine Muskeln nahmen die Gestalt der Erde an, seine Sehnen wurden zu Wegen und Straßen. Haupthaar und Bart des Pan Gu erhoben sich zum Himmel und wurden zu Sternen, sein feineres Haar sank zur Erde und aus ihm erwuchsen Gras, Bäume und Blumen. Seine Zähne verwandelten sich in Edelsteine. Aus den Flöhen aber, die aus seinen Haaren herab zur Erde fielen, wurden die Menschen.
So opferte sich Pan Gu und gebar dadurch die Welt und das Universum ...«

Die göttliche Ordnung

Diese Schöpfungsgeschichte mutet uns durchaus nicht fremd an, ähnlich wie in der christlichen Mythologie opfert sich jemand, um neues Leben zu schaffen. Aus dem christlichen Irland kennen wir ebenfalls eine Sage, die der aus China verblüffend ähnelt. Auch hier haben wir den Riesen, dessen Haare zu Gräsern und Sträuchern werden. Dieser Volksglaube an Pan Gu aber wurde bereits in früher Zeit von den Intellektuellen und Mächtigen aus dem Reich der Mitte belächelt. Nicht eine überhöhte, eine göttliche Person stand im Mittelpunkt des Denkens und Fühlens dieser Elite – sondern eine höhere Ordnung!
Man könnte von den Chinesen überspitzt sagen: Sie verherrlichten und überhöhten die »göttliche Ordnung«, sie fürchteten nichts so sehr wie das

»teuflische Chaos«. Gute Kaiser und Weise vermitteln durch ihre Taten und Schriften die Wege zu dieser Ordnung, schlechte Kaiser und ihre böswilligen Ratgeber dagegen schafften Unordnung und damit universelles Leid. Befolgt ein Volk an Haupt und Gliedern das ewige Naturgesetz der Ordnung, so ist alles gut. »Versündigt« sich dagegen ein Führer gegen die Harmoniegesetze, so werden Naturkatastrophen, Hunger und Kriege die Folge sein. Die Chinesen also betrachteten sich keineswegs als »Opfer des Schicksals«. Sie waren und sind sich von Anfang an bewusst, ihr Schicksal lenken zu können. Leben sie in Harmonie mit Himmel und Erde, werden sie von diesen Kräften genährt und gestärkt – versündigen sie sich gegen die göttliche Ordnung, sind Leid und Krankheit die Folge. Eine durchaus moderne Sicht der Welt und des Universums, denn ziemlich exakt so sah auch C.C. Jung unsere Schöpfung: Die externe makrokosmische Welt reflektiert sich in der internen, mikrokosmischen Welt.

Mittler zwischen dieser göttlichen Ordnung und den Menschen auf der Erde ist keine Prophetengestalt, kein Erlöser sondern der Weise. Er wusste, dass Mikrokosmos und Makrokosmos eine geheimnisvolle Einheit bilden, was »Himmel und Erde zusammenhält«, was sie zu Einem macht. Ganz zu Beginn, in der mythischen Zeit, sind Kaiser und Weiser noch ein und dieselbe Person – und zugleich sind sie noch Philosophen, Richter, Lehrer, Magier, Normen- und Ritengeber, Feldherren. Solche Kaiser der Volkssagen sind etwa Yao und Shun sowie der sogenannte »gelbe Kaiser«, Huang Ti, die im Nebel der chinesischen Vorzeit nur noch schattenhaft auszumachen sind. Besonders hervorzuheben ist: Sie vererbten ihren Thron nicht, sondern gaben ihn weiter an den Tüchtigsten. Diesen legendären ersten Kaisern sowie ihren Nachfolgern werden sämtliche zivilisatorischen Entwicklungen zugeschrieben, von der Viehzucht und Schrift, über das Münzgeld und den Kompass, bis zur straffen Staatsverwaltung und dem Steuerwesen, über dessen Segnungen man bis heute durchaus geteilter Meinung sein darf.

Flöten und Klangspiele

Doch vergessen wir für einen Augenblick Kaiser und Weise, Erfinder und Entdecker – und wenden uns wieder den einfachen Chinesen dieser frühen Epoche und damit auch dem Feng Shui zu. Denn wir kennen einige Feng Shui-Meister – und dazu zählte auch unser philippinischer Lehrer und Freund Roul Ramirez-Chen –, die den Beginn dieser Lehre, ihre magischen Symbole und Hilfsmittel wie etwa die Flöten und Klangspiele, in diese frühe Zeit legen! Historiker vermuten, dass sich die Chinesen der Vorzeit hauptsächlich in zwei Regionen angesiedelt haben – im Norden und im Süden. Im Norden Chinas war es im Prinzip feucht und kalt, im Süden warm und trocken. Die Menschen im Norden hatten in ihrem eher kargen Land einen furchtbaren Feind, der ihnen das Leben schwer machte: den Wind, der sich oft zu Wirbelstürmen steigerte. Im Süden dagegen war es die Hauptaufgabe der Menschen, das Wasser so zu lenken, daß es die fruchtbaren Äcker gleichmäßig bewässerte, nicht aber überschwemmte und damit die Ernte vernichtete. Es ging also um Wind und Wasser – Feng Shui bedeutet: Wind und Wasser.

Das ursprüngliche Feng Shui hat sich also aus jahrtausendealten Naturbeobachtungen entwickelt, die für die Menschen damals zum Überleben notwendig waren. Und natürlich gingen diese Beobachtungen im Laufe der Zeit über den Wind und das Wasser hinaus. Diese komplexe Lehre bezog nach und nach auch den Lauf der Gestirne, die Energielinien der Erde, die Jahres- und Tageszeiten sowie ihre Wechselwirkung auf Mensch, Tier und Haus mit ein.

Wer das nicht weiß, für den sind so manche Feng Shui-Accessoires fremd und seltsam. Da kommt beispielsweise heute ein eher orthodoxer Feng Shui-Berater in das Heim eines Europäers und weist ihn an, an die Wände Flöten und an die Türen und Fenster Klangspiele zu hängen. Was soll das, fragt sich der Bewohner, der bei diesem Gedankenvorgang wieder einmal vor allem seine linken Gehirnwindungen beansprucht. Ganz einfach, es soll das »Chi« ins Haus locken. Fragen Sie nun aber diesen orthodoxen Feng Shui-Berater, warum ausgerechnet Flöten und Klangspiele dies schaffen sollen, ob es nicht auch eher westlich geprägte Hilfsmittel sein dürfen, wird er in den Regel keine Antwort geben können.

Die Antwort finden wir in der chinesischen Vorzeit. Die Tradition der Flöten stammt aus dem Norden. Zuerst einmal ist nicht nur für die Chinesen, sondern auch für die Menschen des klassischen Griechenland die Musik die Königin der Künste. Es sind nebenbei nicht die einzigen Parallelen! Und sie war noch mehr als das: Im Wohlklang der Musik begriff der Mensch die Harmoniegesetze. Weil er sie fühlte! Und dann besaßen überdies die Flöten für die Nord-Chinesen noch eine ganz praktische Bedeutung: Sie waren eine Art Alarmanlage! Damals hängte man acht Flöten im Garten auf, und zwar an den Ecken und Mittelpunkten der Linien eines Vierecks. Sie waren in verschiedenen Tonhöhen gestimmt und in Windrichtung aufgehängt. Wechselte nun der Wind die Richtung, erklang ein anderer Ton. (Nebenbei: Die Chinesische Tonleiter kennt nur fünf Noten, die restlichen Töne kommen durch Noten einer höheren Oktave zustande.) Am Ton nun erkannte man, ob Gefahr durch den Wind drohte. Auf diese Weise also wurden die Vorzeichen der acht Winde erforscht.

Ähnlich steht es mit dem Klangspiel, das zunächst auch erst einmal als Musikinstrument verwendet wurde – aber daneben auch eine sehr praktische und wichtige Funktion erfüllte. Im Gegensatz zum eher lebensfeindlichen, spärlich besiedelten Norden, war der Süden bald reich und daher auch dicht besiedelt. Die ersten Städten schossen an den Flüssen aus dem Boden, die Menschen drängten dichter zusammen. Das bot ihnen auf der einen Seite Schutz vor Feinden – aber es gibt ja auch immer Feinde der guten Bürger innerhalb einer Stadtmauer: die Einbrecher. Und die Klangspiele boten sich zur Abwehr an! Man hängte sie bereits vor Tausenden von Jahren direkt hinter die Tür – allerdings nicht (nur!) um das Chi anzulocken, sondern wiederum als eine Art Alarmanlage. Öffnete nämlich der Einbrecher im Schutze der Dunkelheit heimlich, still und leise die Hintertür – so genügte ja bereits ein leiser Hauch und das empfindliche Klangspiel begann zu klingen. Das weckte die Hausbewohner und verschreuchte den Eindringling.

Göttliches Recht und Harmoniegesetze

Aus dem Dunkel dieser Vorzeit, das vor allem durch seine Mythen und Legenden lebendig geblieben ist, tritt auch der Kaiser Yü hervor, der als Erretter Chinas vor dem Untergang gilt. Er ist der Held einer alten Sintflutsaga und soll die entsetzliche Überschwemmung aufgehalten haben, indem er die Flüsse des Landes kanalisierte und die Berge durchstechen ließ.

Das Ende dieser Dynastie kam, als Chieh, der letzte aus der Reihe, mit seiner Grausamkeit und seinem Starrsinn gegen die herrschende Ordnung und Harmoniegesetze verstieß. Er wurde abgesetzt.

Solches Denken und Handeln steht im Gegensatz zu dem des Abendländers. Wir kennen bei uns das Kaisertum »von Gottes Gnaden«. In China aber regierte der Kaiser eben nicht durch göttliches Recht. Sein Recht zu herrschen, dieses Mandat des Himmels, war davon abhängig, ob er seinen Verpflichtungen genügte, die soziale, wirtschaftliche und kosmische Harmonie zu bewahren. So also wurde der grausame Kaiser Chieh, der als Mittler zwischen dem Kosmos und seinem Volk versagt hatte, gestürzt. Anführer des Aufstandes waren die Shang, die erste quellenmäßig gesicherte Dynastie (1650–1027 v. Chr.) Chinas. Hinterlassenschaften dieser Zeit und seiner Kaiser, Mandarine und Bauern sind wunderbar ausgeführte Bronzearbeiten und erste Inschriften. Die Herrscher und die Mandarine herrschten von befestigten Städten aus über das Volk aus Bauern. In diese Zeit fallen nebenbei die frühesten überlieferten Zeugnisse der chinesischen Medizin. Es handelt sich dabei um Orakeltexte auf Knochen, in denen Krankheiten auf den Fluch verstorbener Ahnen zurückgeführt werden. Und in dieser Zeit des ersten Jahrtausends vor Christus finden wir sogar Hinweise auf die Akupunkturtechnik. Damals sollte – alten Quellen zufolge – mit dem Einstich der Nadel der Dämon aus dem kranken Körper getrieben werden.

In der zweiten Hälfte der Shang-Dynastie erlebt China eine wirtschaftliche und kulturelle Blütezeit. Schon damals ist das Haupt-Exportprodukt die Seide, auch erscheint eine Schriftensammlung, die bis in die Anfänge des Altertums zurückreicht und selbst heute noch größten Einfluss auf die Seele der Chinesen hat: das Buch der Wandlung, das »I Ging«. Alle in China entstandenen Weltanschauungen und Erkenntnissysteme erwuchsen auf dem Boden dieses Werkes. Mit Hilfe des I Ging ist es dem Eingeweihten möglich, seine gegenwärtige Situation, mit der er seine Zukunft gestaltet, vom außerpersönlichen Standpunkt aus zu beleuchten. Insofern ist das I-Ging auch kein Orakelbuch, wie wir es verstehen. Seine Botschaft liegt in der Bewusstwerdung der gegenwärtigen Situation, in der der Fragende sich befindet und der damit verbundenen Chance, die eigene Zukunft zu gestalten.

Die Tiefe dieses Werkes hat bis heute nicht nur Philosophen und Naturwissenschaftler beeinflusst. In Japan etwa wurde es von Politikern noch im 20. Jahrhundert befragt.

Ihr Kompass durch die Feng Shui-Welt

Nun sind wir beinahe am Ende dieses Buches angelangt. Wenn Sie nun, über diese Lektüre hinaus, mehr über diese altchinesische Wissenschaft erfahren wollen, sich für Seminare interessieren, eine Beratung benötigen oder gar selbst Berater werden möchten, dann benötigen Sie dringend diesen Kompass durch die Feng Shui-Welt. Denn das haben auch wir schon in den langen Jahren unserer Lehr- und Praxistätigkeit erfahren müssen: Feng Shui ist nicht gleich Feng Shui.

Wie kann das sein? Zunächst einmal: Seit einigen Jahren boomt Feng Shui. In dieser Zeit haben rund 250 Bücher zum Thema mehr als drei Millionen Leser im deutschsprachigen Raum gefunden. Wir hören davon in Talk-Shows, lesen darüber in Zeitschriften und Zeitungen und sogar Volkshochschulen auf dem Land bieten Seminare wie »Feng Shui für ein glückliches Leben« an. Jetzt hat also so ziemlich jeder von dieser chinesischen Beobachtungswissenschaft gehört, allerdings jeder etwas anderes. Denn der Markt ist überschwemmt von täglich neuen Schulen und rund 3000 Beratern mit leider oft sehr zweifelhaften Qualifikationen. Und nun rätseln die Interessierten: Was ist denn Feng Shui wirklich? Und wie erkenne ich, welche Berater für mich die richtigen sind, welche Schule für mich geeignet ist?

Feng Shui – Aberglauben oder Lehre

Bevor wir zu einer Antwort jenseits von Schulen, Sekten und Gurus gelangen, schauen wir uns einige der »Lehrmeinungen« und Methoden an, die auf dem Feng Shui-Markt angeboten werden. So bedient man sich beispielsweise – um die Harmonie zum Fließen zu bringen – dreibeiniger Frösche und Feuer speiender Drachen, verteilt im Haus wahllos Bambusflöten oder Plastik-Bagua-Spiegel. Und als reiche das noch nicht aus, empfehlen manche orthodoxe Berater darüber hinaus, sofort das Haus zu verkaufen, weil die Tür in die »Richtung des Todes« schaut und Krankheit, Siechtum und Tod die Folge seien. Unter all diesen Methoden seien auch die chinesischen Harmoniemaße nicht zu vergessen, denn sind Fenster und Türen im »ungünstigen Bereich«, werden sie mit Klebestreifen abgeklebt. Manch einer fahndet sogar nach Massengräbern auf dem Grundstück und legt gerne auch schon mal eine Hundeleine um den Hochspannungsmast, auf dass der Elektrosmog »gefangen« werde.

Wer das mitverfolgt hat, den wundert es nicht, dass viele Menschen Feng Shui inzwischen als absurden Aberglauben abtun und die Kirchen die Harmonielehre als »unvereinbar mit dem christlichen Glauben« betrachten. Diese Schlussfolgerungen aber beziehen sich auf das vielerorts praktizierte so genannte »Traditionelle Feng Shui«. Wie der Name schon sagt, handelt es sich hierbei um Feng Shui-Empfehlungen, die ausschließlich vor dem kulturellen Hintergrund Asiens zu sehen sind und die sodann eins zu eins auf die europäische Kultur übertragen wurden. Das bedeutet konkret: Chinesische Hilfsmittel werden zum Allheilmittel erklärt, Beratungen erhalten den Charakter von Patentrezepten. Diese oberflächliche Betrachtungsweise wird jedoch dem wahren Wesen von Feng Shui in keiner Weise gerecht.

Universelle Gesetzmäßigkeiten

Das wahre Feng Shui ist anders. Es geht eben nicht darum, asiatisches Kunsthandwerk in Firmen und Wohnungen zu verteilen, sondern um nichts weniger als ein Welterbe. Denn die Essenz des Feng Shui beschreibt universelle Gesetzmäßigkeiten, die überall auf der Welt wirksam sind. Auch bei uns in Europa. Warum aber kommt dieses Wissen im asiatischen Gewand zu uns? Nun, kein anderes Volk der Erde hat seine Naturbeobachtungen über Jahrtausende so lückenlos aufgezeichnet wie die Chinesen. Im Lauf der Zeit aber wurde dieses Urwissen vielschichtig interpretiert und gebar zahlreiche Theorien und Methoden. Viele Schulen entstanden, die ihren Weg als den allein selig machenden anpriesen. Mit der Folge, dass die wahre Essenz des Feng Shui überdeckt oder gar ganz in Vergessenheit geriet.

Nun kommt die Neugierde von Feng Shui-Faszinierten, den Autoren dieser Zeilen, ins Spiel. Als wir, Katrin Martin-Fröhling und Thomas Fröhling, vor elf Jahren auf Feng Shui stießen, besuchten wir Kurse im Ausland, empfanden aber bald die Schulen und ihre selbsternannten Meister als widersprüchlich, ja oft sogar skurril. Was tun? Der Sache auf den Grund gehen und Quellenmaterial studieren! Diese Arbeit ermöglichte es uns, das Urwissen, das bislang von in China gewachsenen Traditionen verdeckt war, freizulegen und dann konsequent in unsere westliche Kultur zu übertragen!

Nach Jahren der Forschung begannen wir selbst als Feng Shui-Berater zu arbeiten, schrieben das in Deutschland erste Buch – »Wohnen mit Feng Shui«- zum Thema und es war dann Katrin Martin-Fröhling, die vor vier Jahren das »Deutsche Feng Shui Institut« (DFSI) gründete.

Die richtigen Berater und Lehrer

18 Jahre hat für uns dieser Weg gedauert. Gerade an seinem Beginn standen viele Irrungen und Wirrungen. Aber diese können Sie sich nun ersparen. Worauf also sollten Sie achten, wenn Sie nach einem Feng Shui-Berater oder Lehrer suchen? Zunächst einmal: Lassen Sie sich nicht von Verkaufsgeschwätz beirren oder von Titeln blenden. Fragen Sie zuerst einmal kritisch nach, wo und wie lange der Feng Shui-Experte ausgebildet wurde. Kennen Sie die Schule oder den Lehrer, kennen Sie auch die Grundlage seiner Arbeit und wissen bereits, ob Ihnen dieses Feng Shui überhaupt liegt. Zeigt er das Diplom eines Wochenendkurses, ist Skepsis angebracht. Es ist leider inzwischen normal, dass so mancher schon nach der Lektüre eines Buches zum Feng Shui-Ausbilder wird. Lassen Sie sich auch von Meister- oder Großmeister-Titeln nicht blenden, die auf den Trödel-Märkten Manilas für ein paar Dollars angeboten werden. Denn, auch das sollten Sie wissen, es gibt auf der ganzen Welt keine Universität, keine sonstige staatliche Institution, die Feng Shui-Meister oder Großmeister beruft oder ernennt. Ein weiteres Kriterium für die Qualität der Analyse ist die Zeit, die Ihr Berater investiert. Wird Ihnen versichert, diese ließe sich ganz flott in ein oder zwei Stunden erstellen, denn die Nacharbeit am Computer sei das eigentlich Wichtige, so wissen Sie: Hier haben Sie einen Traditionalisten vor sich, dem Formeln wichtiger sind als die Menschen. Und hüten Sie sich vor »Meistern«, die noch vor der Arbeit das Honorar in einem purpurfarbenen Umschlag überreicht haben wollen. Wir erhalten immer wieder Anrufe von Feng Shui- Geschädigten, die bis heute auf ihre Analyse warten …

Ein weiteres Kriterium, auf das Sie bei Ihrer Suche achten sollten: Von Vorteil ist stets, wenn die Berater oder Lehrer Bücher oder Artikel verfasst haben, in denen Sie schwarz auf weiß nachlesen können, wie tief dieses uralte Wissen bei ihnen verankert ist. Gefällt Ihnen das Werk, wird auch der Autor für Sie stimmig sein. Wir haben die Erfahrung gemacht, dass englische Lehrer wie Skinner oder Spear, die ihre theoretischen und praktischen Erfahrungen in hervorragenden Büchern zusammengefasst haben, stets auch qualifizierte Feng Shui-Pädagogen sind. Schüler, die von ihnen kamen und sich bei uns fortbildeten, besaßen stets eine gute Basis.

Das DFSI

Kommen wir damit zu unserem DFSI. Es hat sich im Laufe der Jahre zu einem etablierten Ausbildungsinstitut entwickelt und arbeitet mit ausgewählten Dozenten und Beratern zusammen. Zudem – nach unseren frühen Erfahrungen nur logisch – arbeitet das DFSI natürlich schulübergreifend. Denn wir fühlen uns keinem Lehrer und Meister verpflichtet, sondern der Harmonielehre Feng Shui. Unsere Überzeugung lautet: Der Beruf eines Feng Shui-Beraters bedarf eines besonderen Verantwortungsgefühls. Hier geht es um sehr viel mehr, als um einen trendigen Beruf: Feng Shui muss Berufung sein. Und das gilt gerade in einer Zeit, in der es noch keine gesetzliche Regelung über das Berufsbild von Feng Shui-Beratern gibt. Das lässt Raum für eine Grauzone, in der sich viele vermeintliche Experten bewegen. Darum haben wir es als unsere Aufgabe betrachtet, das Berufsbild des Feng Shui-Beraters grundlegend zu definieren und dafür für Verbraucher und Partner einen Standard fixiert, der neben soliden Fachwissen und der unabdingbaren Praxiserfahrung auch die Beraterkompetenz einschließt. Und sollten Sie irgendwann einen unserer Kurse oder Seminare besuchen, wird Sie nun eines nicht mehr wundern: In der Ausbildungsstätte des DFSI hängt keine einzige Flöte…

Glücks- und Schutzsymbole

Die hier abgebildeten chinesischen Kalligraphien können Sie kopieren, ausschneiden und dann als Glücks- und Schutzsymbole verwenden.

Schutz
(Haustür, Kinderzimmer)

Frühling
(Unternehmungen)

Schönheit
(Badezimmer)

Weg
(Entscheidungen)

Licht
(Depressionen)

Wohlstand
(Brieftasche, Bankunterlagen)

Literaturempfehlungen

Thomas Fröhling und Katrin Martin, *Der Feng Shui Meister*, Mosaik bei Goldmann Verlag, München 2007

Thomas Fröhling und Katrin Martin, *Der Feng Shui Berater*, Mosaik bei Goldmann Verlag, München 2005

Thomas Fröhling und Katrin Martin, *Wohnen mit Feng Shui*, Bassermannn Verlag, München 2004

Simon G. Brown, *Feng Shui-Praxis. Gesundheit und Wohlstand durch harmonische Raumgestaltung*, Bassermann Verlag, München 2005

Karen Kingston, *Feng Shui gegen das Gerümpel des Alltags. Richtig ausmisten. Gerümpelfrei leben*, Rowohlt Taschenbuch Verlag, Reinbek 2003

Dominik F. Rollé & Marc Häberlin, *Das Lo Pan Benutzerhandbuch*, Feng Shui Systems, Zürich

Paul von Naredi-Rainer, *Architektur und Harmonie*, DuMont Literatur und Kunst Verlag, Köln 1999

Ulf Diederichs und Richard Wilhelm, *I Ging. Das Buch der Wandlungen*, dtv Verlag, München 2005

Dom H. von der Laan, *Der Architektonische Raum*, verlegt von E. J. Brill, Leiden 1992

Lam Kam Chuen, *Das Feng Shui Handbuch*, Joy Verlag, Oy-Mittelberg 2007

Harald Jordan, *Räume der Kraft schaffen*, AT Verlag Baden/München 2004

J. Wilcock, J. Michell, M. Bischoff, U. Magin, J. Heinsch, *Geomantie oder die alte Kunst, Energiezentren auf dieser Erde auszumachen*, Der Grüne Zweig 47

Nigel Pennick, *Handbuch der angewandten Geomantie*, Neue Erde, Saarbrücken 1997

Eva-Maria Müller-Tschopp und Eric Tschopp, *Der richtige Platz*, AT Verlag, Baden/München 2004

Suzy Chiazzari, *Wohnrezepte für ein glückliches Leben*, Christian Verlag, München 2007

Richard Wilhelm, *I Ging – Text und Materialien*, Diederichs Verlag, München 2003

Eva Heller, *Wie Farben wirken*, Rowohlt Taschenbuch Verlag, Reinbek 2004

Derek Walters, *Das Feng-Shui Praxisbuch*, Scherz Verlag, Frankfurt/M. 2001

Leserservice

Haben Sie Fragen rund um Feng Shui?
Dann wenden Sie sich an:

Deutsches Feng Shui Institut, DFSI
Katrin Martin-Fröhling & Thomas Fröhling
Selzenstraße 23
79280 Freiburg/Au
Tel: 07 61/8 86 62 59
Fax: 07 61/40 46 53
Internet: www.dfsi.de
E-mail: info@dfsi.de

Seminare & Ausbildungen

Allen, die Feng Shui zu ihrem Beruf machen oder dieses Wissen als Ergänzung ihrer bisherigen Tätigkeit nutzen wollen, bietet das DFSI eine mehrmonatige Basis-Ausbildung mit drei Intensiv-Wochen an. In dieser Zeit erlernen Sie die Grundlagen dieser Harmonielehre. Nach erfolgreichem Abschluss sind Sie berechtigt, als „Feng Shui-Berater, DFSI-geprüft" zu arbeiten. Weiterhin bietet das DFSI – in Zusammenarbeit mit Architektenkammern – Aus- und Weiterbildungsprogramme für Architekten, Raumausstatter und Bauunternehmer an.

Beratungen & Analysen

Zusätzlich arbeiten Thomas Fröhling und Katrin Martin-Fröhling in den Bereichen Firmen- und Privatananlysen. Sie bieten Haus- und Siedlungsplanungen sowie Coachings für Bauherren und Architekten an. Im geo- und elektrobiologischen Bereich können Sie zwischen Grundstücks- und Hausuntersuchungen sowie Schlafplatz- und Büroanalysen wählen. Darüber hinaus vermitteln die Autoren über das *Deutsche Feng Shui Institut* kompetente Berater in Ihrer Nähe.

Buisness & Management

Im Bereich Business-Feng Shui bietet das DFSI Management-Schulungen an sowie verschiedene Unternehmensberatungsprodukte – von der Raumgestaltung bis hin zur Neuplanung von Firmengebäuden. Einen besonderen Service für alt eingesessene Firmen und solche in Neugründung bietet das DFSI mit seinem Logo-Check.

Die Kompass-Scheibe COS, Produkte & mehr ...

Feng Shui-Heilmittel und ausgesuchte Accessoires finden Sie unter www.vitabiente.de. Die Analyse-Scheibe des DFSI »Circle of Success« erhalten Sie im Internet-Shop.
Möchten Sie Näheres über den Feng Shui-Versand und das Ausbildungs- oder Beratungsangebot auf dem Postweg erfahren, so legen Sie bitte Ihrer Anfrage einen frankierten Rückumschlag im Din A 4-Format bei.

Per Fernkurs zum Feng Shui-Berater

Mit dem staatlich anerkannten und geprüften Fernkurs des DFSI wird das Bedürfnis nach fundierter und kompetenter Ausbildung von zu Hause aus erfüllt. Er ist auf Grundlage des Feng Shui-Basiskurses entwickelt worden, den die meisten der bekannten und anerkannten Feng Shui-Berater in den deutschsprachigen Ländern absolviert haben (achten Sie hier auf das DFSI-Zerifikat und den Ausweis, der den Träger oder die Trägerin als Mitglied oder gar Partner des DFSI kenntlich macht und seine Qualifikation garantiert).

Register

Abschirmkonzept 183
Abstellraum 141
Acht Orte 238, 239
Acht-Orte-Theorie 243
Affe 227
Akupunktur 33
Analogieketten 62, 63
Arbeitszimmer 138
Ausrichtung 254, 255

Bad und WC 136
Bagua 66
Bagua-Analyse 71, 72, 78
Bagua-Bereiche 68
Bagua-Farbzuordnungen 166
Bagua-Spiegel 195
Bai Hu 10
Balken 129
Bambus-Klangspiele 198
Bett 143
Bio-Licht 185, 187
Blumen 197
Bodenführung 172
Buddha 27
Büffel 225

Ch'ien 10
Ch'ien 57
Chai 10
Chao Fang 25
Chen 10, 56
Chi 10, 32, 33, 37
Chieh 279
Chin 10
Chi-Qualität 34
Chi-Quantität 34
Choy 10
Chue Ming 10, 247

Deutsches Feng Shui Institut 21
Diele 133
Dorje 203
Drache 209, 226
Drei-Türen-Bagua 74, 79
Duftmischungen 258

Ei 208
Eingangsbereiche 113
Einhorn 209
Elektrosmog 152, 153, 183
Elemente, fünf 48, 50, 51, 52
Energieautobahnen 36
Energiebewegung 38
Erdelement 53, 120
Eule 210

Fächer 204
Farben 160, 161
Farbgestaltung 162
Farbkombinationen, harmonische 168
Fehlbereiche 68, 69, 70, 71, 76, 77
Feng Sha 10
Feng Shui-Analyse 82, 86, 89, 93
Feng Shui-Farbkreis 165
Feng-Shui-Fuß 179
Feng Shui-Lineal 178
Feng Shui-Maße 178, 179, 180
Fenster 129
Feuerelement 53, 118
Fisch 208
Fließgesetze 34, 35
Flöten 204
Formenschule 23, 24
Fu Hsi 10, 61
Fu Wei 247
Fünf-Elemente Lehre 45, 46, 165
Fünf-Elemente-Theorie 30

Geomantie 21, 107
Glücksrichtungen 245, 248

Hahn 227
Handy 155
Hase 225
Heilmittel 190
Heller Palast 241
Hilfreiche Erweiterungen 68, 69, 70, 71. 76
Himmelsrichtungen 58
Himmlische Stämme 10, 223
Himmlische Tiere 10, 98
Himmlischer Heiler 241
Hindernisse 242
Ho Hai 10, 247
Hochhäuser 116
Holzelement 53
Hsien-sheng 10
Hsing shih 11, 23
Hun 11
Hund 227
Huo 11

I Ging 11, 30, 55, 279
I Ging-Glücksband 212
Irdische Äste 11

K'en 11, 56
K'an 11, 56
K'un 11, 57
»Katma«-Essenzen 199, 200, 201
Keller 151
Kinderzimmer 149
Klangschalen 204
Klangspiele 198
Kompass-Lesung 88
Kompass-Methode 74
Kompass-Schule 23, 25
Konfuzianismus 26
Konfuzius 26

Kontrollzyklus 49
Kristalle 201
Kua-Formel 217, 218
Kua-Zahl 11, 62, 216, 217
Kübelpflanzen 197
Küche 146
Kwangsi 23
Kwangsi-Methode 11

Langlebigkeit 241
Laotse 27
Lebensatem 241
Lehnstuhlprinzip 11, 99, 131
Li 11, 57
Licht 185
Licht-Chi 160
Lilie 210
Lo Pan 11, 251
Lo Shu-Quadrat 60, 61
Lo Shu-Zahl 68, 69,70, 71
Löwe 210
Lui Sha 11, 247

Maße 173
Medizin, chinesische 218, 220, 221, 222
Metallelement 54, 121
Mikrowellen 154
Ming Tang 11
Mistel 211
Münze 210

Namensgebung 256
Nien Yen 12, 246

Pakua Lo Shu 245
Pan Gu 275
Pferd 226
Phönix 211
Po 12, 33

Ratte 225
Räuchern 202
Reihenhäuser 117
Reinigung 254, 255
Reizzonen 109
Richtungen, acht 246
Roul Ramirez-Chen 12, 20

Salzkristall-Lampen 205
Schächte 117
Schlafzimmer 142
Schlange 226
Schöpfungszyklus 49
Schrägen 130
Schriftzeichen, chinesische 212
Schwein 228
Schwierigkeiten 242
Seidenblumen 197
Sequenz des frühen Himmels 12, 58
– des späten Himmels 12, 59
Sha 12, 37
Sha-Arten 35
Sha-Chi 35
Shang-Dynastie 279
Sheng Chi 12, 246
Sonnenrad 211
Spiegel, konkave 192
Spiegel, konvexe 191
Spiegel, plane 190
Spirale 206
Steine 201
Strahlenflüchter 109
Strahlensucher 109
Stützpfeiler 131
Sun 12, 57
Symbole 190, 207

Tai Chi 71
Taoismus 26
Teddybären 207
Tien Yi 246
Tierkreiszeichen, chinesische 223
Tiger 225
Treppen 126
Trigramm-Analogien 60
Trigramme, acht 30, 56, 57
Trigrammfarben 166
Tui 57
Türen 128

Untergang 242

Verlust und Skandal 241
Versteckte Pfeile 35
„Vital Balance“ 183

Wandlungsphasen, fünf 123
Wang Chih 23
Wasser 198
Wasserdrachen 102
Wasserelement 54, 123
Wasserfallposter 199
Wasserweihungen 256
Windräder 198
Wohnzimmer 134
Wu Kwei 247

Yang Yün-Sung 23
Yang-Duft 257
Yang-Farben 162
Yin und Yang 41, 44,45
Yin-Duft 257
Yin-Farben 162
Yin-Yang-Theorie 41

Zahlen 173, 175
Ziege 227
Zimmerbrunnen 199

Die Autoren

Thomas Fröhling ist Journalist, Leiter eines Literaturbüros und Autor von mehr als 40 Büchern. Bei seinen kulturhistorischen Forschungen stieß er vor vielen Jahren auf die Harmonielehre Feng Shui. Gemeinsam mit Kartrin Martin-Fröhling gründete er 1999 das DFSI, arbeitet als Management-Berater und hat sich hier vor allem auf die Erarbeitung erfolgreicher Firmen-Logos spezialisiert.

Katrin Martin-Fröhling ist Gründerin und Ausbildungsleiterin des *Deutschen Feng Shui Instituts* (DFSI). Sie erarbeitet die Ausbildungskonzepte des DFSI und widmet sich mit besonderer Hingabe der Forschung. Neben ihrer Beratertätigkeit für Firmen entwirft sie Einrichtungsaccessoires, so auch Lampen und Teppiche. Bekannt wurde sie bereits vor Jahren als Erfinderin der Katma-Edelstein-Essenzen.

Dank

Unser Dank gilt allen, die die Ziele des DFSI seit Jahren unterstützen, ganz besonders unseren Kooperationspartnern in Deutschland, Österreich, der Schweiz, Italien, England, Frankreich, Polen und Ungarn sowie im fernen Mexiko, die sich mit Kompetenz und Herz unserer Sache widmen.
Der Journalistin Kathrin M. Wriedt werden wir für immer verpflichtet sein, weil sie uns nicht nur aus Asien, sondern rund um den Globus Feng Shui-Quellenmaterial mitbrachte und übersetzte.

Bildnachweis

Alamy (lizenzfrei) 8
Archiv Kraxenberger, München (lizenzfrei) 231
Corbis 16 (/Brand X/Hagiwara, lizenzfrei) 259 (PhotoDisc/Kidd, lizenzfrei) U1 (Zefa/Schuster)
Deutsches Feng Shui Institut, Freiburg 9, 79, 182, 183, 184, 203
Getty Images 2 (Image Source Black, lizenzfrei)
Jahreszeiten Verlag Syndication, Hamburg 134 (Thurmann)
Mosaik Verlag 24, 250 (Newedel) 200 (Volkmann)
PhotoDisc 15, 32, 34, 44, 123, 186, 278
Picture Press, Hamburg 144 (Szczepaniak)
Südwest Verlag, München 176, 199 (Berthold), 197 (Ofenstein), 156 (Olonetzky), 205 o. (Schoenenburg), 202, 205 u. (Sperl), 257 (Zuche)
Villeroy & Boch AG, Mettlach 137, 174

Hinweis

Impressum

ISBN: 978-3-8094-2096-5

Umschlaggestaltung: Atelier Versen, Bad Aibling
Redaktion: Verlagsbüro Kopp, München
Bildredaktion für diese Ausgabe: Elisabeth Franz
Redaktion für diese Ausgabe: Birte Schrader
Illustrationen: Deutsches Feng Shui Institut Freiburg (108 l.); Ushi Farkas-Dorner, Plouray; Thomas Gardai, Freising; Carmen Jürgensen, Kaiserslautern, Norbert Pautner, München (Kalligraphien)
Herstellung für diese Ausgabe: Sonja Storz
Satz: Filmsatz Schröter, München
Druck und Bindung: Neografia, Martin

Printed in Slovakia

121/114450100X817625344536271